民衆仏教の形成
と
日本中世

上川通夫著

思文閣人文叢書

Medieval Japan, The Era When People Found Universal Thought in Buddhism
Kamikawa Michio
Shibunkaku Publishing Co., Ltd. 2025
ISBN 978-4-7842-2103-5

目次

第二部　中世民衆仏教の可能性

民衆仏教の形成と日本中世

序章　日本中世民衆仏教研究の課題

はじめに

論文集として一書を編むにあたって、いかなる問題意識のもとに何を問題にするのかということについて、史学史との関係で述べておくこととする。歴史学の潮流として、特に日本中世史研究のそれとして、現時点では民衆思想史が議論の焦点になっているとは思われない。しかし、特に戦後歴史学を担った先人の苦闘のなかに、このテーマの掘り下げを促す確かな問題提起と成果があり、その志をつぐべき時代は今後なお訪れるものと思う。本書は、日本中世民衆思想史において重要な部分を占める仏教に関して、独自の定義のもとに民衆仏教を探る試みである。

これまで、『日本中世仏教形成史論』（二〇〇七年、校倉書房）では、国家宗教としての日本中世仏教形成史を概述し、『日本中世仏教と東アジア世界』（二〇一二年、塙書房）では、日本中世仏教の東アジア世界からの析出過程ならびに列島内地域への導入実態に注目した。それぞれ、序章において、学史上に自らの研究課題を位置づけるために、必要と思われる範囲で研究史を論じた。現時点では、それらの研究経緯を踏まえつつ、研究課題を自覚的に移している。すなわち、歴史的世界としての中世日本を条件として生きた民衆《people》の存在様態そのものが現代に提起する問題を汲み上げる、という研究課題である。困難ではあるが、歴史学の課題としても自らの課題としても、必要なことだと考える。その学術実践のためには、日本中世を越える時間と場所への視野を背景に捉えることや、明示的な痕跡の少ない民衆自身の声と思いを見出すことなど、視点と方法の開拓が必要であろう。そのことを自覚するために、思想的営みとしての歴史学に学びたい。序章では、限られた視野ながら、一書として本書を批判していただくことを想定しつつ、現時点での考えをまとめておきたい。

一．古典学説としての顕密体制論

ここでいう古典学説は、時代の切実な課題に正面から対峙した視点と方法によって、実証水準の新段階を示しつつ個性的論述を世に問うた学説のことであり、それゆえに集中的な批判検討の対象でもある研究高峰である。そのような基準で、ここでは日本中世宗教史研究の古典学説として、黒田俊雄氏の顕密体制論（一九七五年）を問題にし、そこから民衆思想史研究の課題を探りたい。日本中世の民衆思想と仏教には、密接な関係があるからである。

顕密体制論については、中世国家の正統思想としての特徴に注目され、支配イデオロギー論と理解されることが多い。(1) しかし黒田氏は、支配イデオロギーと民衆的イデオロギーの全体を論じている。(2) ここではそのことよりも、史学史を踏まえて理解するなら、提唱者の黒田氏には、敗戦後歴史学の重要課題としての民族論・民族文化論との関係が強く自覚されていることを確認したい。日本中世史に限っても、一九二〇年代生まれ世代の研究者にとって民族論・民族文化論がもつ意味は大きく、黒田氏のほか網野善彦氏は後年に民族史的次元を提唱している。[3] 一九三〇年代生まれのいわば戦後第二世代では、河音能平氏による封建社会民族（フォルク）の中世文化論にその問題意識は明瞭である。[4] 河音氏と同世代の大山喬平氏は、黒田氏の権門体制論等が民族文化論から発した学問の構想であったことを的確に解説している。[5]

ただし大山氏が、黒田氏によるある時期までの民族文化に関するかなりまとまった考察が「あまり注意されていない」といわれるように、日本列島内で最初に形成された民族文化としての中世文化という黒田説の問題意識については、一九六〇年代にはあまり言及されなくなったようである。一九六〇年生まれで一九八〇年に勉強しはじめた私にとって、民族論・民族文化論の重要性を側聞することはあっても、日本中世史研究にそくして、また顕密体制論にそくして実感することのむつかしい問題であった。ただし、二一世紀世界の進路への関心と、それに関係した日本中世史の構想にとって、あらためてこの問題をくぐる必要を感じる。

民族論・民族文化論は、一九四九年ごろから一九五〇年代前半にかけて、東京本拠の歴史学研究会や京都本拠の日本史研究会といういわば当時の在野の学会を中心に、研究上の焦点として議論された。[6] 国際主義と普遍主義を軸とする日本国憲法（前文）の実践過程の初期ながら、二大陣営の対立を軸とする世界史の流動下において、事実上のアメリカ単独の対日占領政策が民主化ならぬ方向を鮮明にし、朝鮮戦争勃発とも連動しつつ、日本の国際復帰が片面講和と対米従属に結びついた。その情勢への危機感と緊張感が、歴史学の学術実践をめぐって激しく議論された。[7] それが民族論・民族文化論として提起された事情は、石母田正『歴史と民族の発見』（正続、一九五二年・一九五三年、東京大学出版会）、上原専禄『民族の歴史的自覚』（一九五三年、創文社）、江口朴郎『帝国主義と民族』（一九五四年、東京大学出版会）の収録論文などに明瞭である。そこでは、資本主義先進国の対外的排他抑圧性と国内的集団主義を支える反動思想としての民族が批判されると同時に、アジア・アフリカなど従属国・地域の解放・独立・統一・発展の拠り所としての民族に期待された。

後者について、国際主義と自由平等な連帯による平和的共存が人類の課題であり、その担い手としての民衆に注目された。近代史研究では、近代民族と近代国際秩序の形成期たる十六世紀からの世界史に関心が注がれた。また資本主義国と従属国からなる国際秩序や、前者の国民国家を支える反動的な民族主義が批判された。そして、歴史推進の主体的意思と組織的運動を担う民衆の自立的民族にこそ、将来展望を見出そうとした。前近代史研究では、近代民族形成までの長い歴史的過程のうちにも民族の存在を見出し、特に封建的民族（フォルク）を発見することで、そこに古典文化的伝統の創造主体としての民衆を位置づけつつ、その発展が近代民族をも克服する力をもつものと展望された。

すでに多くの史学史回顧において指摘されているように[8]、民族論提起の合意欠如や民族概念の多義性、歴史研究の内実としての実証成果の不足などのため、具体的な成果の共有による学術提言に結びつかないという不満が蓄積されたまま、熱くもどかしい議論は霧消した。しかも、民族解放や民主革命と不可分の歴史学実践として、一九五二年ごろから民主主義科学者協会を中心に進められた国民的歴史学運動がこれに絡み、人民との結びつきを強めた学問の前進が図られながらも、科学としての本質を逸脱するほど政治主義に傾斜したことへの深刻な反省が、その実践を真剣に担った若い研究者などからも吐露された。

ここでは、そのような動向の渦中で真面目に歴史学実践に取り組んだ一人としての、黒田俊雄氏（一九二六～一九九三）の日本中世史研究に注目する。敗戦後、政治情勢が逆コースへと急転するなか、楽観から危機感へと歴史学的課題が大きく振幅し、政治主義の優位と学問成果の未成熟、つまり史実解明に基づく歴史像刷新が追いつかないなかで、学界的課題を自らの学術修養過程で正面から受け止めた者の一人として[9]、黒田氏の研究は進められた。黒田氏は、渦中の一九五三年に「「国民的科学」の問題と歴史研究」[10]を書いて、大衆のなかに入る意義と永い学問の伝統に対する尊敬の両立を考え、政治至上主義と学問至上主義に板挟みされた苦渋のなかで方法を模索している。

また後年、一九七一年に「民族文化論」[11]を執筆し、その時点での課題にそくして当時を振り返っている。黒田氏によると、民族文化論が活発に議論されたのは一九五二年を頂点とする前後数年間であったという。そこでは、政治的な性急さと事実認識の未熟さ、価値肯定的な前提からの議論、といった反省点が指摘されている。それは他人事として過去を批判し清算するのではない深刻さで、自らの姿勢を吐露する文章である。しかもその執筆時点の現実的な実践課題との関係で民族文化を問う姿勢によって、「安保・沖縄」問題にそくした課題設定がある。その上で、前近代を含む歴史的段階を踏まえた民族文化について、日本史の空間的広がりを列島的規模で立体的に把握すること、生活諸活動と精神的諸活動の所産を含む民族文化の独自性について、史実解明を基礎にしつつその全体を矛盾的構造において捉えること、世界史的な具体的関連ないし人類史の総展開との関係で法則的に理解すること、という方法を提言している。この視点は今日も嚙みしめるべきだと考える。

黒田俊雄氏の中世史研究は、専修念仏・一向宗の研究から出発している。「真宗教団史序考――とくに社会生活と信仰との関連について――」（一九四八年、卒業論文）、「鎌倉仏教における一向専修と本地垂迹」（一九五三年）、「一向一揆の政治理念――「仏法領」について――」（一九五九年）[12]などが、初期の論文の一群をなしている。この間、先述「「国民的科学」の問題と歴史研究」や「民族の文化について」（歴史学研究会一九五二年度大会報告集、歴史学研究会編『民族の文化について』一九五三年、岩波書店。討論への誌上参加）などを執筆し、民主主義科学者協会京都支部歴史部会編『祇園祭』（一九五三年、東京大学出版会）の編集・製作・普及に参加するなど、実践活動を担っている。しかも、「畿内荘園における在地の諸関係――作人・名主および土豪について――」(一九五二年)、ついで「若狭国太良荘」(一九五五年)、「「安良城論文」についての若干の問題――主に中世史に関連して――」(一九五六年)、「荘園制の基本的性格と領主制――封建化の過程についての一考察――」(一九五八年)、「中世の村落と座――村落共同体についての試論――」(一九五九年)などによって、[13]荘園制・領主制・中世村落の分析から封建的社会構成を論じる急先鋒でもあった。ただし、日本中世封建制における民族文化の実態はあまり論じられていない。こののち、領主制論や鎌倉新仏教論に依拠した研究から脱却したことはよく知られている。それは史料から得られる実感に発したことかもしれないが、領主制の過大視や百姓の過小評価への違和感によることでもあったであろう。それとともに、歴史学の実践課題との関係では、領主制を軸とする当時の主流的な中世史研究の構想によっては歴史学全体として問題にしようとしている民族文化論に応えられていない、という反省が独自に自覚されたのではないだろうか。[14]一九六〇年代の劇的な自説転換は、世界史上の現実課題との関係で提起された民族論・民族文化論に正面から挑んだ骨身を削る知的創造活動の成果、として理解される。

先学による本格的な黒田俊雄学説の検討を参照しつつ、[15]ここでは、浄土真宗・一向一揆研究からはいわば大きな遠回りとも見える一九六〇、七〇年代に具体化された体系的、独創的な新学説について、それらは今日の日本中世史研究では周知の学説だが、民族文化論として見直す目的で、まず要点だけ確認したい。なお以下では、民族論・民族文化論を、実際の中世史研究にそくして、民族文化論と表記することが多い。

権門体制論　一九六三年[16]　日本中世独特の国家機構の構造復元。公家・武家・寺家の諸権門の分立と国家的職能分担による統合秩序という、全人民への抑圧機構を説明。

荘園制社会論　一九六七年[17]　日本中世独特の土地制度と社会編成の概説。中世封建領主としての荘園領主と村落民衆との対峙を強調。

顕密体制論　一九七五年(18)　日本中世独特の宗教体系を概観。自立民衆の鎮魂呪術的意識を密教的に反動再編して成立した正統宗教と国家との癒着構造の提示と、民衆的宗教課題の措定。

中世身分制論　一九七二年(19)　日本中世独特の身分体系と観念の抽出。天皇と非人を両極に排除するカースト的秩序すなわち天皇―貴種―侍・司―百姓―下人―非人という差別的序列と、清浄―卑賤という差別的生理観念との重層を指摘。

中世民衆史論　一九八八年(20)　日本中世独特の多様な生活実態について、勤労と集団、情念と苦難、祭礼と過差、国土と権威として概観し、全体史を指向しつつそのかなめに民衆史を据える。

右のような各説は相互に関連し合って一つの日本中世史像を形づくっている。それは、前近代民族（フォルク）の一段階としての中世民族について、独特の内容と全体像を構想したものである。必ずしも明言はされていないが、この新学説の体系は、一九五〇年代前半の問題意識によって研究課題に向き合う苦闘から絞り出された解答だと判断される。すでに権門体制論提起の前年に発表された『講座日本文化史　第三巻』「序章」(21)には、前近代から存在するフォルクとしての意味で民族の語を用いることや、民族の紐帯であり所産である民族文化は中世文化として最初に形成されたこと、それらが近代国民文化形成において根底からの変革を経ていないことなどを指摘し、かつての民族文化論が実りないままに放棄されたことへの反省とともに、体系化間近の自説として述べられている。

右に整理した体系的な黒田説は、世界史を見据えた民族の平和共存という実践課題に照らした日本中世史論であり、顕密体制論や中世民衆史論は民族文化論としての意味をもっている。しかもそれは、民族文化を価値肯定的な前提とする非学術信念を排し、国家権力と国家思想の重圧下でその受容基盤となった民衆史の苦闘が視野にある。この学説は、在地領主武士による封建領主制の形成過程に進歩的主体を見出す説への批判として構想されているが、それは西欧中世を範型とする没個性的社会構成史論への思想批判に裏づけられているのであって[22]、領主制論批判の自己目的化ではない[23]。

黒田説に対しては批判も多い。しかし多くは日本中世の国家論・社会論・宗教論それぞれの内部で、さらに分化した次元での学説検討として展開した。それは科学革命の構造としては一般的な議論の流れであって、精緻な史実解明をともなう歴史像更新という学術前進の過程であるに違いない。しかし一方、世界史上の日本中世を民族史上の独自段階として包括的に構想するという問題意識との関係での検討作業は、ほとんど未着手なのではなかろうか。

民族論・民族文化論は、固定的に定義される性質のものではなく、それを論じる時代の世界史的現実の実践的課題にそくして把握しなおされなければならない[24]。今日、グローバリゼーションとその歪みが新自由主義と歴史修正主義に後押しされつつ進展し、自然災害やパンデミックさえ分断と差別の拡大に結果してマイノリティを襲い、国家間・民族間の紛争は核兵器と連動した戦争の脅威を身近にし、総じて地球世界の身近さは人類史の先行き不安を実感させもする。ただ同時に、世界史上ないし人類史上の問題を身近な生活世界の実感において捉えうる情報伝達や人的移動の拡大は、多文化間の相互理解と協働の可能性を拓きつつある。近代文明の固定的価値観の相対化は、たとえばジェンダー視点による性多様性の理解に代表されるような人権意識を明確にする。異文化集団間の平和的共存を民主主義の原理によって推進する課題は、緩慢であっても不可逆の方向性をもつものと観察される。

しかしそのような希望を認めた場合でも、平和・人権などの普遍原理は、他から与えられて短期に実効性が獲得されるようには思われない。また、普遍原理を担う実践主体は、近代以前に形成諸段階をもつ民族文化を条件ないし歴史的背景として社会的に培われざるをえない。前近代の民族文化を問題にすることは、今日的な意味をもつ。その場合、領域支配を実現した古代国家の時代は、政治的統一と共通言語の形成による民族史の初期段階であり、また天皇制の成立という抜きがたい重みを後代に刻印したことを踏まえなければならない。ただし、歴史的に形成された特定の心性や思想は、いまだ被支配民衆をも含めた全領域構成員を自発的な共有主体にしてはいない。

黒田氏の構想は、顕密仏教という中世宗教こそが最初の全社会的思潮だったとするもので、近代の国民国家におけるような政治的・思想的な自発性をもつナショナリズムとは違った意味で、民族文化論である。端的にいえば、中世の民族文化は仏教なのである。この明快な指摘は、神道を通時代的に日本の民族宗教とする未証明の信念に対する批判として、大きな意味をもつ[25]。

主に一九九〇年代からは、マルクス主義歴史学批判、一国枠組史観批判、国民国家（批判）論、認識論的転回などが席捲したかにみえる。しかし、その威力がどれほどのものなのかは、歴史学研究の成果に照らして判断すべきだと思う。私見では、黒田俊雄氏の顕密体制論は、外在的批判によって簡単には揺るがないほどの、実践性と問題提起力を今日にも発揮している代表例だと考える。それは、世界史上に日本中世の民族文化を位置づけるという問題意識を原動力とした具体性ある個性的歴史像であり、その歴史学実践の意義は今日においても存在理由があるからである。

ただし黒田氏の構想は、民族文化を世界史的な関連で位置づける視野をもち、沖縄・アイヌや移住民の問題に言及するなど排他的単一民族説への批判的視点が明確ではあるが、日本歴史を日本列島的規模で構想するという傾向が強い[26]。日本中世民族文化の世界史上の位置は、列島史上の一発展段階内のこととして時系列上に構想されることになり、列島を含む広い歴史的世界における直接・間接の連動という意味での世界史構想ではない。しかも独特の内実をもつ民族文化論の提示であったことは、中世社会に日本的特質を見出す傾向を強め、中世仏教すなわち顕密仏教の外来性や世界性を考慮しない日本中世仏教論としての継承を主流化させた。本書で顕密体制論を古典学説として問題にしなければならない理由について、まずは以上のように考える。

二．民族文化論としての顕密体制論

（1） 顕密体制論の概要

日本中世宗教論としての顕密体制論は、体系的な黒田説のなかにおける民族文化論としての内実をなしている。中世にこそはじめて仏教が民衆的基盤をもったという見極めをはじめ、時代全般を特徴づける仏教史的事実を受けとめつつ、その全容を民族文化的特質において捉えようとする学説である。顕密仏教は国家と癒着した正統宗教にして、仏教を基軸に緩やかに統合された宗教体系ないし社会的意識形態であり、社会的生活の広範な場面を特徴づけるような民衆的基盤をもったという。すでに批判的検討の蓄積はかなり多いが、民族文化論としてあらためて見直す目的のもとに、顕密体制論を最初に提示した「中世における顕密体制の展開」（一九七五年）から、要点を押さえたい。その際、史学史との関係を念頭に置いて、民族文化論としての顕密体制論は世界史ないし人類史としては何を見出そうとしていたのかを探り、同時に黒田説の問題点をこの点から探りたい。

なお、平雅行氏が指摘されたように[27]、黒田説には、国家と宗教の癒着関係をいう場合と、密教を基盤とする諸宗教の統合状況をいう場合と、ともに「顕密体制」と表現されている。両場面は区別しなければ理解しにくいので、私も平氏に学んで、後者の宗教事象については「顕密主義」または「顕密仏教」と呼ぶことにする。

まず顕密体制の成立と展開は、①九～十二世紀の成立史、②十二～十三世紀の展開、③十四世紀からの再編と崩壊としてたどられている。本章の関心は特に民衆思想、なかでもその自立性に関する黒田氏の見解である。その点にいくらか重点を置いて確認したい。

①九～十二世紀　古代から中世への移行期特有の思想的課題の表面化

九世紀ごろから、民衆に芽生えた鎮魂呪術的思想を基盤としつつ、鎮魂呪術的密教による全宗教の統合がはじまる。ついで十世紀には、密教を基盤とする全宗教から天台宗の自己主張としての浄土教が発展し、自立小農民経営の主体たる百姓が成立するとともに、寺社領などで荘園制的支配が進行する。十一世紀後半からは、新しい社会動向に対する国家の受動的再編成として成立した権門体制国家と顕密仏教が癒着するとともに、荘園制の求心的支配構造を正当化する本地垂迹説をも支えとして、正統宗教秩序としての顕密体制が成立する。

黒田氏がいう顕密仏教とは、民衆の鎮魂呪術的意識を反動再編して支配基盤に据えた顕密八宗・神祇・陰陽道等の統合体であって、日本仏教と呼びうる内実をもった中世宗教である。そこで想定されている民衆の意識・思想は、アジア的共同体を基盤とする古代専制国家の解体過程に現れた新しい性質のもので、自立的経営主体による能動性の現れであって、古代的呪縛への果敢な抵抗とそこからの離脱・解放によって獲得されたものである。黒田氏によれば、民衆の鎮魂呪術意識は御霊会に典型的な表現を見出すことができる。それは不安を抱えながらも無自覚からの脱出と人間精神の解放を求める姿だという。それらは反動的に再編されて国家の正統宗教を下支えする位置に据えられたが、それこそ顕密仏教成立の前提であり、また顕密仏教存立の基盤だという。

②十二世紀後半〜十三世紀　体制宗教の内側からの仏教革新運動

黒田氏は、法然・栄西・貞慶・俊芿、高弁・親鸞・道元、日蓮・一遍・叡尊などは、それぞれ新旧仏教ならぬ同時代的・相対的な関係にあったとみる。彼らは顕密主義とその受容社会を共通に見据えつつ、その世俗的・権力的退廃を真摯に批判したのであって、正統宗教としてゆるぎない顕密主義に対峙する「異端＝改革運動」の実践者であったと位置づけた。

顕密仏教の純化を意図する改革派は体制回帰の位置にあって支持基盤をもつが、あるべき仏法への純化を構想して体制逸脱を辞さない異端派は受容者の社会的広がりをもたないという。しかし異端派の法然や親鸞には、現世身分を超えた凡夫の自覚者こそ救済対象だという確信、つまり自己の人間的生存を確認する喜びに満ちた自覚が見出されている。黒田氏は、このような、顕密主義に対しては個性的であり仏法においては普遍的な人間観は、身分秩序の苛烈さという現実に向き合って得られた思想的達成だと評価する。

同時に、「異端＝改革運動」の出現の基底には、この時代の矛盾を抱えた荘園制下の澎湃たる民衆的願望があり、弱小で不安定な農民各層の不安とともに、自立的個人として生存することの自覚と願望こそ、その思想と実践にとっての現実的な基盤であったと見る。また、そのような民衆的願望に支えられた仏教革新運動は、普遍的な真実である「法」が国家に優位するという主張をも生んでおり、それをアジア的社会構成における国家の権威の呪縛からの解放の第二段階だと評価する。

③十四世紀〜織豊統一権力期　顕密体制の再編と崩壊

黒田氏によると、中世後期の顕密主義の動向は、一層重みを増した天台・真言両密教、新風をもたらしながらも密教や国家に接近した禅律、顕密主義が没論理的に肥大化しつつ国家イデオロギー化した神道説、という三つに大別される。

それらの基盤として黒田氏が指摘するのは、小百姓層や下人層をも含む村落共同体が母体となった対領主的な抵抗と結束や、荘園制と在地領主制の秩序変動による伝統的権威と宗教的呪縛の凋落である。顕密体制は新傾向を加えて再編を重ねるが、民衆は自立と解放の世界としての共同自治への願望を高めて宗教一揆を生み、応仁の乱以降にはその怒濤の激しさが顕密体制を崩壊させたという。異端のうちで最も強靭な論理を秘めたものの系譜から発展した一向一揆は、「仏法領」の理念によって原理的・本質的に王法から自らの世界を切り離したのだという。

黒田氏によると、顕密主義と宗教一揆は、織豊統一権力からの打撃・弾圧によって最終的に崩壊した。近世の仏教は権力への新たな服従という関係において体制ではなくなったが、顕密主義は庶民の日常の宗教思想や信仰の根底に存在し続けたのだという。

以上、よく知られた顕密体制論だが、それは日本中世に全面化した個性的な宗教、歴史的産物として矛盾を内包した思想と実践、深く社会動向に基盤をもち広く社会生活を規定する思潮であって、その個性的全体を捉える議論であった。とりわけ、常に反動的に再編・支配されながらも、自立と連帯への人間的願望に目覚める民衆を見出す視点に満ちている。論述の時代範囲はほぼ中世に限られているが、近世への展望を加えていることとともに、国家と宗教の関係構造の権威的特質や、没論理的思惟や秘儀的信仰という意味での顕密主義の特徴は、近世・近代にも影響を与えたものとして構想されているとみてよい。しかも普遍的真実としての「法」の優位、「仏法領」の理念、自立と連帯への人間的願望の宗教的表現などの指摘は、中世民衆思想の歴史的可能性の幅を示唆するとともに、近代思想との歴史的脈絡を問うだけではなく、近代思想を批判的に貫いて脱構築を迫る中世思想史論が意図されているようである。そのような意味で、顕密体制論は、日本中世の民族文化論として構想されている。

（２）史学史上の補足――黒田民族文化論の問題点――

顕密体制論は、一九五〇年ごろに提起された民族文化論を正面から受けとめつつ、その学術実践課題に四半世紀を費やして構想された具体性ある仮説であった。その間に提出された権門体制論、荘園制論、中世身分制論などが不可分に関係し合って黒田説を体系づけていることは、顕密体制論を含めた日本中世史像がもつ世界史上の個性を構想した証であろう。広義にはその中世史像全体を民族文化論ということもできるが、国家論、社会論、身分論の提起を踏まえて顕密体制論が提出されたことや、顕密仏教が中世社会全体を覆って機能しているという実態認識、しかも生活者の思想・信仰・心性という人間存在の根本を規定する領域についての学説であることから、顕密体制論そのものを指して日本中世民族文化論と理解してよいと判断する。

ただし黒田氏自身は、そのようには説明されなかった。後年においても一九五〇年代前半の実践課題を清算主義的に放棄したりはしなかったが、むしろ、国民的歴史学運動を含めた実践的活動への並外れた没入体験と、自省をともなう学界的学術状況批判を媒介にした知的営為であるが故にこそ[28]、あえて民族文化論と銘打って自説を再設定されなかったのかもしれない。

自覚的・内省的な黒田氏は、浄土真宗への信仰的思いに直接関係する研究課題を後景に措き、西ヨーロッパ基準の封建的社会構成を日本史に見いだす発想からの脱却課題を据えつつ、日本中世に固有の歴史的内実を探究することによってその構造的全体を独自の概念で提示された。すでに早くも一九五〇年代後半の学界では民族文化論としての議論が影を潜めており、一九六〇年代には日米安全保障条約改定問題の高揚や、日本近代化論・明治百年祭計画・「建国記念の日」制定など歴史問題に絡む反動思想攻撃との闘い、沖縄「返還」問題を焦点とする「日本史」再考など、新しい現実の課題に鑑みた対象と方法の設定にこそ意味があるとの判断もあった。[29] むしろ、日本中世の国家と癒着した宗教史の構造的特質を示す意味は、民族文化論の具体化と深化でありつつ、一九六〇、七〇年代の現実課題にそくした問題提起であった。

先にも述べたように、仏教こそが中世民族文化だという直言は、神道に民族宗教としての一貫性をみようとする考えの否定である。黒田氏の論文集『日本中世の国家と宗教』（一九七五年、岩波書店）は、冒頭に権門体制論を提起した「中世の国家と天皇」（一九六三年）を置き、末尾に顕密体制論を提起する新稿「中世における顕密体制の展開」を配して一対とするごとくである。[30] しかも前者の題名にも表れているように、黒田説には、国家と宗教が一体となって全人民への抑圧機構として機能し、その体制を支える構造の要所に中世天皇が君臨した、という重要な意味もあった。それは、一九七〇、八〇年代にかけての学界的関心事である国家論と天皇制論に関して、中世史研究を牽引する役割を果たした。

黒田氏は顕密仏教が国家イデオロギーとして圧倒的威力をもったことを論じると同時に、それら一切を否定する位置にある異端思想の歴史的意義を示唆し、一向一揆などの民衆イデオロギーをも指摘している。それらは中世史が正負両面で抜きがたい影響力を今日にもっていること、それ故に将来展望を思い描く上で省みるべき内容をもっていること、つまり前近代民族の理論を踏まえつつ、新しい時代の課題に対峙して構想した学説として理解できる。

しかし、次節で述べるように、中世史学界では顕密体制論を支配イデオロギー論として受けとめる傾向が強い。その要因は、同時代が提起する学術課題の所在を見すえた、黒田氏自身による学説提示の仕方にもあった。顕密体制論には、封建支配イデオロギー克服の可能性を含む民衆思想への言及を含んでいるが、むしろ国家と癒着した正統仏教、つまり国家思想の体系とその圧倒的優位を印象づける論述になっている。この学説は、かつての研究の実証不足への反省を踏まえているとはいえ、やはり素朴単純な事実考証の結果として自ずから導かれたものではない。部分的にしか推測できないが、黒田氏が日本中世の国家思想とその威力についての復元・論述に力点を置いた理由の一端を、史学史という学的環境から探っておきたい。

（3） 近代国家主義思想史研究との共振――黒田俊雄と岩井忠熊――

権門体制論や顕密体制論にとっての批判対象となる先行学説は、領主制論や鎌倉新仏教論だが、一般的に考えても、先行する中世史研究との関係だけで新学説を構想したのではないであろう。黒田氏が参考にした歴史学研究は多様であって、精緻な検討によって学説上の影響関係を突き止める課題はあるが、その一部分として身近な学的環境が有効な条件であったことはありえる。たとえば、顕密体制論にとっての鍵概念といえる民衆の「鎮魂呪術的信仰（密教）」は、一九三九年に京都帝国大学の国史学科を卒業して関西で活躍した五来重氏の仏教民俗学研究、その代表作『高野聖』（一九六五年）に用語として見えている。[31]精査は課題だが、黒田氏のこの特殊な用語採用が五来説と無関係だとは思われない。このような具体的な中世史上の学説参照という次元のほかに、同時代に同世代で同一の学的環境において価値意識の共有部分をもつ身近な学友との議論が大事な役割を果たすことは、一般的にも個別的にもありうることである。そして具体的にその可能性がある一例として、特に明治国家主義思想史を掘り下げた岩井忠熊氏（一九二二〜二〇二三）との学的共振関係に注目したい。[32]

黒田氏と岩井氏はともに一九四八年京都大学の国史学科卒業である（年齢は岩井氏が四歳上）。敗戦後すぐに生まれた日本史研究会は共通の研鑽場だったらしい。二人はあまりお互いの交流関係を述べていないので、ここでは状況証拠による推論という域を出ないが、両者の思想史研究には、方法の次元で響き合う点がある。

一九六五年の岩井氏論文「近・現代史研究におけるオプティミズムの克服」[33]は、戦後の近・現代史研究がマッカーサー民主改革への批判精神を欠いてそのアメリカ帝国主義支配との関係を意識化し得なかっただけでなく、西ヨーロッパの絶対王政や市民革命との単純な比較で天皇制と自由民権運動を理解しようとした安易さがあったことを厳しく批判している。また岩井氏は、民族問題が議論された一九五〇年代前半段階の研究状況に関しても、アメリカ帝国主義への従属下における日本の民族主権未回復と帝国主義復活による東アジアへの進出、という新事態に応じた民族理論の創造に向かわず、植民地従属国の解放理論としての民族論にとどまっていたこと、そして民族文化の実態と役割を明らかにしてその客観的事実認識を得るという歴史学の使命を欠いた学問外的議論で混乱したことについて、厳しく批判している。研究上の方法と世界観の一貫性を重視する岩井氏は、論文「日本近代史学の形成」[34]（一九六三年）において、思想に支えられた方法こそが歴史学の条件であるという確たる視点で近代史学史を掘り下げている。そして、日本の近代史学が、国家権力の特異な姿である天皇制の思想的権威を内包していた特徴を明快に示した。具体的には、明治の実証主義史学を「無思想」と規定するほか、苦渋や矛盾を無視して自我の発展を描くことで国体との対決を避けた西田直二郎氏の文化史研究の「無思想性」などを指摘している。

岩井氏の研究テーマは日本近代思想史とくに国家主義思想史の研究だが[35]、その重要な一支柱は史学史である[36]。それは研究の思想と方法を歴史学の実践課題との関係で、また反動思想へのイデオロギー批判とも一体的に、具体的かつ原理的に問う特徴がある。それは黒田氏の先行学説批判が往々にしてその価値意識的前提への原理的批判として述べられることと親和的であり、「現実のなかの歴史学」「歴史学の再生」[37]を探究し、「国史」学を見すえつつその克服を図ることと共通する。

一方、黒田氏「戦後中世史研究の思想と方法」（一九六四年）では、その冒頭から歴史学は「究極は一種の思想的営み」だと述べる。また歴史学の思想は、史実に近づき秩序と統一を与える方法として存在する、つまり方法は思想とともにある、という。そして、この時点の科学的歴史学は具体的な方法という点では「無思想」であり、ヨーロッパなみの封建制─資本制の展開を期待するという一五年前の思想的課題にとどまる領主制研究を「無思想」だと批判する。いま必要なのは、アメリカ帝国主義と独占資本を排した日本人民が、東アジアでの歴史的規定性を認識し、今後の連帯強化の歴史を展望する、そういう思想と方法だと説く。

なお黒田氏「「国史」と歴史学」(一九八四年)[38]にも岩井氏「日本近代史学の形成」(前掲)が踏まえられているが、同時に岩井氏が一九八七年十二月二十二日に行った立命館大学定年退職に際しての最終講義「国史学の出発──日本近代史学史上の意義──」は、黒田論文の第一章「「国史」学の成立」の内容と重なる部分がある(岩井氏最終講義配布レジュメ)。黒田論文が先行する格好だが、その執筆段階で直接相談を受けた岩井氏が意見提供した部分があるという(最終講義での発言)[39]。

二人の発言を任意に取り出して類似を想定するという陥穽に留意してなお、歴史学にとって方法と思想が緊密であることとその更新の必要を強調する点で、両者の発言の共通性は目立つ。学説の内容についても、注目される点がある。

岩井氏は、『日本近代思想の成立』(一九五九年、創元社)の冒頭近くで、日本近代思想史研究は最初に明治国家の思想を明確にすることからはじめなければならない、と述べている。『明治国家主義思想史研究』(一九七二年、青木書店)では、日本近代史の特徴である国家主義思想の圧倒的な威力を研究対象の正面に据えて、伝統思想、国粋主義、天皇制思想、国民教育を論じている。一九六〇年代から隆盛した民衆思想史研究(色川大吉・安丸良夫・鹿野政直諸氏)の影に隠れがちだが、その高度な議論は一九九〇年代に席捲した国民国家論(西川長夫氏など)の論点をすでに含み[40]、国民国家が国際法秩序上の主権国家であることなど西川説に不十分な部分にも目が向けられている。しかもより重要なことは、近代日本のナショナリズムとその反動的国家主義をまとう天皇制国家について、その威力と世界史上の位置が、思想史文献の分析を通して論じられていることである。

岩井氏が日本近代思想を資本主義思想一般ではない反動的な国家主義思想と捉え、その国民国家イデオロギーとしての天皇制思想の圧倒的影響力を論じたことは、黒田氏が日本中世思想を封建制思想一般ではない正統顕密主義思想と捉えてその社会的影響力の圧倒性を論じたことと、相似た関係にある。黒田氏と岩井氏は、正統国家思想と批判的新思想の対立構造と前者の圧倒的優位、前近代史との関係で見出される民族の個性的内実、問題の主軸からはずさない天皇制とその思想、という理解を事実上共有している。部分的、結果的な学説間の類似といったことはどこにでもあり、両者はそれぞれ自立した研究者として活動しているのであるから、意見交流の実態やそれが学術営為に占める比重などは不明である。それゆえ推測を重ねることになるのは承知の上での想定であるが、二人が共有した学的環境や、自覚的な方法に基づく国家思想史研究であることを重視すると、中世と近代という研究対象の違いのもとで、学説上の偶然でない親縁性に注目せざるを得ない。

そのように考えた上で、黒田氏と岩井氏の学説上の違いは、対象とする時代の実態に由来する違いだけでなく、国家思想に対立する新思想についての理解の仕方にあると思う。黒田氏は、先に述べたように、異端派や改革派について論じつつ、民衆の自立と主体性が顕密仏教からの解放として展開する可能性に触れている。ただしそれは、古代のアジア的共同体を脱した中世において獲得され、中世成立期の国家によって反動的に再編されつつもその正統思想を基底で支え続け、中世末期の一揆として拡大するも統一権力による弾圧で解体されたという理解である。それはいわば、日本中世の封建的社会構成における社会的意識形態に限定された思想史論であろう[41]。日本中世の国家と宗教についての関係が、内実要素は入れかわりつつも構造としては近世以後にも影響力をもったという含意は推測される。その一方、民衆思想の歴史的達成と将来的可能性について、日本中世を越えた次元でその存在意義を評価する手がかりをつかみにくい。そのことは、黒田氏の実際の構想に、日本中世を含む東アジア世界などの空間的広がりや、日本中世を前後に超えた時代的広がりを欠くことと関係すると思う。

これに対して、岩井氏の場合は、国際秩序との関係で明治国家主義思想の個性が捉えられ、前近代の伝統思想からの影響や未発の近代思想への可能性が、構想に含められている。しかもナショナリズムとしての国家主義思想は、国家思想と伝統思想を含み、支配思想と民衆思想を含んで成立しているのであるから、民衆思想の真の成長は内なるナショナリズムそのものの克服を徹底させた人民の思想そのものとして追求されるべきである、という確かな見識がある。それは近現代を超えた実践的課題を示唆するものである[42]。

黒田説の批判的継承の方法を民衆思想史において探る本書では、社会的意識形態論とは別次元の思想史研究へも関心が湧く。網野善彦氏は、社会構成史的次元と民族史的次元の両軸で日本中世史を探究された。後者は人類史的次元であるともいわれた。そこで見出された原理は、中世史料に痕跡がありかつ仏教用語に由来する「無縁」思想であり、ここに人類が本源的に備えかつ将来に自覚的に拡充されるべき自由や平和についての思想を見出されようとした[43]。安丸良夫氏は、近世近代の頂点的・代表的思想家ならぬ土着の民衆思想に通俗道徳を見出しつつも、社会的・政治的な抑圧へのやむにやまれぬ抗いからほとばしる逸脱の民衆宗教思想に、未発・可能性ないし萌芽としての普遍的人民思想の存在を見出された[44]。二十一世紀にはいって成果蓄積が顕著なグローバルヒストリー研究は、なお内部にさまざまな潮流があるものの、国境を越えて多民族が流動し合う広域・長期の人類史を実証・構想し、その重要部分としての宗教史が明らかにされている[45]。現時点で参照できるこれらの諸研究を念頭に置いて、黒田説との関係で私見を導く試みをもう少し続けたい。

三．顕密体制論の批判的継承——平雅行説を手がかりに——

（1）顕密体制論の問題点とその克服

日本中世宗教史像を根本から組み替えて構想された顕密体制論は、中世国家論や荘園制社会論などとの整合性にも支えられた堅固さの故に、分野史的一学説として軽視できない提起力をもつ。仏教史研究に限っても、賛否いずれであっても、黒田説との学術対決なしに進むことが放恣と思われるほど立ちはだかった。ここでは、数ある議論のなかで、顕密体制論に内在する問題を指摘しつつその批判的継承によって独自の中世仏教思想史研究を展開する平雅行説に学ぶことで、本書の課題を導き出す手がかりにつなげたい。以下、数多い平氏の論文のうち、論文集『日本中世の社会と仏教』（一九九二年、塙書房）と『鎌倉仏教と専修念仏』（二〇一七年、法藏館）を念頭に置き、特に前者の「中世宗教史研究の課題」を基軸としつつ二著作全体を踏まえ、必要に応じて論文名等を記す。平氏は、黒田説の問題点を指摘しつつその克服論点を次のように述べている。

第一は中世仏教（顕密主義）の圧倒的威力・拘束力についてである。論点は三つある。①黒田説は密教による全宗教の統合という思想史過程が先行すると述べたが、実際には国家の宗教政策が先行したのであって、十世紀の僧尼令的秩序の放棄と十二世紀の院権力による寺社勢力・顕密仏教の統合という国制史を重視すべきである。②荘園領主権力のイデオロギー支配の実態解明が必要であり、たとえば年貢不払い百姓に対して堕地獄思想で恫喝するような顕密仏教の暴力性を見すえる必要がある。③貴族から民衆までを呪縛した共同規範としての通俗的仏教観の実態解明が不可欠であり、そのような中世宗教は民衆の解放願望の中世的封殺形態でもある。

第二は、顕密仏教が日本中世をおおった歴史的条件、社会史的条件の確認である。平氏によると、古代・中世は技術と呪術、生産活動と宗教、経済と宗教が未分離な社会であり、人間活動のすべての領域に宗教が深く関係した。そのことが、国家や領主の祈禱に実効性をもたせ、呪詛の宗教的暴力や雨乞いの公共機能などが実態視される条件であったという。

第三は、右の二点を踏まえた上での頂点思想家研究の必要性である。平氏は、黒田氏のいう「異端＝改革派」という概念の曖昧さを衝き、改革派を正統顕密仏教の一部として位置づけるとともに、それらと原理的に対立する法然・親鸞らを異端派と位置づけてその本質を鮮明にした。すなわち、顕密主義の身分制的・差別的な救済序列思想（階層的機根観）を原理的に否定した普遍的絶対的な人間平等観とその宗教実践こそが専修念仏であり、ここでは来世でなく現世で内面的権威性が獲得されたという。普遍的人間観と生身の人間の相克という切実な問いは、歴史的な拘束を越えた問題意識を現代に呼び覚ます威力がある。

初志を措いて顕密体制論を展開した黒田氏には浄土真宗研究に帰還する十分な猶予がなかったかのごとくだが、平氏による黒田説の批判的継承は異端派研究においての研究高峰をなしている。なお平氏はインテリゲンチャ論こそ自身の「最終的課題」（第一論文集三五頁）と位置づけられている。

（2） 平雅行説の特徴的論点と民衆仏教

平氏は、黒田説の批判的継承を媒介とする思想史研究によって、独自の法然像や親鸞像を結実されている。(46)教学思想について、社会史的事実の歴史的脈絡を踏まえつつ文献内在的に探究する方法からは、普遍的人間観と矛盾体的自覚との葛藤のなかで生きる思想家について、歴史的にまた歴史を超えて身近に見つめさせる迫力がある。当然ながら黒田説にはない独自性に満ちている。しかもその実証と論述の前には、常に周到な研究史整理によって問題の所在が明快に提示されており、後進にとって黒田説理解をも深めさせる。そう考えた上で、ここでは、顕密仏教の捉え方について、黒田氏と平氏の理解に重要な相違点があることを確認しておきたい。これについて二点をあげる。

第一に、国家権力とその反動思想について、平説は黒田説以上にその圧倒的機能を実態視している。通俗仏教を領主と共有する民衆は、高野山領の荘民や醍醐寺領の郷民のように、時には体制内改革派の聖・遁世僧・禅律僧らにも領導されつつ、仏敵として呪詛されて地獄に落ちるという恫喝の形をとった荘園制的イデオロギーに呪縛される客体たるにとどまった。中世宗教とは「普遍的超歴史的に存在する民衆の解放願望の中世的封殺形態」（第一論文集二五四頁）であるという。(47) 黒田氏の場合、中世成立期の民衆的願望は、アジア的共同体からの自立によって歴史的に獲得された思想だと捉えられていた。また、十三世紀以後についても、「異端・改革運動の基底にある澎湃たる民衆の願望」を重視しようとする説であった。

第二に、平氏の場合、自立した民衆仏教の存在についてはほぼ認められていないかのごとくである。平氏によると、十世紀国家が律令制を放棄した後、律令的国家仏教の自己変革とその中世的発展として顕密主義が形成され、その際に仏教の社会的浸透は「自然史的過程」として進行した（第一論文集八七頁）。そのような民衆仏教は顕密仏教という通俗仏教の共有に過ぎないものである。つまり、「民衆仏教」は顕密仏教の一部として定義づけられていることになる。それゆえ中世宗教は、正統顕密仏教・改革派（正統派の一部）・異端派（インテリゲンチャ中心）によって構成されるという明快な理解となる。民衆仏教はこれらのうちに埋没する。

これに対して黒田説では、中世各段階に民衆思想の発現が想定されていた。「古代的呪縛からの解放」「自立的経営主体としての能動性」「人間精神の解放と向上」、その宗教意識としての「鎮魂呪術的密教」という表現で、御霊会、宗教一揆、仏法領理念などに歴史的可能性の潜在と表出を見出そうとされていた。それは国家思想への抗いを通じて成立し、主流的な思想となることはないながらも生命を維持し、その固有の歴史的役割を果たして次世代につないだ、そういう民衆思想のことではないかと思われる。[48] この黒田説を折り込んでなお、平説の民衆仏教理解がある。

この点、黒田氏が自立民衆の鎮魂呪術意識が仏教と結びついた九、十世紀の御霊信仰を重視し、十一、二世紀の御霊会を民衆的な祭として注目されたことも、関係する。[49] なお顕密体制と御霊信仰については、河音能平氏が「民衆的宗教としての天神信仰」を論じるなかで、平氏の研究に言及しつつ、「顕密体制の内部において、俗聖権力を相対化する民衆的イデオロギー回路が形成されていた」と言われている。[50] この河音説には黒田説の具体化という意味がある。民衆仏教を顕密仏教という通俗仏教の枠に置くと理解しやすいが、個人としても集団としても多元性や矛盾を内包する民衆の仏教思想について、なお探究すべき内実があるらしいことについて、平説を通じた黒田説回顧によって理解できる。

(3) 民族文化論の相対視——世界史的連動と民衆仏教——

顕密体制論を民族文化論として理解する研究史整理はほとんどない。平雅行氏においても、「(黒田氏の歴史学には) 現実世界に対する厳しい緊張と強い責任感」「現代社会に対する思想的責任感」、という一般的指摘はあるが、[51] 更新された民族文化論としての理解はほぼ見えない。平説では、荘園制的支配イデオロギーとしての通俗仏教の社会的浸透が力説されているので、そのような民族文化論として理解することは不可能ではない。ただそのように捉えても、前近代民族（フォルク）の発見と評価による近代民族（資本主義的・ブルジョア的）の相対視的批判[52]、という学的認識はほぼ消える。そのため、中世民衆は支配イデオロギーに捉え尽くされていて民衆的イデオロギーが発現・機能する余地をもたないかのように理解されてしまう。黒田氏は、方法すなわち思想だという自覚から、民族文化論としての顕密体制論を含む日本中世史論を提示され、平氏はインテリゲンチャ論という方法での構想と実証によって精彩放つ異端派像を提示された。では、顕密仏教の一部としての民衆の仏教を対象とする研究には、思想的営みとしての歴史学研究の方法を見いだせないであろうか。

先行研究において、中世宗教を民族文化論との関係で捉えようとし、しかも民衆による正統権力と正統イデオロギーへの対峙という史実を掬おうとしたのは、先の河音能平説である。河音氏は、一九五八年から一九七〇年の論文を集成した『中世封建制成立史論』（一九七一年、東京大学出版会）で、アジア・アフリカ・ラテンアメリカ・オセアニアの諸民族との平和的連帯という問題意識に基づき、フォルクとしての日本中世民族文化論として、意志的・政治的主体たる勤労人民の反農奴化闘争に歴史推進の基軸を見出された。それは『日本霊異記』や『三宝絵』といった仏教史料、また志多良神やヤスライハナといった御霊信仰系の史実分析に基づく論述であった。黒田氏は、古代中世移行期に獲得された民衆思想としての鎮魂呪術的信仰を重視し、その表出としての御霊会に注目していた。河音説は、民族文化論と民衆仏教論を研究課題とする点で、黒田説とは親和性がある。平雅行氏と河音能平氏との論文上での直接的関係があまりないことを考慮してみることで、むしろ黒田説と平説の相違が少し浮上する。黒田説には、中世の民族文化における民衆仏教に、正統宗教の支配イデオロギーに包摂し尽くされない自立的民衆思想の萌芽的表出やその展開可能性、そしてその歴史的重要性を認める意味が含まれていた。

黒田説に含まれつつも十分には展開されず、ただし河音氏によっては継承され、しかし平説によっては重視されていないのは、権力とその支配イデオロギーに抗して自覚されまた行動原理になったという意味での民衆仏教である。私見では、このような意味での民衆仏教の存否は、なお研究課題である。

この点は、民族文化論や支配イデオロギー論では必ずしも捉えられないかもしれない。しかも、黒田氏が顕密主義は権門体制国家内の「国内的文化圏」において生成したと述べられ[53]、河音氏が民衆的宗教を封建制におけるフォルクの思想と位置づけられているように、顕密仏教や民衆仏教は社会的意識形態として日本中世の枠組において生成・推移・消滅したように理解されている。そこには民族文化の世界史的比較は視野に入っていても、実際に連動推移した世界史が含まれていないだけでなく、ほかでもない仏教史の基本属性である国際性が重視されていない。「国風文化」論批判はもっと徹底されるべきではないか[54]。日本史にとって仏教史の展開は自明ではないのではないか。民衆の解放願望は中世的社会構成における経済的自立を裏づけとして獲得されるとしても、その思想が普遍平等の人間的願望、さらには断片的・未組織的ながらも行動の原理となる場合、それが仏教という特定の宗教を媒介に表現されるという形式、内容、意義は、日本中世の社会構成に対応する意識形態という視野のみでは十分に理解できないのではないか。

顕密体制論をめぐる諸学説に学び、以上のような理解によって、民族文化論や支配イデオロギー論に加えて、あらためて民衆仏教論を構想したいと思う。歴史的主体としての中世民衆とその思想を捉える方法の探究は、なお必要であることを意識しつつ、史学史に関わる論述を続けたい。

四．歴史学の現代的実践課題と日本中世史研究

（1）民族論・民族文化論とその後

一九五〇年ごろに提起された民族論・民族文化論は、関心の的だった短い期間のあと急速に収束したらしい。しかし、民族の平和共存を目的に民衆の実践課題を探究する歴史研究の意義は、筋金入りの研究者たちによって、実証に裏づけられた歴史像の再構成という営みとして静かに支え続けられた。本章で言及した歴史研究者についてみても、世代観は単純ではないが、敗戦前の歴史学を肌身で知る江口朴郎（一九一一年生まれ）、石母田正（一九一二年生まれ）、上原専禄（一八九九年生まれ）、岩井忠熊（一九二二年生まれ）、黒田俊雄（一九二六年生まれ）、網野善彦（一九二八年生まれ）といった諸氏は、骨太かつ柔軟に問題意識を持続させた。石母田正氏の領主制論への批判をともなう戦後第二期の河音能平・大山喬平（ともに一九三三年生まれ）両氏の中世史研究開拓も、民族文化論への理解は深い。その後、一九六〇年から七〇年代の日本史研究で注目を集めた民衆史、人民闘争史、国家史、そして一九八〇年代に広がった社会史といった研究潮流には、少なくとも戦後第二世代の研究者にとっては、民族論・民族文化論の内実研究としての意味が保持されていたらしい。

しかし、一九九〇年から二〇一〇年代ごろにかけての、冷戦構造の解体と諸国社会主義体制の崩壊、それに加速したグローバル化の進展は、講座派的マルクス主義と近代主義的社会科学を基軸とする「戦後歴史学」の衰退をもたらした、とする見方をも生んだ。その際、国民国家論（国民の拘束を強調）や認識論批判（事実の相対視）が一つのよりどころとされ、ナショナリズム批判の一部として民族論や国民史が忌避され、消滅したように見える。

しかし同時に一九九〇年代ごろからは、新自由主義史観の台頭、市場原理主義の強化、大学の競争原理重視と人文社会系分野軽視、格差拡大と対立・分断の助長などが顕著になり、歴史修正主義をともなうナショナリズムや民族主義はむしろ強化されている。民族・民族文化はどうでもよいことではない。これに対する歴史学は、官学アカデミズムの席捲による脱思想的な実証研究の細分化は目立つものの、浮き足立つことない堅固な方法的自覚によって有効性を更新してもいる。それは、思想批判としての史料批判による「事実」の抽出、全体性との関係で個別史実の意味を見出す視点、現代世界に向き合う歴史家によるそれら方法の自覚[55]、といったいわば歴史学の基本姿勢によっている。それらの方法による歴史学が、現在の核危機、環境問題、分断・格差・差別の深刻化などを見据えつつ、平和・共存・連帯、人権、ジェンダー平等、民主主義、生存といった人類史の行方を模索することとの関係で[56]、どのような歴史像を過去に見出す必要があるのか、問い直される局面にあるはずである。ここでは、自分の持ち場でのことに限られるが、戦後の日本中世史研究との関係で、自身の課題を位置づけてみたい。

（2）民族文化論と民衆史研究――日本中世民衆史研究の場合――

日本中世史研究に限って、本章の問題関心から、代表的と考えられる研究に絞って、潮流をたどっておきたい。

敗戦から一九五四年ごろには、民衆的基盤をもつ民族への積極的・肯定的かつ啓蒙的な歴史叙述があった。それは戦後変革の国民的課題を国民的歴史学運動として推進する実践でもあった。その代表的な存在として、林屋辰三郎「民族意識の萌芽的形態」（一九五三年）[57]は、郷村制・町組制という社会的結合と、その郷土意識を基盤に創造された民衆文化の前進的性質を指摘した。同『歌舞伎以前』（一九五四年、岩波新書）では、科学的で民衆的立場にたつ地方史、部落史、女性史の研究意義を提言した。「民衆のなかの民衆というべき賤民」、その生活から担われる芸能・文化に託された喜びや悲しみ、抵抗や解放などが論じられた。民衆的基盤をもつ民族への積極的・肯定的評価による啓蒙的叙述といえる。

一九五五年から一九六五年ごろには、西欧中心主義への批判とアジア的停滞観の克服を意識しつつ、世界史における日本中世史が模索された。その代表的存在は、アジア・アフリカ・ラテンアメリカ・オセアニアの被圧迫諸国人民との連帯という歴史実践を課題とした、河音能平「中世封建時代の土地制度と階級構成」（一九六四年、北京科学シンポジウム歴史部門参加論文）[58]と、それを含んだ『中世封建制形成史論』（一九七一年、前述）に結実する諸論稿がある。そこでは、勤労人民による反農奴化の広範な闘争の主体性が明らかにされた。日本史研究会では、一九六三年の大会テーマを「農民問題の歴史的把握」とし、共同研究報告は「前近代の主要な民衆としての農民」を扱うという趣旨のもとに（委員会説明。『日本史研究』七一、一九六四年）、河音能平「中世社会成立期の農民問題」と黒川直則「十五・十六世紀の農民問題」が報告されて、「中世封建制社会の成立ということは勤労人民としての農民大衆にとって何を意味していたのか」（河音報告）という問題が立てられている。前後して大山喬平「中世社会の農民」（『日本史研究』五九、一九六二年）、「室町末戦国初期の権力と農民」（同七九、一九六五年）が発表されていることも、一つの潮流として理解できる。なお、黒田俊雄「中世の国家と天皇」（『岩波講座日本歴史6　中世2』一九六三年）はこのような研究史上の脈絡で理解すると、その国家論が民衆との関係で構想され、受けとめられたであろうことが理解できる。全体としてこの時期には、歴史像再構成の一部として、社会構成の再構想において民衆の再定位が示された。

一九六六年から一九七八年ごろ、歴史変革の主体として「民衆」が焦点となり、具体的な歴史叙述の成果が『日本民衆の歴史』全一一巻（一九七四年～七六年、三省堂）として刊行された。そこでは、勤労者・被搾取者・被抑圧者・社会発展推進者・政治主体としての民衆・人民の実態と運動についての通史（編集委員の前書き）が意図されている。中世には二巻が宛てられており、いずれも重要な意味をもつのでやや詳しくあげておく。

第二巻『土一揆と内乱』（一九七五年）の「はじめに」には、農民を主力として発展する民衆のたたかいを反封建闘争としてとらえ、国民の民主主義的歴史意識の形成に貢献しうる民衆史叙述を目指す、という方法が明示されている。そして戸田芳実「律令制からの解放」は、「底辺の下人・所従・脇在家住人たちのはたらきがなければ、中世荘園の成立もありえなかったのである」と述べる。稲垣泰彦「領主と農民」は、鎌倉時代前期をいわゆる人民闘争陥没期とする説を疑い、高い実証性による荘園・農民の実態復元をもとに、権力支配への闘いによって成長・自立する農民像を示した。佐藤和彦「惣村と内乱」は、在地領主層と有力農民層の結集と反体制行動が「悪党」として表出し、国家権力中枢さえ揺さぶる闘争で歴史発展の原動力となったことを論じた。黒川直則「土一揆の時代」は、中世農民が権利として要求・奪取した徳政、土一揆の闘争主体たる侍分と地下分などを解明し、敗戦後初期の土一揆敗北論を批判した。

第三巻『天下統一と民衆』（一九七四年）の藤木久志「戦国大名と百姓」では、戦国民衆の階級闘争や女性などに焦点が当てられている。原昭午「一向一揆」では、信仰と民衆の巨大なエネルギーの歴史的意味が確かめられている。峰岸純夫・横井清「荘園農民と町衆」は、協働する農民、連合する村、旱魃と農民、民衆のなかの民衆としての賤民などの存在を強調する。藤木久志・峰岸純夫「朝鮮出兵と民衆」は、動員態勢下の民衆と農村やその意識を探る。深谷克己「島原の乱」は、日本民衆が世界史の動きから遮断される過程の苦しみを描く。

以上、『日本民衆の歴史』収録論文の充実ぶりは、一九五〇年ごろの播種が開花したかのようであり、民族論・民族文化論が民衆史として結実したものと位置づけておきたい。

一九七〇年代末から一九八〇年代には、歴史学内外では社会史として、歴史学ではやや対象を絞って民衆生活史として、特に中世史研究での新動向が目立った。高度経済成長の矛盾噴出を覆い隠すかのような日本社会の安定傾向を背景に封建遺制が語られなくなり、私生活中心主義や中流意識、価値観の多様化といった現実感覚が、変化しにくい日常身辺の歴史やその心性、五感を探る研究動向と重ね合わせて理解され、その研究を支える多様な史料研究（史料論）も拡大した。

そのなかで、網野善彦『無縁・公界・楽――日本中世の自由と平和――』（一九七八年、平凡社）、『日本中世の民衆像――平民と職人――』（一九八〇年、岩波新書）、『日本中世の非農業民と天皇』（一九八四年、岩波書店）は、社会構成史的次元での実証徹底を進めつつ、ほかでもなく民族史的次元と名づける方法によって、豊かな内実をもつ長期の民衆史のうちに自由への指向や権力への抵抗を希求する本源性を見出し、その心性には天皇権威をも遥かに超える究極・普遍の無縁原理が内在すると論じた。それは、世界諸民族をも視野に入れた人間のつながり回復という人類史展望をともなう学問であり、その普遍的価値観を支えとする徹底実証の姿勢は、一九五〇年代前半の民族論・民族文化論の渦中での実体験への厳しい内省に支えられている。

中近世史の共同研究から編まれた『一揆』全五巻（一九八一年、東京大学出版会）は民衆史研究そのものである。特に第四巻「生活・文化・思想」には、千々和到「中世民衆の意識と思想」、黒田日出男「中世民衆の生産と生活Ⅰ　中世の開発と自然」、山本隆志「同Ⅱ　中世農民の生活の世界」を含んでいる。この時期の研究動向をよく表している。

黒田俊雄編『中世民衆の世界』（一九八八年、三省堂）は、本章の視点からは特別に重要な位置にある。同書の編集意図は、先の三省堂版『日本民衆の歴史』の中世を踏まえた新しいコンパクト版だという。編者の序章「民衆史における中世」には、東アジアの国際環境、農民・領主、仏法・人法、さまざまな生業、という対象の概観がある。そして黒田氏自身が担当した本論「中世民衆の生活と論理」では、多様な全体を的確に示している。すなわち、勤労と集団（衆・党、家族、公事、芸能）、情念と苦難（智恵、激情、煩悩、生死）、祭礼と過差（魔性、祭祀、風流、騒乱）、国土と権威（開発、地域、国家、国王）、という周到な言及である。一方で「社会史」研究が目立つなか、「民衆史」を堅持しつつ、その多様な実態を複眼的に捉え、感情や心性を含む全体史を指向しつつ、キーワードを軸に叙述した論稿である。そこには、歴史的真実と人間生活への史眼によって、厳しい条件下で刻々と歴史的経験を積み重ねてきた民衆史の事実が示されている。他の章には髙橋昌明「中世社会の展開」（中世身分制を含む）、佐藤和彦「高揚する民衆社会」（東アジア世界への視野を含む）、三浦圭一「庶民の一年と一生」（民衆生活史研究）が配され、一書として、社会のしくみ（荘園制）、国家機構（権門体制）、思想・文化（顕密体制）、身分制、天皇、東アジア世界、地域史・生活史・女性史などを彫り深く把握できる。ここには中世民衆史の全領域が出そろった観があり、たとえば林屋辰三郎氏による三領域の研究提言からの長足の前進が理解できる。

特に注意したいのは、民衆史が全体史のかなめに位置づけられていることである。敗戦後すぐのように領主制、封建的ウクラード、小農自立といった指標に関心を限定せず、多様な関心による実証研究として進められた政治史、荘園史、文化史、宗教史、生活史その他諸分野への関心分化の問題点を放置せず、蓄積されてきた成果を条件とした中世史研究再生への方法的提言として、ほかでもない民衆史がかなめとされた。そこには、全体史であるはずの社会史研究が研究分散化を促進しかねない実情への警告さえ読み取れる。黒田氏自身による中世民衆史研究は、闘う対象としての国家機構・政治制度・身分制・支配イデオロギーなどとの関係で構想されており、天皇制論や被差別民研究とも関連していた。そのことを踏まえつつ、晩年の黒田氏がこの編著で示されたのは、社会史ないし全体史の基軸に民衆史を据えることで中世史学の再生を提唱した、ということだと思う。

ただし中世史研究の趨勢は、基軸としての民衆史という方法をはずした上で、むしろそれが偏狭な階級闘争史観の残存であるかのように距離感もって見られ、特に一九九〇年代の世界情勢変動以後には、基軸のない全体史または社会史という研究動向が優勢になったのではなかろうか。黒田氏は歴史学の再生を提言されたが、民族文化論の再生などとはいわれなかった。この点は、黒田氏によるかなめとしての民衆史という提言があまり理解されなかったことと関係するのかもしれない。学説としても、思想としての方法にかかわる史学史としても、探るべき論点であろう。

（3）　中世民衆仏教の探究——民族文化論・民衆史研究を踏まえて——

以上のように民族文化論と民衆史研究を辿ったのは、研究課題として中世民衆仏教を設定する意味を探ろうとしたからである。

民衆、民衆思想、それぞれには多面性があり、矛盾態でもある。中世民衆仏教についても定義づけはさまざまありえる。ここでは民衆思想の大きな部分を占めた仏教思想一般を指しては呼ばないこととする。黒田俊雄氏が構想した日本中世の民族文化としての顕密仏教は、そのほとんどが支配イデオロギーそのものまたはその思想基盤として機能し、通俗思想として民衆を拘束する圧倒的な威力をもつ思想であった。平雅行氏はかつてそれを、民衆的願望を封殺する顕密主義イデオロギーだとされた。ただし黒田説は、被支配身分の民衆的イデオロギーを正当に見出そうとするものであり、自立的民衆仏教の非存在説ではない。平雅行氏が、民衆的願望の封殺的形態という表現に一部幅をもたせた修正を施し、顕密主義への反発・否定、無視、超克・独歩の存在を指摘されたのは、黒田説理解としても整合性がある。[59]この部分を積極的に受けとめてみたい。[60]

顕密主義と弁別できる民衆仏教の存在を史料上に見出すのは容易ではない。しかし、河音能平氏は中世封建制の形成過程から民衆思想の役割を重視しており、民族文化論への問題意識を共有するだけでなく、顕密体制論を民衆仏教形成史の面で継承している。河音説は、意志的主体としての勤労人民が反農奴化闘争を共有しつつ超階級的救済思想としての平等・正義の観念と行動を表す、という歴史的な可能性と推進力を重視するもので、これは思想史研究として孤立していない。[61]河音氏の議論が、仏教史を辿って「国風文化」を成り立たせた反権力的民衆的動向に注目され、御霊会や天神信仰のうちに闘い取られた普遍的思想を見出された、ということを重視したい。[62]そのような普遍的思想が、推移する中世史において広く確かめられるかどうか、可能性といえども根拠なしに説くことはできない。しかし私は、中世民衆仏教を、支配イデオロギーに吸収された通俗思想においてではなく、またインテリゲンチャの思想的到達点においてでもなく、生活者民衆のなかに芽生えた将来展望的思想において、探究する必要があると考える。

中世仏教について再整理すれば、民衆思想が多層的・多面的で矛盾態でもあるという一般的性質を踏まえつつも、一つにはイデオロギー支配の思想基盤でもある通俗思想として民衆を拘束する顕密仏教を正当に見据えたい。もう一つは、顕密仏教と正面から対峙して苦渋の思想営為から見出された現世平等の異端的なインテリゲンチャの思想について、多く間接的な民衆的解放願望の存在を想定しつつ、その重要性を理解したい（この点私は何も実証研究をしていない）。さらに加えて、本書で特に重視するのは、民衆自身が生存条件への闘いと権力支配への抗いの生活史的経験から紡ぎ出した普遍的な人間共存の思想が、ほかならぬ仏教の用語や思想との接点で自覚され表現された、そういう意味での民衆仏教である。

それは日常生活で噛みしめられる場合はほとんど書記されないであろう。集団内の自己規律や対権力の闘争などの場合に書記化された場合、その一部が史料として今日見出される可能性がある。しかしいずれにしても、中世ではその歴史的事実そのものが、断片的で未組織であって、権力への規定性は明示的ではなく、歴史的な展開についても幅ある可能性のうちの一選択肢にとどまることもある。ただし史料的痕跡は乏しいかもしれないが、その探究課題は、今日までの中世史研究の実証水準を条件にして、また歴史学の今日的な課題にそくした方法探究の議論を励みにして、あらためて試みる価値がある。

ここでいう民衆仏教は、国家思想であり民族思想ともいえる顕密仏教の民衆的基盤ではない。通俗思想としての顕密仏教が民衆に担われたという条件を前提にして、日本中世の権力支配や生存環境の過酷さに直面する民衆によって、生活的人生的な実事の次元で発想され自覚された願望の、意志的で普遍的な表現形式としての仏教思想、というものである。意志的普遍思想は長い人類史的発展の前史をもつが、日本中世の民衆的願望が仏教思想の形式を借りて表出された思想を民衆仏教ととらえ、その将来性を重視したい。たとえば、「慈悲」（愛情）、「不殺生」（非暴力）、「和合」（平和）などの表現と内実を、顕密主義の支配思想と弁別しつつ、民衆史の歴史的文脈で検討を試みる。顕密仏教ならぬ民衆仏教は、技術と呪術の未分離、生産活動と宗教の未分離という歴史的条件が必然的に生んだものではない。中世は百姓身分の家や村が自立するとともに、個人の活動も目立つ時代である。特に寺院社会は諸個人が自覚的に集団化する社会であり、聖・上人などは旅僧・乞食として村や家と接触している。これらには自覚的な生活態を含んでおり、そこからは自然と密着した未開の宗教からの解放が萌しているとみるべきであろう。民衆仏教はそのような自我発現の中世的な姿であり、その展開や発達は中世以後、さらには今日から将来を視野に入れた普遍思想史として展望すべきように考えられる。

かつての民族文化論においても、国家主義の思想と人民的連帯の思想は区別されていた。前近代における民族文化論においても、このことは意識されていた。そして、日本史上で最初に民衆的基盤をもつほどに社会的に浸透した仏教は、黒田氏が喝破されたように、古代仏教ではなく中世仏教であった。この点で、顕密仏教に対峙する民衆の仏教信仰に前進的意義が想定されがちであり、黒田俊雄氏の顕密体制論は、民衆の仏教信仰の改革的発展に前進的役割を認めるという意味での、民族文化論であった。しかし顕密仏教の民衆的基盤の拡充発展は、ついに国家思想の枠組から逃れることはできない。インテリゲンチャの異端思想は、この点で画期的な意味を今日にも提起するが、民衆自身による民衆思想そのものの徹底という方向については想定されていない。日本中世に視野を限定した場合、それは半ば絶望的なのかもしれない。しかしやはり、断片的で未組織な痕跡であっても、事実を黙過することはできないと思う。

そこで本書では、二つの方法を考慮する。一つは、民衆仏教の存在を史料的に探ると同時に、それら諸事実を日本中世または中世封建社会のこととして限定せず、長い前史と後代ないし将来を視野に入れて歴史的に位置づけることである。この点では、網野善彦氏のいう人類史的次元または民族史的次元と表現されたことに近い。ただし網野氏は、民族史への視点を執拗に堅持されており、その史学史的意味を噛みしめつつも、むしろその枠組みを外してみたい。

もう一つは、民衆生活文化を含む日本中世文化の全体を、東アジア世界ないしアジア世界の一地域における歴史的交流の産物として捉えることである。そのような性質が顕著にうかがえる要素こそ仏教だと考える。紀元前五、四世紀の南アジアに発した仏教の中央アジアにおける大乗仏教化、ユーラシア東部の交流史を捉えた中国諸王朝による翻訳文化的な仏教吸収策、倭国・日本国の古代権力による模倣的導入、仏教を組み込んで形成された中世社会における継続的な大陸仏教動向の参照、といった歴史過程に注目したい。世界仏教史において日本中世の顕密仏教は相対的には独自だとはいえ、純粋固有の日本宗教と見なすよりも、世界性を含んだ日本中世宗教と見るべきであろう。一九八〇年代以後の中世史研究では、「中世の日本が社会の深みから海外と結びつけられていた」[63]ことが解明されてきた一方、仏教史研究では顕密体制論の影響下で国際性より日本的特質を見出そうとする研究として展開した。この学史は再考されるべき段階であろう。

このような方法的試みを意識しつつも、実証をともなう論述については、なお日本中世史料の語る範囲で考察するのが精一杯だが、研究史上の位置づけを自覚しつつ史学史上の抱負を込めて、本書を編集することとする。

五．日本中世民衆仏教研究の試み

（１）前史の概略

きわめて大づかみながら、本書が扱う日本中世仏教史の構想について、あらかじめ述べておくこととする。まず旧著『日本中世仏教形成史論』『日本中世仏教と東アジア世界』などでは、次のように述べた。

日本の古代仏教は、世界宗教を国家宗教として、つまりインド始原の仏教を漢訳による中国化を介して古代国家が導入した政治思想であって、中国仏教の模倣的再現を基調とする政策によって東アジア政治世界への自国定位が企図された。その内実は、大乗戒を支配集団が共有することで、外来権威性ある教義・行法を世俗内に位置づけつつその下において結集を図るもので、現実の身分序列一切を超越する天皇が仏教実践構造の権原主体に据えられ、その下で大寺が八宗を分担した。この段階の仏教を支える民衆的思想基盤は存在しない。

十世紀以降、東アジアにおける諸国興亡と東アジア・中央アジア間の通交促進を条件に、江南地域の天台重視策や北地の後期密教導入策の影響を受け、顕教・密教並立の東アジア仏教の動向を参照しつつ、自立権門化を模索する寺家が宗派・教義を「日本国」内で自己主張する体制へ移行した。特に十一世紀初期から、軍事対立する遼宋の盟約（澶淵の盟）をめぐる国際政治動向を感知した日本王朝は、自身の連続性と正統性への願望的自意識をもち、その根拠づくりとして平安京とその周縁での仏教要素拡充ならびに金峯山・高野山・熊野など仏教聖地の国内養成を進めつつ、天竺・震旦と並立する日本の位置を探った。この十、十一世紀には、百姓身分形成過程の民衆による生活指針の模索は、古代的支配からの解放願望と王朝国家的支配への抵抗意識が御霊信仰として表れる場合があり、その典型として「しだら神」という新しい神を生んだが、明確に仏教と結びついた動きはなお見えにくい。

十一世紀後半からの朝廷権力は、遼宋間の軍事発火を焦点とする緊迫した国際動向を強く意識し、特に十二世紀前半の両国滅亡と金と南宋の対峙構造に結果する前後に、中世的国家・社会体制を確立させる。日本王朝の安全確保を念頭にした政治構造としての院政、日本国の天皇を三国仏教世界の超越権威に擬すための金輪聖王としての定位、首都平安京を世界宗教たる仏教の根拠地に見立てるための国家仏事や御願寺の増設、正統顕密仏教の社会的基盤を領域的に分担支配する寺社勢力の擁護、これらが一斉に強行された。そしてそのような目的が先行し、その実現のためにこそ膨大な荘園群が設定され、地方的富を臣僚の裁量で収奪する公領が維持された。本家の「御願」と寺社勢力の維持、また朝廷仏事と国衙仏事の遂行を理由とする年貢・公事の賦課によって、列島民衆に仏教が浸透した。十二世紀第Ⅱ四半期に、中世国家と荘園公領制そして顕密主義仏教は一旦成立した。

この間、荘園公領の内部では、地縁社会の形成が村落という政治結集単位に結びつくという、基層社会の変動が進んだ。同時代に急造された国家機構と社会秩序を下支えする負担への民衆の抵抗は、首都での御霊会や各地での反国衙闘争などとして表れるが、それが仏教思想を纏って表現されはじめるのは、十二世紀半ばごろからである。[64] ここにいたって、権力支配と顕密仏教からの解放という民衆的課題が、和合・僧伽・不殺生などの仏教理念を用いて思想表現されはじめる。それは顕密主義への包摂と紙一重かもしれないが、支配イデオロギーの受容というより、民衆生活次元での自覚的選択とみられる場合がある。緻密な歴史過程の復元を一切省略しての見通しだが、ここには、鉱脈としての古代インドの普遍思想と、水脈としての日本中世の平等思想とが、接点をもって歴史的に表出した姿を見出すことができる。

以上が前著までの考察である。日本中世仏教成立段階までに、ほぼ対象が限定されていた。本書では、その前史についての認識幅を広げるとともに、中世史における展開をも扱う。前史については、南アジアインドから中央アジアそして東アジアを結びつける一要素としての仏教史に関して、以下のように、先行諸研究に学んでごく大まかに見わたすのみである。

仏教史はユーラシア東部を歴史的につなぐ重要な要素である。ここに示した概念図【図1】には仏教以外の要素や地域間の相互関係、また海路のルートを表せていないが、当面、日本中世仏教の歴史的位置を理解するために掲げた。ここには、三国思想（天竺・震旦・日本）のごとき観念的かつ日本中心的な仏教史観ではなく、[65] 実際に連動推移した歴史の事実が含まれている。南アジアインドでの仏教の発祥は、紀元前五、四世紀ごろである。継承されたゴータマ・ブッダの思想は、中央アジアのクシャーン朝時代の紀元前後に、大乗仏教を分化・発展させる。そこでは世俗権力の支援、信仰実践する非出家者への救済、ブッダの思想の書面化、仏菩薩の偶像化、都市的拠点と関係する寺院建設、といった新要素が出揃う。つまり、仏像・経典・寺院・僧侶からなる仏教が、在家信者をも実践主体にして社会的意味をもち、国王などの権力がその保護者と

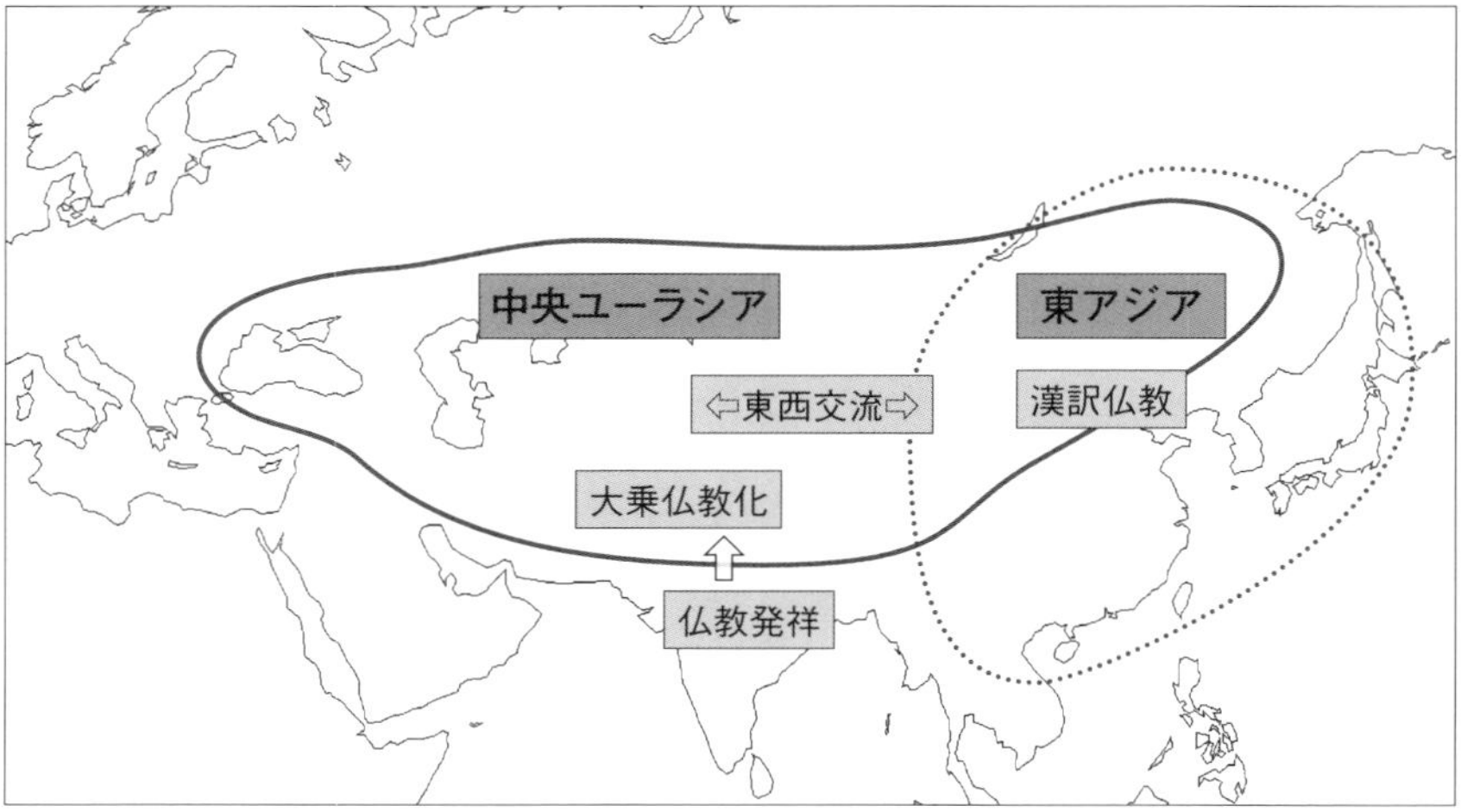

図１　ユーラシア東部の概念図

して立ち現れた。それは、のちの東アジア仏教の一般的な姿でもあり、この形式の限りでは日本中世仏教の祖型でもある。

　オアシス小都市間をつなぐ多文化社会としての中央アジアは、出身地を越えた広域的な交易活動の根拠地として発展し、なかでもイラン系のソグド人が遊牧諸国家の支配を受けつつ中央ユーラシア世界で活動し、二世紀から七世紀には交易文物に仏教を含めて東アジアの中国諸王朝に受け入れられた。この期間にこそ、西域・中央アジア・天竺出身者などによって、仏書の中国語（古典漢語）訳が進められた。そして唐朝は、インドとの間を往復して仏教文物と西方情報をもたらした唐僧玄奘（六〇二〜六六四）に仏典漢訳事業の集大成者としての地位を与えるなどの政策で、世界宗教としての仏教の根拠地を自国の内に据えようとした。朝鮮半島諸国との政治的競合下におけるヤマト国家の仏教導入は六世紀前半であり、新羅国家の半島統一と競合して成立した日本国家の成立以後には、唐仏教の模倣を国家課題とした。ただし列島民衆に仏教が浸透するのは、十二世紀段階である。

ユーラシア東部…	南アジア・インド(BC5–4C)ー	中央アジア　ー	東アジア・中国　ー	日本列島(6C)
	仏教・古代マガダ語	仏像・経典・在家	漢訳仏典（中国語）	12Cに社会化
ユーラシア西部…	ギリシャ(BC5–4C)　ー	イスラーム世界ー	西ヨーロッパ(12C)	
	科学・哲学	アラビア語へ	ラテン語へ・西欧文明の基盤	

図２　ユーラシア東西の12世紀ルネサンス概念図

以上の史的過程は、仏教文化史として独特の意味をもつ。発生期仏教は、ゴータマ・ブッダによって古代マガダ語で語られていたという。紀元前後から、書記化された仏書はサンスクリット語等で著された。東アジアの中国諸王朝は、二世紀から七世紀を中心として、組織的に漢字・漢文に翻訳した。日本では基本的に漢文のまま受容し、その社会的な開放が十二世紀にいたって進行し、同時に本書でいう民衆仏教の萌芽も可能となった。この過程は、言語・民族・国家を越えつつ、言語および文化の翻訳をともなって進行している。この歴史的背景を重視した場合、日本中世史の成立は、世界史上の十二世紀ルネサンスの一形態と見なしうる。

十二世紀ルネサンスという学術用語は、ユーラシア西部とくに西ヨーロッパの中世世界成立を捉える概念として知られている[66]。それは次のような前史理解である。まず紀元前五、四世紀にアリストテレスやプトレマイオスなど叢生した知識人によって紡がれたギリシャやヘレニズムの科学・哲学は、三世紀成立のササン朝ペルシャから八世紀成立のイスラーム帝国においてアラビア語に翻訳されつつ受容された。ついで、十字軍遠征でイスラーム世界と接触した西ヨーロッパ人によってその学術が注目され、十二世紀に書物のラテン語翻訳をともないつつイベリア半島やイタリアなどを経由して導入されたことで、中世ヨーロッパ成立の歴史的転換、さらには近代社会を準備する基礎になった。このような見方である。

しかもユーラシア東西の歴史展開には実際の関連がある。たとえばギリシャ・マケドニア王国のアレクサンダー大王（在位紀元前三三六〜三二三）の東方遠征は、エジプトのアレクサンドリアを中心地としつつ、ソグディアナからインド北西にも到達してヘレニズム世界を形成した。その異民族統治策には、広域的通貨を用いる方策など、文化の融合を進める面があった。ギリシャ・ヘレニズム文化の偶像崇拝が、のちに中央アジアにおける仏像成立の一契機となったのは、その影響によると推測されている。また、紀元前二世紀後半にバクトリアを拠点に建てられたギリシャ人国家の王メナンドロス一世は、比丘ナーガセーナ（那先）と交渉し、その仏教思想問答に発したという『ミリンダ王の問い』（一世紀代ヵ）は、四世紀ごろの東晋代に『那先比丘経』として漢訳されている。それぞれなお検証の余地があるとはいえ、このよく知られた二例の背景に、継続的な東西文化の接触と連動の諸史実があったという推測は、無視できないであろう【図2】。

仏教美術に限っても、東アジアの毘沙門天、執金剛神、大黒天、訶梨帝母、風神などの造形の系譜は、ギリシャや西アジアからたどることができると指摘されている。[67]文献史学としての実証は多く今後の課題だが、ユーラシアの東西での十二世紀ルネサンスは、広域的に連動する歴史の一部分と見ることができる。

（2） 民衆仏教への着眼

仏教の時代とも称される日本中世は、南アジアインドに発した仏教が、中央アジア、シルクロードを経由して東アジアに導入された世界宗教を、列島社会に定着させた時代と見ることができる。この意味で日本中世文化は世界史の要素を含んで構成されている。仏教の内実に歴史的な変容がともなうのは当然である。

顕密仏教が民衆世界に届いていたことは、寺社勢力による荘園支配によって証明される。[68]この点は、民衆の空間的な世界認識としても確認できる。十一世紀末から十二世紀以後には、仏教世界に生活現場を結びつける知識が展開しはじめる。よく知られているように、中世日本には国―郡―郷―村の序列が諸地域の骨格を形づくっており、領主の所有を契機として庄—名が任意に切り取られる場合を含みつつ、この縦の序列は確実に浸透している。(69)同時に、仏教の国家的・社会的な受容によって、日本国をまるごと仏教世界に位置づける骨格認識があった。それは一方、「南贍部洲」（南閻浮提などともいう、人間世界のこと）と「日本国」を縦序列の上位に冠す。

世界の中央に仏地としての須弥山が聳え、その南麓大海に人間世界たる南贍部洲（娑婆世界）があるとする知識は、(70)『倶舎論』（五世紀世親著、七世紀玄奘訳）に記述がある。東アジア諸国では十一世紀ごろから用いられる例が増え、日本でも藤原道長の金峯山埋納経筒銘でも採用されているが、急増するのは十二世紀ごろからである。その場合、民衆の生活世界である「村」までを仏教世界に包摂する理念とともに、仏教の実際上の受容と実践の拠点として設営された「寺」を末端に置くようになった。つまり、南贍部洲—日本国—国—郡—村・寺という序列に基づく世界認識がある。「南閻浮提大日本国山蔭道丹後国管熊野郡佐野郷大治村円頓寺」（一一七〇年、京丹後市久美浜町円頓寺出土経筒(71)）、「南閻浮提大日本国東山道信州阿曇郡御厨藤尾郷内覚薗寺」（一一七九年、長野県大町市覚音寺千手観音菩薩像(72)『日本彫刻史基礎資料集成　平安時代四』一九六七年）という表示がそれである。後者については、井原今朝男氏が中世の人々による仏教的アジア認識・地理認識、として論じられている。(73)そしてこのような村・郷と寺が結びつく実例は中世を通じて多く見出される。ただし、「南瞻部洲」や「日本国」などが省略されている場合が多いことに留意が必要である。「大日本国美濃州武義郡揖深荘碧雲山永安禅寺鴻鐘」（至徳元年〈一三八四〉、美濃加茂市龍安寺蔵梵鐘陰刻銘、『岐阜県史　史料編　古代・中世二』一九七三年）、「美野国武儀郡於吉田村新長谷寺書写畢」（応永三十四年〈一四二七〉、美濃市大矢田神社蔵『大般若経』巻第二百十三、同上）などといった例である。

これらの表記は、行政的な所在表示というより、むしろ仏教的世界構造との関係での寺院所在を意味している。仏説や梵音に関わる記述であってみれば当然ながら、上位の「南瞻部洲」という仏教的世界に連なる形式である。寺の設営や経営の主体はさまざまだが、中世を通じて地域の結集核となる例が増え、生活世界に仏教が浸透する仕組みとして広く確かめられることになる。(74)

　しかもこの仏教的な世界認識は、上位からの下降ではなく、民衆の目線を起点とする場合がある。実証困難な局面だが、権力への抵抗手段として領主に提出された百姓起請文は、その手がかりとしてあらためて注目される。たとえば延文元年（一三五六）十月二十三日太良荘百姓等連署起請文は、公文禅勝と法橋実円の非法二十一か条をあげた申状に添えて領主東寺に提出された（東寺百合文書し函22）。連署する百姓五三人による誓約文言からは、定型様式の制約を超えた迫力と意思をうかがうことができる。そしてその神文には、「上ハ梵天帝尺四大天王ヲ始奉テ、凡　日本六十余州大小神祇冥道、殊　伊勢天照皇大神・八幡大菩薩・天満大自在天神・当国鎮守上下大明神・当庄鎮守三社大明神、別テハ弘法大師等ノ御罰ヲ、太良庄百姓五十余人、可二罷蒙一候」とある。

　この場合は村や寺は見えないが、縦序列の空間認識を記す原則内の一様式であって、しかも日本―若狭国―太良荘がたどられているだけではない。冒頭の梵天・帝釈天・四天王は、仏教的世界の中央に聳える須弥山の守護神であって、その南麓の人間世界こそ南瞻部洲である。つまりここでは、仏教世界の系列下に太良荘の百姓集団が位置づけられている。しかも仏教世界系列は、須弥山下の南瞻部洲から日本国、地方国以下へと下降するかのような記述形式をとりながら、実際には個々人が結集した地縁集団の政治意思を上位身分に突き上げる、という目線がある。それは、中世仏教を利用した民衆的意思の表現であろう。(75)

　日本中世の顕密仏教は国家宗教として民衆思想を拘束する民族宗教という性質が濃い。しかし同時に民衆にとっては、抵抗と自立願望を仏教に借りて表現する条件ともなしえた。つまり権力事業によって推進された仏教普及策においても、「和合」（平和）、「不殺生」（非暴力）、「慈悲」（愛情）、などの普遍的思想は骨太く生きており、場合によっては民衆の意志的主体性を表現する条件の一部となった。たとえば、永暦二年（一一六一）僧永意起請木札（三河国普門寺）は、「和合」「不殺生」「慈悲」「不邪淫」という仏教思想によって、里山寺院に集う僧侶・住人の生活規範を掲げるものである。[76]

ただし仏教を主体的に担う民衆は、村落に集う定住民だけではない。非定住の巡礼僧、芸能者、商手工業者など、そして被差別民や身体不自由者など、個人として集団として仏教者の姿をとる者は多い。[77]そのことは信仰心一般による救済へのよりすがりなのであろうか。むしろ、中世の権力支配と社会構造のもとにおける、人間存在の本質的理由への探究を余儀なくされた境遇から、仏教の普遍的思想に触れていた可能性がある。禅僧景徐周麟に対して、「某一心に屠家に生まれるを悲しむ。故に物の命を誓いてこれを断たず。また財宝を心してこれを貪らず」（『鹿苑日録』延徳元年〈一四八九〉六月五日条、原漢文体）と直言した河原者又四郎は、被差別民として不殺生と不偸盗を人生規範として自覚している。狂言「地蔵舞」は、廻国僧と村人との排他関係を越えた交情の成立について、「慈悲の涙せきあえず」という感動において造型している。[78]史料の乏しい世界に探査の課題を設定する意味は大きい。

和合・不殺生・慈悲などは、多義的であって実際の脈絡次第で価値の正負すら変化しかねないことには、十分な注意が必要である。中世の文献がほとんど支配身分の僧俗による陳述史料であるから、民衆を融和的に包摂する領主の言説として、また時には真面目な僧侶の教化として、いずれも本質は支配イデオロギーである場合がほとんどである。[79]そのことを念頭に置きつつ、民衆の生活実感から紡ぎ出され、意思と願望に満ちた将来展望として、普遍的価値が表出したという可能性を探究する意味はある。重要なことは、中世では仏教語として発言された「和合」「不殺生」「慈悲」などの言葉は、今日では仏教語であることが忘却されているほど、日本語として定着していることである。しかもそれらは、多言語的に翻訳可能な連帯の思想でもあって、人類史にとって普遍性ある将来展望のよりどころである。ほかに愛、乞食、智慧、平等、布施、不退転など数多くの仏教由来語には、語義の歴史的変化をともないながらも、価値肯定的な原義を貫くものも多い。個別の研究課題に中世史研究としても着手すべきであるが、本書ではその課題を示すにとどまる。

日本中世史は、広域・長期の世界史の一部として、また具体的な民衆生活史の達成として、立ちはだかる国家宗教として機能した仏教と対峙するなかから、価値理想的な将来展望が見出された時代だと考える。未組織・断片的ながら、圧倒的で威力ある国家思想に抗して萌芽した民衆仏教の存在は、普遍的に人類が備える共感力の歴史的な顕現の一過程であり、民衆《people》による国際主義と普遍主義の実現は民族主義を越えるはずである。中世民衆仏教は、「人類の多年にわたる自由獲得の努力」（日本国憲法第九七条）につながる前史が広いこと、しかも中世はその自覚過程としての重大画期であることを理解させる。その意味で、今日においても未完の民主制を将来に展望する上で、それを明らかにしないではいられない研究対象である。

第一部は、六世紀から十二世紀の仏教導入過程について、東アジアないしユーラシア東部の歴史的世界との史的連動に留意しつつ、各章の主題ごとに論じつつ全体をたどるよう編成した。古代から中世への変化を描くが、それが列島内または国内で純粋培養的に推移した歴史ではないことを理解しようとしている。このことは、仏教史を軸とすることで鮮明になる歴史認識だが、仏教史に限られる問題ではなく、古代中世史理解そのものにかかわることだと考える。

第二部は、長いアジア史と連動して形成された日本中世仏教を条件としつつ、民衆仏教がどのように萌芽、表出するのかについて、個別に検討した論文を配置した。その場合、文献史学における資料学の蓄積に学びつつ、多様な様式と媒体を用いた書記史料を扱うこととなった。それは単に史料探求視野の問題ではなく、本書でいう民衆仏教ないし民衆思想を探究するための方法的な問題によるものである。

本論各章はすべて既発表論文であるが、一書に編集する意図にそくして、部分的に文章を整序し、必要に応じてそのことを注記した。また、特に第二部については、未熟な見通しを個別事例によって確かめようとする試論であり、膨大な実証作業を今後に残している。未収録の論文で、本書編集に並行して著したものに、「民衆の生活世界と世界認識――ムラの戸籍簿を動態視する――」（大山喬平・三枝暁子・服部光真編『ムラの戸籍簿を読み解く――「郷」と「村」の古代・中世――』二〇二四年、小さ子社）と「廻国僧と日本中世仏教」（重田みち編『「日本の伝統文化」を問い直す』二〇二四年、臨川書店）がある。

最後に、歴史像を結ぶ研究を継続するために、必要な補足を結章として示すこととする。

（1）ごく最近の例として、石田浩子「中世寺院と顕密体制を考える」（秋山哲雄・田中大喜・野口華世編『増補改訂版日本中世史入門　論文を書こう』二〇二一年、勉誠出版）。

（2）なお黒田氏には、「歴史学という学問は、どこまでいっても所詮イデオロギー的な本質をもっている」という鉄則を確認する発言もある。黒田俊雄「顕密体制論と日本宗教史論」（一九九〇年。『黒田俊雄著作集　第二巻』一九九四年、法蔵館）。

（3）網野善彦『無縁・公界・楽――日本中世の自由と平和――』（一九七八年。増補版一九八七年、平凡社）、同『日本中世の非農業民と天皇』（一九八四年、岩波書店）。

（4）河音能平『中世封建制成立史論』（一九七一年、東京大学出版会）。なお網野善彦氏は、「河音能平『中世封建制成立史論』をめぐって」（一九七二年。『網野善彦著作集　第八巻』二〇〇九年、岩波書店）において、「五〇年代に挫折した民族、民族文化の問題の新たな発展」と評された。
(5) 大山喬平「権門体制論における国家と民族」(一九九四年。同『ゆるやかなカースト社会・中世日本』二〇〇三年、校倉書房)。大山氏の解説は、黒田俊雄氏が『講座日本文化史　第三巻』(一九六二年、三一書房)に執筆した「序章」についてのものである(『黒田俊雄著作集　第七巻』一九九五年、法藏館)。黒田氏は「日本文化の民族的伝統的形質」の成立を中世に見出している。
(6) 歴史学研究会編『歴史における民族の問題――歴史学研究会一九五一年度大会報告――』(一九五一年、岩波書店)、同『民族の文化について――歴史学研究会一九五二年度大会報告――』(一九五三年、岩波書店)、日本史研究会「特集・変革期における民族文化」(『日本史研究』一四、一九五一年)、同「共同研究・変革期における思想史の問題」(『日本史研究』一六、一九五二年)、同「歴史の変革と愛国心」(『日本史研究』別冊、一九五三年)など。
(7) 歴史学研究会大会「歴史における民族の問題」(一九五一年)、「民族の文化について」(一九五二年)。
(8) 遠山茂樹『戦後の歴史学と歴史意識』(一九六八年、岩波書店)など。
(9) 黒田俊雄「「国民的科学」の問題と歴史研究」(一九五三年、『歴史評論』四六)、岩井忠熊「近・現代史研究におけるオプティミズムの克服」(一九六五年。同『明治国家主義思想史研究』一九七二年、青木書店)、網野善彦「戦後歴史学の五十年」(一九九六年。同『歴史としての戦後史学』二〇一八年、角川ソフィア文庫)。
(10) 『新しい歴史学のために』一五。のち『歴史評論』四六に転載。ともに一九五三年。『黒田俊雄著作集　第八巻』(一九九五年、法藏館)。以下、必要に応じて初出雑誌等を記し、収録著作集については簡易に記す。
(11) 黒田俊雄「民族文化論」(一九七一年、『講座日本史　九』、東京大学出版会。黒田俊雄『現実のなかの歴史学』一九七七年、東京大学出版会。『黒田俊雄著作集　第八巻』前掲)。
(12) 『黒田俊雄著作集　第四巻』(一九九五年)。
(13) 『黒田俊雄著作集　第八巻』(前掲)所収「著作目録」参照。以下の論文についても同様。
(14) 注(6)の『日本史研究』や林屋辰三郎「民族意識の萌芽的形態」(一九五三年。同『中世文化の基調』一九五八年、東京大学出版会)など、学的環境との関係も推測される。
(15) 中世仏教史研究による研究史叙述に、賛否を含めて黒田説への言及は多いが、ここでは網羅しない。ただ特に平雅行氏の「黒田俊雄氏と顕密体制論」(同『鎌倉仏教と専修念仏』二〇一七年、法藏館)をはじめとする著作から多くを学んだ。ほかにさしあり『黒田俊雄著作集』全八巻（一九九四〜一九九五年、法蔵館）それぞれの解題参照。
(16) 黒田俊雄「中世の国家と天皇」（一九六三年。『黒田俊雄著作集　第一巻』一九九四年）。
(17) 黒田俊雄『荘園制社会』（一九六七年。『黒田俊雄著作集　第五巻』一九九五年）。
(18) 黒田俊雄「中世における顕密体制の展開」（一九七五年。『黒田俊雄著作集　第二巻』一九九四年）。
(19) 黒田俊雄「中世の身分制と卑賤観念」（一九七二年。『黒田俊雄著作集　第六巻』一九九五年）。
(20) 黒田俊雄「序　民衆史における中世」「中世民衆の生活と論理」（黒田俊雄編『中世民衆の世界』一九八八年、三省堂）。
(21) 黒田俊雄「序章」（前掲注5）。その3「中世文化と民族的文化」の項目名は「国内的文化圏の形成」「文化の矛盾的構造」「日本文化における民族的なもの」である。大山喬平「権門体制論における国家と民族」（前掲注5）参照。
(22) 黒田俊雄「戦後中世史研究の思想と方法」（一九六四年）、「歴史学における思想と方法」（一九七〇年）。ともに『黒田俊雄著作集　第八巻』（前掲）。
(23) 桜井英治「中世史への招待」（『岩波講座日本歴史6　中世1』二〇一三年）には、黒田氏の権門体制は領主制を打倒する目的で登場した理論だという短評がある。
(24) 江口朴郎『帝国主義と民族』（本文前掲）、黒田俊雄「民族文化論」（前掲注11）。
(25) 紀元節復活を目指す政治動向に対する学術批判として、日本史研究会編『日本の建国』（一九五七年、東京大学出版会。一九六六年、青木文庫）が出版され、黒田氏は第四章「古代国家の没落」と第五章「神国の思想」を執筆担当している。「中世国家と神国思想」（一九五九年。『黒田俊雄著作集　第四章』前掲）など、神国思想への論及は黒田説の重要部分になっている。
(26) 黒田俊雄「民族文化論」（前掲注11）特にその「四　民族文化の歴史理論」。
(27) 平雅行「黒田俊雄氏と顕密体制論」（前掲注15）。
(28) 黒田俊雄「「創造」と「啓蒙」との谷間」（一九七六年、『日本の科学者』一〇四、原題「戦後日本の科学者運動史4」。『黒田俊雄著作集　第八巻』前掲）。
(29) 少し後にこの点を黒田氏自身が述べている。黒田俊雄「歴史科学運動における進歩の立場」（一九七八年。『黒田俊雄著作集　第八巻』（前掲）。

(30) なお黒田氏は『岩波講座日本歴史6　中世2』(いわゆる戦後旧版、一九六三年)に「中世の国家と天皇」を執筆し、『岩波講座日本歴史6　中世2』(いわゆる戦後新版、一九七五年)には「寺社勢力論」を載せている。黒田氏は後者を、権門体制論と顕密体制論を基盤に論じている。

(31) 初出は角川新書。二〇一一年に角川ソフィア文庫として刊行されている。

(32) 以下、岩井忠熊説との関係については、上川通夫「史学史のインタビューを読む」(『神戸大学大学院人文学研究科地域連携センター年報　LINK』6、二〇一四年)でも短く述べた。

(33) 『日本史研究』八一、一九六五年。のち岩井忠熊『明治国家主義思想史研究』(一九七二年、青木書店)収録。

(34) 『岩波講座日本歴史22　別巻1』(一九六三年)。のち岩井忠熊『天皇制と歴史学』(一九九〇年、かもがわ出版)収録。

(35) 岩井忠熊『日本近代思想の成立』(一九五九年、創元社)、同『明治国家主義思想史研究』(一九七二年、青木書店)。

(36) 岩井忠熊『天皇制と日本文化論』(一九八七年、文理閣)、同『天皇制と歴史学』(前掲注34)、『近代天皇制のイデオロギー』(一九九八年、新日本出版社)。

(37) 黒田俊雄『現実のなかの歴史学』(一九七七年、東京大学出版会)、同『歴史学の再生』(一九八三年、校倉書房)。

(38) 黒田俊雄「「国史」と歴史学——普遍的学への転換のために——」(一九八四年。『黒田俊雄著作集　第八巻』前掲)。

(39) 岩井氏は「国史学の出発」を活字論文化されていない。二〇一五年五月二十三日の上川聞き取りによると、黒田論文に吸収されている部分が多いからであるという。そのほか、岩井忠熊「戦後歴史学再論——その評価をめぐって——」(『日本史研究』五六一、二〇〇九年)などにも、黒田説への言及が見える。

(40) 岩井氏は「序説　近代天皇制国家」(同『近代天皇制のイデオロギー』前掲注36、新稿)で西川長夫氏の『国民国家論の射程』(一九九八年、柏書房)に論評を加えている。

(41) 安丸良夫「黒田俊雄の中世宗教史研究」(二〇一〇年。『安丸良夫集　5』二〇一三年、岩波書店)にも、顕密体制論が社会的意識形態論である点の指摘がある。

(42) なお、一九六〇、七〇年代の日本近代思想史研究では民衆思想史研究が注目され、岩井氏の国家主義思想史研究はあまり目立たず、そこに含まれたナショナリズム批判論の一部である国民国家論は、一九九〇年代に西川長夫氏の著作を中心に注目される結果となった。一方、日本中世史研究では、一九七〇年代に黒田氏による国家論と宗教論が注目された。近代史研究と中世史研究での研究焦点に違いが生じた理由については、定見がない。

(43) 網野善彦『無縁・公界・楽——日本中世の自由と平和——』(前掲注3)、同『日本中世の非農業民と天皇』(前掲注3)。

(44) 安丸良夫『日本の近代化と民衆思想』(一九七四年、青木書店)、『出口なお』(一九八七年、朝日新聞社)、など。

(45) 森安孝夫『興亡の世界史5　シルクロードと唐帝国』(二〇〇七年、講談社)、同『東西ウイグルと中央ユーラシア』(二〇一五年、名古屋大学出版会)、同『シルクロード世界史』(二〇二〇年、講談社)、荒川正晴『ユーラシアの交通・交易と唐帝国』(二〇一〇年、名古屋大学出版会)、曾布川寛・吉田豊編『ソグド人の美術と言語』(二〇一一年、臨川書店)、妹尾達彦『グローバル・ヒストリー』(二〇一八年、中央大学出版部)など。

(46) 平雅行『法然——貧しく劣った人びとと共に生きた僧——』(二〇一八年、山川出版社)、同『親鸞とその時代』(二〇〇一年、法蔵館)、同『歴史のなかに見る親鸞』(二〇一一年、法蔵館。改訂版文庫、二〇二一年、法蔵館)。

(47) なお平雅行「黒田俊雄氏と顕密体制論」(前掲注15)の初出稿においては、「民衆の解放願望を封殺する中世的イデオロギー形態(支配イデオロギー)」が「中世宗教」だとされていたが、『鎌倉仏教と専修念仏』(二〇一七年、法蔵館)収録に際して、「中世という時代がもつ発展的側面を的確に表せない」という判断から、技術と呪術の未分離ゆえに宗教性を孕む中世国家の体制を支える宗教、と改められた(四六頁、注六)。なお同著書の序章「顕密体制論の方法とその課題」(新稿)において、中世の言説空間には、中心の顕密仏教、周縁の付随的・迎合的言説と修正的・発展的言説、対極には顕密主義への反発・否定、無視・超越・独歩、という秩序があると指摘された(七頁、三一〜三二頁)。ここでは、顕密主義への無視・超越・独歩を指摘されたことに注目したい。

(48) この黒田説理解は、岩井忠熊氏の近代思想史研究と黒田説との関係推測を通じてのものである。岩井忠熊『日本近代思想の成立』(前掲注35)は、日本近代における国家思想の圧倒的影響力を解明しつつ、その克服を自覚しつつも支配的潮流とならなかった近代思想の史的重要性を、近代以後における発現を展望しつつ論じている。岩井氏のいう「真の近代思想」は、日本中世の異端派仏教として類推することはできるが、黒田氏の場合、自立民衆の解放願望としての民衆仏教に見出そうとされたのかもしれない。

(49) 黒田俊雄「中世における顕密体制の展開」(前掲注18)、同「鎮魂の系譜——国家と宗教をめぐる点描——」(一九八二年。『黒田俊雄著作集　第三巻』一九九五年、法蔵館)。

(50) 河音能平「日本院政期文化の歴史的位置」（一九八九年。同『天神信仰の成立』二〇〇三年、塙書房）。なお、私見が河音氏の研究から示唆を得ていることについては、上川通夫『日本中世仏教と東アジア世界』（本文前掲）序章で述べた。

(51) 平雅行「黒田俊雄氏と顕密体制論」（前掲注15）。

(52) 石母田正「歴史学における民族の問題」（一九五〇年。同『歴史と民族の発見』一九五二年、東京大学出版会）。

(53) 黒田俊雄「序章」（『講座日本文化史　第三巻』一九六二年、三一書房。『黒田俊雄著作集　第七巻』一九九五年、法藏館）。

(54) 木村茂光『「国風文化」の時代』（一九九七年、青木書店）は、社会動向や対外関係とも関係づけたこの分野の新研究であり、石母田正氏や河音能平氏らの「国風文化」への言及を民族文化論に関係する史学史として踏まえる点でも重要である。またその再刊（二〇二四年、吉川弘文館）には「補論　近年の「国風文化」研究の前進のために」が付されている。ただし自らも終章で述べられているように、仏教については考察から外された。そのため顕密体制論への言及はない。

(55) 安丸良夫『〈方法〉としての思想史』（一九九六年、校倉書房）「はしがき」。

(56) たとえば大門正克『日常世界に足場を置く歴史学』（二〇一九年、本の泉社）、同「序説「生存」の歴史学」（『歴史学研究』八四六、二〇〇八年）、二〇一一年度日本史研究会大会「「生きること」の歴史像」（『日本史研究』五九四、二〇一二年）など参照。

(57) 林屋辰三郎『中世文化の基調』（一九五三年、東京大学出版会）序章に収録。

(58) 『河音能平著作集1　中世の領主制と封建制』（二〇一〇年、文理閣）収録。

(59) 平雅行「顕密体制論の方法とその課題」（前掲注47）。

(60) 中世の寺院・仏教と民衆の関係について、国家・権門・東アジア世界といった広い視野と具体的な事例提示によって論じられた井原今朝男氏の研究も念頭に置いている。『中世のいくさ・祭り・外国との交わり』（一九九九年、校倉書房）、同『増補中世寺院と民衆』（二〇〇九年、臨川書店）、同『史実中世仏教　第一巻〜第三巻』（二〇一一年、二〇一三年、二〇一七年、興山舎）。井原氏が示される事例には、仏神の罰を恐れない民衆史の事実が含まれているが、豊富な事例と論述の中心は、中世仏教による国家的・社会的な統合機能に力点があり、この点では顕密仏教の支配機能との整合性が強い。井原説の重要性を意識しつつ、研究史整理においては充分に位置づけられなかった。課題としたい。

（61）河音氏の構想は、日本近代思想史研究者の安丸良夫氏による「可能意識」「可能思想」という概念と呼応している。安丸良夫『日本の近代化と民衆運動』（前掲注44）特に「民衆蜂起の意識形態」、同『〈方法〉としての思想史』（前掲注55）特に「はしがき」「思想史研究の立場」。

（62）特に河音能平「「国風文化」の歴史的位置」（一九七〇年。『日本中世封建制成立史論』前掲注4）、「日本院政期文化の歴史的位置」（前掲注50）。なお、上川『日本中世仏教と東アジア世界』序章（本文前掲）参照。

（63）村井章介「中世における東アジア諸地域との交流」（初出は一九八七年。同『東アジア往還――漢詩と外交――』一九九五年、朝日新聞社）。ここでは、銅銭と陶磁を例に、「中世人の生活のもっともベーシックな部分にかかわる品」だとされている。仏教も例に入れることができる。

（64）上川通夫『平安京と中世仏教』（二〇一五年、吉川弘文館）。

（65）上川通夫「末法思想と中世の「日本国」」（同『日本中世仏教と東アジア世界』本文前掲）。

（66）チャールズ・ホーマー・ハスキンズ『十二世紀ルネサンス』（別宮貞徳・朝倉文市訳、一九八九年。二〇一七年、講談社学術文庫）、伊東俊太郎『十二世紀ルネサンス』（一九九三年。二〇〇六年、講談社学術文庫）。

（67）『世界美術大全集　東洋編第15巻　中央アジア』（一九九九年、小学館）、『同　第16巻　西アジア』（二〇〇〇年、小学館）など。

（68）平雅行「日本の中世社会と顕密仏教」（『歴史科学』二三六、二〇一九年）など。

（69）大山喬平「鎌倉初期の郷と村――文治元年（一一八五）から建暦元年（一二一一）まで――」（同『日本中世のムラと神々』二〇一二年、岩波書店）。

（70）定方晟『須弥山と極楽』（一九七三年、講談社）。

（71）『経塚遺文』二七〇。

（72）『日本彫刻史基礎資料集成　平安時代四』（一九六七年、中央公論美術出版）。

（73）井原今朝男「中世善光寺の一考察」（井原今朝男『中世のいくさ・祭り・外国との交わり』前掲注60）。

（74）上川通夫「民衆の生活世界と世界認識――ムラの戸籍簿を動態視する――」（大山喬平・三枝暁子・服部光真編『ム

ラの戸籍簿を読み解く――「郷」と「村」の古代・中世――』二〇二四年、小さ子社)。

(75) 住民目線での仏教的世界認識については、同右論文で、和泉国の黒鳥村安明寺を例示した。

(76) 上川通夫「三河国普門寺の中世史料」(同『日本中世仏教と東アジア世界』本文前掲)、「起請と起請文――永暦二年(一一六一)永意起請木札をめぐって――」(本書第二部第三章)。

(77) 斎藤夏来『徳川のまつりごと――中世百姓の信仰的到達――』(二〇二三年、吉川弘文館)は、時間・空間の圧倒性と人間生命の有限性を凝視する個人が、畏怖心とともに抱く自らの存在理由への了解願望に、信仰・宗教の本質を見出し、社会的意識形態とは異なる中近世仏教史を探究している。その際、社会的マイノリティーが仏教に結びつくことに注目している。

(78) 上川通夫「中世の巡礼者と民衆社会――出土禁制木簡から――」(本書第二部第七章)。

(79) 事例は中世史料に満ちている。その実態に関しては、特に「殺生禁断」に関する研究蓄積に学ぶことができる。ここで参考にしたのは、小山靖憲「荘園制的領域支配をめぐる権力と村落」同「初期中世村落の構造と役割」(同『中世村落と荘園絵図』一九八七年、東京大学出版会)、永井英治「中世における殺生禁断令の展開」(『年報中世史研究』一八、一九九三年)、平雅行「殺生禁断の歴史的展開」(大山喬平教授退官記念会編『日本社会の史的構造 古代・中世』一九九七年、思文閣出版)、同「殺生禁断と殺生罪業観」(脇田晴子他編『周縁文化と身分制』二〇〇五年、思文閣出版)、苅米一志『殺生と往生のあいだ――中世仏教と民衆生活――』(二〇一五年、吉川弘文館)。

第一部　ユーラシア東辺列島における仏教導入

第一章　六、七世紀における仏書導入

はじめに

六、七世紀のヤマトにおける仏教史は、権力中枢が主導する国家形成史と不可分の特質をもっている。導入と受容の主体、目的、契機、条件それぞれについて、信仰的立場での必然視ではなく、世俗的実際として解明する課題がある。しかもその仏教は、中国において権力支援で翻訳された漢文経典を根拠に据えている。近隣諸国による仏教導入はその共有という制約をおっていることからも知られるように、仏教は東アジアの政治世界を成り立たせている一要素である。つまり仏教史の展開は、それら国際関係の一部として列島政治史が推移したことの明確な証拠でもある。

同時に、儒教と対比した仏教の特徴の一つは、西域、中央アジア、さらには南アジアに由来する点である。そのことは、単に理念上で天竺の釈迦が意識されただけではなく、事実として直接、間接に連動して推移した広域世界の歴史の存在が含まれる。少なくとも中央ユーラシア史と連動する東アジアの一部としての列島史という関連性は、政治的境界を越えて展開する仏教史の場合、意識的に追究してみる必要がある。

この章では、右に述べた問題意識の一部として、書籍の一部としての仏書、つまり経典やその注釈書などについて、その導入史を探りたい。[1]

一　初期の動向

（1）ヤマトの初期仏教

『日本書紀』欽明天皇十三年（五五二）十月条にまとめて述べる百済聖明王と欽明との仏教授受記事には、釈迦仏金銅像・幡蓋とともに「経論若干巻」があげられている（以下、欽明紀十三年のようにいう）。戊午年（五三八）のこととする『上宮聖徳法王帝説』は「仏像経教幷僧等」が送られたといい、同じく『元興寺伽藍縁起幷流記資財帳』は「太子像幷灌仏之器一具及説二仏起一書巻一篋」だと記す。いずれも仏書が送られたと記している。

漢文翻訳された仏書の読解などは渡来僧の任務であったろう。友誼関係にある百済は、ヤマトからの軍事援助との交換で、諸学術の一括送付の一部に仏教を含めた。欽明紀八年（五四七）四月条に見える救援軍要請の遣いが質として留めた東城子言は、大勢の知識人を率いていたらしく、欽明紀十五年（五五四）二月条の帰国記事によってその陣容を知ることができる。[2]五経博士馬丁安や僧道深ら七人が中心である。また、易博士王道良、暦博士王保孫、医博士王有㥄陀、採薬師潘量豊・丁有陀らは前任者の交代要員である。道深ら僧七人含め、この時期に来ていたという馬・王・潘・丁ら一団の多くは、中国南朝人であろう。[3]『梁書』百済伝には、中大通六年（五三四）と大同七年（五四一）に、百済からの遣使が「涅槃等経義、毛詩博士幷工匠・画師等」を請うたので与えたとあり、『三国史記』百済本紀聖明王十九年（五四一）にも同様に記す。[4]

ヤマトが数多く入手したかもしれない仏書について、『梁書』や『三国史記』は、『涅槃経』をあげている。仏教重視策をとった梁武帝は、『南史』巻七梁本紀中によると、自ら「開二涅槃経題一」いて欽定書にし、群臣に「皇帝菩薩」と崇めさせたという。また武帝は『毛詩』（五経の一つ『詩経』の異称）に関する「毛詩大義十一巻」を著したことも知られている。[5] 梁で集大成された学術を百済が求めて下賜され、同じものをヤマトは百済から得た。『隋書』東夷伝倭国条には「於二百済一求二得仏経一」とあり、ヤマトの請求に応じた百済が、梁の学術とその一部である仏書を、専門知識人とともに送ったのである。

梁から百済へは『毛詩』『涅槃経』が下賜された。百済からヤマトについて、このことがわかるのは、欽明紀六年（五四五）九月条に挿入されている、百済聖明王から欽明に送るための仏像制作記事に付された「願文」である。[6] ここで聖明王は、「普天之下、一切衆生皆蒙二解脱一」と記したという。『毛詩』の政治思想「普天之下莫レ非二王土一」と、『涅槃経』の大乗仏教思想「一切衆生悉有二仏性一」を参照したのではなかろうか。ここにほかならぬ『涅槃経』思想が記述されていることには、史実の裏づけがあろう。『涅槃経』数系統のうち、この場合のは南朝で翻訳された『大般涅槃経』だと考えられる。欽明紀十三年条の「釈迦仏金銅像」、『元興寺縁起』の「太子像」（釈迦誕生仏）、欽明紀六年条の『涅槃経』は、現世に生きた人物釈迦を際立たせた大乗仏教が、南朝人を含む知識人仏家によってもたらされたことを伝えている。

導入期仏教について、呪術的で未熟な受容だったとする指摘は今なお根強い。[7] しかし『隋書』東夷伝倭国条には、「無二文字一唯刻レ木結レ縄。敬二仏法一、於二百済一求二得仏経一、始有二文字一」とあって、ヤマト側から求めて得たと認識されている。[8] 朝鮮半島における慢性的な戦争状態と関係する百済との相互関係において、ヤマト側は、生身の戦闘要員を提供するのと交換で、東アジアスタンダードというべき仏教を含む諸学術の専門解説者による直接伝授を請求した。『隋書』のいうように、そこには書記言語の獲得という国家の統治技術への強い要求が含まれており、漢訳「仏経」が手本の一部になった。同時に思想内在的な関心が生じたことは、容易に想像できる。

（2）小野妹子・会丞・厩戸王子

南北中国を統一した隋に対して、直接に遣使した推古朝には、特に仏教重視策が目立つ。(9) その契機は、東アジアの国際情勢である。五九五年には高句麗と百済からヤマトに対して、それぞれ僧慧慈と僧慧聡が派遣されており（推古紀三年条）、仏教や政治の顧問格となったらしい。六〇二年には百済僧観勒が来朝し、暦本・天文地理書・遁甲方術書をもたらしたので、書生三、四人をそのもとで学習させたという（推古紀十年十月条）。仏書の場合の書写伝授を彷彿とさせる。同年閏十月条には、高句麗僧の僧隆と雲聡の渡来が記されており、同様の活動があったと想定される。法興寺の建設は、仏教の内実を備えることを見込んで計画され、架蔵すべき仏書もあったはずである。たとえば推古紀十四年（六〇六）四月条の法興寺完成記事によると、諸寺で一斉に実施する仏事を四月八日と七月十五日に設定した。後者は戒律を守る安居の最終日に営まれる盂蘭盆会にあたり、『盂蘭盆経』（西晋・竺法護訳、中国撰述カ）が備わっていたかもしれない。

隋開皇二十年（六〇〇）、ヤマトは隋に初めて遣使した（『隋書』）。皇帝からの誰何に対する使節の答申中に、先にも触れた、百済からの仏教導入事情が含まれている。ここで隋側はヤマトが仏教に関心をもつことを知った。皇帝が仏書を下賜した記事はないが、官人が仏教事情を見聞して帰ることを促したことは想定できる。

隋大業三年（六〇七）の遣隋使は、煬帝に対して「聞海西菩薩天子重興㆓仏教㆒、故遣朝拝、兼沙門数十人来学㆓仏法㆒」と述べたという（『隋書』東夷伝倭国条）。小野妹子は、出身地にほど近い琵琶湖南西岸において、志賀の漢人たちから南朝の学術・思想を学んで身につけていた識見を買われ、遣隋使代表に抜擢されたらしい[10]。志賀の漢人はまさに南朝人や南朝系の文化を体得した百済人などの後裔であり、仏教知識を継承していた可能性がある。小野妹子が伴った通事の鞍作福利も（推古紀十五年七月条）、南朝梁からの移住者の後裔だという[11]。矢面に立った小野妹子と鞍作福利は、皇帝が大乗菩薩戒を受けたという具体的な知識をもとに、煬帝が納得する尊称「菩薩天子」を用いて挨拶した。『梵網経』（亀茲・鳩摩羅什訳、実際は五世紀中国南朝で成立）を参照したかどうかは確かめられないが、少なくとも大乗戒についての知識を得ていたであろう。しかも菩薩天子が統治する国であることを来朝の理由にしており、留学生・留学僧の受け入れ策についても知った上で[12]、引き連れてきた僧「数十人」を送り込むことに成功したらしい。

『隋書』の先の記事に続くのが、「其国書曰、日出処天子、致二書日没処天子一、無レ恙、云云」である。煬帝に不評をかったこの文面が、『大智度論』（鳩摩羅什訳）巻十の文章に由来するらしいことについて、すでに指摘がある[13]。そうであれば、般若波羅蜜を解説したこの論書に精通していたとはいえないまでも、文言を検索し要点に触れる条件はあったことになる。ヤマトへの渡来僧は、遣隋使派遣準備として、慎重を期して国書作文に関わった可能性もある。発信主体である大王ら権力中枢や責任者小野妹子らは、内容の概略を知っていたに違いない。

六〇七年の遣隋使に託された任務の一つは、書籍を持ち帰ることであった。『善隣国宝記』巻上推古天皇十五年条に引く「経籍後伝記」には「是時国家書籍未レ多、爰遣二小野臣因高於隋国一、買二求書籍一」とある。『異本上宮太子伝』（『七代記』、八世紀後半）は、小野妹子が聖徳太子の指示で『法華経』をもたらしたと記し、「長寿三年（六九四）六月一日、雍洲長安県人李元恵、於二楊州一写了」という奥書をあげている（『寧楽遺文』下巻）。小野妹子請来本ではありえないが、これなどは現地で在家者の書写経典を購入できた例であろう。また霊亀二年（七一六）の遣唐使多治比県守・僧玄昉・吉備真備らの現地での活動に関して、『旧唐書』東夷伝倭国日本条によると彼らは「白亀元年」と題した「調布」を支払い手段として用い、また皇帝からの下賜物をすべて書籍購入に充てた（「所レ得錫賚、尽市二文籍一」）とする。小野妹子らの書籍収集も、同様の活動によった可能性がある。

小野妹子一行には、会丞なる「官人」が加わっていた。とどまって「学問」して「内外」（世俗と仏教）を博く学んだ。唐貞観五年（六三一）に還ったという（『法苑珠林』巻三十八）[14]。遣唐使犬上御田鍬らに伴われたのであろう。官人や僧侶は、ともに俗書と仏書を求めたらしい。六五三年の遣唐使に加わった学問僧貞恵の場合（孝徳紀白雉四年五月条）、「内経」に通じ「外典」を解したという（『家伝』）。

『法苑珠林』によると、長安の大徳は会丞に倭の仏教事情について次のように問うた。経の説くところでは、仏が涅槃に入って一〇〇年後に阿育王が世に出、八国に分けてまつられていた仏舎利をさらに分骨させて八万四千の仏塔を造って納め、「閻浮洲」に遍満させたという。倭国には「仏法晩至」ったが、公伝以前に阿育王塔は伝わっていたのかどうか。こう訊いた。この問いには、『阿育王伝』（西晋・安法欽訳）や『阿育王経』（梁・僧伽婆羅訳）などの知識が背景にある。マウリヤ王朝三代目の阿育王（アショーカ王）にまつわって、ここでは仏書を元とした信仰的立場ながら、仏滅後一〇〇年という歴史認識がある。同時に、「閻浮洲」とは、世界の中央にそびえる須弥山の南方海上に浮かぶ人間居住地のことであり、その中心地が天竺だという地理認識がある[15]。会丞は、この問答を通じて、阿育王（塔）や須弥山世界のことを知り、仏教発祥地たる天竺についての認識を深め、仏教を吸収し根づかせた隋王朝、晩れた倭国の位置を思い描いたであろう。

かつて梁武帝は領内の長干寺仏塔を阿育王の造立だと位置づけ、『阿育王経』に基づく捨身を繰り返したし、隋文帝は仁寿年間（六〇一～六〇四）に阿育王塔を諸州に建てている[16]。会丞さらには小野妹子らは、対外的にも通用する仏教の本格的導入には、舎利を祀る塔の建設が不可欠であることを実感したはずである。[17]

会丞は、唐僧からの質問に対して次のように答えた。仏教が伝わる前には文字がなかったので記録はない。しかしその「霊迹」を「験」す証拠はある。倭国人が土地を開発すると、往々にして「古塔霊盤・仏諸儀相」を掘り出す。それらは「神光」を放ち「奇瑞」を示すので、仏教が伝わるに先だって阿育王塔が存在したことを知る。こう述べた。会丞が思い出したのは銅鐸なのかもしれない。[18]仏教文物は神秘的な理由によって古くからヤマトに備わっていた、というのは強弁だが、この論理は会丞だけのものではない。

『異本上宮太子伝』には聖徳太子南学慧思後身説が述べられている。厩戸は、前世には自分の物だった『法華経』を衡山道場から「将還」させるよう、小野妹子に命じたというのである。この伝説そのものが厩戸王子の時代にあったとはいえない。しかし会丞の思考方法を参考にすれば、輪廻転生の新知識を利用した思想上の願望、つまり史実より以前からヤマトに仏教が伝わっていた、という発想が芽生えていた可能性はある。小野妹子らに仏典や義疏などを持ち帰らせた厩戸王子らには、「仏法晩至」からの脱却が課題であった。

なお推古紀十四年条（六〇六）には、厩戸王子が『勝鬘経』と『法華経』を講じたとある。経典を渡来僧から得ていた可能性はあるものの、義疏のような注釈をともなう講義を、小野妹子帰還以前に果たしていたかのように位置づける記述と見るべきであろう。

（３）仏書の学習

いわゆる三経義疏は、推古朝の仏書導入への意欲と事情をよく示している。厩戸王子が講じたという二経に『維摩経』をあわせ、それぞれを解説した疏を「上宮聖徳法王御製」とするのは『法隆寺伽藍縁起幷資財帳』（七四七年成立）だが、これら経典と義疏が推古朝にもたらされていた可能性は高い。

亀茲出身の鳩摩羅什が漢訳した『法華経』に江南諸師の書物を参照して注釈した『法華義疏』、インド僧求那跋陀羅が宋都建康で訳した『勝鬘経』に江南での解釈を加えた『勝鬘経義疏』、鳩摩羅什訳『維摩経』に梁僧らの注釈を付した『維摩経義疏』、これらは組織的な学習で活用されたらしい。西域由来の大乗仏典は、正典の漢訳書として、南朝での咀嚼研究をへて隋経由でもたらされた。導入主体たる厩戸王子はじめ推古朝中枢は、三経に代表されるような在家者の仏性解説書を共有しようとした。『勝鬘経義疏』の本文はじめには、題名を解説しつつ、「経者訓レ法訓レ常（中略）、此是漢中之語、外国云二修多羅一」（経とは真理の教えであり常住不変の教えであるという。（中略）これは中国の翻訳語である。インドではスートラという）、といった解説がある。(19)『維摩経義疏』上巻にも同文があり、また、「「維摩詰」とは是れ西国の音なり。秦には「浄名」という」、とある。(20)インド由来の仏書を中国語に翻訳する事情とともに、仏書翻訳史にまつわる地理的世界への想像力が働いたであろう。

六〇七年の入隋僧らには、仏書の探査とともに、内容習得の任務が課せられていた。翌六〇八年の隋使裴世清送還使節にも、学問僧新漢人日文・南淵漢人請安・志賀漢人恵隠・新漢人広斎らが加わっている（推古紀十六年九月条）。移住者またはその後裔で中国文化を受け継ぐ知識人僧らを起用することで、早期に仏教の内容導入を果たそうとしたようである。

推古紀三十一年条（六二三）によると、新羅使智洗爾らが仏像・金塔・舎利をもたらすとともに、大唐学問僧恵斎らを送り帰して来た。六〇七、八年の渡航者が順次戻ってきたのであろう。舒明紀十一年（六三九）九月条には、六〇八年に渡った恵隠の帰国・入京が記されている。(21)翌十二年五月条によると、朝廷は恵隠に『無量寿経』（康国・康僧鎧訳、実際は北天竺僧仏陀跋陀羅ら訳）を説かせた。学問僧による成果報告というだけでなく、官人らが内容を学んだのである。孝徳紀白雉三年（六五二）四月条によると、長柄豊碕宮の内裏において沙門恵隠に『無量寿経』を説かせた。この行事は、沙門恵資を「論議者」に、そして「沙門一千」を「作聴衆」とし、六日間実施させたのである。内裏における仏書の講義・討論に権力中枢も耳を傾けた例である。仏教思想の内容に即した受容は、ヤマトの権力中枢が東アジアの政治世界に自国を定位する意思によっていた。その場合、仏典翻訳者の出身地を含む「西域」が地理的視野に入った可能性がある。

二　道昭と玄奘

（1）道昭の入唐と帰国

孝徳紀冒頭には「仏法を尊び神道を軽りたまふ」とあり、実際に執政の初期から仏教関係の具体策が目立つ。主なものを列挙すれば、大化元年（六四五）八月、十師を設置して如法に衆僧を指導するよう指示するとともに、寺院造営の援助方針を出した。同三年、七色十三階の冠を決めて四月と七月の仏事にも着すよう指示した。同四年二月、支配集団男女と僧尼に参加させて、四天王寺の塔内にまつる四仏と霊鷲山像の完成行事を実施した。白雉元年（六五〇）十月、丈六の繡仏像はじめ三十六像をつくりはじめた（同二年三月完成）。同年、漢山口直大口に命じて千仏像を刻ませた。同二年十二月晦、味経宮で二一〇〇余の僧尼に「一切経」を読ませるとともに、二七〇〇余の燃燈で仏を供養しつつ『安宅経』『土側経』を読ませた上で、孝徳は難波長柄豊碕宮に遷った（以上孝徳紀）。新宮には、仏教のしつらえをいつでも持ち出せるよう調えられたのである。恵隠と恵資に『無量寿経』についての討論を宮中で行わせたのは、同三年四月十五日（安居の初日）である。新調された繡仏が本尊として掲げられたであろう。[22]

六五三年四月の遣唐使には多くの学問僧が随従し、本格的な唐仏教摂取の任務を負った。権力中枢では、高句麗・百済との関係を維持しようとする孝徳に対して、軍事力の強大な唐や新羅とのつながりを求める中大兄の路線があり、後者がこの年のうちに主要構成員を引き連れて倭京に帰ってしまう（孝徳紀白雉四年是歳条）。そのことから考えると、この遣唐使の計画と実行は、親唐政策を探る中大兄らの外交策なのであろう。一二一人を乗せた第一船には、大使・副使と学生三名のほか、学問僧一五人の名が記されており、そこに定恵（中臣鎌足息）や道昭などの名が見える。一二〇人を乗せた第二船については、学問僧道福・義尚の名を載せる（孝徳紀白雉四年五月条）。このうち道昭の帰国は、六五九年遣唐使の副使津守吉祥が還った六六一年であろう（斉明紀七年五月条）。道昭は在唐八年間に、天竺から長安に帰還していた玄奘の訳経事業に何らかの形で接したことで、重要な知見をヤマトにもたらすことになった。道昭について少し検討したい。

『続日本紀』文武天皇四年（七〇〇）三月条の卒伝によると、道昭は河内国丹比郡の船連氏の出で、父は恵釈、百済系の移住民である。道昭については、「戒行不レ欠、尤尚二忍行一」と端的に評されている。ヤマトの政権は、僧尼の基礎資格としての戒律に早くから注目していた[23]。その点での模範僧であり、「教」ならぬ「行」に秀でた人物だという。ついで、在唐中のこととして、次のように記されている。

> 適遇二玄奘三蔵一、師受レ業焉。三蔵特愛、令レ住二同房一。謂曰、吾昔往二西域一、在レ路飢乏、無二村可一レ乞。忽有二一沙門一、手持二梨子一、与レ吾食レ之。吾自レ啖後、気力日健。今汝是持レ梨沙門也。又謂曰、経論深妙、不レ能二究竟一。不レ如学レ禅流二伝東土一。和尚奉レ教、始習二禅定一。所レ悟稍多。於レ後随レ使帰朝。臨レ訣、三蔵以二所一レ持舎利・経論一、咸授二和尚一而曰、人能弘レ道。今以二斯文一附属。

検討、確認すべきことは五点ある。まず第一に、在唐中のことは、玄奘との関係のみが特筆されていることである。研究史上、道昭が玄奘とじかに接したことについてはほぼ疑われていない。[24]ただし、西域・天竺情報をもたらした玄奘は、高句麗遠征を含む皇帝の外交戦略に資する存在として特別に優遇され、長安近くの大慈恩寺内に新造された翻経院で仏書翻訳の中心にあったはずで（『大唐大慈恩寺三蔵法師伝』巻第七・貞観二十二年十月条）、一外国僧と同房に住むという私的関係が築かれたとは思われない。六五二年には、高宗の下で玄奘も設計に加わったいわゆる大雁塔が大慈恩寺内に完成し、仏舎利や経典類が納められている（『大唐大慈恩寺三蔵法師伝』巻第七・永徽三年三月条）。道昭ら留学僧は、鴻臚寺の管理・指示のもとでの活動が許されていたと考えられ、そこで玄奘の高名を知らされたに違いない。ただ、一対一の個別関係が成立したと想定することはむつかしい。道昭らヤマトからの入唐僧が訳場に列する力をもたないのは当然として、唐都での中心的な仏教事業を官人の差配で見学することはありえても、玄奘との関係はごく間接的な程度であったと想像される。

第二に、『続日本紀』は、玄奘が道昭に対して自分を助けた西域僧との再会だと語ったと記すが、この奇談の出所が玄奘にあるとは考えがたい。天竺からの帰還僧としての玄奘は、入唐外国僧を惹きつける中心的な位置に据えられており、「東土」の道昭は「西域」の僧と関係づける言説によって唐仏教の周縁的な位置づけを与えられた、という可能性はある。ただしこのような処遇は、唐朝の政策として、鴻臚寺の外国僧担当官人などによって進められたのではなかろうか。道昭は見ず知らずの西域僧に同定され、はからずも自らの存在が権威づけられたかのようであるが、それは所詮唐権力の威力を示したことになる。道昭は玄奘の存在を通じて唐以西について多少の知識を得ることができた、という程度であろう。

第三に、道昭に託された仏教の学びは、「深妙」な内容の「経論」ではなく、身体修行を悟りの入り口とする「禅定」だったとされていることである。[25]禅の実践がもつ仏教上の意義は修学と対等であろうが、ここでは出身国の任務を負っていずれは帰る外国僧に対して、体験と直感に特徴ある禅の方法が提示された。仏書獲得の成果を疑わせる記述である。

第四に、玄奘が所持していた「舎利・経論」を道昭に授けたというが、これも額面通りではなかろう。玄奘があらためて天竺から舎利や仏書を入手したことで、唐王朝が持つ舎利や仏書の権威は一層強調されたであろうが、その一部を道昭が分与された形跡はない。もし玄奘による最新の訳本を得ていたならば、道昭の功績を高く評価する立場の卒伝はもとより、『日本書紀』でも特筆したであろう。しかし先行研究でも、『日本書紀』の記事や現存古写経には玄奘訳本（新訳）を見いだすことができず、天武・持統期までに確認できるのは旧訳経典ばかりである、と指摘されている。[26]皇帝が一括把握している一切経の下賜はもとより、玄奘所持品の分与なども、容易なことではなかろう。唐王朝の了解によって仏教文物を収集し持ち帰ることが許された、というのが事実に近い。

第五は、帰国後の道昭の活動について、『続日本紀』の卒伝まで、確かなことがほとんどわからないことである。道昭は元興寺東南隅に建てられた禅院に住み、その禅院はのち平城右京に移建されて多くの経論を蔵していたという（卒伝ならびに『日本三代実録』元慶元年十二月十六日条）。禅院（寺）の名は玄奘が皇帝の指示で翻訳場とした長安弘福寺「禅院」にちなむ（『大唐大慈恩寺三蔵法師伝』巻第六・貞観十九年二月、『続高僧伝』巻第四「京大慈恩寺釈玄奘伝一」）。[27]道昭帰国時の朝廷が、玄奘にまつわる情報を重視したことは間違いない。しかし玄奘自身による導入仏書の活用など具体例が確かめられない。むしろ卒伝には、帰国後は天下を周遊して交通施設の整備などに献身したとあり、唐突で整合性に欠ける。道昭が目の当たりにした唐仏教に朝廷は関心をもったであろうが、同時代に道昭の功績を讃えた形跡は確かめられない。このことは、朝廷による唐仏教の導入方針が、必ずしも全面的でなかったのではないかという疑いをもたせる（この点は後述する）。

以上の諸点を踏まえると、これまでの研究によって、道昭は玄奘から法相宗または摂論宗を学んだという諸説があるものの、[28]特定の学派を師僧から伝授されたという事実を想定するのはむつかしいと思う。実態は唐朝の管理下で、外国僧に許容された活動範囲で、仏書の収集や仏教事情の情報獲得が可能であった、ということであろう。

六五七年、朝廷は遣新羅使に沙門智達・間人連御厩・依網連稚子を付して渡海させ、さらに唐に送ろうとしたが、新羅に拒否されて帰っている（斉明紀三年是歳条）。親唐的立場からの派遣が失敗したのは、高句麗・百済との友誼路線を払拭しないヤマトを見限った新羅の外交方針を示しているという。[29]だがヤマトはすぐに、翌年七月に沙門智通と智達を「新羅船」に乗せて唐に行かせ、「玄奘法師所」で「無性衆生義」を受けさせたという（斉明紀四年七月条）。『日本書紀』の記述からは、「新羅船」が正式の外交使船であるかどうかは疑わしい。また玄奘その人から直接受法したということも確かめらない。これより先、六五三年五月に多くの学問僧を率いて出発した遣唐使のうち、大使吉士長丹らが六五四年七月に筑紫へ帰着した。多くの「文書・宝物」を得て帰ったと言い、大使らは褒賞されている（孝徳紀白雉五年条）。六五五年八月には、六五四年二月に出発した遣唐大使河辺麻呂が帰っている（斉明紀元年条）。立て続けの唐情報を受け、玄奘を中心とする仏教動向の学修と摂取を急務として派遣した、という可能性はある。[30]

ではなぜヤマトの権力中枢は玄奘に注目したのか。それは、「無性衆生義」など未知の仏教思想への教理的な問題への関心もあるかもしれないが、むしろ西域方面との通行を実現し、仏教共有によって特徴づけられる国際社会での中心的位置を仏書翻訳事業などによって示そうとする、唐王朝の国力そのものへの関心ではなかろうか。

（2）玄奘をめぐって

玄奘は唐王朝の政治の一翼を担った。六四五年一月に西域から長安に帰還してすぐ、玄奘は高句麗遠征を準備して洛陽に滞在する太宗に呼ばれ、西域での見聞を詳しく記すよう命じられるとともに、「俗務」に携わるよう求められたほどである（『大唐大慈恩寺三蔵法師伝』巻第六）。太宗は、西域世界の政治的情報を、玄奘から得ようとした。すでに玄奘の一行は、インド往復路上にある拠点都市の権力に庇護・逓送されることで、旅行を実現させていた。高昌国王の麴文泰、西突厥の統葉護可汗、カーピシーの馨孼王朝、カシュミーラのカールコタ朝ドゥルラヴァルマン、北インドのハルシャヴァルダナ（戒日王）、トハーリスターンのテュルク王など、数多い[31]。太宗のもとには、六三七年に罽賓国王の使者が、また六四一年にハルシャヴァルダナの使者が、それぞれ仏教文物を献じつつ政治通交しているが、その契機は玄奘が国王たちに接したことにあるらしい[32]。玄奘帰国以後にも、太宗は王玄策らを戒日王のもとに派遣している。

玄奘自身、西域から釈迦肉身舎利、金仏像、釈迦初転法輪像、栴檀釈迦像、経論六五七部などをもたらすことで、天竺の仏教を移植するかのような意図を抱いていたであろう。『大唐西域記』の末尾において、撰者弁機は、「挙二其聞見一記二諸慕レ化」（王化を慕う国々を記述した）、「鷲山徙二於中州一、鹿苑掩二於外苑一」（今や霊鷲山を中国に移し鹿野苑を外苑に包むごとくだ）、などと述べている[33]。『大唐大慈恩寺三蔵法師伝』巻第六の玄奘入京記事に続く彦悰の箋には、「遺法東流未レ有二若レ茲之盛一也」とある。現存『大唐西域記』は、原書から外交機密を省いたものであるように、皇帝の政治方針は漏らされないが、ヤマトの使節が玄奘を軸とする唐仏教の刷新状況を垣間見たことは確実で、その摂取を課題にした可能性はある。道昭の帰還前の智通と智達の執拗な派遣は、そのことをうかがわせる。

道昭らが渡航した六五三年の前後、しばらくは帰国僧についての記録を欠く。ヤマトと唐・新羅との敵対によって、入唐僧は容易には帰されなかった。六五九年七月に出発した遣唐使船二艘のうち、大使の船は遭難したが、唐にたどり着いた副使津守吉祥らは高宗に謁見して国情を問われたりしたのち、皇帝の百済遠征計画のために長安に留められた。翌六六〇年九月に幽閉を解かれて長安を出発し、洛陽・越州を経由して六六一年五月に筑紫の斉明行在所に着いた（斉明紀）。この時、道昭も帰還したのであろう。六六三年八月の白村江でのヤマト軍敗北の翌年五月、唐の百済鎮将劉仁願の使郭務悰らが筑紫に来たが、九月に対応して入京拒否を伝えた者に、津守吉祥・伊吉博徳とならんで僧智弁の名が見える（『善隣国宝記』巻中天智天皇三年条所引「海外国記」）。十月に郭務悰らに帰国を指示した折りには、沙門智祥が賜物を担当した（天智紀三年十月条）。智弁・智祥は入唐・帰国者であろう。彼らは、唐の外交上の任務を担う場合に限って帰されていた。

次の例もある。六六五年九月、唐使劉徳高・百済彌軍・郭務悰ら二五四人が筑紫にいたり、皇帝の親書を伝えた（天智紀四年九月条）。藤原鎌足の息定恵は「劉徳高等船」で帰国した（孝徳紀白雉五年二月条所引「伊吉博得言」）。定恵は、唐側の外交交渉と関係して選抜されて連れ戻されたのではなかろうか。六七一年、唐使郭務悰ら二〇〇〇人が筑紫に来るにあたって、沙門道久と三人の倭人を先に対馬へ遣わして知らせた（天智紀十年十一月条）。唐側の任務を負っての特殊な帰国である。やはり道昭の帰還にも、唐側の任務が付随していたに違いない。なお六九〇年九月、白村江戦での捕虜大伴部博麻とともに、大唐学問僧智宗・義徳・浄願が新羅送使にともなわれて帰還した（持統紀四年九月条、孝徳紀白雉五年二月条所引「伊吉博得言」）。唐と離反して親ヤマト外交に転じた新羅によって、帰還が実現した例として特筆されたのだと思われる。

帰国僧は少ないが、白村江戦をはさんで唐に抑留されていた僧俗ヤマト人には、重要な役割が課せられていたであろう。高宗が六六六年正月に泰山で実施した封禅儀礼には、「突厥・于闐・波斯・天竺国・罽賓・烏萇・崑崙・倭国及新羅・百済・高麗等諸蕃酋長」が扈従したという（『冊府元亀』巻三十六・帝王部封禅二）。

倭国人については、六六一年に百済救援軍を率いて出征した守大石（天智即位前紀）や、六五三年に派遣された学生坂合部連磐積（孝徳紀白雉四年五月条）など、唐抑留捕虜によって構成されていたと指摘されている。[34]封禅儀礼を目の当たりにした倭人は、唐皇帝の意図する国際政治の理念に則してではあるが、西域諸国の存在を具体的に知ったことになる。なお坂合部石積は、六六七年に唐の鎮百済将軍の指示で帰国しており（天智紀六年十一月条）、のち天武の命を受けて「新字一部卌四巻」をまとめている（天武紀十一年三月条）。『釈日本紀』所引「私記」には「其字体頗似二梵字一、未レ詳三其字義所二准拠一乎」とある。[35]梵字その他の文字に触れた経験と関係するのかもしれない。

帝国政策と仏教政策の面目一新を推進する唐の動向は、アジアにおける玄奘翻訳『大般若経』六〇〇巻の成立、という事情において探ることができる。この翻訳事業は、顕慶五年（六六〇）一月から龍朔三年（六六三）十一月にかけて行われた。真実の叡智の完成という理想とその実践法を説く般若経典は、早期に成立した大乗仏教の経典であり、二世紀以後に順次漢訳された十種以上の経典が確かめられる。[36]梁武帝が『涅槃経』と般若系経典を重視したことも知られ、[37]東アジア仏教にとっての重書といえる。玄奘訳『大般若経』六〇〇巻については、西域からの新請来経典として理解されがちだが、実際には、玄奘がもたらした般若系サンスクリット本のうちの大部分はすでに漢訳本があり、それらを含み込んで集大成した歴史的な書物である。翻訳着手は玄奘晩年のことで、少なくとも優先的ではなかった。死去前年に翻訳を完成させた六四歳の玄奘は、「請御製大般若経序表」を提出し、「西域」で「鎮国重宝」として秘されてきたこの経典を「中国」に獲て帰り、「翻訳」させたことで皇帝の威を輝かせたいと述べている（『寺沙門玄奘上表記』所収、『大正新修大蔵経』第五十二巻）。一連の経緯には、皇帝による翻訳指示があったと想定される。

唐朝にとって『大般若経』は、般若系経典の一大集成として編集させた書物であり、唐僧による漢文翻訳と皇帝による欽定化によって、天竺仏教を唐仏教に変換してその正統性を代表させる正典だったのであろう。雁塔に納められた玄奘翻訳経論は、「御製三蔵聖教序」などで欽定化されており（「玄奘法師請経論流行表」『寺沙門玄奘上表記』）、皇帝の許可によって国内には頒布されたが、『大般若経』は書禁対象だった可能性がある。大蔵経目録では筆頭に位置づけられている（『開元釈教録』巻第十九「入蔵録」七三〇年）。

（3）『大般若経』への関心と入手

ヤマトの支配集団は、大国唐への関心の一部として、玄奘訳経を軸に面目一新する仏教に関心をもち、『大般若経』に注目した。しかし『大般若経』入手についての明証はないまま、『続日本紀』大宝三年（七〇三）三月条に、文武天皇の詔によって同経を四大寺で読ませ一〇〇人を得度させた、という記事が唐突に現れる。八世紀初頭までに『大般若経』を入手したのかもしれない。しかし遣唐使や学問僧が入手した形跡はなく、先行研究でも具体的な事情はあまり問われていない。七世紀後半以来の間、支配集団には求めても得られなかったということであろう。六五八年に玄奘のもとを目指したという智通・智達のほか、長安等で仏教に触れて帰った者たちによっても、玄奘新訳の仏書は唐皇帝から下賜されなかったのではないか[38]。一方、『日本書紀』の経典名の初出記事としては、六六〇年の後秦鳩摩羅什訳『仁王般若波羅蜜経』による仁王般若会（斉明紀六年五月条）、六七六年の北涼曇無讖訳『金光明経』（天武紀五年十一月条）、六八六年の隋達磨笈多訳『薬師（如来本願）経』（天武紀朱鳥元年五月条）、六八六年の鳩摩羅什訳『観世音経』（『法華経』普門品、同七月条）が見え、玄奘訳本を用いていない[39]。天武治世下には「一切経」の書写・探査・読誦が実施されており（六七三年・天武紀二年三月条、六七五年・同四年十月条、六七七年・同六年八月条）、漢訳仏書一括の導入意思はある。

天智時代に入唐した智蔵は、修学に励んだが現地の僧らに妬まれるなか、密かに「三蔵要義」を写し、木筒に封入して持統朝に持ち帰ったという。しかもその内容に精通して帰国後の試業で実力を披露し、僧正に任じられた（『懐風藻』）。智蔵は、六九〇年に新羅送使にともなわれて帰国到着した、唐抑留倭人の智宗・義徳・浄願ら一行の帰国に含まれていたのであろう。智蔵の例は、唐での仏書収集が困難であった事情の一端を推測させる。同時に、新羅との関係で活路が見いだされた可能性を思わせる。

すでに先行研究は、七世紀後半の新羅が玄奘訳経典を数多く入手していることを指摘している。[40]しかも新羅僧元暁（六八六年没）には玄奘訳『瑜伽師地論』『成唯識論』などについての注釈書のほか、『大般若経科分』『大般若経宗要』があった。ヤマトに比して数多い新羅の入唐僧のなかでは、憬興（六八一年没）『大般若経綱要』や義寂（七〇二年頃没）『大般若経綱要』[41]が知られる。『大般若経』は新羅から日本に伝えられた、[42]という指摘は傾聴すべきである。問題の焦点は、国家的臨戦態勢に裏づけられた外交史の推移であろう。

百済についで高句麗が滅ぼされ（六六八年）、唐と新羅に敵対して直接の討滅対象になったヤマトは、天皇の創出を含む律令国家の建設強行に踏み出す。ところが六七〇年に新羅は唐に叛し、唐は新羅攻撃の方針に転じる。このののちヤマトは遣唐使を送らないが、新羅との通交は頻繁である。天武紀に見えるヤマトからの遣使は、六七五年、六七六年、六八一年、六八四年の例が見える。新羅からは六七三年、六七五年、六七六年、六七八年～六八一年の毎年、六八三年～六八五年の毎年、それぞれ遣使があり、「請政」「進調」などと記述されていて、天武朝は新羅の政治状況を詳しく知った可能性がある。この間にヤマトでは、新羅が唐制とは異質要素の強い統一国家形成を目指したのと違い、「徹底的に唐制を導入」して律令国家を建設した。[43]

天武・持統紀に見える七世紀末までに帰国した学問僧は、次の者たちである。六八五年の新羅学問僧観常と霊観、六八七年の新羅学問僧智隆、六八九年の新羅学問僧明聡と観智、六九〇年の大唐学問僧智宗・義徳・浄願（新羅船による）、六九六年以前の新羅学問僧弁通。親日的な外交姿勢を示した新羅から唐仏教が伝わる可能性はある。ただし新羅使と遣新羅使の往来は八世紀初期にも多いが、『大般若経』に関する記事はない。また日本僧が『大般若経』六〇〇巻を書写して帰ったとは考えにくい。

大宝二年（七〇二）六月、遣唐使粟田真人らが留学僧道慈らと筑紫を出発し、対馬新羅経由で長安にいたり、新国家の成立を告げた。粟田真人も道慈も、書籍を渉猟したであろうが、具体的なことは記録されていない。粟田真人が帰国する慶雲元年（七〇四）七月以前、先に述べたように、『続日本紀』大宝三年（七〇三）三月条に「詔二四大寺一読二大般若経一、度一百人」とある。前後の近い時期に続けられた、持統太上天皇死去にともなう四大寺での仏事の一部であろう。この時には、孝昭王の喪を報せる新羅使金福護らが一月から滞在中であり、閏四月には難波館で饗するとともに文武の詔で弔使発遣を約している。新羅使は、新羅経由で入唐した粟田真人らの情報を得ていたであろう。初めて行われた『大般若経』を用いた仏事は、唐朝に対して新国家成立を告げる時機に、新羅に対しては互いの友誼を演出するという、日本天皇による国際政治の一部であった。可能性の一つではあるが、『大般若経』全巻を伝えたのは七〇三年一月に来朝した新羅使だったのではなかろうか[44]。

むすび

仏書導入についてたどると、玄奘が西域から長安に帰ったことを契機とする唐仏教の面目一新が、ヤマトの仏教史にも連動したことがわかる。先行研究では、旧訳（鳩摩羅什訳）から新訳（玄奘訳）への転換だとの指摘もある[45]。ただし、『大般若経』導入事情にもうかがえるように、必ずしもすぐに変更したとはいえない。七〇三年三月の『大般若経』読誦は重要だが、またしばらくは関係記事を欠く。しかし長屋王発願経と呼ばれる『大般若経』の書写がはじまっていたらしく、七一二年に完成している（和銅経）。この事業との関係は不明だが、神亀二年（七二五）閏正月に僧六〇〇人に宮中で『大般若経』を読誦させ、災異を除かせた（『続日本紀』）。一人に一巻を担当させ、全巻揃っていたことが示されたのであろう。さらに七二八年には、もう一部の長屋王発願の書写『大般若経』が完成した（神亀経）[46]。二部の長屋王願経は、現存経巻によると、界線が施されていない。稀有なこの特徴は、新羅で書写されて日本にもたらされた、聖語蔵『大方広仏華厳経』（巻第七十二から八十）に類例があるという[47]。長屋王願経の手本は新羅からの輸入経であろう。

『大般若経』の使用は、天平七年（七三五）五月に四大寺で『大般若経』を転読させて以後は他の経典に比して群を抜いて多いが[48]、それ以前にはやはり目立たない。一方、七世紀以来重視されてきた旧訳『金光明経』などは継続的に用いられており、神亀二年（七二五）七月には『金光明経』がない場合のみ新訳『金光明最勝王経』（唐義浄訳）を使うよう諸国に指示している。『金光明最勝王経』の使用は天平六年（七三四）十一月太政官奏以後に多くなる。養老六年（七二二）十一月に、元明太上天皇のためとして新訳『華厳経』八〇巻（唐実叉難陀訳）や『大菩薩蔵経』（玄奘訳）の書写を命じた例はあるが、唐仏書の徹底的な導入方針とまではいえないようである。

なお今後の研究課題だが、帰国学問僧と権力中枢の考えに、一致しない部分があった形跡がある。道昭は禅院に住んだものの、その後は天下を周遊して路傍に井を穿ち津や橋を造ること十年余りたってのち、禅院に呼び戻された。この経歴は不自然ではないか。道昭の「周遊」と類似するのは行基である。寺院から出て乞食などの僧尼令違反が指弾され、天平三年（七三一）ごろから緩和、登用にいたった。粟田真人とともに入唐した道慈は、日本の仏教は「大唐道俗」と違って「経典」に順っていないという批判を「愚志一巻」に記したと言い（『続日本紀』天平十六年十月条卒伝）、「性甚骨鯁、為二時不レ容」（『懐風藻』）と評されている。帰国僧ではないが、長屋王は、朝廷の方針以上に唐仏教の導入に積極的だったことが、二部の『大般若経』書写発願からうかがえるものの、「左道」を学ぶなどの罪で自尽させられたのは七三〇年である（『続日本紀』天平元年条）。道昭、行基、道慈、長屋王は、実は早くから唐仏教の徹底的導入の推進者だったのではないだろうか。その意見は容れられなかった。

長屋王は、来日新羅使らとの間での漢詩による交歓で、差別と対立を越えた人間的交流を実現している。(49)道慈は神亀経に「検校」として率先協力しつつ、新羅使送別の宴には遠く山寺から辞退の書信を送って節度ある関係を保っている（『懐風藻』）。仏教思想の普遍的価値についての理解が、かろうじて歴史の上に表出したことがうかがわれる。

『大般若経』に関する新事態は、七三七年三月の詔で諸国へ釈迦三尊像と『大般若経』を備えるよう指示し、四月に道慈の奏請を受けた勅により、『大般若経』六〇〇巻を浄行僧一五〇人に毎年転経させることにしたことである（『続日本紀』天平九年条）。同経が、他の仏書以上に用いられる時代の始まりである。それは唐仏教の徹底導入方針への転換を意味している。

七三〇年代には、唐の国力が衰退し、新羅と日本との敵対関係が明確になる。道慈らが復権し、日本が唐仏教の徹底的導入に踏み出すのはこれ以後であって、一切経の組織的な書写事業はその方針に基づく代表例である。(50)仏書を窓口に、西域を含む国際世界を知る支配集団は、新羅僧には関心を示さず、菩提僊那や鑑真を招請しもした。「仏法東帰斎会之儀未三嘗有二如レ此之盛一也」（『続日本紀』天平勝宝四年四月条）という演出をともなった七五二年四月の大仏開眼供養には、「遺法東流未レ有二若レ茲之盛一也」（『大唐大慈恩寺三蔵法師伝』巻第六）という玄奘の長安帰還が参照されている。この段階から、日本の国家によって、玄奘は唐仏教を代表する存在として称揚された。そして日本の仏教との親近性を説明するために、道昭は卒伝において玄奘との直接的関係があったように述作された。帰国後の道昭は、元興寺東南に禅院を建てて将来経論を蔵し、玄奘が西域を旅したことに倣うかのごとく「天下を周遊」したのだとして、特筆された。日本の仏教は、玄奘を焦点として唐仏教の系譜に位置づけられて正統化されたのであり、その経緯を誇大に説明しつつ、西域世界との歴史的関係を明確にしたのである[51]。

しかしここでは、いわば国際世界への視野拡大が、近隣国との敵対と自国権威の上昇志向として表れている。真実の叡智を平等に得るという普遍的思想の獲得にはなお遠い。「書写、受持、読誦、流布」という形式が「解脱」に結びつくと述べたのは玄奘だが（『大唐大慈恩寺三蔵法師伝』巻第十）、天災・飢饉・反乱などを除くという平易だが世俗的な説明による日本古代国家の仏教利用として、まずはそれが定着していくことになる。

（1）基礎的先行研究として新川登亀男編『仏教文明の転回と表現』（二〇一五年、勉誠出版）の付録「天平改元以前の仏典・仏菩薩等一覧」がある。
（2）山尾幸久「日本への仏教伝来の学説をめぐって」（『立命館文学』五一一、一九八九年）。
（3）山尾幸久『古代の日朝関係』（一九八九年、塙書房）後篇。
（4）薗田香融「東アジアにおける仏教の伝来と受容」（同『日本古代仏教の伝来と受容』二〇一六年、塙書房）。
（5）森三樹三郎『梁の武帝』（一九五六年、平楽寺書店）。
（6）願文の前半は、八世紀はじめに義浄が訳した『金光明最勝王経』の文で書かれているが、「又願」より以下に原態を読み取ることができる。
（7）曾根正人「飛鳥仏教の展開」（佛教史学会編『仏教史研究ハンドブック』二〇一七年、法藏館）。

（8）山尾幸久『古代の日朝関係』（前掲注3）三一〇頁。
（9）東野治之『遣唐使』（二〇〇七年、岩波書店）。
（10）山尾幸久「小野氏と小野妹子」（志賀町史編集委員会編『遣隋使・小野妹子』一九九四年、滋賀県志賀町）、大橋信弥『小野妹子・毛人・毛野』（二〇一七年、ミネルヴァ書房）。
（11）敏達紀十三年是歳条には鞍部村主司馬達等が見える。『扶桑略記』欽明天皇十三年条に引く「延暦寺僧禅岑記」には「大唐漢人案部村主司馬止等」とし、『元亨釈書』巻十七はこれを「南梁人」と見ている。
（12）中林隆之「東アジア〈政治―宗教〉世界の形成と日本古代国家」（『歴史学研究』八八五、二〇一一年）。
（13）東野治之「日出処・日本・ワークワーク」（同『遣唐使と正倉院』一九九二年、岩波書店）。
（14）会丞については、山崎宏「隋朝の留学僧施設と日本の留学僧」（同『隋唐仏教史の研究』一九六七年、法蔵館）参照。のち飛鳥寺の西の須弥山石と外国人饗応の事例が見える（斉明紀三年七月条など）。
（15）森三樹三郎『梁の武帝』（前掲注5）、山崎宏『隋唐仏教史の研究』（前掲注14）、藤善眞澄『隋唐時代の仏教と社会』（二〇〇四年、白帝社）。
（16）『日本書紀』には、敏達十四年条（五八五）に蘇我馬子が司馬達等から献上された舎利を大野丘北の塔にこめたこと、崇峻元年（五八八）に渡来百済僧から舎利を得て法興寺造営に着手し、推古元年（五九三）に法興寺塔の立柱に際して舎利を納めたと述べる。
（17）この点については上川通夫「古代仏教と対外関係」（同『日本中世仏教と対外関係』二〇一二年、塙書房）で述べた。
（18）『勝鬘経義疏』（『日本思想大系　聖徳太子集』一九七五年、岩波書店）参照。
（19）『大正新修大蔵経』第五十六巻。訓読は『聖徳太子・南都仏教集』（一九七二年、玉川大学出版部）。
（20）恵隠は志賀漢人である。山尾幸久『古代の近江――史的探求――』（二〇一六年、サンライズ出版）。
（21）実際は、個別に蓄積してきた仏書の総動員、ということであろう。
（22）上川通夫「ヤマト国家時代の仏教」（同『日本中世仏教形成史論』二〇〇七年、校倉書房）。
（23）藤野道生「禅院寺考」（『史学雑誌』六六―九、一九五七年）、佐久間竜「道昭」（同『日本古代僧伝の研究』一九八三年、吉川弘文館）、東野治之『遣唐使』（前掲注9）、小倉慈司「道昭――日本仏教を形づくった僧侶――」（鎌田元一編『古代の人物1　日出づる国の誕生』二〇〇九年、清文堂出版）、など。なお禅院との関係が指摘されている飛鳥池木簡について、本章の論旨には影響がないので触れない。
(25) 佐久間竜「道昭」(前掲注24)は、「ここにいう禅とは、瑜伽行としての観心で虚妄分別をこえるための実践行」とする。
(26) 田村圓澄『飛鳥・白鳳仏教史　下』(一九九四年、吉川弘文館)第六章「経典と学衆」。
(27) 藤野道生「禅院寺考」(前掲注24)。
(28) 法相宗を伝えたという説は富貴原章信『日本唯識思想史』(一九四四年、大雅堂)、井上光貞「南都六宗の成立」(同『日本古代思想史の研究』一九八二年、岩波書店)。摂論宗だと推定するのは田村圓澄「摂論宗の日本伝来について」(『南都仏教』二五、一九七〇年)。
(29) 鈴木英夫「七世紀中葉における新羅の対倭外交」(同『古代の倭国と朝鮮諸国』一九九六年、青木書店)。
(30) このとき渡航した僧の人数や活動内容、帰国時期などは記されていないが、『僧綱補任抄出』天武天皇二年条には「僧正智通」「唐学生」などとして見えている。
(31) 『大乗仏典　中国・日本篇9　大唐西域記』解説(桑山正進執筆、一九八七年、中央公論社)。
(32) 河上麻由子「唐代における仏教と対中国交渉」(同『古代アジア世界の対外交渉と仏教』二〇一一年、山川出版社)。
(33) 水谷真成訳注『中国古典文学大系22　大唐西域記』(一九七一年、平凡社)。
(34) 松田好弘「天智朝の外交について――壬申の乱との関連をめぐって――」(『立命館文学』四一五〜四一七合併号、一九八〇年)。
(35) 『日本古典文学大系　日本書紀下』(一九六五年、岩波書店)補注五九四頁。
(36) 石上善應「般若経」(『仏教経典の世界・総解説』一九九三年、自由国民社)。
(37) 森三樹三郎『梁の武帝』(前掲注5)。
(38) 米田雄介「聖語蔵経巻と玄奘三蔵」(『正倉院紀要』二三、二〇〇一年)は、巻末紙背に「顕慶四年潤十月廿七日」と記す唐経『成唯識論』巻四を、道昭が玄奘から与えられた仏書の一部だと推定する。私見では、玄奘・道昭間の直接授受という可能性は低い。なお、唐国家による経典持ち出し規制について、榎本淳一「日本古代における仏典の将来について」(『日本史研究』六一五、二〇一三年)参照。
(39) 田村圓澄『飛鳥・白鳳仏教史　下』(前掲注26)第六章。

(40) 田村圓澄『飛鳥・白鳳仏教史　下』（前掲注26）第六章。

(41) 堀池春峰「華厳経講説よりみた良弁と審詳」（同『南都仏教史の研究　上』一九八〇年、法蔵館）所収「大安寺審詳師経録」を参照した。

(42) 田村圓澄『飛鳥・白鳳仏教史　下』（前掲注26）第六章。

(43) 以上この段落については山尾幸久『古代の日朝関係』（前掲注3）後篇三章、参照。

(44) 堀池春峰「大般若経信仰とその展開」（同『南都仏教史の研究　遺芳篇』二〇〇四年、法蔵館）はその可能性を指摘されている。

(45) 田村圓澄『飛鳥・白鳳仏教史　下』（前掲注26）第六章。

(46) 「天平改元以前の仏典・仏菩薩等一覧」（前掲注1）参照。

(47) 山本信吉「聖語蔵『大方広仏華厳経自巻七十二至巻八十』の書誌的考察」（同『貴重典籍・聖教の研究』二〇一三年、吉川弘文館）。

(48) 堀池春峰「大般若経信仰とその展開」（前掲注44）。

(49) 石母田正「詩と蕃客」（『石母田正著作集　第十巻』一九八九年、岩波書店）。

(50) 上川通夫「一切経と古代の仏教」（同『日本中世仏教史料論』二〇〇八年、吉川弘文館）。

(51) この段落の最後の四行は、本書編集に際して、結章との関係を考えて、追加した。同じ脈絡で、「瑜伽唯識論」を了得して「周遊都鄙」したことなどを特筆する行基卒伝も、再考の余地がある（『続日本紀』天平二十一年二月条）。
　なお道昭卒伝は、本文では省略したが、玄奘から直接授けられた「鐺《鍋》子」についての逸話がある。玄奘が西域から持ち帰った「神験」ある器物だが、帰路航海中の難をもたらした龍王の求めに応じて授けたため、持ち帰ることができなかったという。

第二章　古代仏教と最澄の一乗思想

はじめに

真摯な仏教者として確かな理想を将来に描く最澄は、南都諸大寺僧からの批判に応じる形で執筆エネルギーを費やした『顕戒論』において、歴史を背負う自国仏教の現状と課題を次のように述べて結んだ。「大唐」には貞観年間（六二七〜六四九）に三乗興り、大周（六八四〜七〇四）に一乗、開元（七一三〜七四一）に真言、大暦（七六六〜七七九）に文殊上座、貞元（七八五〜八〇四）に天台円教、と順次興隆してきた。「大日本国」には、天台円教が備わらなかったが、「桓武皇帝」が延暦二十五年（八〇六）に年分度者二名を天台宗に許した結果、すべての衆生に救済の道が開かれた。しかしなお、仏道に不可欠の三学のうち、定と慧はあって戒が具足しない。故に大乗戒の勅許を請うて群生の救済を目指したいと思う。

弘仁十一年（八二〇）、晩年近い最澄の、ほぼ完熟した構想の集約的表現を読む思いがする。範たる唐の仏教史を受けて、日本にも仏教を完備させるべきである。最澄はそう主張した。一見、単純な一般論であるかに思える。しかし、歴史的思考をともなう最澄の構想は、唐仏教さらにはそれ以前、それ以西の仏教をどう捉えているのか。大乗戒の設定が仏教完備になるというのは、群生の救済という究極目的にどうつながるのか。なぜ最澄のような構想が、この歴史段階で生まれたのか。勅許を得て成就する大日本国の仏教とは、特殊歴史的な宗教なのか普遍的な思想なのか。そのような問いを次々に誘発する。

容易には捉え切れない重要人物たる最澄についての考察を、文献史学の方法と研究史の手助けとを求めつつ試みたい。踏まえたい研究史上の論点は、次のことである。

最澄は、空海と双璧の、平安初期仏教を代表する僧とみられている。少し立ち入って言えば、法華一乗主義の最澄と、真言密教至上主義の空海は、それぞれ「悉有仏性」と「即身成仏」という、開悟の可能性を提示する点で共通する。また、ともに山林高峰で「鎮護国家」を祈る目的において一致する。もとより真言密教と天台顕教には、実践上の違いは大きい。空海が、権力中枢や既成仏教諸派の旧体制の内側から自己主張したのに対して、真っ向からの論争的で問題提起的な方法を採る最澄は、天台開宗と大乗戒樹立の熱意を禁欲的に貫いた。また、最澄と空海の主張は、奈良時代後半以来の山林における雑密的傾向を継承するものの、「新たな護国仏教」「平安新仏教」と概括される程[(1)]、斬新さが評価される。ただそれは、律令政治再興を進める光仁・桓武朝の政策課題を背景としていて、律令国家仏教再興の実践者とみるのが通説である。それでも、批判的精神による一切平等理念の実現を闘い取ろうとした最澄に、思想史上の遺産が見出されている[(2)]。

一方、中世仏教史の全体を顕密体制として描く重要学説からも、両者をその成立史的起点に置いた言及がある[(3)]。すなわち、最澄や空海は、古代的呪縛を克服して自立的主体たる意識の拠り所を求める民衆を前に、積極的対応として大乗仏教を強調した。しかし、教権の俗権に対する優位とならず、国家権力からの承認を自ら求める方法を採った、という。民衆の救済願望を反動的に再編して成る中世顕密仏教の端緒、とみるのである。古代国家仏教論の通説との隔たり大きいこの指摘に、古代仏教史研究は傍観的立場をとって対決を回避し続けているが、民衆の歴史的達成点を基軸に構想された、包括的な洞察として際立っていると思う。ただ、民衆的願望との関係については、必ずしも事実関係が確認されていないのではないか。この点が、教学研究や仏教史学研究の分厚い蓄積との、かみ合った議論に乏しい原因であるのかもしれない。

以上の諸点を念頭に置く。そして、この章では、東アジアの政治世界の一部としての日本古代国家史、という古代仏教史研究に不可欠な視点に留意して、人物最澄の素描を試みたい(4)。

一．入唐以前の達成

『叡山大師伝』（以下特に記さない場合もある）によれば、のちに最澄となる三津首広野は、神護景雲元年（七六七）に近江国滋賀郡で生まれたという。ただ、宝亀十一年（七八〇）十一月十日近江国府牒（『大日本古文書』六）には得度を願う広野の年齢を十五歳と記しており、これによると天平神護二年（七六六）誕生となる。後者が正しいであろう。父三津首百枝は、六世紀に百済から移住して後漢献帝の子孫と称し、ヤマト国家の官人として琵琶湖南西岸地帯に配置された集団の、後裔である。

高い水準の学術や技術水準の保持によって、国家統治の一翼を担う「志賀漢人」に出自する最澄は(5)、僧侶としての役割を担うべく成長した。宝亀九年（七七八）に十三歳で、近江国大国師行表に志願して修学を始め、同十一年（七八〇）に十五歳で近江国分寺に欠員補充僧として入り、延暦四年（七八五）に二十歳で具足戒を受けて比丘僧となった。戒律制度に則った正式で最短の出家手順を踏んだ僧侶として成人したのであり、言わば根っからの職業官僧である。しかし、この間、よほどの深い研鑽によって、仏書学習と人間洞察とが最澄の内面で結びついたのであろう。受戒した延暦四年、最澄は、世俗仏教界に背を向けて、高峰比叡山に登った。不退転の覚悟で過酷な修行生活を選んだのであって、この決意は並大抵ではない。人間存在の意味を問いながら、すべての生類の平等救済への信念を『願文』に表明しつつ、孤塁を守ること十二年間の修道を開始した。

最澄を育んだ右の時期は、光仁朝から桓武朝初期に当たる。得度手続きの厳格化や、寺院財政の規制などによって、清浄な僧尼と寺院の養成・管理をあらためて督励し、護国理念の仏教を維持する制度整備が図られた。律令政治再興政策の一環とみられるゆえんだが、日本古代仏教史の基調を、東アジア世界のなかで捉えようとすると、国家史と関係するこの時代の思想傾向の特徴がうかがわれる。

六世紀以来、中国仏教の導入が図られたが、七三〇年代以前は、支配集団のみが受容主体であった。しかし唐の軍事圧力が後退したそれ以後の時代、新羅との対抗を軸に、かえって唐仏教の模倣再現を全面化する方針が採られた。造寺造仏や仏事の盛行だけではなく、官人機構を動かしての一切経書写事業の繰り返しや、全人民を在家仏教徒に位置づける媒介たる国分寺政策などが、権力事業として進められた。いわばそれは、汎東アジア的中国仏教の国内的な模倣再現策である。

重要なのは、日本社会の圧倒的多数を占める非僧尼、つまり俗人を、仏教徒に擬えるべく、在家者用の大乗戒を定期的に確認する儀礼を推奨したことである。六斎日の八斎戒、つまり月に六日間のみ八種の道徳的戒めを守る誓いを立てる、という形式が制度設定された。懺悔して滅罪を得るというこの仏教儀礼は、国家の統治機構への自発的服従を、信仰上の没階級的結束という戒律思想で調達する方策であった。この大乗戒政策は、唐仏教に前期密教（雑密）が目立ってきたのを受けて、八世紀後半ごろからの日本でも陀羅尼を唱えて懺悔する儀礼、つまり悔過の重視に結びついた。悔過は、個人の懺悔と自集団への結束だけでなく、敵対関係にある新羅国などからの軍事侵攻、難民の移住、疫病の伝染、といった虚実含んだ対外情勢を前にした、防護儀礼でもあった。(6) 以上を要するに、僧最澄の登場は、大乗戒主義を採る日本国家の政治方針を条件にしていたのである。

『叡山大師伝』は、在俗の父百枝が私宅を寺として礼仏誦経に励み、「至心懺悔」した結果、男児最澄を得、「修行悔過」の継承を最澄に託した、という。最澄が入った国分寺は、十僧（十師）を置いた戒律の地方拠点であり、前期密教の懺悔経典たる『金光明最勝王経』を中心に備え、月六斎の不殺生戒を公私に促す施設であった。最澄の師行表は、戒律教導の中心を担う近江大国師である。その師導璿は、伝戒役を請われて天平八年（七三六）に来日した唐僧で、『梵網経』『四分律行事鈔』といった戒律経典を講じたほか、在家大乗戒を説く前者に関する『註梵網』を自ら著した。(7)

比叡山に入った最澄は、毎日「法華・金光明・般若等の大乗経」を読誦したという（『叡山大師伝』）。三種の経典は、当時の代表的な経典だが、陀羅尼を唱えて懺悔する前期密教の大乗戒経典であって、むしろその選択は歴史性を帯びている。延暦七年（七八八）に比叡山に建てた一乗止観院の本尊薬師如来は、この時代に作例の多い七仏薬師という、悔過の本尊であった。(8) このように、最澄は、大乗戒主義の真っ只中を正統に歩みはじめた。しかもそれは、その後の歩みのなかにも、色濃い性質として認めることができる。

以下に述べるとおり、入唐以前の最澄の活動は、天台法華宗の修学と実践、ならびに一切経書写事業が軸となる。この二つは、中国仏教の模倣再現方針下での大乗戒主義と関係が強い。

入山後も、近江国分寺僧最澄は、仏教界で修学した。「起信論疏幷花厳五教等」を通じて天台への関心を深めたが（『叡山大師伝』）、来日唐僧鑑真の随行弟子である法進著『沙弥十戒幷威儀経疏』などとともに、近江国分寺となる国昌寺で見たことによるらしい。そして『摩訶止観』『法華玄義』『法華文句疏』『大本四教義』『維摩経広疏』など、鑑真らの請来写本を、近江国梵釈寺や東大寺で書写したようである。(9) その多くが鑑真請来本による点は、比較的新しい輸入天台書籍への主体的注目が、最澄に始まることを示している。天平勝宝六年（七五四）に来日した鑑真は、天台大師智顗の法脈につながり、『梵網経』に基づく大乗菩薩戒の授与に関わってきた正統系譜上の唐僧で、入京後すぐ孝謙天皇らにその大乗菩薩戒を授けている。最澄の天台宗への注目は、この史実への関心と結びついていた可能性がある。

最澄が入山時の決意を述べた『願文』は内供奉禅師寿興の関心を誘うことになり、二人は同心の契りを結んだという（『叡山大師伝』）。延暦十六年（七九七）、最澄も内供奉禅師に選ばれて天皇側近僧となり、近江国正税を財源とする比叡山への経済援助もかなった。これを契機として、最澄は、「我一切経論章疏記等を写さんと思う」と弟子に告げた。

唐皇帝の欽定漢訳仏書群たる一切経は、日本天皇の勅定として国家事業の書写が進められ、特に七三〇年代後半以降は、あらゆる請来仏書が勅定一切経に収められた。最澄の一切経書写計画も、勅定事業として位置づける承認を得ており、天台宗の書籍をそこに編入したに違いない。ただし、以前の写経事業とは違い、写経所といった官人機構の業務ではなく、僧自らが遂行したのであって（配下の写経生が実際の担当かもしれないが）、歴史的には新形式である。しかも最澄は、七大寺僧の分担助力をとりつけた。大安寺僧聞寂のような積極的応募者を得たほか、東国で伝法活動に携わる鑑真直弟子の道忠を動かし、二〇〇〇余巻の担当を委ねた。また、のちに最澄が「一切経知識」と呼んだのは、「十大寺小寺」の衆僧や随従者、上野国般若浄土院の道忠・教興らのほか、信濃・越前・越後・甲斐・美濃・筑前・肥後・豊前・豊後・日向・薩摩・近江諸国の「道俗諸施主」であった（弘仁三年〈八一二〉、『長講法華経後分略願文』巻下）。この場合、国司らを介した勧進形式で進めたのだと考えられる。

一切経書写の完成時期は不明だが、恐らく事業遂行中だった延暦十七年（七九八）十一月、一乗止観院に七大寺六宗の十大徳を請じて法華十講を催した。「三部の経典を講演し、六宗の論鼓を聴聞す」（『叡山大師伝』）とある通り、論義の形式を借りて、天台が重視する『法華経』等と、南都六宗の教義とを、同じ土俵上に据える演出であろう。延暦二十年（八〇一）十一月にも南都の一〇僧を招き、各一巻の講演による法華十講を行った。最澄は、この時期、六宗との融和による天台法華思想の主張に、積極的である。

ついで翌年（八〇二）、のちに天台・真言両宗建立に力を尽くしたといわれる、和気弘世・真綱兄弟が（『続日本後紀』承和十三年九月乙丑条）、最澄と組んで、その氏寺高尾山寺で天台の講演を催した。前年の一〇僧を含む一四名が招かれている。日本に伝わりながら注目されてこなかった天台を、認知されてきた六宗に加えることで、中国仏教の摂取は一層よく果たされる。そのような国家政策の推進役たる自己主張で一致した、最澄と和気氏は、八月に桓武天皇の宣を得た。『法華玄義』等の一乗思想の普及とその功徳が、いわばここに公認された。

そして、桓武の宣にすぐ応えた、大安寺僧善議ら南都僧の謝表は、最澄の第一達成点を意味づける内容となっている。意を取れば次の如くである。天台智顗が説く法華一乗思想は、釈迦一代の重要な教えで、七大寺・六宗の僧侶は今初めて知るに及び、これまでの疑問も解けた。かつて智顗とともに学んで法華思想を体得した南岳慧思の生まれ代わり、つまり聖徳太子が教えを広めて以後、今ここにいたって初めて衆生すべての救済が可能となり、慶ばしい限りである。こう述べた。

被支配人民を含めた在家仏教の許容をともなう、中国仏教の全面摂取方針は、七三〇年代に採られたが、その起源を理想的在家仏教推進者たる聖徳太子に仮託するのは、支配集団の創造した仏教史である。最澄は、その認識の枠内で、日本の仏教史上の積年の課題が、天台の導入によって決着したのだと、天皇への上表で南都僧に言わせたのである。

二、九か月の在唐

（1）入唐と仏書探求

高尾山寺での天台講演が継続されていた九月、最澄は、天台法華の留学生と還学生各一人の遣唐許可を申請した。円基と妙澄が選ばれたが、結局最澄自身が入唐請益天台法華宗還学生に任じられた。

最澄の入唐目的は何だったのか。向学心一般ではなかろうし、すでに天台教学の認知は果たされている。しかも、還学生としての派遣は、実に短期である。最澄が乗った遣唐使船は、延暦二十三年（八〇四）七月六日に肥前国松浦郡田浦を発ち、翌二十四年（八〇五）六月五日に対馬嶋下県郡阿礼村に帰着した（『日本後紀』延暦二十四年六月乙巳条）。しかし実質の活動期間は、九月一日に、着岸地明州から入京に向かう判官菅原清公一行と別れ、翌年五月十八日に帰還船が出帆する間だから（同上）、最長で八か月半ほどに限られる。還学生として、ほぼ予定されていた短い期間を有効に活用するために、最澄は、明確な目的と計画的な方法によって、入唐を目論んだのではないかと想像される。最澄は、まず写経に狙いを定めたのである。

天台を学ぶ入唐僧の許可を求めた延暦二十一年（八〇二）九月の上表では、自分が学んだ「天台妙記」の「字謬行脱」の解決を、第一の課題にあげている。十月には、中国語に堪能な僧義真を随従させるよう申請した。その表文では、入唐目的を鳩摩羅什や玄奘の求法に擬えていることに注目される。ただし最澄は、言語習得の猶予に欠ける自分の場合、数百をこえる仏書を求めて諸州で師を探す活動に、困難が予想される、と訴えている。義真をともなうことは、求める天台関係の書籍を確かめ、書写の許可を交渉するなど、作業を円滑にする用意の一部であろう。

台州で、最澄は、写経による経典入手に努めた。刺史陸淳への交渉を介して、龍興寺にいた天台山座主道邃の指示を得て、天台法門（書籍）を書写した（『叡山大師伝』）。「数に依って写し取る」（貞元二十一年〈八〇五〉二月十九日『僧最澄将来目録』）、「数百巻の文書を写し取る」（同年五月十三日『日本国求法僧最澄目録』）、などとある。最澄は、所持してきた金をもって現地で紙を買い、陸淳から道邃への指示によって「工を集めて之を写し」たという（『顕戒論縁起』巻上「台州相送詩」）。なお、貞元二十一年二月十九日『僧最澄将来目録』（『台州録』）の末尾には、「右件の天台智者大師釈すところの大乗経等、并びに説くところの教迹、及び第二第五六祖等の伝記、并びに別家抄等、惣じて百二十部、三百四十五巻あり。経を除き教迹所用の紙、八千五百三十二紙」（台州で得た分すべてを含む）、とある。天台教学の評価獲得と連動した一切経書写事業の一部として、正統天台教学書の一括導入を目指し、在唐中の最澄の行動は恐らく急ピッチだったろう。

在唐中、他にも、のちに意味ある成果を重ねた。道邃のもとで「工」らが写経を進めている間、最澄は天台山に詣で、十月に仏隴寺（禅林寺）座主行満に会い、八二巻の天台書籍を与えられた。同日、同寺僧翛然からは達磨付法の牛頭禅を授けられ、国清寺僧惟象からは大仏頂大契曼荼羅行事を受けた（『内証仏法相承血脈譜』）。十二月には、随従した義真が、国清寺で具足戒を授けられて比丘となった。翌八〇五年三月、台州龍興寺に戻っていた最澄と義真は、唐僧二七人とともに道邃から菩薩戒を受けた（『内証仏法相承血脈譜』）。このあと、帰国のために明州へ向かう「日本国最澄三蔵」らに対して、「伝菩薩戒師天台沙門道邃」は、伝法を励ます信書を渡した（『顕戒論縁起』「伝菩薩戒道邃和上書」）。四月初旬に、一旦乗船地明州に入った最澄は、台州では予定しながら得られなかった経疏一七〇巻を、自ら「写し取ることを得んと欲す」と述べて、越州龍興寺と法華寺に行くことを申請し、明州牒を得た。

結局最澄は、泰嶽霊巌寺の阿闍梨順暁から、三部三昧耶の灌頂を授けられ、密教書や灌頂道具を得た（同「大唐泰嶽霊巌寺順暁阿闍梨付法文」）。出国直前に作成された『日本国求法僧最澄目録』（『越州録』）によれば、台州で得た仏書は三四五巻、越州では一一五巻、合わせて四六〇巻であった。

右に概略を見たように、在唐中の最澄は、写経して持ち帰る計画を軸として活動した。菩薩戒を受けたことは特筆に値し、後年その意義は高くなる。しかしこの段階では、目的の中心であったようには思われない。密教の三昧耶灌頂を受けたのも、計画外であろう。これは、三昧耶戒という、道俗双方への仏教結縁媒介の伝授資格獲得であろうと見られ、菩薩戒と同じく、大乗戒の一種である。最澄の三昧耶戒が後年顧みられないのは、空海の灌頂導入が、整備された真言密教の中心儀礼になったからであろう。

（2）行政活用と目的完遂

恐らく最澄は、ほぼ計画を遂行し得た思いで帰国できたのではないだろうか。のち、弘仁十年（八一九）に、大僧都護命ら僧綱は、最澄は都長安を見ず「辺州」しか知らない、と批判した。猛然たる最澄の反論のなかで、遣唐使一行として「国徳」を蒙って渡唐し、台州・明州の刺史から便宜を得て目的を遂行し、遣唐大使と第一船で帰国し、天皇の随喜によって伝法の公験まで与えられた、と述べた（『顕戒論』巻上「開雲顕月篇第一」）。最澄にとって、天台教籍の本格導入が目的なのだから、天台の拠点たる江南で活動するのが当然である。同時に最澄にとっては、短期集中の機会に、天皇から付託された任務を、日唐両国の行政制度を媒介に効率よく果たす、そのことは、限られた条件というより、誇るべき正統性なのであった。

なお、世俗行政の強い関与という点は、当時の日唐双方に共通する仏教事情の一特質を反映している。最澄の渡唐は、書籍を媒介とする天台教学の本格導入であるとともに、中国仏教の全面移植方針の一部であった。それは、一僧侶の意志であると同時に、国家の政策であった。一方、唐側の対応も、仏法共有という普遍理念の提示であると同時に、皇帝権力に発する行政機構の職務遂行であった。普遍理念として、伝菩薩戒師道邃は、「おのおの伝持して共に仏慧を期せんことを願うなり」と呼びかけ、灌頂阿闍梨順暁は、「仏法をして永永に絶えざらしむ」と保証した。行政職たる台州官吏らは、天台僧らとともに、帰国前の最澄に詩を贈り、たとえば「法を問うに言語異なり、経を伝うるに文字同じ」と述べて、漢訳経典を媒介とする唐仏教の輸出を讃えている（以上『顕戒論縁起』巻上「伝菩薩戒道邃和上書」「大唐泰嶽霊巌寺順暁阿闍梨付法文」「台州相送詩」）。日唐両国にとって、仏教はいわば共通言語なのであって、しかもそれは救済思想一般の信仰的共有というより、異質の両国が同一政治世界で接触する形式的条件として、行政的に設定・管理された外来宗教だった。

最澄にとっても、そのような世俗的側面は、現前する当然の実態であった。むしろ、より現実的で即物的な中国仏教事情を、渡唐前から知っていた。道邃のもとでの写経は、台州刺史陸淳を介して金一五両を支払うことで実現した。陸淳への献上品は配下の者に分配されたというが、無償の仲介行政でないことは明らかである（『顕戒論縁起』巻上「台州相送詩」）。越州では、龍興寺で灌頂道具の購入を交渉し、金七両（青金つまり鉛だという）を銭に換えた上で、二〇貫銭の値が示されている（『顕戒論縁起』巻上「大唐越州竜興寺寂照闍梨書」）。そして、唐での最澄を支えた現金は、「春宮殿下〔安殿親王〕金銀数百両を施与して、入唐求法の助に充つ」（『叡山大師伝』）とある通り、はじめから出費が見込まれ、用意されていた。

最澄にとって、行政の関与やビジネスとしての入唐僧受容など、仏教をとりまく現実の世俗性は、一つの前提であった。とりまく条件の範囲内で、課題を発見して効率よく事業に邁進する。この性質が、最澄の前半生に色濃い。

延暦二十四年（八〇五）、帰国した最澄は、持ち帰った「天台法門弁真言法門道具等」（法門＝法文は仏書のこと）を、桓武天皇に献上した。七月十五日の復命書によると、勅を奉じた求法により、「躬ら経迹を写」し、得た経疏記等四六〇巻のうち、金字の『妙法蓮華経』等一〇巻や、天台智者大師霊応図などを献上する、という（『顕戒論縁起』巻上「進経疏等表」）。つまり、大半は比叡山で収蔵することが認められていたことになる。渡唐以前からの一切経書写事業は、必要とされた天台教籍を唐で得て、真言教籍をも加え、ほぼここに完成したのであろう。

しかも比叡山一切経のなかの請来天台書籍は、桓武勅によって、図書寮を担当機構とし、七大寺分七部を書写させることになった。さらにその天台書籍を、道證・修円・勤操ら、南都の「六学生」に受学させる指示も与えられた（『叡山大師伝』、『顕戒論』巻上「開雲顕月篇第一」、『顕戒論縁起』巻上「賜向唐求法最澄伝法公験」）。勅定一切経のなかに天台教籍の位置を確立させるという、入唐以前からの最澄の写経事業の目論見は、ものの見事に成功したと言える。

三．開宗と挫折

（1）帰国後の活動

帰国後しばらくの間、最澄の活動は順調であった。桓武に復命上表してすぐの八月九日、「入唐求法僧最澄」は、殿上に召されて「悔過読経」した（『日本後紀』）。やはり懺悔儀礼こそが、この時代の仏事の基調である。

九月七日、勅によって高尾山寺に壇を設け、「真言秘経」の「灌頂三昧耶」「金剛宝戒」を南都の八僧に授けた。また九月十六日にも、都の西方で、受者を増員して二度目の灌頂を行った。この灌頂は、毘盧舎那仏像や大曼荼羅を掲げるなど、確かに密教儀礼である。ただこれは、最澄が越州龍興寺で受けたのと同じ、三摩耶戒という密教の大乗戒であることに注意が必要である。この点、のちに明確化するような、天台宗の菩薩戒と真言宗の灌頂、といった分類を遡及させることは、歴史的理解を妨げる。空海が、『大日経』や『金剛頂経』といった特定経典を根本とする体系化された灌頂儀礼を導入する以前、三昧耶戒灌頂という密教の大乗戒伝授は、まず最澄の天台円教で重視されたのである。越州でのわずかな猶予期間がその契機であろうが、七月十五日の復命上表では、天台求法の実現を、「妙円の極教」と「灌頂の秘法」の興隆と述べている。九月十六日の治部省公験では、「念誦の秘法」を求め「天台の高跡」を慕った最澄が、天台教籍を得て灌頂壇に入った功績を讃えている（『顕戒論縁起』巻上「賜向唐求法最澄伝法公験」）。天台の教えと密教の儀礼は、最澄が得て帰った二大要素であった。

そして、国家公認による天台宗の成立を示すものとして、高く評価されてきた年分度者二名の新設についても、このような帰国直後に固有の自己主張として捉える必要があると思う。延暦二十五年（八〇六）正月三日の最澄上表は、毎年定数の得度者たる年分度者を一二人とし、宗別に二人の配分を提案した。華厳宗二人、天台法華宗二人、律宗二人、三論宗（成実宗を加える）三人、法相宗（倶舎宗を加える）三人、である。正月五日、宗別二人という案を僧綱が承認し、二十六日付太政官符で最澄案が承認された（『顕戒論縁起』巻上「請加新法華宗表」「加年分度者定十二人僧統表」「定諸宗年分度者自宗業官符」）。その際、官符では天台業を二人とし、うち一人は『大毘盧遮那経』を読む密教の遮那業、もう一人は『摩訶止観』を読む天台の止観業と定めた。天台宗成立を画するこの官符が、一人を密教修行者としている点の理解は、研究史上の難問の一つだと思う。「ゆきがけの駄賃程度のつもりで相承してきた密教」に対する、天皇らの「異常な関心」により、「天台と密教の抱き合わせという奇妙な形」での勅許となり、最澄も理論的関連づけが不充分なまま「妥協」した、[10]という見解が超えられていない。

しかし実は、天台法華宗の思想を修得する二つの方法として、天台大師智顗の『摩訶止観』と、密教の

『大毘盧遮那経』の受学とが平等に位置づけられていた。灌頂として大乗の三摩耶戒を授ける密教は、それだけを取り出して純化されていたのではなく、日唐に真言宗が成立していた訳でもない。「国家仏教」の制度整備上では一つの画期だが、(11) 人物最澄の仏教思想については、天台法華思想の本格導入という課題の延長であろう。

大同四年（八〇九）二月、最澄は、比叡山で『法華経』の長講を始修した。二日間で一巻ずつ講じ、天皇や文武百官をはじめ、生者死者や霊鬼神など、一切存在の「業道苦」を除くための懺悔儀礼（悔過）である（『長講法華経先分発願文』巻上、『長講法華経後分略願文』巻下）。翌五年（八一〇）までには、『金光明経』と『仁王経』の長講を加え、あわせて三部長講が始められた。これらは、大同二年（八〇七）から四年間分の天台宗年分度者八人が、大同五年正月の宮中金光明会で出家したことと連動している。

（2）空海の帰国と最澄の転機

順調に活動した最澄に、新しい問題を突きつけたのは、やはり空海であった。最澄と同年に入唐した空海は、大同元年（八〇六）に帰国した。本格的に活動するのは、弘仁元年（八一〇）十月二十七日に、密教修法の実施公認を求めて許可されてからである（『性霊集』巻第四「奉為国家請修法表」）。

その間の大同四年（八〇九）八月二十四日、恐らく入京して間もない空海に対して、最澄は、『大日経略摂念誦随行法』をはじめとする新請来仏書の借用を求めている（最澄書状、『平安遺文』八―四三三三）。この時空海の許へ遣わされた僧経珍は、かつて延暦十六年（七九七）に一切経書写計画を告げ談じられた弟子である（『叡山大師伝』）。最澄は空海から多くの経典類を借りることになるが、「一切経を写さんがため」として新版一切経目録たる『貞元新定釈教目録』を求めているなど（〈弘仁二年カ〉四月十三日最澄書状、『平安遺文』八―

四三八五）、写経による収集意欲が強い。後年秘密仏教の認知を得た空海は、不空訳『理趣釈経』をめぐって、密教未伝授の最澄への貸与を断る（『性霊集』巻第十「答叡山澄法師求理趣釈経書」）。最澄は、勅定一切経の拡充の枠内で天台宗を自己主張し、密教の三摩耶戒をその一部に位置づける。空海は、即身成仏のための秘儀を核とする、真言密教の思想と儀礼の体系を頂点に据えていた。空海も勅定一切経の体制を否定しておらず、真言密教の自己主張は、中国仏教の導入という国家政策の拡充であろう。最澄にとって最大の問題として立ち現れたのは、真言密教では、大乗戒たる三摩耶戒が、灌頂儀礼の中心ではなかったことなのではなかろうか。帰国後の空海に接した最澄は、体験と実感によってそれを了解することになる。

弘仁三年（八一二）十一月十五日、最澄は和気真綱ら三人の俗人と同時に、高尾山寺で空海より「金剛界灌頂」を受けた。十二月十四日には、僧二二人、沙弥三七人、その他の俗人八六人とともに、「胎蔵灌頂」を受けた（高尾山寺灌頂歴名、『平安遺文』一一―補二四七）。真言宗の灌頂儀礼が整備されるのは後年だが（『類聚三代格』巻二、承和十年〈八四三〉十一月十六日太政官符）、弘仁三年の灌頂は、僧俗ともに受けていることからして、のちにいう結縁灌頂に相当するのであろう。唯一または少数の弟子僧を対象とする、真言密教の伝授継承儀礼たる伝法灌頂は、まだ行われていない。そしてこの時、三摩耶戒は、曼荼羅内の一仏とのつながりを得る結縁灌頂に先立ち、堅固な誓いとして受ける、という後年のような位置づけのもとに、実施されていた可能性がある。つまり最澄の三摩耶戒灌頂は、空海の結縁灌頂の前段階でしかなかったのである。

こののち、一方では弘仁五年（八一四）正月十四日の御斎会論義で、「天台法華宗甚深妙義」が演じられるなど、朝廷から天台宗への保護は厚い。しかし、「新来真言家則ち筆受の相承を泯《ほろ》ぼす」（弘仁七年『依憑天台集』序）と述べるような、経典貸借をめぐる空海との確執や、比叡山を離れた弟子泰範が空海のもとから帰らないなど、実のところ最澄の活動は頓挫に近い。弘仁七年（八一六）五月一日に、泰範に書状を送った最澄は、来春の東遊を皮切りとする「回遊日本」を誘う（『平安遺文』八―四四一一）。ところが泰範からの返書で、真言と法華に優劣ありと明言される（『平安遺文』八―四四一二）。挫折感を想像するに余りある。ついに最澄は、東国での活動に踏み切り、それを契機に、南都僧を相手とした論争的著述のなかから、三摩耶戒とは異なる、新方式の大乗戒を選択するにいたる。

四．決断と実行

（1）徳一との論争

弘仁八年（八一七）春、最澄は東国に向かった。その時から弘仁十三年（八二二）に五六歳で死去するまで、いわば最澄の晩年は、最も充実した思索と行動を展開した時期である。論争形式の教学書執筆と、天台宗独自の授戒制度提示が、苦渋と挫折を契機に、仏教者としての骨太い学識と強い自覚を基盤として、矢継ぎ早に進められた。写経などによる中国仏教の模倣再現ではなく、価値観と意志による創造活動への転換であった。

この時期前後には、国家政策に沿って中央から地方各地で活動した僧らがいた。[12]入唐以前の最澄による一切経書写に協力したのは、東国在住の鑑真直弟子道忠らである。弘仁六年（八一五）には、空海が唐から将来した経典の書写便宜供与を下野国広智、甲州藤太守（真川）配下の僧、東方の万徳、陸州徳一、闍梨らにそれぞれ依頼している（『高野雑筆集』巻上）。承和二年（八三五）には大安寺僧忠一が美濃尾張国境の墨俣河両岸に布施屋を造り、同じく承和ごろに南都僧静安が近江で船瀬を築造した。さらに静安弟子の賢永は伯耆、賢和・賢養は播磨、賢真は近江（さらに入唐）、賢護は豊後で、それぞれ活動している。[13]これらは中央からの地方行政を介した教化活動である。

最澄が東国を特に選んだ可能性もあるが、事情の詳細はわからない。その東国行は弘仁八年内のことであり、上野国緑野郡浄土院と下野国都賀郡大慈寺が主目的地だったらしい。両寺に法塔を建て、各一〇〇〇部の『法華経』を置き、『金光明経』『仁王経』をあわせて聴講させることとした。それは、大同四年（八〇九）に比叡山で始修した三部長講の拡充であろう。その行動は、弘仁九年（八一八）の「六所造宝塔願文」によれば、豊前宝塔院・筑前宝塔院・山城宝塔院（比叡山西塔）・近江宝塔院（比叡山東塔）を含む独自の積極的な実践であった。

ところが、東国会津で、先に活動していた徳一が、法相教学の立場から『仏性抄』を著し、法華教学を「権」と判じているのに接して、『照権実鏡』を書いて論争に入る。以後、弘仁十二年（八二一）の最澄『法華秀句』まで、現存著作は六部一九巻、徳一には九部三五巻（推定、現存せず）、応酬があった。[14] 経典等の解釈をめぐる仏教学論争は巨細にわたる。豊穣な議論についてあえて結論部分のみについて対比するならば、成仏の可能性を万人に認める『法華経』の一乗思想と、生得の種性が成仏の可否を決定するという法相教学の三乗思想と、どちらが釈迦の真意なのかが争われている。

このいわゆる三一権実論争については、『叡山大師伝』等の分析により、民衆教化の最前線からの要請で赴いた最澄が、数千数万の群衆を前に解放思想を説いた「一種の宗教戦争」であった、とみる高い評価がある。[15] しかし論争する両者ともに、具体的存在たる民衆の現実的解放策を直接的には語ってはいない。釈迦や智顗らの思想の本来を主張し合う議論は、情熱的であればこそそれだけ、信念を基準とした決着のつけようない解釈論争に見えかねない。しかし最澄遺文からうかがわれる両者の執拗な文献引証と仏教論理学の応酬には、机上の文献考証による自己主張などとは次元の異なる、宗教者として命がけの実践的真理探究の姿を読み取るべきであろう。この点は次節で述べる。ここではあらかじめ、徳一との論争を経験することで、最澄が重大な決断を実行したことについて述べておきたい。

（2）大乗菩薩僧としての再出発

最澄は、比叡山に戻って以後、弘仁九年（八一八）春に、二百五十戒（小乗の比丘戒）を捨てた。『叡山大師伝』には、「今より以後、声聞の利益を受けず、永く小乗の威儀に乖き、即ち自ら誓願して、二百五十戒を棄捨するのみ」、と記す。出家比丘（僧）の資格を擲った訳ではなく、恐らくここで同時に、自誓受戒という一正当法に則り、菩薩戒を得た大乗菩薩僧としての再出発に踏み切ったのであろう。在唐中に、大乗菩薩戒を得ているから、すでに菩薩僧であった。しかし小乗比丘戒を捨てた上で、あらためて大乗菩薩戒を得るというのは、大乗菩薩戒のみを得て菩薩僧（大乗の出家比丘）になるという、国家の出家制度では前例を見ない方式の採用を、決意して実践したということである。二百五十戒を得たのちの僧が、重ねて大乗菩薩戒を受ける、そのような旧来の戒律制度からの脱却は、小乗比丘戒を持すのみの声聞は成仏できないとする徳一への、批判書執筆の過程で自覚されたのであろう。

この決断と実行は、空海が最澄に突きつけた大乗仏教（密教）との対峙について、筋を通して解決することでもあった。先にも述べたように、最澄が試みた灌頂（三摩耶戒）は、空海が実践する結縁灌頂の前段階だという位置づけが示され、この点の教学的な克服と実践が不可欠となっていた。

最澄の主著と呼びうる一連の書は、ここから生まれた。①弘仁九年（八一八）五月十三日「天台法華宗年分学生式（六条式）」、②同五月十五日「比叡山天台法華院得業学生式（得業学生式）」、③同五月二十一日「請先帝御願天台年分度者随法華経為菩薩出家表（最澄上表文）」、④同八月二十七日「勧奨天台宗年分学生式（八条式）」、⑤弘仁十年（八一九）三月十五日「天台法華宗年分度者回小向大式（四条式）」、⑥同日「請立大乗戒表（最澄上表文）」、⑦同年十一月頃『顕戒論』、である。このうち、①④⑤は、まとめて『山家学生式』と呼ばれる。⑤「四条式」について、嵯峨天皇の下問に答えた僧綱らの批判が「大日本国六統表」に著され、大系的に反批判したのが⑦『顕戒論』である。他に、⑧弘仁十年十二月五日「内証仏法相承血脈譜」があり、達磨・天台法華宗・天台円教菩薩戒・胎蔵金剛両曼荼羅・雑曼荼羅それぞれについて、中天（天竺）―大唐（震旦）―日本という、比叡山への相承の正統性が主張された。また⑨『顕戒論縁起』が弘仁十二年（八二一）三月に進上された。

これらの著述で表明したのは、天台宗年分度者二名を、桓武忌日に一向大乗寺たる比叡山において得度と同時に授戒させることとし、その戒律は『梵網経』に説く菩薩戒（十重四十八軽戒）を用いる、という新案である。これによって、『法華経』に依拠して実践する大乗菩薩僧が生まれ、住山修学一二年を義務づけることで、国家と群生を守護する僧の養成が可能になる。最澄の構想は、これまでの太政官―治部省―玄蕃寮―僧綱の管轄外の授戒制である。

最澄と僧綱の応酬は、経典思想の細部に渉る激しい内容である。しかし覚悟した通りの強い抵抗はあったが、むしろそのような検討を踏まえた上でこそ、勅許された。その太政官符が下されたのは、最澄が死去した七日後、弘仁十三年（八二二）六月十一日である（『類聚三代格』巻第二、弘仁十四年二月二十七日太政官符）。しかし、二月十四日には伝燈大法師に任じられるという厚遇もあり、勅許はほぼ確信できたのではなかろうか。

大乗菩薩戒の授与による出家僧成立という新制度については、東アジアの仏教世界のなかで、その歴史的意義を考えてみる必要がある。中国では、戒律の整備が進んだ六朝時代の五世紀、大乗戒たる菩薩戒が説かれ、『梵網経』も成立した。しかし菩薩僧となるためには、比丘戒（二百五十戒）を受けていることが前提で、大乗菩薩戒のみで僧侶になる制度ではない。この点で、最澄の提案は独自である。しかし、最澄は、『梵網経』に説かれた正当性をくり返し強調しており（『顕戒論』、特に巻中）、自らも独創だとは考えていなかったように思われる。実際世界では採られた前例ない理想的制度を、経典中に見出し、ここに実現させようという意志をもったらしい。

そして、余人の考えなかった構想をもち得た理由の一つは、最澄の発言に散見される歴史的思考によるのではなかろうか。冒頭で触れた、『顕戒論』末尾の文は、その例である。経典思想の存在は前提だが、実現過程を中国史、そしてそれに連接する日本に辿る発想である。また、「正像は稍《いささ》か過ぐるのみ、末法は太だ近きにあり、法華一乗の機は、今まさに是其時なり」（『守護国界章』巻上之下）といった、一種の歴史意識たる末法思想に即して、現実課題を指摘する思考でもあった。その場合、「東州」（「六条式」）たる日本での法華一乗思想の実現は、「唐・新羅・渤海・東夷及南蛮、西戎及北狄」での共有が願われている（『長講法華経後分略願文』巻下）。この点、中世の顕密主義仏教が描くような、独善排他的自国認識とは、はっきり区別される。最澄の構想は、日本で実現し世界で共有しうる大乗戒主義仏教、という提言であった。

五．最澄思想の基軸と原動力

徳一との三一権実論争は、最澄が宗教者として全力で真理探究を実践した証跡であり、そのことを通じて小乗戒の放棄と大乗戒のみによる菩薩僧としての自立という構想を実践的に提起した。その直接的な契機は、空海の密教や徳一の五性各別説とまっすぐに向かい合ったことである。そのことをここまで略述した。しかし最澄の生涯を通じた全力の宗教実践は、出家後すぐの高峰比叡山での修行生活から、日唐での組織的写経の推進と研究を踏まえた天台宗公認への過程などに一貫している。三一権実論争では徳一への批判書を、大乗戒壇設置要請では『山家学生式』や『顕戒論』を、最澄は膨大なエネルギーで丁寧に論述した。そこでは論争相手の主張や自説の根拠となる経論が煩を厭わず引用されている。宗教実践の激情と論述姿勢の沈着さ、そして国家権力の庇護下にある権威的な僧綱勢力からの批判に一歩もひるまない独立姿勢は、並大抵ではない。それは最初に比叡山に登った頃の『願文』にいう「金剛不壊、不退心願」(『叡山大師伝』)の持続なのであろう。このような、宗教者として生き抜いた歴史上の最澄を理解する上で、やはり内面の価値観や人間観に迫る努力を欠くことはできないと思う。小文は極めて不備ながら、この点への考察なくしては論述の意味をなさないと反省し、探究の手がかりだけは記してみたい。

最澄思想の基軸は、「妙法一乗真実教」(『顕戒論』冒頭)つまりすべての衆生が等しく仏種をもつという『法華経』の思想にあり、その堅固で深い信頼に支えられている。最澄の心からの願いは「仏種」ある「有情」の人生を全うすることであって、その実現を目的にしてこそ「利他」の「慈悲」をもった導き手、つまり「道心」ある「菩薩僧」の養成が不可欠なのである(「六条式」)。最澄といえば大乗戒壇設立の主張が知られているが、それ自体が目的でないのはもちろん、大乗戒を受けて出家する菩薩僧を生むことや、出家後一二年の籠山に耐えた弟子僧の養成なども、究極目的ではないのである。しかしそのような理想の追求は、衆生の仏性が顕現する可能性を絶望的に遮る現実との乖離を見据えてのことである。では最澄が凝視した現実世界とはどのような内実なのか。

第一に、仏典思想そのものが、人間世界を苦界と位置づけ、末法時代への傾斜を同時代観として提示している。最澄は、比叡山に登った時の決意を示す『願文』の冒頭で、「悠々たる三界は純《もっぱ》ら苦にして安きことなく、擾々たる四生はただ患にして楽しからず。牟尼の日久しく隠れて、慈尊の月未だ照らさず。三災の危うきに近づきて、五濁の深きに沈む」、と述べている。

第二に、ここにいう「三災」(16)は、現実の自然災害と関連づけて認識されている。最澄が東国に行った頃は特に災害が多かった。『日本後紀』によれば、弘仁六年（八一五）五月から九月の霖雨は諸国に害を与え、翌七年七月二十日の勅では「風雨時ならず、田園害を被る」と述べるなど、関連記事がある。翌八年（八一七）にも、五月二十一日には信濃・長門両国、六月三日には筑前国で、それぞれ賑給があった。同九年（八一八）三月十九日には水旱続いて百姓農業の損害少なからず、四月二十三日詔では、京中に死体があふれ「人民飢困」だと述べている。

同時期は新羅でも天候不順は深刻だったらしい。新羅人の日本への来着について、弘仁七年（八一六）十月十三日に一一八人、同八年二月十五日には四三人、四月二十二日には一四四人などと記録されているが、『三国史紀』新羅本紀などでは飢餓や疫病によって食を求める難民が唐や日本に数百人渡ったとある。最澄は、弘仁三年（八一二）『長講法華経後分略願文』巻下で、「霹靂風雨の難」「百穀不熟の難、苑林枯悴の難、飢渇疾疫の難、自侘反逆の難」の解消を祈っており、同十年（八一九）「四条式」では、「いよいよ天に七難あり」と述べている。最澄は仏書に基づく三災観を現実に重ねている。

しかし、第三に、災害の軽重だけが問題なのではない。東アジア諸国興亡の緊迫から析出された日本律令国家の集権的軍事性質は、人夫的労働を強制される被支配人民にとって凶悪無比の生活破壊要因であって、自然災害が不可抗力的であるのとは違い、人為を要因とする歴史的な現実である。すでに建設後一〇〇年をへた律令国家は変質しているものの、平安遷都を挟んで、軍事と造作の強行がもたらした民衆的悲惨は、最澄時代の現実であった。

つまり最澄が凝視したのは、自然災害に脆弱な農耕へ緊縛される一方で恒常的な兵士役・徭役に徴発されるという矛盾に引き裂かれた民衆の現実であって、「仏種」ある「有情」が命の尊厳を全うするという理想と正反対の、苦患に満ちた「五濁」の世界であった。そして仏家最澄は、衆生が生き抜くためのよりどころとして、「仏性」の内在という普遍権威性を説いた。このことには、実際上のどういう現実打開の展望があるのだろうか。そのことを知る手がかりは、具足戒受得後の比叡入山に際しての『願文』に記された、比類なく峻烈でこの上なく高い志操から読みとる以外にないと思う。

『願文』の特徴は、いわば下根としての自己認識の徹底である。「無戒」「愚癡」「迷狂」だと自省する最澄は、己を名指して「愚が中の極愚、狂が中の極狂、塵禿の有情、底下の最澄」と決めつける。そしてそのような位置からこそ、「六根相似の位」「理を照らす心」「浄戒の具足」「般若の心」[17]を得るという志をもち、仏による救いの力を衆生と分かち合うよう誓った。「底下」といった自意識は、高位聖職者による達人宗教能力の誇示とはおよそ正反対であって、むしろ絶対の仏を前にした弱き者として衆生と対等の一仏家である。大乗戒壇設立構想に対する僧綱らの批判には、菩薩僧には水旱・飢苦の災禍から衆生を救う具体策がない、という指摘が含まれていた。これに対して最澄が、前業によって末世におこる災害は諸仏にも救えないと応えたのも（『四条式』）、仏性の尊厳ある有情も「底下」の自らも等しく無力であるという意味においてであった。このような自覚によってこそ、無力感の峻厳さが「金剛不壊の心願」の原動力となり、仏性の尊厳ある有情とともに生き抜こうとする僧侶として、生涯を仏事に専心する誓いとなった。そして『願文』に込められた最澄の「金剛不壊不退の心願」は、未来際にまで仏事をなすこととして、終生貫かれた。

最澄はどのようにして二十歳ごろまでに『願文』の思想に到達したのか。そのことはほとんどわからない。ただ、『願文』で最澄は、「人身」を得た上に「善因」を知る者として「善業」を行う使命を自らに課している。そのような仏教思想との関係での生き方の指針獲得は、志賀の漢人の後裔という出自環境において育まれたのではないか。[18]

六世紀前半、ヤマト国家は百済に軍事支援するのと交換で、儒教・仏教・暦法・医学などの指導者提供を要請し、それらを担う南朝梁出身者や百済人を受け入れた。その移住民が、ヤマトの国家支配の機構整備を指導し、また飛鳥文化の創造主体になった。[19]六世紀後半、移住民の一部が国家の港湾施設である琵琶湖南西岸に配置され、志賀の漢人と呼ばれた。[20]そこから輩出した文化人のなかには、仏教関係者も多い。六〇八年の小野妹子再渡航に学問僧として随行した「志賀漢人慧隠」は、帰国後に内裏で『無量寿経』を講じている（『日本書紀』推古天皇十六年条、舒明天皇十二年条、孝徳天皇白雉三年条）。大友村主高聡は、六〇二年にヤマトが迎えた百済僧観勒について天文地理・遁甲方術を学んでいる（『日本書紀』推古天皇十年十月条）。そして最澄の出自である三津首も志賀の漢人もこの系譜につながる。父百枝が私宅を寺として礼仏誦経に励んだというのも（『叡山大師伝』）、ほぼ事実であろう。移住民社会で豊穣な文化が継承され、そのなかから普遍的な宗教思想が重視され、さらにはその探究と実践に生涯を賭けるほどの人物が出現したのである。

むすび――最澄思想の歴史的位置――

最澄は、仏の前における極愚・底下な自らを含む衆生について、その平等と尊厳を一乗思想として説き、その無力さ凝視の反転というべき堅固な志を、一二年籠山の菩薩僧による仏事で示すという宗教実践で、生涯を貫いた。このような普遍的救済思想の実践者が、八世紀後半から九世紀初期という歴史段階に存在したことの意味は、文献史学としてもやはり熟考する必要がある。文字通りの小論である本章のむすびに、本書全体との関係で、概略を記しておきたい。

最澄の一乗思想は、三一権実論争で芽生えたのではなく、宗教者としての初志から一貫していた。それは単なる信念ではなく、浩瀚な仏書研究に裏づけられていることも、『顕戒論』その他の著述から明らかである。しかも衆生に仏性を見出すという普遍的思想については、理念の問題としてだけではなく、現実の世界仏教事情にも根拠が確認されている。最澄が「四条式」で仏寺の三種として一向大乗寺、一向小乗寺、大小兼行寺があるとしたのに対して、僧綱たちは「今何れの処にかある」と批判した。最澄は、三種の寺は五印度にも大唐国にもあるといい、玄奘の『大唐西域記』を引いて丁寧に反論している（『顕戒論』）。たとえば大乗修学国である一五国については、「一に迦畢試国《カーピシー》　周り四千里。国の大都城、周り十余里。伽藍百余処。僧徒六千余人。並に多く大乗の法教を習学す」とあり、続けて三種の寺を西域・印度の七一国にわたって詳しく記している。また義浄の『南海寄帰内法伝』も参照すべしと述べている。唐など東アジアを越えた世界について、仏書がその知識源となりえたことがよくわかる。最澄は実際に仏教世界全体を視野に入れていた。

最澄にとっての一切経書写が、形式ではなく内実理解の努力をともなっていたことは、徳一や僧綱への反駁文での仏書引用に明白である。しかも当然ながら、仏書群を価値的に弁別して一乗思想を選択している。梁や隋・唐の仏教は、「一切衆生悉有仏性」（『涅槃経』）を説く一乗思想が主流であり、ヤマト・日本もそれを受容していたが[21]、玄奘は『瑜伽師地論』『解深密経』『成唯識論』など三乗思想の典拠を翻訳提示した。これに衝撃を受けた唐仏教界からは、瑜伽行唯識学派の三乗思想が浮上した[22]。唐の玄奘仏教に追随して勢いづく日本の法相宗との対決は必至であったが、最澄のとるところではなく、一乗思想への確信は揺るがない。

三乗思想は五姓各別、つまり人間を五つの種姓に区別する。この思想は、純理とは別に社会的には、宗教資質と世俗地位とが重なりやすい。その場合、支配身分が優位となる。種姓は生得の区別として絶対視され、現世での平等な救済を認めない。種姓は固定的で越境不可の類別であり、その宗教思想としての規範力は、カースト的な社会ないし政治の差別的基準として機能する可能性を含む。実際に種姓観念は、日本中世の身分制を正当化する思想として展開することになった[23]。

中世天台宗は、顕密仏教の一大勢力に成長し、国家と癒着した正統支配思想の牙城として、民衆生活の内面に迫ることとなる。それは最澄思想の成長展開の姿だとは決して言えない。ただ仏性の普遍内在を説く最澄思想の核心については、天台宗内にだけではなく膨大複雑な中世仏教のなかに、探り当てる条件が残され続けたと思う。古代仏教から中世仏教への展開期には国家宗教が圧倒するが、中世仏教のなかから民衆仏教が探り求められる場合、最澄の思想的高峰が歴史的記憶として拠り所にされることが起こりえた。最澄を祖師と仰ぐ宗教者は繰り返し現れた。その一部とはいえ、仏性をもつという民衆がひとしなみにもつ生の尊厳性に思いを馳せる者が、出現しえた。最澄の存在は、平安初期仏教の問題にとどまらず、現実照射と進路展望という後代のさまざまな場面において、価値理想的な拠り所となりえたのではないだろうか。

（1）速水侑『日本仏教史　古代』（一九八六年、吉川弘文館）。
（2）井上光貞『日本古代の国家と仏教』（一九七一年、岩波書店）。
（3）黒田俊雄『日本中世の国家と宗教』（一九七五年、岩波書店）。
（4）最澄に関する史料について、『顕戒論』『山家学生式』は『日本思想大系　最澄』（安藤俊雄・薗田香融校注、一九七四年、岩波書店）、『叡山大師伝』は佐伯有清『伝教大師伝の研究』（一九九二年、吉川弘文館）を主とし、『石山寺資料叢書』史料篇第二所収本（二〇〇〇年、法蔵館）を参照した。それらの補注や解説の恩恵を受けた。『内証仏法相承血脈譜』『長講法華経先分発願文』『長講法華経後分略願文』『守護国界章』などは、『伝教大師全集』

全五巻（一九七五年復刻、世界聖典刊行協会）によった。さらに、大竹晋『現代語訳　最澄全集』第一巻〜第四巻（二〇二一年、国書刊行会）を参照した。
(5) 山尾幸久「近江大津宮と志賀漢人」（『東アジアの古代文化』七六号、一九九三年）。
(6) 上川通夫「神身離脱と悔過儀礼」（『ザ・グレイトブッダ・シンポジウム論集第三号　カミとほとけ』東大寺、二〇〇五年、法藏館）。
(7) 田村晃祐『最澄』（〈人物叢書新装版〉一九八八年、吉川弘文館）。
(8) 中野玄三『悔過の芸術』（一九八二年、法藏館）。
(9) 佐伯有清『伝教大師伝の研究』（一九九二年、吉川弘文館）。
(10) 薗田香融「最澄とその思想」（『日本思想大系　最澄』一九七四年、岩波書店）。
(11) 曾根正人『古代仏教界と王朝社会』（二〇〇〇年、吉川弘文館）。
(12) 鈴木景二「都鄙間交通と在地秩序――奈良・平安初期の仏教を素材として――」（『日本史研究』三七九、一九九四年）、藤本誠「在地社会の法会の特質――僧侶を中心として――」（同『古代国家仏教と在地社会』二〇一六年、吉川弘文館）。
(13) 上川通夫「一切経と古代の仏教」（同『日本古代仏教史料論』二〇〇八年、吉川弘文館）。
(14) 薗田香融「最澄とその思想」（前掲注10）。なお薗田氏は、最澄東遊の動機の一つは徳一との対決にあった可能性を指摘している。
(15) 薗田香融「最澄とその思想」（前掲注10）。
(16) 小の三災は戦闘・疾病・饑饉、大の三災は火災・水災・風災のこと。『日本思想大系　最澄』（前掲）二八六頁頭注。
(17) 六根相似位は、天台が設定する五十二階の上位にあり、六根清浄で不可思議霊妙な感覚機能を発動させることができる聖者。理を照らす心は、迷妄の闇を破し真如の理を明らかに照らす心。般若の心は、悟りの智慧、一切の執着を離れた心境。『日本思想大系　最澄』（前掲注4）の頭注・補注による。
(18) 薗田香融「最澄とその思想」（前掲注10）、山尾幸久「近江大津宮と志賀漢人」（前掲注5）、同「湖西の古代豪族」「古代政治史のなかの志賀」（『志賀町史　第一巻』一九九六年、滋賀県志賀町）。
(19) 北山茂夫『飛鳥朝』（一九六八年、文英堂）、山尾幸久『古代の日朝関係』（一九八九年、塙書房）。

(20) 山尾幸久『古代の日朝関係』(前掲注19)。
(21) 上川通夫「六、七世紀における仏書の導入」(本書第一部第一章)。
(22) 桑山正進・袴谷憲昭『人物中国の仏教　玄奘』(一九八一年、大蔵出版)、師茂樹『最澄と徳一』(二〇二一年、岩波書店)。
(23) 黒田俊雄「日本中世の身分制と卑賤観」(同『日本中世の国家と宗教』前掲注3)。

第三章　入唐求法僧と入宋巡礼僧

はじめに

（1）奝然の決意

二度と帰らぬ決意をもって九八三年に入宋した僧奝然は、残していく母親が来世で救われることを祈り、仏事をあらかじめ修した。その趣旨を述べた願文の一部分に、もし宋人から本土を捨てて来朝した理由を問われたならば、こう返答するつもりだと記している。「求法のために来たらず。修行のためにすなわち来るなり」（『本朝文粋』巻第十三「奝然上人入唐時為母修善願文」、作文は慶滋保胤による）。

このことばの背景には、まったくの私事とはいえない、日中両国関係史の事情がある。願文では、「綸言」すなわち天皇の許可を得ず、「本土を捨てて巨唐に朝《むか》う」ことの異例について、あえて触れている。遣隋使や遣唐使の一行に属して留学した学問僧たちは、天皇から皇帝に宛てた国書によって、公使の一員たることが保証されていた。しかしそのような外交使節は、承和五年（八三八）に出航した円仁ら以来は絶えていた。「綸言」がないとは、奝然が国書を持した使節ではないことを意味しているのであろう。

国家使節を最後に送って以来、すでに一五〇年を隔て、東アジアの政治情勢は一変している。しかし、五代十国時代を克服し、統一後間もない北宋朝廷に対して、日本朝廷は外交関係の樹立姿勢を示していない。真摯な仏教者たる奝然の渡航は、国家の建造船に公使と同乗するのではなく、弟子僧六人を連れて宋人の商船に便乗するものであった。それ故に、定まっていない外交関係のなかでの入宋には、不安を振り払うほどの志や希望のほかに、予測しておくべき事態への対応が自覚されたのであろう。

奝然は、願文のなかで、「修行」のためだと述べているが、同時に渡航の目的は「斗藪」や「菩提」のためだとも言っている。煩悩をふり払ってする修行のことを斗藪というが、それは長途の行脚をも意味することばである。また奝然は、朝廷への渡航願いのなかで、「聖跡の巡礼」をその目的だとしている（天元五年八月十六日、日本国延暦寺牒、東寺文書甲号外）。つまり奝然のいう「修行」とは、巡礼のことを意味している。[1]国家の求法ではなく、自身の菩提（悟り）を目的とする修行または巡礼。それが、宋で問われた際に備えて用意した回答であった。

（2）「求法」から「巡礼」への変容

「求法」と「巡礼」には、円仁著『入唐求法巡礼行記』のような併用があるものの、奝然の用語の背景には、前者から後者へと、日本古代仏教の時代を画する転換がある。遣隋使や遣唐使とともに渡った学問僧は、国家目的を託されて「求法」した。この段階の仏教は、東アジアの政治世界から析出された列島の古代国家が、世界を認識すると同時に自らをそこに関係づけるための、思想上の媒体でもあった。古代国家の権力中枢部は、中国仏教の移植を図り、ついでその模倣再現を課題とする積極性をもった。「求法」とは、渡航僧らに課せられた国家課題だったのである。

一方、国書を携行した使節団の一員としてではなく、僧侶のみが渡航して行う「巡礼」は、中国仏教の模倣再現課題を負っていない。とはいえ、朝廷から渡航許可を受けるのが原則であり、上陸後は相手国の行政監督下での行動となる。その点で、巡礼僧には、本人をとりまく政治的思惑がつきまとう。

入唐求法僧から入宋巡礼僧へ、中国への渡航僧の性質には変化があった。この点の具体的な追究からは、仏教史の転換だけではなく、日本国家史の転換や東アジア政治世界の変動の一面をうかがうことができるであろう。

奝然には、歴史的な転換点についての感覚があった。それにしても、四五歳の奝然が、思いの残る母を置いて、外交官の同行なく、本国を捨てて入宋するというのは、並大抵の決意ではなかろう。「綸言」を待たないことについても、「たとえ帰るに何ぞあえて職位をむさぼらんや」と述べて、国家の政治的な恩顧を求めていないのだと明言した。しかも奝然は、「もしたまたま天命ありて唐朝に到ることを得ば……」、と述べている。願文は慶滋保胤作だが、思いは奝然自身のものであろう。

同じ願文によると、奝然は、「まず五臺山に参りて文殊の即身に逢わんと欲す。願わくはついで中天竺に詣り、釈迦の遺跡に礼せんと欲す」、という目的をもっていた。五臺山だけではなく、インドへの巡礼をも計画していた。意図する者さえ少ないインド巡礼には、復路が想定されていなかったであろう。仏・菩薩を求める奝然の、仏教者としての真剣さは、簡単には見過ごせない。

世俗の縁を絶ちきる決意は、縁者に対してだけでなく、天皇を極点とする日本国家にも向けられている。しかも自身の巡礼が実現する可能性を、「天命」なる非世俗権力的権威からの後援に求めている。文殊や釈迦なる超越絶対者への信仰と結びついた、この普遍的権威への敬虔さは、「無才無行の一羊僧」という謙虚な自意識と表裏の関係にあるらしい。

史料上に数多くは見出すことのできない奝然のような発想は、個人の資質としてだけでなく、時代背景をもつ思想の表れとみるべきであろう。それは、奝然を育んだ十世紀という時代がもっていた、創造と行動の幅を拡げる許容力に由来するのではなかろうか。ただ奝然の巡礼行は、本人の計画の大変更を強いられ、寛和二年（九八六）に帰国し、思わぬ余生を送ることになる。そのことも、転換期に曲折する歴史の一部である。以下、渡航僧すべてに触れることはできないが、十二世紀以前を対象に、入唐求法僧の時代から入宋巡礼僧の時代を通観してみたい。

一．求法僧の時代　前期

（1）ヤマト国家の仏教導入政策

六世紀末近くに、ヤマト国家は本格的な仏教導入政策の一環として、求法僧を送りはじめた。最初の出家者たる善信尼（司馬達等の娘）と禅蔵尼・恵善尼（ともに百済系移住民の娘）を、五八八年に「学問」のために百済へ遣わしたのが初例である（『日本書紀』崇峻元年条。以下では、『崇峻紀』元年条のように記す）。三年後には帰国したが、その「学問」の中身は、「戒法」「受戒法」であった。善信尼らの入国を託された百済使は、すでに「戒法」を求めるヤマト側の意向を受けて、聆聡律師はじめ六人の僧侶を送って来ていた。ヤマトでは、仏教の担い手を自前で養成していく上で、正統な指導者を必要としたのである。この計画は、同じ百済使が率いてきた寺工・鑪盤博士・瓦博士・画工らに指導させた法興寺建設とも連動した、国家の本格的な仏教導入政策であった。

南北朝を統一した隋の皇帝への遣使について、『隋書』東夷伝倭国条が伝える六〇七年（大業三、推古十五）

に持参された国書には、次の文章がある。

聞くならく、海西の菩薩天子、重ねて仏教を興すと。故に遣わして朝拝し、兼ねて沙門数十人、来たりて仏法を学ぶ。

遣隋使にともなわれて、ヤマトから「沙門数十人」が求法のために渡航したという。この組織的な派遣を実行した推古朝は、北周の廃仏政策から一転した隋皇帝の仏教振興策を知っている。しかも文帝に続く煬帝が、大乗戒たる菩薩戒を受けた「菩薩天子」として君臨する事情を踏まえている。求法僧を送ることは、東アジアの政治世界に連なる国家意志の表明となる。なおこの時に送られた「沙門」について、『推古紀』十六年（六〇八）九月条には、遣隋留学生と並んで、学問僧新漢人日文、南淵漢人請安、志賀漢人慧隠、新漢人広済の名が記されている。すべてヤマト国家に仕える移住民系の知識人である。いずれにしろ、儒教や道教の専門家ではなく、僧侶を養成して求法に派遣したのである。

このころ、推古朝の大王は、五九四年に「三宝の興隆」を、六〇五年には法興寺本尊造立による共同の誓願を、翌年には法興寺と諸寺（いわゆる氏寺）で年中行事として一斉に営む戒律仏事への参加を、大夫層すなわち中央支配集団に下命している。それは、ヤマト国家の仏教が本格的に機能するよう促す事業である。その実際は、「戒法」を身につけた僧尼が先導して、世俗の支配集団が大乗戒を誓い合う形式で結束理念を確認するというものである。それは、南朝梁で集大成され、隋に受けつがれた仏教の、政策的な導入であった。

（2）　入隋僧が担った国家課題

小野妹子を筆頭者とするこの遣隋使には、いまだ少ない「国家書籍」を補充すべく「書籍を買い求む」という任務が含まれていたという（『善隣国宝記』巻上推古天皇十五年条所引「経籍後伝記」）。そこに仏書が含まれていた可能性は高い（本書第一部第一章）。遣隋使に率いられた入隋僧は、対外的には新しい国際政治世界への参加を表現し、国内的には先進文物を導入し、あわせて正統仏教の戒律理念による権力集中を促す、という国家課題を担っていた。

六二四年段階の僧尼数は一三八五人だというが（『推古紀』三十二年条）、そこには朝鮮諸国からの移住僧とともに、前年帰国した学問僧恵斉や恵光らのように（『推古紀』）、隋に代わった唐でも学び、のちに帰国した僧少数が含まれていたであろう。恵斉らは、在唐の留学者の召還を進言したが、それは「法式」備わる唐との通交を促す意見だった。

入唐経験ある僧の重用がはっきり知られるのは、六四五年のクーデターで孝徳大王や中大兄が主導権を握った直後、法興寺に置いた十師である。十師の役割については議論があるが、授戒師十人のことであろう。『孝徳紀』大化元年八月条に記されたそのメンバーについて、『日本書紀』の他の関連記事をあわせて記すと次の通りである。

沙門狛大法師。福亮。恵雲（六九三年唐から帰国、『舒明紀』十一年条）。常安（六〇八年渡隋「南淵漢人請安」、『推古紀』十六年条。六四〇年帰国「大唐学問僧清安」、『舒明紀』十二年条）。霊雲（六三二年帰国、『舒明紀』四年条）。恵至（六五二年に遣隋学問僧慧隠と『無量寿経』の論議、『孝徳紀』白雉三年条）。僧旻（六〇八年渡隋、六三二年帰国）。道登（六五〇年出現の白雉に関する諮問を僧旻とともに受け高句麗の先例によって答える、『孝徳紀』白雉元年条）。恵隣。恵妙（六八〇年の臨終に草壁皇子が見舞う、『天武紀』九年条）である。

恵雲・常安・霊雲・僧旻は入隋ないし入唐の経験者である。恵至や道登についてもその可能性が高い。直接に渡航記事のない四人についてはわからないが、唐からの帰国僧とみる可能性は充分あるであろう。朝鮮諸国の政治的動向を見すえつつ権力集中をはかる飛鳥の朝廷で、自前の戒律制度によって出家者を養成する制度を発動し、あわせて戒律による結束理念を採用する仏教政策にとって、求法僧はその中心的担い手であった。

孝徳朝の六五三年五月、二船に分乗した遣唐使一行、二四一人が出航した。『孝徳紀』白雉四年条には、第一船に乗った学問僧として道厳・道通・道光・恵施・覚勝・弁正・恵照・僧忍・知聡・道昭・定恵・安達・道観・知弁・義徳が、第二船には道福と義尚の名がある（第二船は七月に遭難沈没した）。しかもその使節団が帰還する以前、翌年二月には、押使高向玄理・大使河辺麻呂ら率いる遣唐使の二船を派遣している。記録はないが、ここにも学問僧が含まれていた可能性はある。孝徳朝のこの意気込みは、新羅の新動向、すなわち皇帝への臣従による軍事提携という選択を知ったことが契機であろう。新羅との政治的対抗を課題として、新羅が唐から得た文物の導入が急がれ、その一部として唐の仏教が本格的に求められた。

（3）入唐僧の任務

中臣鎌足の長子定恵を一行に加えていることなどからも、この派遣が並々でない意志によることを推測させる。学問僧らの任務は、皇帝権力の下で集大成されつつあった最新唐仏教の導入であろう。新羅は、入唐経験があり、親唐路線の献策者でもある僧慈蔵のはたらきで、漢訳仏書群たる大蔵経（一切経）を得ていた（『続高僧伝』巻第二十四）。これに対抗し、にわかに活発化したヤマトの遣唐学問僧のうち、道昭は、唐僧玄奘による新訳経典に接して瑜伽唯識を学んだほか、直接玄奘から「舎利・経論」を授けられたと伝えられるが（『続日本紀』文武四年〈七〇〇〉三月乙未条卒伝）、欽定の仏書群一括を、臣事しない国の一僧侶に下賜することなどありえない（本書第一部第一章参照）。ただ、入唐僧の任務が、仏書群をはじめとする唐仏教の収集と導入であったことは事実であろう。同じ船で入唐した定恵は玄奘の弟子神泰に学んだという（『家伝上』）。また六五八年に新羅船で入唐したヤマト僧智通と智達は、「無性衆生義」なる教えを「玄奘法師所」で受けたという（『斉明紀』四年七月条）。彼らが新羅国を介して入唐したというのは、臣事せずに便宜を得る方策なのかもしれないが、やはり簡単に実現したとは思われない。天竺から持ち帰って『大般若経』を漢訳した玄奘は、唐仏教を代表する存在である。その仏教事業へのつながりを誇大に意味づけつつ、一括の下賜は許可されないながら、個別の収集に努力したのではないだろうか。

道昭は六六一年に帰国した。(2) 定恵は六六五年に帰国し、まもなく死去したらしい。その他、遭難者や客死者の他に、帰国者も相当数いたはずである。義徳の場合、大唐学問僧智宗・浄願や白村江戦（六六三年）の軍丁とともに、六九〇年に抑留から解放されて帰国している（『持統紀』四年九、十月条）。前年、日本に向かった唐使郭務悰が対馬に送った先遣隊の一員に沙門道久がいたが（『天智紀』十年十一月条）、遣唐学問僧が政治利用されたのではなかろうか。

六六九年に唐へ派遣された河内鯨（『天智紀』八年条）は、「倭国王遣使」と言われており（『冊府元亀』外臣部朝貢(三)）、遣唐使であろう。僧智蔵は、この一行に従って入唐し、六九〇年に智宗・義徳・浄願らとともに帰国したと考えられる。(3)『懐風藻』によると、呉越で高学の尼を師として受学した智蔵は、「密かに三蔵の要義を写し」、木筒に秘封して身に付けるなどして、同学者の目を欺いたという。帰国後は、「経典の奥義を曝涼す」と自負し、周囲からの疑いを「試業」なる公開討論会で晴らした。求法の便宜が得られない困難な在唐期間に、唐の仏教書を得て帰る、という国家任務にいそしんだ姿が想像される。

（4）　遣唐使の活躍

六六九年の遣唐使以来、三三年を隔て、大宝元年（七〇一）に、粟田真人を執節使とする遣唐使が出発した。

ほぼ並行して形成された朝鮮半島の統一国家新羅に対抗し、大宝律令を制定して日本天皇制律令国家を形成したことの、対外的宣言である。この粟田真人は、六五四年に入唐したうちの一人、僧道観なのかもしれない[4]。『孝徳紀』白雉四年条の人名注に、「春日粟田臣百済之子、俗名真人」とあるからである（卜部兼右本）。かつて道昭や定恵ら重要人物と同船したことや、このたびの遣唐使が担う重要任務から考えて、入唐経験者を抜擢したという推測には蓋然性がある。大宝律令の編纂に関与した粟田真人は、「好んで経史を読み、解して文をつづる」（『旧唐書』東夷伝倭国日本条）と評されており、書物輸入の任務を遂行した可能性がある[5]。

この遣唐使一行には僧道慈が加わっていた。在唐中の道慈は、「経典を渉覧」したといい（『続日本紀』天平十六年十月辛卯条卒伝）、やはりその基本任務は、仏書群の導入であろう。「三蔵の玄宗に妙通」したという道慈は、唐の宮中で「仁王般若」を講じる百僧の一人に選ばれ、皇帝から「遠学」を賞されたといい、在唐中には本国皇太子（のちの聖武天皇）に捧げる漢詩一首を詠んでいる（『懐風藻』）。一〇〇人の僧が護国経典たる『仁王般若経』を講ずる一員に選ばれたというのは、個人の事績というより両国の外交関係を締結したことの一表現ではなかろうか。天皇の専権で派遣された遣唐使と求法僧は、連携して任務にあたっていた。

霊亀二年（七一六）に派遣された押使多治比県守ら遣唐使一行は、唐で玄宗皇帝から下賜された物品をことごとく「文籍」に交易したという（『旧唐書』東夷伝倭国日本条）。使節は翌年道慈らをともなって帰った。道慈らと入れかわりで在唐することになったのは、吉備真備や玄昉である。吉備真備は「唐令一百三十巻・太衍暦経一巻」その他を得た（『続日本紀』天平七年四月辛亥条）。玄昉は「経論五千余巻および諸仏像」を入手した（『続日本紀』天平十八年六月己亥条卒伝）。二人は、天平五年（七三三）に派遣された遣唐使の帰国船に乗って、天平七年（七三五）帰国した。書物の収集は前代からのことだが、この二人の場合、派遣段階と帰国段階とでは、国家の仏教政策ないし外交政策に、大きな違いが起こっている。

（5）仏教政策の転換

天平五年（七三三）の遣唐使には、唐僧招致の企てを担った栄叡と普照が従っている。その結果、天平八年（七三六）には道璿、天平勝宝六年（七五四）には鑑真らが、それぞれ日本に来た。この計画は、渤海と日本の友誼が開かれる一方で、新羅との関係悪化が、軍事緊張を極点まで高めた、七二七年から七三一年ごろまでの情勢と密接に関係する。日本の仏教政策は、ここに大幅な転換に踏み切られる。大宝律令に含まれる僧尼令では、経典の趣旨に反してでも被支配身分への伝道を厳禁していた。ところが、天平三年（七三一）八月の聖武天皇詔で、高年の仏教修行者を一律に許した（『続日本紀』）。その後は、抑制的で警戒的ながら、仏教の社会的な普及策を国家がとったのである。実は僧尼令のもとでの仏教は、その担い手を支配者集団に限定していた。この特異な方針がここにいたって放棄され、本格的な仏教受容が、唐仏教の模倣と再現という形式で推進されはじめたのである。それは、大規模な写経・造寺・造仏・僧侶養成といった国家事業としても表れた。

養老二年（七一八）に帰国した道慈が、著書『愚志』を著して、唐と異なる日本の仏教では「人民に利あらじ」（『続日本紀』卒伝）と述べたのは、僧尼令下の仏教を批判したものであろう。「性甚だ骨鯁、時に容れられず」（『懐風藻』）と評された道慈の、唐仏教を目の当たりにした者としての実感だったと想像される。道慈の現実認識は、七三〇年代以後ようやく国家政策と結びついた。それに対して玄昉らの場合、入唐中に情勢が転換し、大量の導入仏書すべてが重宝されたのである。

なお玄昉は、聖地として開発された五臺山を巡拝したという（『七大寺巡礼私記』「興福寺」の項に引く「僧正五臺山記」）。事実だとしても、計画的で自発的な巡礼ではないようである。霊亀二年（七一六）に渡航した吉備真備や阿倍仲麻呂らは唐朝で厚遇され、玄昉も准三品の位と紫袈裟を与えられた（『続日本紀』卒伝）。使節が孔子廟堂を礼拝したのと同じく（『冊府元亀』外臣部変異）、玄昉の五臺山巡拝も唐朝側の誘導によるのであろう。

二．求法僧の時代　後期

（1）中国仏教の模倣再現

七三〇年代以後は、唐仏教の模倣再現の事業が進められた。これ以後に日本を出発して入唐する僧は、いわば後期求法僧である。

国内の仏教事業では、唐の国家公定の仏教を書面化した大蔵経（一切経）や、その目録を含む『開元釈教録』（玄昉が輸入）などが基準となった。玄昉や唐僧鑑真によってもたらされた新種の経典類や、写経用の良本テキストは重視された。ただ、求法僧を積極的に派遣して仏教文物を導入したようには感じられない。天平勝宝四年（七五二）の大仏開眼時に派遣された遣唐使一行には、行賀が加わり、三一年後に帰国して「聖経要文五百余巻」を伝えた例が目立つ（『類聚国史』巻百四十七撰書延暦二十二年三月八日条卒伝）。しかし仏教文物の導入は断片的で断続的だった。むしろ平城京時代は、写経所や造仏所などの国家機構を動かして、国内で仏教文物を大量生産する事業に力が入れられたようである。入唐求法僧の動きは、九世紀に活発化する。

九世紀の求法僧の任務は、やはり唐仏教の移植である。六宗ないし八宗が、国家の仏教政策を分担するしくみの上で、いまだ導入されていない新旧の仏教文物を追加補充する役割が課せられていた。八世紀の唐仏教が密教要素を濃くしたことへの注視など、課題は継続的に生まれていた。求法僧は、天皇の専権で派遣された遣唐使と一対の役割を負い続けていた。

（2）最澄・空海の活躍

延暦二十四年（八〇五）に出航した遣唐使船には、最澄や空海らが分乗した。短期滞在予定の請益僧最澄は台州の天台山を目指し、長期滞在予定の留学僧空海は大使や留学生橘逸勢らと長安に向かった。最澄は実質九か月たらずの活動を終えて、翌年に遣唐使の帰国船に乗った。空海も長期滞在をとりやめ、その一年後の帰国船に乗った。最澄の活動が短期なのはほぼ予定通りであろう。空海については大きな変更である。ただ、入唐時には唐側が「学生橘逸勢・学問僧空海を留」めたのであり、また帰国時には判官高階遠成が「前件の学生芸業やや成り本国に帰らんことを願」って、許可されたのである（『旧唐書』東夷伝倭国日本条）。[6]空海らは、自由意志で滞在期間を決められたわけではない。

最澄や空海は、中国仏教の模倣再現という国家政策に沿って、いまだ入手されていない仏書、より良質の写本、仏像・仏画・仏具などを収集する方針をもっていた。収集品の全容を朝廷に提出すべく作成された目録から、その概略をうかがってみたい。

最澄は、「数によって写し取」ったといい、台州では三四五巻の写経に八五三二紙を用いた（貞元二十一年〈八〇五〉二月十九日『僧最澄将来目録』）。金で紙を買い、「工を集めて之を写さしむ」（『顕戒論縁起』巻上、同年巳日「台州相送詩一首・送最澄上人還日本国叙」）といった方法によるもので、急ピッチだったに違いない。台州と越州で、あわせて四六〇巻を得て帰った。最澄の場合、入唐以前に独自の一切経写経事業をほぼ完遂させており、その延長の意味も込めて、天台宗関係の仏書を組織的に追加編入する課題を果たしたのである。

空海の目録は、『新請来経等目録』と題して高階遠成に託して天皇に提出された（大同元年〈八〇六〉十月二十二日『僧空海請来目録』）。一切経を補完する「経律論疏章伝記」四六一巻は「新訳」であることが繰り返し強調され、密教の仏画・法具や祖師像なども書き上げられている。最澄の場合は、すでに唐僧鑑真が一部もたらしていた天台関係仏書の本格的な導入であったが、空海の場合は「新」というにふさわしく、玄宗皇帝膝下で不空が集成した密教の、唐僧恵果を通じたほぼ初めての、しかも本格的な導入であった。目録冒頭の上表文で、「空海、闕期の罪は死して余りあるといえども、ひそかに得難きの法生を喜びて請来す」と述べている。古代国家の仏書蓄積状況に精通し、最新唐仏教の重要性にいち早く注目する見識をもち、しかも長安での外国僧への厚遇方針に接し得た空海は、「一懼一喜」の心持ちながらも、即座に帰国することの重要性に賭けたのであろう。

（3）入唐僧らの活躍

日本国沙門霊仙の渡航については不明だが、唐元和五年（八一〇）には長安醴泉寺で「筆受訳語」として『大乗本生心地観経』の漢訳事業に参加している（石山寺所蔵写本）。唐元和十五年（八二〇）には日本国内供奉翻経大徳と呼ばれ、五臺山に入っており、日本朝廷は渤海僧貞素に託して金一〇〇両を送っている（『入唐求法巡礼行記』開成五年四月二十八日条、七月三日条）。その地で死去した霊仙は、梵文にも通じた日本僧として、漢文仏書の輸入任務を、翻訳事業という唐仏教生成の最前線で担っていたことになる。

承和元年（八三四）に大使が任命された遣唐使は、二度の渡航失敗ののち、翌年出航して同五年（八三八）に三船が着岸した。(7) ここには、三論留学僧常暁・元興寺請益僧円行・真言僧恵運・天台請益僧円仁・天台留学僧円載・法相請益僧戒明ら、それに従僧を含め、数多くの同乗僧侶が確認される。

入唐学法沙門常暁は、揚州海陵県に着いたものの、遣唐使らの入京に随行することが許されなかった。そこで揚州で師を求め、不空の弟子だという文璨を師とし、その栖霊寺に留まることを節度使に請うて許可を得た。ここで常暁は密教の伝受を得たが、なかでも大元帥法は、長安の十供奉僧や諸州の節度使宅に秘された、霊験不可思議な秘法なのだという。そこでこの法を、「大元帥諸身曼荼羅弁諸霊像所要文書等」とともに日本へ送った。この、唐で「治国の宝、勝敵の要」として威力ある大元帥法こそ、常暁の強調するところである。在唐三〇年の予定を短縮するに充分な功績と自負して、承和六年（八三九）に帰国し、『僧常暁請来目録』を提出した。一地方での行動に制限され、どちらかといえば正体不確かな秘法をことさら重要視したのか、それとも本心としての達成感で勇躍帰国したのか、疑問は残る。出航前の副使小野篁下船事件や暦・天文留学生などの不搭乗者配流事件を思うと、求法任務の自覚に揺らぎが出る事情も考えられなくはない。ただ、常暁の意識下に、古代国家の方針としての唐仏教の模倣再現があったことは、確かであろう。

元興寺僧であった入唐還学沙門円行は、空海の後継者たる実恵の推薦で選ばれた。朝廷は、難破船から命からがら帰国した真済と真然の例を不吉とし、真言宗僧の再任命を認めようとしなかったが、実恵の上表がそれを覆した。「遺れるところの経法および擬滞せるところ」を求めて入唐することについて、「国家に不要ならばあえて望むところにあらず」と強くせまったのである（承和四年正月九日、僧実恵上表文案、『平安遺文』八―四四四〇）。

常暁と同船した円行には、長安入りが許された。入京後、青龍寺に住して恵果の孫弟子義真から密教の伝受を得た。承和六年（八三九）十二月十九日付『僧円行請来目録』には、仏書一二三巻や曼荼羅・舎利などの導入が報告されている。「新請来真言経法」のほか、「先来」だが「文字謬落」によって「証本」の必要な書物など、そこには「顕教経論等」が多く含まれている。真言僧の求法も、中国仏教の充塡という国家課題の履行であった。

入唐天台宗請益伝燈法師位円仁は、入京も天台山入りも許されず、揚州での仏書収集にいそしんだ。翌年、遣唐使帰国船にいったんは乗ったが結局下船した。その後、辛くも公験を得て五臺山へ巡礼し、ついで長安に入って八四五年まで滞在し、新羅人船に乗って承和十四年（八四七）に帰国した（『入唐求法巡礼行記』）。

揚州での仏書収集は、「城内諸寺を巡歴して写し取」ったといい（『入唐求法目録』）、「経論章疏伝等」一九八巻を得た。七か月の間、平均するとほぼ一日一巻を書写したことになる。[8] その精力的な活動は師最澄と似ている。長安では密教書を中心に「経論章疏伝等」五五九巻、五臺山では「天台教迹及諸章疏伝等」三七巻を求めた（『入唐新求聖教目録』）。豊かな経験を得て帰った円仁も、「天台教迹」に重点を置きつつ、「経論章疏伝等」（一切経）の充実課題を踏み外していない。

天台宗留学僧円載は、八三八年の入唐後、入京と長期滞在を許され、日本朝廷から砂金などの経済援助も得ながら、天台山や五臺山などで活動した。在唐は四三年間に及び、八七七年に唐商人船で帰国途中に遭難し溺死した。[9] その間の膨大な人生経験については想像するよりほかないが、断片的に伝えられる消息には、日本国家から託された使命を果たす姿が残る。

八三九年に天台山にいたった円載は、登山を許可されなかった円仁から託されていた正子内親王（淳和天皇の皇后）所持の袈裟、聖徳太子撰という『法華経疏』、比叡山僧義真らからの教学質問状を、手渡した（『唐決集』）。天台山国清寺座主維蠲は、円載は「本国の命を奉って」いると言い、また「欠くる所の経論を抄写せり」と述べている。書写活動の実際については、東大寺図書館蔵の『五百問論』巻上に、円載の言葉が残っている（鎌倉時代写本）。「開成四年《（八三九）》六月、大唐台州国清寺日本新堂においてこの本を書写す。会昌三年《（八四三）》三月三日、僧仁好らに付して日本国延暦寺の徒衆・大徳・三綱・宿徳に送りたてまつるのみ」、という。[10] 弟子仁好らは、会昌三年九月に仏書を携えて楚州から日本に向かった（『入唐求法巡礼行記』同年十二月条、『続日本後紀』承和十年十二月条）。比叡山の『山王院蔵書目録』（円珍の蔵書目録）に記す「天台経籍目　一巻載」は、円載の収集書目録だという指摘もある。[11]

また、八六五年には、在唐していた日本僧宗叡が、「長安城右街西明寺日本留学僧円載法師院」で経典類を「求め写した」と述べている。入唐請益僧宗叡の『新書写請来法門等目録』に載せられた、密教関係の仏書一四三巻は、円載の収集活動に連接する部分があったのであろう。

承和六年（八三九）に帰国した遣唐使は新羅船を雇ったが、恵蕚はその廻船に便乗して楚州にいたった。五臺山や天台山で求法したのち、同九年（八四二）に李隣徳船で帰国した。五臺山では橘嘉智子に託された法幢などを施入し、さらに五臺山の供料を募るために一時帰国してすぐ再渡航した。この間、本国と結びついて行動している。[12]

同じころ、観世音寺講師兼筑前国講師として、九州で一切経書写事業に当たっていた真言僧恵運は、希望して唐商李処人船に乗り、渡唐した。長安諸寺や天台山・五臺山などで「五か年を経て巡礼求学」し、承和十四年（八四七）、「儀軌・経論・仏菩薩祖師像・曼荼羅・道具等」を携え、唐商船で帰国した（『安祥寺伽藍縁起資財帳』[13]）。恵運は、以前にも天皇の下命を受け、坂東での一切経書写をとり仕切ったことがある。九州での事業はもちろん、入唐中の仏書収集も、一切経事業としての意味があろう。なお、恵運が建立した安祥寺には、恵蕚が唐からもたらした「仏頂尊勝陀羅尼石塔」が据えられている。五臺山を中心に盛行し、東アジアに普及した尊勝陀羅尼信仰の導入は確かである。

文徳天皇への入唐申請が許可された円珍は、仁寿三年（八五三）に唐商王超らの船で渡航し、天安二年（八五八）に渤海商人李延孝船で帰国した。[14]その間、福州開元寺・天台山国清寺・長安青龍寺などで、仏書一〇〇〇巻その他を入手した。それは、「写得」（書写であろう）や、「求得」「捨施」（購入や寄進であろう）によっている。その際、「延暦寺蔵欠本」が探され、「開元・貞元経論」（『開元録』『貞元録』）という一切経目録への収載・未収載が調べられた（『僧円珍入唐求法目録』など）。

恵蕚・恵運・円珍は、遣唐使に従った入唐僧ではない。しかし、国家の仏教政策を履行すべく、権力中枢の支援を得て入唐したのである。五臺山仏教への注目度を強めながら、皇帝欽定の大蔵経（一切経）を基準に、中国仏教の充塡課題を担ったのである。

（4）　真如親王の求法計画

この点を踏まえると、入唐して天竺（インド）に向かった平城天皇第三子の真言僧真如親王（高岳親王）の特異事例も、時代に位置づけて考えることができそうである。[15]

『頭陀親王入唐略記』（『入唐五家伝』所収）によると、貞観四年（八六二）、真如は宗叡・恵蕚や船頭高岳真岑・唐人張友信らを含む僧俗六〇人で鴻臚館を離れ、明州に着岸した。翌年真如らは勅符を得て越州に向かったが、恵蕚らは帰国した。ついで真如らは、越州節度使を通じた求法上京の申請が許可され、翌年五月に長安入りした。西明寺に滞在した真如は、日本留学僧円載を通じて求法のための天竺行を皇帝に申請し、許可された。五臺山を巡礼すべく一行と離れていた宗叡は、このころまた合流し、西明寺で円載収集仏書を写したのである。真如らは広州で天竺への渡航準備を整え、翌八六五年一月に出帆し、分かれた宗叡は帰国した。渡航した真如らは途中の羅越国の砂漠で死去したが、この情報が在唐僧中瓘の申状によって日本に伝わったのは、元慶五年（八八一）である。

日本僧真如の渡航は、日本朝廷が派遣し、唐朝廷の許可と処遇を不可欠の条件として、入唐僧らの連携で試みられた、思い切った求法計画だった。そこには中国仏教を越えたインドへの憧憬というより、唐皇帝の対外政策に沿うことで、唐仏教の日本への充塡政策を、王族自らが率先する、という意図をみるべきではないだろうか。

真如の遭難が伝えられた五年前には、長く在唐した円載の溺死が報告されている。真如の死去を知らせた中瓘は、寛平六年（八九四）九月の議定で遣唐使派遣の可否が審議された際、菅原道真が唐情報として紹介した「録記」の著者である（『菅家文章』巻九）。この後、朝廷が派遣した僧のはっきりした記録は、延長五年（九二七）に渡航した寛建までとだえる。円載や真如の事件は、求法僧の終わりを画したことになる。

三．巡礼僧の時代

（1）東アジア世界の流動

入唐帰朝僧智鏡は、帰国後の延喜十三年（九一三）に『熾盛光経』を朝廷に献上した。左大臣藤原時平はこれを天台宗に下して、書写させた。この経典は、後梁開平二年（九〇八）に、泉州開元寺僧惟慎が書写した本だという（吉水蔵目録、『大日本史料』第一編之三・延喜七年是歳条）。すでに九〇七年、朱全忠は唐哀帝から帝位を得て後梁を建てており、時代は五代に入っている。同経典は、延喜七年（九〇七）に「大唐より来る商人」がもたらしたともいうが定かでない（同上ならびに『平安遺文』題跋編四七九）。いずれにしても、東アジア世界の変動は仏教文物からも確実に伝えられている。

興福寺僧寛建は、「唐人船」で「入唐」して五臺山に巡礼する許可を朝廷から得て、澄覚・寛輔などあわせて一一人で、延長五年（九二七）に出航した（『日本記略』延長五年正月二十三日条、『鵝珠鈔』下所引「奝然在唐記」）。寛建は建州の「浴堂」で悶死したというが、澄覚らは入京して五臺山や諸方聖跡の巡礼を許された。澄覚は、『唯識論』や『弥勒上生経』などを学び、大師号や紫衣を与えられ、超会は五〇余年後に入宋した奝然と出会った。しかし彼らが帰国した形跡はない。寛輔は、「日本国伝瑜伽大教弘順大師賜紫」と称され、すたれかけていた密教を広める役を期待されて三〇余人に灌頂を授けたという。その寛輔は、後周顕徳五年（九五八）に、僧義楚に対して日本の「霊境名山」についての情報を提供している（『義楚六帖』巻二十一）。そこに、弥勒の化身たる金剛蔵王菩薩が住む金峯山は、文殊の住む五臺山のごとくである、とある。相似た別物ということだが、霊山を重視する発想の共有が、東アジアの政治世界の分裂期に浮上していることに注目しておきたい。

一方この間、大陸南部は十国時代といわれる小国の消長期であった。そのうちの呉越国は、貿易による実利と天台山を拠点とする仏教外交で特徴を見せ、日本とも交渉した。後三国時代といわれる朝鮮で、高麗が半島を統一する前年の九三五年には、呉越僧子隣が高麗・百済・日本で天台教法を伝授したという（『仏祖統紀』巻第四十二）。実際は国王が天台僧を介して諸国に働きかけた外交の一種であるらしく、九四八年に即位した銭弘俶は、争乱で失われた天台書籍の送付を求めて、高麗と日本に遣使した。日本天台僧日延は、右大臣藤原師輔と天台座主延昌に送られて、九五三年に天台書籍を届け、九五七年には日本にない仏書・俗書一〇〇〇巻を得て帰国した（年月日未詳、大宰府政所牒案『平安遺文』九―四六二三）。なお、高麗僧諦観は、九六〇年に天台書籍を天台山に届けている（『仏祖統紀』巻第四十三）。国家の存在意義を標榜するかのような霊山だが、一方では諸国が支える聖地というおもむきが生まれ、さらには北地の五代諸国が争奪しあう五臺山を相対視する、という歴史的条件を生んだ可能性がある。流動的な東アジア情勢は、日本側にとっての仏教供給地中国に対する認識を変えつつあった。

（2）　東アジア世界の再編と奝然

冒頭で述べた奝然の入宋意志は、大陸における五代十国の興亡と契丹の勃興、半島における後三国時代から高麗時代への推移、列島における摂関政治や地域再編の胎動、しかもそれらが絡まりあって進む、流動的な世界情勢を背景にして育まれた。目前の日常生活のなかに、仏教に含まれる普遍性を見つめる条件があり、時代の新動向のうちに、理念を現実に結びつける可能性を感知しえたことが、五臺山から天竺への巡礼意志に結びついたように想像される。

北宋は、九七九年に北漢を滅ぼして中国を統一した。五臺山は北漢領内だったから、九八三年に商船で入宋した奝然ら一行七人は、北宋皇帝の指示を受ける形式で目的地に向かうことができた。天台山に巡礼したあと、促されて開封に入京した奝然らは、五臺山へ向かい、九八四年の四月八日（釈迦の誕生日）から巡礼を開始する行程に従った。

二か月近くの巡礼を終えた奝然らは、再び入京して皇帝太宗に拝謁し、さらに八か月余りのちの九八五年三月に三度目の面謁をはたした。この過程で、皇帝側の誘導を受けた奝然は、「本国職員令・王年代記」（『宋史』日本伝）なる日本事情の書面を作成して提出したらしい。その結果、宋朝廷が作成したばかりの版木で刷った大蔵経（一切経）などの仏書群を賜与された。また生身釈迦仏像の模刻を許され、正式遣使の要請を伝える任務を帯びて、九八六年に台州から帰国した。それは予定外の展開であり、初心の大変更だというべきであろう。天竺行きを断念し、決意して離れた本国に引き返したのである。

北宋皇帝は、十一世紀前半にかけては、外国僧の招致に熱心だった。京内諸寺や五臺山への巡礼を許すことは、世界性を確保しようとする統一帝国の政策の一部である。巡礼は宋朝の政策で促されたのであり、奝然の優遇は外国僧への処遇の一例だったのであろう。奝然が渡航意思をもったのは、高麗経由を含む北宋情報を得た九七〇年代以後であり、北宋による仏僧らを中心とする西方との交流政策に注目してのことだったに違いない。思い通りに優遇された奝然は、思いもよらなかった現実政治のもとで帰路についた。

帰国した奝然を媒《なかだち》として、はからずも北宋朝からの働きかけを受けた日本朝廷は、永延二年（九八八）に奝然一行の一人だった嘉因を宋人商船に乗せた。奝然の上表文を持たせたものの、国書などは与えていない。従属する立場での、君権間の外交締結を、避けたのであろう。

（3）天台仏教徒の猛攻勢と藤原道長

奝然が渡航したちょうどその頃から、源信や慶滋保胤ら天台仏教徒の猛攻勢が目立つ。永延二年（九八八）に、わざわざ博多に出向いた源信は、自著『往生要集』や保胤著『日本往生極楽記』などの浄土教に関する日本人著作を、宋商のもとにいた江南の僧斉隠に託し、天台山国清寺に送った（『往生要集』跋文）。その後も源信は、婺州雲黄寺僧行辿や杭州奉先寺僧源清らと仏書を送りあっている。一方、宋僧源清が送ってきた書状や天台書籍については、長徳二年（九九六）に文章博士大江匡衡らに返牒を書かせ（『日本紀略』同年十二月二十六日条）、翌年には源清述『法華示珠指』などを天台宗の学僧に検討させている（『元亨釈書』巻四など）。この動きが、天台僧の入宋巡礼に結びつく。

天台僧寂照（もと三河守大江定基）は、五臺山巡礼を二度朝廷に申請したがともに許可されなかった（『日本紀略』永祚元年三月七日条、長保四年三月十五日条）。しかし長保五年（一〇〇三）八月に肥前国より出航した時には、朝廷から黙認されていたらしい。[16] 明州延慶寺僧智礼に贈る『天台宗疑問二十七箇条』を源信から託されており（『扶桑略記』など）、江南での活動を期待されていた節がある。翌年、寂照は入京して真宗に謁見しているが（『宋史』）、その後は活動の場を江南の天台寺院に移した。寛弘二年（一〇〇五）十二月十五日には、寂照が商客に付した書状が藤原道長に届き、同五年（一〇〇八）七月には道長から寂照宛の書状が送られている。

この間、源信は寛弘元年（一〇〇四）五月に少僧都となり、翌月には道長が源信に使者を送っている。道長は翌年九月に『往生要集』を藤原行成に清書させるなど、天台宗浄土教重視の意志を固めたものとみられる。源信の働きかけは、左大臣藤原道長に決意させ、寂照の江南での活動を支援させるにいたったようである。

ここに、摂関政治期の仏教は、首都開封や五臺山のある北地の仏教ではなく、江南の天台宗を重視する方針に舵をきった。澶淵の盟（一〇〇四年）を結ぶにいたる北宋・遼間の軍事事情のもと、北宋皇帝への政治的接近には懸念もあったのであろう。この判断は、新しい東アジア政治秩序における日本国家の位置を探り、また仏教史の新事情を方向づける選択につながった。仏教についていえば、渡航僧による導入を介した中国仏教の模倣再現という課題は、ほぼ影をひそめる。皇帝膝下の中国仏教と距離をとりつつ、国際的な地位を得た日本天台宗を軸に、独自の仏教養成を進める契機であった。すなわち、入手した刊本一切経や新様式の仏像や仏画などを参照しつつも、目的をもった対象の選択、日本側での形式と内容の改変、漢族でない遼（契丹）や高麗の仏教への着目、自国仏教の正統価値の主張、といった幅が生まれた。奝然が普遍的権威の探求を断念させられたのと引きかえに、東アジアの国家間関係の枠組を前提として、日本国家の方針に沿う仏教の構築へと向かいはじめることになる。真摯な仏教者はこれ以後も多いが、仏教史の新時代はこのような国際動向と連動して進んだとみるべきであろう。

海商に託した藤原道長宛の寂照書状は寛弘九年（一〇一二）にも届いているが、翌年には寂照とともに入宋した弟子僧念救が、「大宋国智識使僧」（『小右記』長和四年六月十日条）として一時帰国した。念救は、宋天台山から日本延暦寺に宛てた寄進物目録などをもたらしたほか、藤原道長を訪問して天台山図などを手渡している（『御堂関白記』長和二年九月十四日条）。その後、帰国の途につく長和四年（一〇一五）まで、天台山への経済援助を貴族らから得るべく奔走し、道長からは金一〇〇両を取りつけ、朝廷からは寂照の身分保証（度縁）を得た。帰国時には、寂照に一切経論諸宗章疏の探査を命じる旨、ことづけられた（『日本紀略』長和四年五月七日条、『御堂関白記』同四年七月十五日条など）。摂関家は、江南の海商や天台寺院との交流を推進しつつ唐物を入手した。なかでも注目すべきは一切経導入への関心であって、一切経書写が天皇の事業だった歴史を越えて、自らその事業主体として前に出たのである。唐で死去した寂照らが、巡礼中に抱いた個人的信仰心は想像するよりほかにないが、記録された限りでの活動内容は、摂関政治の外地における一翼であった。

（4）成尋・戒覚・明範――院政期へ――

延暦寺阿闍梨成尋（寺門派大雲寺僧）は、朝廷に申請した渡宋許可が得られないまま、延久四年（一〇七二）三月十五日に弟子僧七人とともに、宋商船に渡航料を支払って肥前国松浦郡壁島から密航した（『参天台五臺山記』）。ただ、故後冷泉天皇の書写経を皇太后寛子から託されるなど、事実上その渡航は、権力中枢部の了解事項だった可能性がある。杭州に上陸してまず天台山を巡礼し、国清寺滞在の許可を得た後、上京し皇帝から許可されて五臺山巡礼に出発し、年内に再入京した。翌年は、京内諸寺の巡礼のほか、新訳仏書等の印刷・購入の注文に勤しんだ。六月、帰国許可を得た弟子五人に仏書四一三巻や仏像などを持たせ、乗り込んだ宋商劉琨船を見送った。

入手した仏書や仏像には、後期密教の新奇な特徴が目立ち、在宋中に遼や西域の僧と接触したことなど、日本に送った日記『参天台五臺山記』に詳細である。ただ、皇帝神宗に祈雨の修法を命じられた際に法華法を修して面目を示したこと（『参天台五臺山記』熙寧六年三月二日条）、「北地に天台宗の人なし」（翌日条）という成尋の感慨、北地に留めようとする皇帝に対して天台山への帰山申請を貫いたことなど（同年二月二十五日条、三月二十三日条）、成尋の矜持は天台僧としてのものである。祈雨を命じられた際には、「ひとえに菩提を求めんがために聖跡を巡礼し勝地を尋ねて来る」と記しており、真摯な巡礼僧として奝然の思いと共通する心情が述べられている。成尋は唐で死去したが、送付した情報は日本朝廷で充分参照されたようである。しかし朝廷は公然たる支援も黙殺もしない、国際情勢への様子見に傾いていた。

戒覚は永保二年（一〇八二）に、帰国する宋海商劉琨に乗船料を支払い、弟子僧二人と船底に潜んで密航した（『渡宋記』）。下級官人中原氏に出自する戒覚は、すでに出家して四〇年を過ぎた老年の「日本国天台山延暦寺僧伝燈大法師位」として、天台山への巡礼の後、五臺山を終焉の地とすることを希望した。「遠方の異俗の来朝入覲し、聖跡名山を巡礼するは例なり」と述べて、宋朝の政策に沿った巡礼事例を根拠にしている。一方、代州の役人は、五臺山巡礼をねぎらう詩に、「天竺寧んぞ土を殊にし、峨眉豈に関に着かんや」（天竺でなくともここに仏土はあるが、一方で西方の聖地峨眉山〈現四川省〉ですら遠くて到着しがたい）などと述べ、五臺山にとどまることを勧めている。それは、西域との通交政策を後退させた宋朝側の方針を代弁しているようである。そして戒覚の純真な巡礼行は、ついに五臺山止住の許可に結びついた。ただその個人的な達成は、天竺との交渉を断った宋国仏教の聖地を最終目標とするもので、日宋間にさしたる仏教文物の交換をもたらさず、巡礼僧を介した日本朝廷の外交政策が採られなくなった事情と符合する。

戒覚の記した『渡宋記』は、五臺山から帰国する弟子僧によって抄本が日本に伝えられた。そこに記された、天竺僧から聞いた菩提樹や祇園精舎など仏教聖地の荒廃事情は、日本側で関心を惹いたようである[17]。このことは、天竺を軽視することにはつながらない。むしろ、北宋に対峙して軍事強国となった遼で養成された仏教や、北宋と遼に通交しつつ義天版なる刊本仏書を作成した高麗の仏教への関心が芽生えていく。北宋仏教の相対化と、日本仏教の自負形成が加速される。

この歴史段階の特徴を鮮やかに示す特異な渡航僧がいる。宋商劉琨らと組んで、恐らく高麗人をも乗せて遼に通交した、明範である。遼大安七年（一〇九一）に渡航したらしい（『遼史』本紀巻第二十五）。兵器を売って金銀宝貨を得て、寛治六年（一〇九二）に帰国したが、私的渡航と兵器売却の罪で大問題になった。明範は「商人僧」と呼ばれている（『中右記』寛治六年九月十三日条など）。出自は不明ながら、白河院が優遇しつつあった真言宗の僧であるらしい。劉琨は成尋や戒覚とも接触のあった、日本事情通であって、仏書の商品価値にも通暁していただろう。結果的に、明範は検非違使の拷問を受け、関与していた大宰権帥藤原伊房と対馬守藤原敦輔が処罰された。

事件の背後には、摂関政治に対抗する白河上皇の政治姿勢や、天台宗に対する一部真言僧による政治的振る舞いがある。また北宋と遼の軍事的対立の激化や、両国と通交する高麗、さらに西方から宋に迫る西夏など、国際政治の活発化がある。仏教文物の移動はその一部であった。このような国際事情の間隙で、日本側に、商品の一部として仏書等を輸入する動きが表面化したのである。担い手を厳罰に処して沙汰やみになったが、この後十二世紀前半の国際情勢は、北宋や遼の滅亡による、金と南宋の対峙という情勢に推移していき、巡礼僧の時代は跡を絶った。

（5）空白期の意味

求法僧や巡礼僧への関心は薄れたらしく、のちに重源が渡航するまで、密航した戒覚ののち約九〇年間、事後的に朝廷が認めた寂照からは一六〇余年間、当初からの公認派遣僧としては奝然の弟子嘉因以来一八〇年間の空白が生まれる。しかしこの間こそ、日本国内に仏教が極度に養成された時代であった。中央では御願寺や大権門寺院が発達し、諸国の末寺なども拡大した。造寺・造塔・造仏・写経といった作善が推進され、貴族から百姓にいたる諸身分に出自する膨大な数の出家者が社会生活を営み、仏教行事はそこかしこにみられるようになった。国外への求法や巡礼ではなく、熊野や金峯山など、内なる聖地への参詣が重視された。日本における中世仏教の成立した姿は、ここに確かめられるのである。

中国仏教の模倣再現を課題とした求法僧時代から、独自の展開を示す巡礼僧時代までをたどってみた。渡航僧のすべてをとりあげたわけではないが、史料に痕跡をとどめていない者を想定しても、約六〇〇年間という長期であるにもかかわらず、全体としてはあまりに少ない。海域における人的交流は活発であったとしても、僧侶の往来は少ないのが事実である。しかし外来宗教である仏教の直接的な導入者は、外交政策と不可分の任務を負う少数の渡航僧だった。そのこと自体が、この間の仏教史ないし日本史の特徴を表している。

仁安二年（一一六七）に真言僧重源が明州に渡航した。翌年には栄西が博多から渡航して明州にいたり、重源と同行して阿育王山や天台山を巡礼した。平氏ないしは朝廷による便宜なども想定されている。これ以後、十二世紀末までに一七人の渡宋僧が確認され、次の世紀はこれよりはるかに人数が多い。新しい歴史的世界の開幕とみるべきであろう。

むすび

本章では、六世紀から十二世紀半ばまで、海外からの仏教導入の直接的担い手に注目し、主要な僧侶について概観した。その背後には、古代から中世にかけての国家政策がうかがわれる。またその担い手の動向そのものには、入手された仏教の東アジアないしアジア世界における位置を推測させる手がかりがある。あらためて概観すると、海外からの仏教導入の直接的主体が、渡航僧でありまた求法巡礼僧であるという、当然のことが噛みしめられる。というのも、日本中世を視野に入れた場合、巡礼僧、廻国僧、乞食僧など非定住の旅僧が広範に出現することを常識的事実として知っているからである。十二世紀以前の求法巡礼僧と、中世の旅僧にはどのようなつながりがあるのか、このことは民衆仏教を捉えようとする本書にとって重要課題である。本書の結章でも述べるが、ここでは、インド以東のユーラシア大陸での数ある巡礼僧のうち、唐代七世紀に重要な役割を果たした中国僧玄奘との関係で、留意事項を押さえておきたい。

一七年間の旅を終えて長安に入った玄奘は、皇帝の支援下で仏書漢訳事業を推進した。その影響は日本の古代にも色濃い。東アジア政治世界の盟主唐は、文字通りの漢訳仏教を養成したが、その実現の直接的担い手こそユーラシア仏教世界の旅僧であって、玄奘は唐皇帝によってその第一人者に位置づけられた。日本古代仏教は、玄奘の系譜につながる正統性を主張すべく、入唐僧の道昭や智通・智達らが師事したという言説さえ記した（本書第一部第一章）。また、玄奘が中心になって漢訳した『大般若経』は、八世紀以後の朝廷が重視し、古代・中世の大寺院・権門寺院に常備され、中世後期には地域の鎮守寺社でも入手され、仏事で音読されていた。

玄奘は、天竺と唐をつなぐ、正統伝道者としての旅僧である。日本朝廷は、その系譜を継ぐ演出として、天平勝宝四年（七五二）の大仏開眼会で玄奘の長安帰還に際しての盛儀を演出した（第一部第一章むすび）。開眼導師は天竺僧菩提であり、来日が間に合わなかった唐僧鑑真など、いわば正統仏教系譜をつなぐ旅僧の位置づけが高い。北宋代に入り、日本僧奝然は、東大寺僧としての強い自覚のもとに、(18)天台山・五臺山・開封などを巡礼した。しかも結果的に寛和三年（九八七）に帰還するに際して、朝廷から盛大な儀式で迎えられる演出で入京したが、生身釈迦仏を押し立てる行列などは、『大唐大慈恩寺三蔵法師伝』巻第六にある玄奘の長安入京を参照しての演出だと考えられる。

十二世紀後半の南宋代以降、重源や栄西をはじめとする海外への渡航僧は激増する。それは必ずしも玄奘の遺跡を追うものではない。しかし同時期以後、玄奘を一部に描き込む釈迦十六善神像を本尊に、玄奘訳本を転じる大般若会が列島各地で展開されはじめる[19]。十三世紀半ば以降に加速する荘園公領や地域社会などでの『大般若経』書写事業は、廻国の勧進僧に委託される場合が多かった[20]。諸身分に出自する廻国僧、巡礼者、諸国一見の僧、高野聖、乞食僧など、中世後期には日常社会のそこここに存在した（本書第二部第七章）。開基を旅の行基、役小角、最澄、空海らに求める寺院縁起が多いのも、同様の傾向である。すでに玄奘像は見え隠れする程度になる。とはいえ、旅僧は特殊な存在ではない。日本の仏教の歴史的な特質を体現する存在として、あらためて見直す必要があろう。

（1）石井正敏「入宋巡礼僧」（石井他編『アジアの中の日本史Ⅴ　自意識と相互理解』一九九三年、東京大学出版会）。
（2）旧稿では六五五年としていたが修正する。本書第一部第一章参照。
（3）佐伯有清「山上氏の出自と性格──憶良帰化人説によせて──」（末松保和博士古稀記念会編『古代東アジア史論集』下巻、一九七八年、吉川弘文館）。
（4）佐伯有清「山上氏の出自と性格」（前掲注3）。
（5）本稿の初出時には、粟田真人が七〇四年の帰国に際して『大般若経』を持ち帰ったと推測したが、誤りであったので削除する。大宝三年（七〇三）三月には四大寺に詔して『大般若経』を読ませたとある。その直前一月に来朝した新羅使がもたらしたらしいことについて、あらためて本書第一部第一章「六、七世紀における仏書導入」で述べた。
（6）西本昌弘「迎空海使としての遣唐判官高階遠成」（同『空海と弘仁皇帝の時代』二〇二〇年、塙書房）参照。
（7）佐伯有清『最後の遣唐使』（二〇〇七年、講談社〔学術文庫〕）。

（8）佐伯有清『円仁』（一九八九年、吉川弘文館）。
（9）佐伯有清『悲運の遣唐僧――円載の数奇な生涯――』（一九九九年、吉川弘文館）。
（10）佐伯有清『悲運の遣唐僧』（前掲注9）所引史料。
（11）佐伯有清『悲運の遣唐僧』（前掲注9）。
（12）橋本進吉「慧蕚和尚年譜」（同『伝記・典籍研究』一九七二年、岩波書店）、田中史生編『入唐僧慧蕚と東アジア』（二〇一四年、勉誠出版）。
（13）上原真人編『皇太后の山寺』（二〇〇七年、柳原出版）、『京都大学史料叢書17　安祥寺資財帳』（二〇一〇年、思文閣出版）。
（14）佐伯有清『円珍』（一九九〇年、吉川弘文館）。
（15）杉本直治郎『真如親王伝研究』一九六五年、吉川弘文館）、佐伯有清『高丘親王入唐記』（二〇〇二年、吉川弘文館）。
（16）上川通夫「寂照入宋と摂関期仏教の転換」（同『日本中世仏教と東アジア世界』（二〇一二年、塙書房）。
（17）横内裕人「自己認識としての顕密体制と「東アジア」」（同『日本中世の仏教と東アジア』二〇〇八年、塙書房）。
（18）上川通夫「東大寺僧奝然と入宋僧奝然」（『ザ・グレートブッタ・シンポジウム論集15　日宋交流期の東大寺』二〇一七年、東大寺）。
（19）上川通夫「石巻神社所蔵『大般若経』への歴史的道程」（愛知県立大学中世史研究会・愛知大学地域史研究会編『石巻神社所蔵『大般若経』調査報告書』二〇一六年、豊橋市美術博物館）。
（20）上川通夫「廻国僧と日本中世仏教」（重田みち編『「日本の伝統文化」を問い直す』二〇二四年、臨川書店）。

第四章　北宋・遼の成立と日本

はじめに

一九六〇年代に提起され、一九七〇年代に実証研究の威力を増した東アジア世界論は、古代史とくに国家形成史と、近代史とくに明治維新史とを、主要な対象とした。一九八〇年代には中世史と近世史でも新たな研究段階に入り、近年では研究対象の地理的範囲の拡大や、国家を相対視する社会史的関心が目立つ。それでも、古代から中世への転換期、十世紀後半から一二世紀前半については、なお「国風文化」論の厚い壁がある。今日では、平安期日本を東アジア、東部ユーラシア、アジアのなかで位置づける研究傾向がある。(1) 両者を充分参考にしながら、さらに日本歴史の閉鎖性認識を克服する努力が必要だと思う。

この章では、十紀後半から十一世紀前半の画期性を、東アジアの国際情勢との関連で捉えたい。国内では本格的な摂関政治が成立する時期であるが、その条件と契機の一部として、成立した北宋と遼（契丹）の軍事対立を主軸に、高麗や女真などを含めた動向にも留意する。一方で、本章では詳細に扱えないが、北宋や遼の滅亡と金の勃興へと推移する十二世紀第I四半期過ぎ、日本の白河院政までを視野に入れる。

もう一点、この章では、仏教史の史実を大幅に組み込むことになる。それは筆者の関心と不可分ではあるが、時代の歴史的特質を構成する重要部分がそこにあると判断するからでもある。私見では、十世紀から十二世紀の日本史は、外来の世界宗教としての仏教が、社会全体の構造と不可分に組み込まれていく初めての過程である。摂関期にはなお萌芽的だが、このことは、古代から中世への転換の実態と性質を理解する鍵であると思う(2)。

なお、本章では、北宋を単に宋とも表記する。契丹（キタイ）は建国後、契丹（九一六年から）、遼（九四七年から）、契丹（九八三年から）、遼（一〇六六年から）と称した。ここでは便宜上、遼の表記で統一する。

一　澶淵の盟にいたる軍事緊張と日本

（1）宋の新動向――羌世昌の来航――

長徳元年（九九五）には、関白の藤原道隆、道兼があいついで死去し、五月には弟藤原道長に内覧宣旨が下り、甥伊周は政権から排除されつつあった。その渦中の九月四日、若狭国解と宋人解文が朝廷に奏された。公卿らは、若狭に来た宋人七〇余人をすぐに越前国へ移送するよう指示している。この少し前に、若狭国から宋人朱仁聡・林庭幹・僧斉隠らの来着のことが報告されていた。宋人たちは主に「商客」だったらしいが、僧侶を同乗させており、宋天台宗奉先寺僧源清から日本天台座主暹賀と天台宗学僧らに宛てた仏書や牒をもたらしていた。永延二年（九八八）に日本の天台僧源信が、商客に託して自著『往生要集』など日本人の天台浄土教著作を宋に送って以来の、両国天台僧の交流として注意を惹く。長徳元年の宋人来航に際して、源信は敦賀に出向いており、積極的である。その点は既知だが、なお見逃されてきた外交史上の重要史実が含まれている。

長徳元年九月、右大臣藤原道長ら諸卿は何度も来着宋人のことを議し、一条天皇も指示を加えるなど、宋人らの意図を見極めようと努力している。翌二年閏七月、「唐人」（宋人）は鵞《がちょう》・鸚鵡・羊を携えて入京し、朝廷に献上した。宋人入京は破格の事態である一方、珍奇な土産のみを受け取るという特殊な対応である。放置しえない相手への苦肉の処置であって、朝廷は判断に窮したのではないだろうか。宋人の名前は記録されていない。しかもこの献上によって「天下大疫」がおこったとされ、長徳三年九月八日に受納品を返した。「異土毒気」（『日本三代実録』貞観十四年正月二十日条）といった守旧的偏見のほかに、宋人への対応方法の揺れがうかがわれる。

鵞などが献じられて三か月足らずのころ、「大宋国商客」たる朱仁聡のことが朝廷で議せられ、十一月八日にはその「罪名」を明法博士惟宗允正に勘申させている。長徳三年（九九七）十月にも、朱仁聡が若狭国守源兼澄を陵轢したと伝えられ、朝廷は十一月十一日に明法家に罪名を勘申させた。最終処置は不明だが、長保元年（九九九）七月ごろにも、朱仁聡の使が石清水八幡宮で捕えられる事件があり、関連があるかもしれない。

一方、僧斉隠がもたらした天台の仏書については、おそらく朝廷が指示して、長徳三年四月に天台宗の学僧に検討させている。斉隠がもたらした宋天台僧源清からの牒への返信作成は、文章博士大江匡衡らに命じられた。宋日両天台宗間の交流は、十世紀の呉越日本間で培われた形式を踏襲しており、仏教交流を前面に出した外交接触である。とはいえ、来航宋人にとって仏教交流が主目的ではない。朱仁聡らに貿易の実利があるのは当然だが、国守に実力を行使したらしい積極性や、罪状を述べられてもなお駐留する執拗性は、異様である。長徳元年の来航宋人の主目的を知る鍵は、同乗していた羌世昌にある。

「太宋客羌世昌」のことが最初に見えるのは、越前国司藤原為時との漢詩贈答の記事である。越前守には源国守が任じられていたが、長徳二年一月二十八日に藤原道長が俄に淡路守藤原為時をもって代えたという。大江匡衡は為時への餞別の詩において「越州は便ちこれ本詩国なり」（『江吏部集』巻中）と詠んでおり、日本の越前と宋江南の越州を結びつけ、外交使節との応答を想定している。[3]為時は「文花ある者」であり、国司任官申文が道長や一条天皇を動かしたという（『今昔物語集』巻第二十四第三十語）。『本朝麗藻』巻下には、為時が羌世昌に「覲謁」して贈った詩二篇を載せる。為時は、「六十客徒」を代表する羌世昌に対して鄭重に「賓礼」の意を表し、望郷の思いに同情している。年紀を欠くが、為時が羌世昌について「国を去ること三季」と述べているのを手がかりに、次のように考えられる。

羌世昌・朱仁聡・僧斉隠らは、長徳元年（九九五）九月以前に若狭国に来着した。羌世昌の来航時期については定説がないが、同年八月後半ごろとみてよかろう。[4]さかのぼって、宋奉先寺僧源清が僧斉隠に日本天台宗宛の仏書を託したのは同年四月である。つまり、宋人一行が江南の港から出帆したのが九九五年四月以降、若狭来着が八月後半ごろである。ついで越前に回送された。そして九九六年一月に、藤原為時が通事の任務を帯びて越前守に任じられ、ほどなく赴任した。閏七月に鵞や羊を伴って入京した宋人は、越前にいた羌世昌である可能性がある。手配したのは為時であろう。朱仁聡との折衝にあたったのも為時であろう。その後も、なお政治交渉が未解決であるなか、九九七年一月、為時と羌世昌は越前で漢詩を交わした。羌世昌は、朱仁聡や僧斉隠らとともに江南の港を出帆してから足かけ三年であり、「国を去ること三季」というのに符合する。

羌世昌は、宋江南建州の「海賈」たる周世昌と同一人物かもしれない。『宋史』（外国伝日本国）によると、周世昌は、日本に漂着して七年後の宋咸平五年（一〇〇二）に帰還したという。その際、滕木吉なる日本人を連れ帰っている。往復する他の海商とは別に、羌世昌は、実質七年間止められていたことになる。この年、「大宋福州商客上官」用銛が廻却されており、その船で帰ったのであろう。

では羌世昌が来航した目的は何か。また日本朝廷が処遇に慎重だった理由は何か。藤原為時を抜擢しての正当な処遇、糊塗策らしいとはいえ破格の入京、帰還に際して滕木吉を付したことなどから推して、宋側は海商に外交官の顔を持たせて交渉させたのだろう。宋側の要求は、遼との軍事緊張が高まる状況下で、日本を配下に置くべく、使節派遣を要求したのではないか。日本側は、正式使節ならぬ非公式の事前交渉役として滕木吉を送ったのであろう。

帰還した羌世昌は、滕木吉をともなって皇帝真宗のもとに参じ、漢詩唱和のことなどを報告している。皇帝は滕木吉に「風俗」を語らせ、また持参した木の弓矢を射させた。飛距離が短い理由を問われた滕木吉は、「国中戦闘を習わず」と返答したという（『宋史』外国伝日本条）。宋側は日本の戦闘能力に関心を抱いている。しかし滕木吉はその期待に応えられないことを証明した。そののち滕木吉は、旅費などを与えられて帰国させられている。長保五年（一〇〇三）七月二十日の陣定で用銛来朝が議されており、滕木吉は用銛船で帰ったのであろう。滕木吉の正体は不明だが、藤原為時その人だとする説もあり[5]、朝廷の意を体するに足る者であることはほぼ確かであろう。宋皇帝はあらためて滕木吉に日本天皇への従属要求を持ち帰らせたに違いない。次節で述べるように、そのことが、僧寂照の入宋につながる。

（2）　高麗・奄美の動きと日本朝廷

ではなぜ朝廷は、長保四年（一〇〇二）の時点で羌世昌を帰国させたのか。それは、宋側の意図とその背後にある東アジアの政治情勢について、遅まきながら理解したことにある。宋と遼の両国軍事力が全面衝突

する可能性を孕む、極度に緊張した国際政局である。そのことの理解までには、矢継ぎ早ともいえる外交問題の曲折がある。(6)

長徳二年（九九六）五月十九日の陣定で、石見国に来着した高麗国人に糧を支給して返すこととした。翌三年五月、高麗国の牒状が大宰府から到来した。牒状は日本国宛、対馬島司宛、対馬宛の三通だという。返牒しないこととしたが、北陸道や山陰道などの要害警固と祈禱実施を指示した。半島の軍事不安を察知しており、大宰府の訴えで九国の兵士と兵具が無実であること、また対馬守高橋仲堪は文武の智略を欠くということが、陣定で取りあげられている。しかし高麗国からの牒状に対して、「これもしくは大宋国の謀略か」と疑った。それは、越前と大宰府にいる宋人、つまり羌世昌と朱仁聡(7)への警戒心に結びついた。上達部らは、「なかんづく越州にあるの唐人、当州の衰亡を見聞するか。近都の国に寄せ来たる謀略なきにしもあらず。恐るべきことなり」（『小右記』長徳三年六月十三日条）、と述べている。羌世昌らへの疑心は強く、宋の軍事謀略として警戒したのである。

高麗国牒状への対応を議した三か月半後の十月一日、大宰府からの飛駅使が大宰府解文と大弐藤原有国（九九六〜一〇〇一年太宰大弐）の書状をもって建春門に到着した。一条天皇が旬儀で南殿に出ている時、左近陣官が大声で駆け込み、高麗国人が対馬や壱岐島を奪取し、肥前国をも奪おうとしている、と口走った。度肝を抜かれた左大臣藤原道長らは、慌てて紫宸殿の階を降りて有国の書状を確認すると、実は武装した奄美島人が船で肥前・肥後・薩摩または筑前・筑後・壱岐・対馬の「海夫等宅」を襲って財物や男女を略奪したという。また以前にも大隅国が被害にあっていたという。高麗国の戦闘装備船五〇〇艘が日本に向かうともいわれ、公卿らは「浮言」「浮説」と疑いつつも、敵国への備えとしての神仏祈禱を求めている。

奄美島人は、かつて「南島人」として天皇の徳化に従うべき周縁人と位置づけられたが、ここでは「南蛮賊徒」(『権記』)と呼ばれて敵視されている。ともに一方的な認識の変化である。南島ではヤコウガイなどが獲れ、交易品となった。螺鈿細工に用いられたのであり、日本の特産品となっていた。[8] 奝然の弟子嘉因による宋皇帝への献上品や(『宋史』外国伝日本条)、入宋僧念救が長和四年(一〇一五)七月に再渡航する際、道長が持たせた宋天台山大慈寺への贈答品にも含まれている。奄美島人による九州沿海襲撃は、実は、貝の捕獲や交易をめぐる利権衝突が原因だったようである。[9]

長徳三年(九九七)段階の朝廷首脳部は、宋の謀略に高麗が先鋒として日本に攻め来たる、という軍事危機を想定したらしい。しかしそれは、的確な情勢判断とはいえないだろう。羌世昌らを通じた宋の外交交渉は、日本の軍事力への関心をともなっていたが、戦闘相手とみた形跡が確かめられない。高麗も、牒状は送ったが、戦闘を仕掛けてきていない。しかも宋と高麗に、表だっての連携はない。高麗国王は、軍事攻勢で圧迫してくる遼皇帝と、九九三年に和約を結んで臣従する道を選び、宋皇帝からの冊封を破っている。[10] 宋と高麗は、別々の理由で日本に接近したのであろう。その事情は、やはり遼の軍事攻勢ではなかろうか。日本天皇に対して、宋皇帝は、臣従と兵力補給を期待して羌世昌らを派遣した。高麗国王は、友誼を求める通牒によって、日宋の同盟成立による高麗挟撃を回避させようとした。このように推測したい。

この後、日本朝廷は、ようやく宋遼間の軍事緊張が事態の本質であることに気づく。関係史料は断片的だが、日本と高麗を行き来する者が情勢を報せた可能性がある。長徳四年(九九八)二月、大宰府は高麗国人を「追伐」したという。四か月前に九州を襲った奄美島人への追捕のことだとすれば、そこに民間高麗人が混成していたということかもしれない。[11] 同年九月十四日には、大宰府が貴駕島(喜界島)に「南蛮」を逮捕するよう下知したとの報告を受けているから、朝廷は実状をつかんでいたであろう。高麗穆宗二年(九九九)十月、日本国人道要・弥刀ら二〇戸が高麗国に「来投」し、利川郡(韓国南東の京畿道東部)に編戸された

（『高麗史』三、『高麗史節要』）。一方、長保四年（一〇〇二）六月、苛酷な本国から「伴類」とともに逃避してきたという高麗国人について、その日本移住申請が朝廷で審議された。七月には、大宰府から報告された漂着高麗人四人と移住希望高麗人二〇人の件について、それぞれ藤原道長を介して宣旨が下された。高麗と日本の双方向への移住申請や編戸、官許など断片的史料の背後に、その何倍もの慌ただしい流動実態を推測してよいと思う。移住民は重要な情報源であって、指定された移住地に「編戸」されていた。日本側については、「追伐」から移住受け入れへと方針が変化している。高麗国人の移住を受け入れた長保四年には、越前国に止めていた羌世昌を海商用銛の船で宋に送還した。日本朝廷は、宋遼間の軍事緊張の実相を理解したのであろう。その後用銛はまたも来航し、長保五年七月二十日の陣定で議されている。

長保三年（一〇〇一）頃、「高麗蕃徒」のなかにいた「新羅国迂陵島人」の折競悦と、帰京前の大弐藤原有国が、漢詩を交わしている（『本朝麗藻』巻下・餞送部）。寛弘元年（一〇〇四）三月七日、高麗東沖の迂陵島（鬱陵島）から一一人が来着した旨、因幡国が伝えた。源為憲は、救助された迂陵島人による天皇への感謝を代弁するとして、「一葦《いちい》先ず摧《くだ》けて身は殆《ほとほと》しく没《しず》まむとす」（小舟が難破して溺死しそうになった）、と詠んでいる（『本朝麗藻』巻下・餞送部）。迂陵島（于山国）は東北の女真に圧迫されており、この後には農業がすたれるほどだったので、高麗が道具を与えて支援している（『高麗史』巻四世家、顕宗九年〈一〇一八〉十一月丙寅）。一〇〇四年段階には、迂陵島や高麗は、日本に大陸情勢を伝える窓口となっていた。

長徳元年（九九五）の羌世昌来航以来の経緯は、宋遼間の軍事緊張が極点に向かう動向の波及であった。一〇〇四年十二月に宋遼間で結ばれた和約、澶淵の盟に向かう国際政局の一部に、日本が関係していたのである。五代十国時代の大陸政治情勢のなかから、九六〇年建国の宋（北宋）が呉越国を服属させ（九七八年）、遼に支援されていた北漢を滅ぼして（九七九年）、中国を統一した。一方、内陸アジアの草原地帯では、遊牧人の契丹（キタイ）が統一を果たし（九〇七年）、軍事力による渤海討滅（九二六年）、燕雲十六州の獲得（九三六年）、国号遼の採用（九四七年）、高麗を服属させるなど（九九三年）、拡大した。宋と遼の軍事対立は、九七九年や九八六年の衝突だけでなく、一〇〇四年にはついに遼皇帝聖宗が二〇万の親征軍を率いて国境を撃破し、宋都開封に近い澶州（澶淵）に攻め入った。対して、内部の強硬派に押された宋皇帝真宗の親征軍は、黄河を北に渡り、命運かけて澶州で激突する構えをみせた。結果的には、両軍が対峙するなかでの交渉によって、軍事的に劣勢で経済的に優る宋が、毎年絹二〇万匹と銀一〇万両を遼に贈る条件で、和約が成立した。一触即発の対立を回避させたこの盟約は、宋と遼の二国間秩序という意味にとどまらず、結果的にはこののち一二〇年近く、宋・遼・高麗・西夏・ウイグル・チベットを含めた政治世界の比較的安定した関係の起点になったとされる。[12] 藤原道長の摂関政治から白河上皇の院政までの日本情勢は、この秩序と無関係ではない。

日本は、宋、高麗、奄美、迂陵島から、それぞれの事情による接触を受けた。間接的には女真からの影響もある。これらによって、軍事動乱の波及しかねない客観情勢が、少なくとも藤原道長には感じ取られたようである。一〇〇三年に入宋した寂照（後述）は、翌年皇帝真宗に謁見した（『宋史』外国伝日本条など）。楊億なる真宗側近者は、入貢日本僧の面接を担当しており、寂照の記事も残している（『楊文公談苑』[13]）。楊億は、澶淵における両皇帝軍対峙のもとでの和約交渉に際して、宰相冦準に従い現場へ赴いた人物である（『続資治通鑑長編』巻五十八）。寂照がこの間に知りえた政治情勢を日本に報せた可能性はある。寛弘二年（一〇〇五）八月十四日、「大宋国商客」曾令文の来着が大宰府から報された。諸卿は追却すべしと述べたが、左大臣道長の強い意向で滞在が許可された。道長は、年紀制の原則に優先して決断している。曾令文は、僧寂照を渡宋させた用舗の近しい仲間であり、しかも今度は寂照からの消息を伝えていた。十二月十五日にその書状を受け取った道長は、「万里往来の書を憐れむべし」との感懐を日記に書いている。この段階の道長は、東アジアの政治世界で進行している事態の輪郭をつかんでいたのであろう。

二　知識人僧侶・文人貴族・権力中枢の選択

(1)　東大寺僧奝然と比叡山僧源信

羌世昌ら宋人一行は、露骨な外交使節団としての来航ではなく、商行為と仏教交流を先行させている[14]。この条件を利用する間接的な国家間外交が、日本側に受容されることを見込んでいたのであろう。実際日本側は、対応に苦慮しながらも、唐物を受容し仏書を交換している。後述する天台僧寂照（もと三河国司大江定基）のように、政治使命を帯びた入宋僧も、この外交形式を踏んでいる。そうであれば、十世紀から十一世紀にかけて、外交史と複雑に絡む仏教史について、別々にではなく同一の歴史過程において理解する必要がある。

仏僧を媒介とする外交形式は、すでにこれ以前、東大寺僧奝然の入宋、帰国によって形づくられたものであり、さかのぼって延暦寺僧日延の呉越国への渡航、帰国という前史がある[15]。いずれも、海商船に僧侶が便乗して国家間外交をなかだちしている。日延の場合、高麗や日本に散逸仏書の書写、送付を求めてきた浙江の呉越国王銭弘俶に応じた。そして天台座主延昌の指示で調達した仏書を携え、村上天皇の勅許を得た上で九五三年に渡航し、一〇〇〇巻以上の仏書・俗書を得て九五七年に帰国した[16]。

北宋皇帝が呉越国王を臣従させ、ついで北漢を討滅して中国統一をとげてすぐ、九八三年八月に呉越海商船で日本僧奝然らが入宋した[17]。五臺山から天竺への巡礼を志す、一〇年来の計画が勅許されたのである。宋皇帝は、諸外国の僧侶を誘引しており、特にインド方面からは舎利や梵文経典などを持った僧を積極的に受け入れ、経典漢訳をはじめとする組織的事業によって、開封を拠点とする仏教興隆事業を進めていた。また北地の五臺山は、七世紀後半より、尊勝陀羅尼信仰の拠点として、また生身の文殊菩薩の住む聖地として、内外に宣伝された。宋皇帝は、五代十国時代の分裂期を越えて、唐仏教の正統継承者たることを示し、遼など同じく仏教興隆策をとる近隣国との対抗上、範域内の五臺山を保護した。都開封と五臺山は、宋にとって一対の仏教拠点である。その内実は、新来のインド方面仏教、特に後期密教という呪術色の極端に濃い新奇な要素を加えている。尊勝陀羅尼や宝篋印陀羅尼、また釈迦の遺骨や歯、さらには生身仏たる栴檀釈迦瑞像など、釈迦の権威を手中にし、仏教の発信源を宋皇帝の膝元に移すかのような事業が進められていた。

日本僧奝然は権威的遺物を下賜される立場で、宋側の誘導に沿って国内を移動した。台州に着岸した奝然は、公費を得て天台山や京内諸寺を巡礼した。外国僧の五臺山巡礼は「中国の利」だとされており（『続資治通鑑長編』新訂本巻七十二大中祥符二年十一月癸酉条）[18]、奝然の念願もかなった。奝然は皇帝太宗に三度拝謁した。その過程で、求めに応じて「本国職員令」や「王年代記」などを提供し、最新式の刊本一切経（釈迦の教説）、七宝合成舎利塔（釈迦の遺身）、釈迦像（生身仏、開封の釈迦像の模刻）を下賜され、天竺行きを止められて日本に帰国させられた。寛和二年（九八六）七月に帰国したが、おそらく大宰府での慎重な取り調べの後、翌年二月に盛大な出迎え演出のなかを入京した。この演出には、玄奘が長安に帰還した際の様子が参照されていた。

奝然の帰国は、太宗の指示によるものらしい。文物を通じた国力の示威や、徳化を促す思想誘導だけではなく、日本天皇から宋皇帝への国書を持参しての再入宋という具体的な要求が託されたのだと考えられる。永延二年（九八八）二月、奝然とともに入宋した弟子嘉因を筆頭とする数人が、台州海商鄭仁徳の船で再入宋した。奝然が皇帝に宛てた表や、仏書・金銀蒔絵などを携えての鄭重な形式だが、五臺山文殊菩薩供養と新訳経論将来を名目にしており、国書は持参していない。朝廷は、宋皇帝への日本天皇の臣従をやんわりと断ったのである。宋側は、嘉因に五臺山大華厳寺真容院の文殊像の模刻像を下賜して帰し、両国関係は維持された。朝廷は、宋皇帝の意図に沿わず、僧侶を介した関係形式を再選択した。その判断には、貴族政治家だけではなく、源信ら天台僧の動きが絡む。

東大寺僧奝然と延暦寺僧源信は、天延二年（九七四）五月の季御読経の論義で相対したことがある[19]。奝然は秦氏の後裔だといい、山城国の下級貴族出身らしい。源信の出生地は大和国葛城下郡、卜部正親と清原氏の子で、おそらく土豪程度の出身である。身分は互角、僧として築いた学識で目立った点も共通する。奝然入宋のことは、その計画段階から源信の知るところだった可能性がある。源信は、奝然の入宋中、永観二年（九八四）十一月から寛和元年（九八五）四月までの約半年で『往生要集』を書き上げている。極楽往生の意義と作法を説明するべく、中国の仏書一六〇余部、九五二文の引用と編集からなる、大部な浄土教信仰の理論と実践法の書である。おそらく源信の活動に連携して、浄土教推進者の慶滋保胤は、永観元年（九八三）以後、寛和元年（九八五）四月までの間に『日本往生極楽記』初稿版を成立させた。実在の日本人四五人をとりあげ、極楽往生の実例伝記集とした著作である。源信らによる天台浄土教書の執筆は、永観元年八月に大宰府を出航した奝然に刺激を受けたことが、直接の動機だったのかもしれない。その執筆意図には、国内での浄土教普及のほかに、はじめから宋の天台僧に送ることが含まれていた[20]。

永延元年（九八七）十月、宋商朱仁聡らが大宰府に来航した。この時源信は同地に出向き、同船して来た僧斉隠に自著『往生要集』、良源『観音讃』、慶滋保胤『十六相讃』『日本往生極楽記』、源為憲『法華経賦』を託し、宋に送った。朱仁聡と斉隠の帰国は、永延二年二月に鄭仁徳が日本僧嘉因らを乗せて出航したのと同時であろう。それなのに源信は、嘉因に託してはいない。源信と奝然・嘉因の意図は交わらない。朱仁聡と斉隠は、第一節で見たように、羌世昌とともに長徳元年（九九五）にも来航する。この時斉隠は、杭州奉先寺僧源清から日本天台座主暹賀らへの仏書や牒を伝えている。また源信は、長保二年（一〇〇〇）に自著『因明義断纂要注釈』を「杭州銭塘西湖水心寺沙門斉隠」に託し、慈恩寺弘道大師門人に送っている。斉隠は江南諸寺間を活動舞台にしたのである。なお『往生要集』は、宋商楊仁紹の手をへて婺州雲黄山僧行辿に届けられ、行辿からの既読通知が正暦二年（九九一）に源信へ届いた。『往生要集』は、台州商人周文徳の仲介で、天台山国清寺に納められた。

源信は、斉隠宛の書状（『往生要集』巻末付載〈永延二年〉正月十五日源信書状[21]）で、「本朝」では「極楽界」や『法華経』への信心が「熾盛」であり、「本朝」（日本）と「他郷」（宋）が浄土教信仰の共通世界であるから、「共に往生極楽の縁を結ばん」と呼びかけている。源信の願望は、浄土教信仰を共有する日宋の親和形成であり、著作物交換などを通じた意見交換による日本天台浄土教の国際的認知であった。真摯な学僧源信は、大宰府や越前に出向いて宋人と接触するなど、彼としては例外的に世俗的活動が目立つ。奝然の入宋に刺激を受けた天台浄土教の興隆策は、この後、源信を起点として急拡大したと見なされるほど成功する。ただそれは、通説とは違って[22]、日本の民衆社会はもちろん、貴族社会においても、当初は広く普及された実態を背景にもっていないことに、よほどの注意が必要だと思う。

（2）慶滋保胤（寂心）と大江定基（寂照）

文人貴族の賀茂氏から出た慶滋保胤は、文章生から大内記などとなり、儒学、陰陽道、紀伝道、仏教に通じ、漢詩や和歌を残している。入宋する東大寺僧奝然を「花月の一友」と呼び、また彼の母親のための願文を代作したこともある（『本朝文粋』巻第九、巻第十三）。しかし天台浄土教に傾倒し、源信らと連携して『日本往生極楽記』を執筆した。寛和二年（九八六）に出家して比叡山横川に住み、寂心と名乗った[23]。

その活動で著名なのは、康保元年（九六四）から二〇年ほど続けられた勧学会の、中心人物だったことである。勧学会は、三月十五日と九月十五日に、叡山西麓の寺院などで紀伝学生と比叡山僧が集い、『法華経』の講読、阿弥陀如来の称名（念仏）、仏の功徳を讃える漢詩の作成によって一日を過ごし、翌朝にかけて在俗者は白居易の漢詩を詠み、僧は『法華経』を誦す、信仰実践である（源為憲『三宝絵』）。比叡山僧は未詳だが、貴族には慶滋保胤のほか、藤原在国（有国、文章生）、橘倚平（擬文章生）、高階積善（のち漢詩集『本朝麗藻』編集）、大江以言（のち文章博士）、源為憲、大江匡衡らがいた(24)。源為憲のように、『空也誄』（九七二年以後）や『三宝絵』（九八四年）を著して目立った者もいる。しかし、資力不足で独自の寺院建立計画も頓挫しており、社会的拡がりや政治的援助をもたない、自発的小集団だった。

ところが慶滋保胤は、寛和二年（九八六）四月に出家し、これを契機に勧学会は解消されたらしい。しかし五月には、比叡山横川で二十五三昧会なる浄土教実践集団が組織されており、勧学会を継承しつつ、『往生要集』を実践する出家者集団に転換した。念仏による極楽往生を二五人で扶助し合うという、明確な目的を掲げている。発起段階に慶滋保胤（寂心）や源信の名は見えないが、九月十五日には慶滋保胤作だという「起請八箇条」が作られ、源信や花山法皇らも参加している。永延二年（九八八）六月八日には、源信が撰したという「首楞厳院二十五三昧起請」が作成され、活動指針としている。小集団の中心は源信であろう。だが前述のとおり、この経緯は、慶滋保胤の出家を画期としている。それは保胤個人の信仰問題というより、文人貴族が浄土教実践僧として活動する典型例となった。

正暦年中（九九〇〜九九五）頃、源信らは横川に霊山院を設け、一間四面堂に仏師康尚作の等身釈迦像を祀った。寛弘四年（一〇〇七）七月に「霊山院釈迦堂毎日作法」と「霊山院式」を作成している。霊山院で天竺の霊鷲山に常住する釈迦を渇仰し、天竺各所の「霊験仏像」と同じように、ここでも釈迦像に「真身」

が現れるよう祈るのだという。奝然請来の釈迦像に対置しているのであろう。書き継がれた「霊山院過去帳」によると、生身釈迦への輪番奉仕者は年間合計五四七人（僧侶四一四人、尼一二人、俗人一二一人）にのぼる。[25]そこには源信や仁康ら多くの僧のほか、内大臣藤原公季、西市正藤原永理や大蔵権大輔藤原義理《よしただ》など中下級官人、皇后宮職（定子）、資子内親王（村上天皇皇女）、藤原倫子（道長室）、近江国の住人らがいた。霊山院は浄土教の社会的展開の一拠点である。

浄土教実践者となった文人貴族として、慶滋保胤とならぶ役割を果たしたのは、大江定基である。[26]儒者大江一族には受領が多く、従兄匡衡や弟為基には浄土教の知識と実践もある。定基は、十世紀後半に三河守を経験しているが、永延二年四月には寂心（慶滋保胤）を師として出家し、寂照（通称は三河入道）となり、源信らと浄土教を推進した。しかも寂照は、入宋して藤原道長の政治を支えることとなる。寂照が出家した永延二年の一月、大宰府に赴いていた源信は、宋僧斉隠に『往生要集』『日本往生極楽記』その他を託し、宋に送っている。十月、源信は摂津守大江為基の出資を得て、かつて円仁が横川に建てた常行三昧堂跡に如法堂を造立した（『如法経濫觴類聚記』「新造堂塔記」）。出家段階の寂照は、すでに源信の積極的な浄土教推進活動に同調していたのであろう。寂照は長保五年（一〇〇三）に入宋するが、源信が明州延慶寺僧知礼に返答を求めた『天台宗疑問二十七箇条』などを託されている（『四明尊者教行録』巻第一、『仏祖統紀』巻第十二）。

寂照は、永祚元年（九八九）三月や長保四年（一〇〇二）三月に五臺山巡礼のためとして渡航申請したが、朝廷は許可していない。長保四年の申請は、宋人羌世昌の帰国にともなう正式の派遣僧として名乗り出たのであろう。しかし朝廷は、非公式交渉役として滕木吉を入宋させた。この間、大陸情勢の波が寄せる。一方で浄土教に関心をもちつつある藤原道長によっても、天台僧の渡航許可には踏み切りがたい迷いがあったのであろう。寂照が半ば強引に京を出発し、弟子僧等数人を率いて肥前国から出航したのは翌三年八月である。

この時またも用銛が来航し、滕木吉を送還してきたのだが、寂照は用銛帰便に乗り込んだらしい。恐らくその直前、朝廷は渡航認可に踏み切った。滕木吉は、宋皇帝から日本天皇への従属要求を伝えるべく帰された可能性がある。放置できない外交折衝に僧寂照がたつことを、道長らが認めたのである。奝然や嘉因の入宋に前例のある、政治的従属を回避するための、巡礼僧による間接的な外交である。翌年閏九月のことだが、藤原道長・藤原伊周・一条天皇の三者が、権力中枢の融和形成をはかる場において、入宋僧寂照への追懐を織り込んだ漢詩を交わし合っている（『御堂関白記』寛弘元年閏九月二十三日、二十六日、二十九日各条。『本朝麗藻』巻下）[27]。寂照入宋を公許したことこそが、漢詩交換の前提である。

前節で見たように、日本朝廷は、危機的な国際情勢を漸く感知したのだが、その処方をめぐる逡巡がここに表れている。もと受領にして学識ある寂照は、官人を介した日宋外交を避け、非公式折衝が通用しない事情を察し、公認された巡礼僧による間接的な日宋交渉が必要と考える一部実務官人側に属し、自らその役割を買って出た。匡衡や為基ら大江氏、また慶滋保胤（寂心）ら浄土教推進者の一部は、対外政治に関心をもつ小集団だった可能性がある。まじめな学僧源信は、江南の天台宗界との連携に積極的であり、その関心から日本僧の渡宋を後援した。僧侶を介する間接的な国家間外交は、日延や奝然らの実績がある。しかも東大寺僧奝然は、華厳や密教を養成した宋都開封の仏教に親近的だったが、天台僧源信が交流を望む宋天台宗界は江南に拡がりをもつ。その根拠地天台山への関心があるのは当然として、北地の五臺山への関心は薄い。この点は外交判断をする官人にも受け入れやすい。なぜなら、開封や五臺山は澶淵とも近い。宋と遼の軍事衝突地帯からは距離を置き、唐物入手の条件を手放さないために、海商と天台僧の往来に利が見出されたのではなかろうか。以上の経緯は、朝廷の外交政策が、確かな見識や主体性を欠くものであることを示している。

『宋史』や『楊文公談苑』には寂照来航のことが記録されており、使節として遇されている。寛弘二年（一〇〇五）八月には、海商曾令文が寂照書状を携えて来航し、藤原道長の意向で受け入れられ、十二月にはその書状が道長に届いた。翌三年十月九日には一条天皇らが唐物を視認し、同二十日には内裏で酒・蘇木・茶垸・書籍が披露された（『御堂関白記』）。在宋中の寂照へは、寛弘四年（一〇〇七）九月に「野人若愚」（円融天皇弟の具平親王か）が、寛弘五年七月には左大臣藤原道長が、同年九月には「治部卿源従英」（源俊賢）が、帰国を促す手紙を書いている（『楊文公談苑』）。しかし寂照の帰国は許されなかった。嘉因の時とは違い、宋側は厳しく処断したのである。日本朝廷の場当たり的な外交政策が通用しなかったというべきであろう。寂照は、蘇州普門院に住み、死んで「影堂」に祀られたといい（『楊文公談苑』『参天台五臺山記』）、一〇三四年（宋景祐元、日本長元七）に杭州で死去したともいう（『続本朝往生伝[28]』）。

（3）藤原道長

権力掌握段階の藤原道長は、日本政治の進路にかかわる外交課題を抱えていた。摂関政治時代を通じて、国内施策が外交課題と直接、間接に連動していたことがらは多いであろう。仏教史をあらためて見直すと、関連して気づくことがある。

奝然が持ち帰った釈迦如来像は、生身の釈迦だと意味づけられていた。これを意識し、あたかも対抗するかのように、国内産の生身仏像が作り出される。[29] 比叡山横川霊山院の康尚作の釈迦像はその早い例である。この頃から、「生身仏」「霊験仏」が急増する。生身仏は、目前しない仏を礼拝対象として造形化した物体ではなく、生き写しにして生身《なまみ》の生命体として現前する仏を意味する。霊験仏も同じ意味であり、霊験所はそのような生身仏が祀られている寺堂である。そしてそれらの出現は、特に権力中枢の所在地、平安京とその縁辺に目立つ。

因幡堂（左京高辻烏丸）は、因幡国司橘行平が任地海浜に漂着した「仏生国」の薬師如来像を、長保五年（一〇〇三）に京の自邸に祀ったことに始まるという（『阿娑縛抄』、東京国立博物館本『因幡堂縁起』）。橘行平の赴任は寛弘二年（一〇〇五）だが、現存する薬師如来像（京都市平等寺）は、美術史学によって仏師康尚時代の都の仏師作だと推定されている。また、像背部には彫刻に適さない堅固な節があり、代替できない霊木とみなす思想が読み取られている。[30]因幡堂は「小霊験所」といわれている（『中右記』永長二年〈一〇九七〉正月二一日条）。次に六角堂（左京烏丸六角）は、淡路国の海に漂着した如意輪観音を聖徳太子が祀ったのだという（十二世紀末の『伊呂波字類抄』、十三世紀初の醍醐寺本『諸寺縁起集』）。しかし『御堂関白記』長和六年（一〇一七）三月二十一日条に見える「六角小路」が確実な初見記事である。なお、「京中の諸人、諷誦を六角堂・因幡堂に修す」（『百錬抄』承安二年〈一一七二〉五月十二日条）と並び称されている。さらに壬生地蔵堂（左京五条坊門壬生）は、寛弘二年（一〇〇五）に供養され、康尚の弟子定朝が作った「生身」の地蔵菩薩像を祀ったという（『壬生寺縁起』元禄十五年〈一七〇二〉）。以上の「堂」は、京内の寺院建立禁止を半ば破り、生身仏の霊験所として、新たに出現したものである。

洛外の生身仏出現は少し早い。天台僧仁康（「霊山院過去帳」に見える）が六条河原に営んだ河原院には、正暦二年（九九一）三月に源融旧宅で供養された霊鷲山釈迦像があり（『本朝文粋』巻第十三・仁康願文）、仏師康尚作と伝える（『続古事談』巻第四）。革堂は、皮聖行円が寛弘元年（一〇〇四）に一条北辺堂として供養した（『日本紀略』）。行願寺ともいわれ、本尊金色千手観音像は、大梓木の霊木からなるという（『伊呂波字類抄』）。祇陀林寺は、源信が祇園精舎になぞらえて命名し（『続古事談』）、正暦二年三月に仏師康尚が釈迦像を造った（『日本紀略』）。六波羅蜜寺は、応和年中（九六一～九六四）に空也が建てた西光寺が起源で、寛弘九年（一〇一二）

の太政官符で寺領保証され（『六波羅蜜寺縁起』）、康尚の弟子定朝が霊験ある地蔵菩薩像を造ったという（『今昔物語集』巻第十七第二十一語）。

「生身仏」「霊験所」は、インド始源との直結を意味している。それは中国の相対視と表裏一体の認識であって、奝然路線との決別という政治的選択と無関係ではない。洛外、そして洛中への生身仏進出は、貴族邸宅内の仏堂とは異なる独立性をもっており、洛中の寺院建設規制を緩和する政治判断なしには出現しえないであろう。寛弘元年（一〇〇四）五月二十四日、源信は権少僧都に任じられた（『御堂関白記』など）。藤原道長は六月二十二日と二十六日に源信へ使者を送った（『御堂関白記』）。寛弘二年九月、道長は能書家の藤原行成に、『往生要集』の新写本作成を命じた（『権記』）。断片的な記事だが、道長と源信の急接近、また道長による外交と仏教の方向転回を、読みとってよいのではなかろうか。道長を首班とする日本朝廷は、北地の宋や遼と距離をとり、皇帝と天皇との直接・間接の交渉を遮断しつつ、宋江南から唐物や大陸情報を得ようとする。そのことは外交史事実としては現れにくい反面、仏教史事実として現れやすい。五臺山ではなく天台山に関心の重点を移し、天皇ではなく臣下の代表が率先して天台浄土教の興隆事業を展開することで、国家意思が確認されることとなる。

道長が先祖供養のために建てた浄妙寺は、寛弘二年（一〇〇五）十月十九日に完成した。「(仏) 弟子大日本国左大臣正二位藤原朝臣某（道長）」が、霊山浄土の釈迦に捧げた願文によると、霊鷲山が飛来してきたかのごとき寺観であり、天皇の臣下達を率いて来やすい場所にある、という。同四年十二月二日の同寺塔供養願文では、「日本国王の舅」である道長が「皇恩に浴して仏法を興す」、という。天竺を中心とする仏教世界における日本国王臣下道長、という位置づけである。

寛弘四年（一〇〇七）に道長自ら赴いた金峯山での埋経（『法華経』『無量義経』『観普賢経』『阿弥陀経』『弥勒経』

『般若心経』など）も、一連の政治的経緯と関連する。経塚の初例だとされながら、唐突な出現と整った内容に特徴がある。二十五三昧衆の一員でもある天台僧覚超が、永延三年（九八九）に記した『修善講式』において、「仏経幷ヒニ人々名帳ヲ埋納」して「霊験ノ仏地」の標識にする、と考案していることとの関連が推測される。しかもすでに、五臺山巡礼のために寛建らと渡航した寛輔が、後周顕徳五年（九五八）に現地で語ったところによると、金峯山には弥勒の化身にして五臺山の文殊のごとき金剛蔵王菩薩が住むという（『義楚六帖』巻二十一）。日本の仏教聖地たる地位の浮上過程をうかがわせる。五臺山は『広清涼伝』巻上「清涼山得名所因四」などで金色の様相が強調されており、かつて円仁も「清涼山金色世界」に文殊が住むと伝えている（『入唐求法巡礼行記』開成五年四月二十八日条）[31]。五臺山と金峯山を結びつける発想の前提である。

長徳四年（九九八）、すでに道長は紺紙金字法華経等を書写したが、疫病発生のことがあって京洛での供養にとどめた（経筒銘）。不穏な国際情勢との関係は不明だが、京と金峯山の一対化が構想されていた節がある。現存する長保三年（一〇〇一）銘の線刻蔵王権現鏡像（東京都西新井大師総持寺蔵）には、胎蔵大日の変化身にして釈迦如来の垂迹たる蔵王権現が描かれており、天台固有の円密一致の教学が成立しているとみられる[32]。しかも「内匠寮史生壬生（以下欠）」（背面銘）とあり、官営工房の関与が想定される。平安京と一対の聖地金峯山は、蔵王権現なる独自の姿で現れた釈迦の霊験仏地である。その一大示威が、寛弘四年八月十一日の藤原道長による埋経であろう。

道長自筆文を使った可能性がある経筒銘文の願文は、新奇な作法についての説明的な長文である。「これを銅篋に納めて金峯に埋め、その上に金銅燈楼を立つ」という形式は、埋経の儀礼としても施設としても、むしろ明示的である。「法身の舎利を埋め釈尊の哀愍を仰ぐ」、という意図は明快である[33]。そして、「南瞻部洲大日本国左大臣正二位藤原朝臣道長」という自署には、須弥山下の人間世界（「南瞻部洲」）において、天竺や震旦（中国）と同列の「大日本国」が意識されている。仏教世界のなかで、日本国の臣下第一の官人道長が、釈迦の聖地として金峯山を設定し、天台的円密の思想をもって独自の祭祀施設を築いたのである。現実には、東アジアを覆う五臺山文化圏[34]から距離をとろうとする発想の実践である。

こののち、金峯山に五臺山文殊眷属が現れたという伝や（『大日本国法華経験記』巻下「長円法師」）、金峯山の五臺山飛来説（『顕注密勘抄』）などが展開する[35]。

三　澶淵の盟状況下の摂関政治

（1）時代認識と地理認識

十一世紀日本の権力中枢が抱いた国家意識には、宋と遼の対峙を軸とする東アジアの政治構造が規定要因となり、共通理解の可能な仏教思想を用いた対抗的装いが目立つ。内政に連動する理念ないし思想の問題として、特徴的な時代認識と地理認識を概観する。

末法思想は、差し迫る末法第一年を焦点とした、同時代認識の一形式である。時代社会の危機への退嬰的表現というより、新時代への転換を促す思想であろうが[36]、社会思潮としての普及以前に知的操作がある。末法第一年を永承七年（一〇五二）だとする説は有名だが、日本古代において以前から固定していたのではない。源為憲『三宝絵』（九八四年）には釈迦滅後一九三三年目の「像法」とあり、末法は西暦一〇五二年からとなる。しかし浄土教推進者らの「霊山院式」（一〇〇七年）は、釈迦の滅後年数を「一千九百六十三季」とし、末法第一年は西暦一〇四四年である。一方そこには、「務州雙林寺行辿師説」[37]は「一千九百九十年云々」であるとも記しており、宋天台では西暦一〇一七年を末法第一年とすることを知っている。日本の真言宗では、寛弘四年（一〇〇七）に「釈迦大師入滅以来一千九百四十三年（中略）像法世遺五十七年」（金剛峯寺解）と述べており、末法は西暦一〇六四年からとなる。

のち、永承七年には、確かに貴族らは同時代を末法第一年と認識している。同年、大和国の長谷寺が焼亡した報せに「末法の最年」を意識している（『春記』永承七年八月二十八日条）。一〇五二年説を取るにいたった経緯はわからない。ただ、東アジアの政治世界における共通時間軸を意識した可能性がある。遼の朝陽北塔（遼寧省）に納められた天宮経塔内の重熙十二年（一〇四三）銘銀経巻には「像法更に八年ありて末法に入る」とあり、地宮内の同十三年銘石経幢には「像法更に七年ありて末法に入る」と刻まれている。[37] 遼では公定されていたのであろう。和約下で対抗する宋を含め、同時代性の基準年代が仏滅年代で示されていた可能性がある。少し後の日本では、延久三年（一〇七一）に埋納された瓦経に「于時釈迦如来末法延久三年歳次辛亥」と記している（鳥取県倉吉市出土、『経塚遺文』一七）。漢字文化圏に共通の干支（「辛亥」）と、自国に独自の年号（「延久」）に、仏教文化圏の時代基準たる「末法」が加上されている。宋や遼の国家が公定する仏教は、入宋した寂照によっても報されている。長和元年（一〇一二）九月二十一日、藤原道長は宋商周文裔がもたらした寂照消息や「天竺観音一幅」「大僚《（遼）》作文一巻」（『御堂関白記』）を受け取った。北地など東アジア政治世界への関心を遮断してはいない。意識しつつ遠ざけているのであって、仏滅と末法の年代共有は、同時進行する時代認識の間接的表現である。

ただし、すでに十一世紀日本の自国家認識は、新しい価値をそれなりに模索している。長谷寺が焼亡した際、末法第一年たることが実感されただけではなく、本尊が救出されたことに「霊験所第一」たる価値が確認されている。それは日本の末法思想が、霊験仏や霊験所の思想と不可分であり、独善的ながら、閉塞打開の意味をもつことの表れである。十二世紀初頭に編集された『今昔物語集』には、「末世」「末代」の記述が目立つ。ただしそこでは、天竺部と震旦部に仏法衰滅の悲嘆が描かれる一方で、本朝部に霊験説話が語られているのである。[38]

このような時代認識は、同根の地理的世界認識をもっている。すでに触れた、「南瞻部洲大日本国左大臣正二位藤原朝臣道長」という表現が問題である。『倶舎論』などにいう仏教世界像では、中央に聳える須弥山の麓を大海が囲み、その南方の島たる南瞻部州が天竺を中心とする人間世界である。そして、天竺の東方に震旦が位置づけられ、さらにその東方に日本が附属された。東アジア諸国がこの仏教世界認識を断片的に採用した例はこれ以前にもあるが、宋や遼が仏教事業を推進した十一世紀近く以後に定着したと見てよいのではなかろうか。史料発見はなお今後に託されるが、遼については、「南瞻部州大契丹國奚王府」（一〇三五年、遼寧省・張哥墓誌銘）、「南瞻部州大契丹國遼東瀋州西北豊稔村東」（一〇四四年、瀋陽市・無垢浄光舎利塔地宮石函）、「南閻浮提大契丹國章聖皇太后」（一〇四九年、赤峰市・慶州白塔螭首造像建塔碑）その他が知られ、宋では「南贍部州大宋国蘇州長州県」（一〇一三年、蘇州市・瑞光寺『仏説相輪陀羅尼』題記）[39]がある。高麗では、「菩薩戒弟子南贍部洲高麗国応天啓聖静徳王太后　皇甫氏」（一〇〇六年、『大宝積経』巻第三十三奥書）がある。[40]一〇〇五年の藤原道長の経筒銘文のは真っ先に採用した例で、日本では十一世紀後半頃から事例がふえる。[41]摂関期の日本国家は、直接的には江南との通交往来に限定しながら、東アジアの政治世界という共通の枠組みに踏みとどまっている。

（2）法成寺の創建

道長は、寛仁三年（一〇一九）三月四日に出家した。積年の思いと病身を考えてのことといわれる。そのひと月あまり後の四月十七日、大宰府から飛駅使が「刀伊賊徒」（女真人）による鎮西来寇を伝えた。女真人は、遼の東方に包摂されていたが、独自の海賊活動によって境を接する高麗へ何度も来襲し、高麗からの蔑称として刀伊と呼ばれた。この年三月末から四月にかけて、女真海賊は、五〇艘あまりの兵船で対馬や壱岐、筑前の怡土・志摩・早良三郡や肥前松浦郡で放火・殺人・略奪を繰り広げた。住人や兵士の奮戦、また大宰権帥藤原隆家（伊周弟）の指揮が機能し、女真軍は四月十三日には撃退された。朝廷に報せが届いたのは女真軍退去後の二十五日である。比較的平静のなかに終末を告げ、都の貴族に緊迫感をもたらさなかった、と推測されており、また伝統的な高麗蔑視観を表出させたといわれる[42]。ただ、道長ら一部の者の目には、澶淵の盟の下でも、東アジア世界は戦闘の火種を抱えていると映ったのではなかろうか。実際、女真軍の戦闘方式や戦闘用具、高麗兵船の構造といった軍事情報に関心をもっている（『小右記』寛仁三年四月二十五日条、同年八月三日条裏書七月十三日内蔵石女等解状[43]）。七月十三日には高麗と刀伊への厳重警戒を大宰府に指示し、九月にも刀伊国と女真国の関係を大宰府に問いただしている。

この間、洛中道長邸の東側洛外に急造されたのが、無量寿院（のち法成寺）阿弥陀堂である。藤原実資は七月十七日の日記に驚きを込めて、「入道殿たちまち発願す」と書いた。丈六金色の阿弥陀仏十《九カ》体や四天王の造像、また受領一人に一間分を造営負担させる阿弥陀堂の造営、という道長の指示がすでに実施されはじめていたのである。摂政頼通も快く思わなかったという。ほとんど道長単独の意思による唐突かつ強引な命令であったらしい。翌寛仁四年三月二十二日に、諸宗僧一五〇人を参加させ、准御斎会として無量寿院が供養された（『御堂関白記』）。仏師はやはり康尚である（『中外抄』上）。道長は、他の貴族が無理解でも自ら即断して実行した。この事業は、来世信仰への埋没などではなかろう。

寛仁三年十二月に大宰権帥を藤原行成と交代していた藤原隆家は、阿弥陀堂供養をめざして上京し、造営を急ぐ道長に荘厳具として唐物を献上したという（『栄花物語』「もとのしづく」）。女真海賊撃退に功績あった隆家の道長への奉仕は、前線からの報告をともなっていたであろう。疱瘡が流行中の都では、阿弥陀堂造営どころではないが、疫病と外敵を関連づける貴族的発想のもとに、対外政治問題と阿弥陀堂造営を結びつける点で、隆家と道長は呼応している。隆家は、かつて道長と対抗した伊周の弟であり、中央政界での活躍を阻まれていたが、長和三年（一〇一四）に志願して大宰権帥となっており、外交についての意見をもっていた可能性がある。権力闘争と外交方針の絡まりは不詳だが、羌世昌らの来航時における藤原伊周大宰権帥左遷、寂照渡航時における道長と伊周の融和、そして女真人撃退による道長と隆家の呼応と、一連の推移が浮かび上がる。結果的には、対外情報を重視して内政に当たるという認識が、道長に備わっていった。寛仁四年閏十二月二十九日、「南蛮賊徒」が薩摩国で人民を略奪したという大宰府解が届き、道長はそれを関白頼通から無量寿院で受け取った。道長は、年明けに追討官符を大宰府に宛てよ、と指示している（『左経記』）。

法成寺の建立は、臣下第一の藤原道長が仏教事業の率先者であるという宣言であった。寛仁四年三月三日の無量寿院供養願文には、「弟子（仏弟子たる私は）、九重の儲闈（宮中の備え）として倶に外祖の重寄を忝くし、三宮の摂禄にして同じく厳親の礼儀を致す」（『扶桑略記』）、とある。治安二年（一〇二二）七月十四日の法成寺金堂供養願文では、「帝王儲皇の祖」「三后二府の父」として仏事を勤め、その「善根の上分」を「宸儀」（天皇）に捧げることで「金輪久く転ず」（金輪聖王たる天皇は永く安泰である）、と述べた（『諸寺供養類記』）。天皇こそ別格の尊貴的存在とし、理念としては東アジアの政治世界から切断している。

法成寺金堂供養願文で、道長は「菩薩戒弟子」と署名している。道長は、寛仁三年三月に天台僧院源を戒師として出家し、九月には東大寺で受戒したが、それは菩薩戒の上に声聞戒を受けることだといわれている（『小右記』寛仁三年四月二十四日条）。また翌四年十二月十四日には、延暦寺大乗戒壇院で菩薩別解脱戒（廻心菩薩戒）を受けている（『三十五文集』「後入道殿戒牒」、『日本紀略』）。菩薩戒を重視したことは間違いない。また道長息女にして一条天皇中宮たる上東門院彰子は、長元四年（一〇三一）十月に比叡山横川如法堂に『法華経』を納めたときの願文に、「菩薩比丘尼」と署名している（『如法経濫觴類聚記』）。彰子の出家は万寿三年（一〇二六）正月だが、秋に受戒を予定して無量寿院南東方で造作を急いだという（『栄花物語』「ころものたま」）。それは翌年三月二十七日に完成した「法成寺尼戒壇」のことである（『小右記』）。[44]ここで大乗菩薩戒を受けたのであろう。

菩薩戒の権威に注目した皇帝は多い。呉越国王銭弘俶に仕えた天台山僧義寂は、のち雍熙初年（九八四）宋太宗に菩薩戒を授けている。宋では、七世紀に唐の律宗を大成させた僧道宣にならい、開封の太平興国寺に戒壇を復興した。一方太祖は、開宝五年（九七二）に僧の戒壇と区別して尼の戒壇を建てるよう命じている。のち大中祥符三年（一〇一〇）に、真宗は開封に「甘露戒壇」を、また諸州に合計七二所の戒壇を建てた。開封には、別に大乗戒壇を建てている（『宋高僧伝』巻第七、『大宋史略』巻上、『宋会要道釈』二、『仏祖統紀』巻第五十三）。遼では、十一世紀後半の道宗時代に、菩薩戒壇での受戒が社会的に注目されるまでになった。[45]高麗では、一〇〇六年に大后が菩薩戒弟子と称している。[46]細部の接点はなお未詳だが、道長の菩薩戒弟子の自称や法成寺の大乗戒壇は、大陸仏教の動向と無関係ではなかろう。しかも日本では、天皇の事業ではなく、臣下の第一人者が仏教事業の推進者となる形式を採っている。そこには、諸外国と同一仏教世界内でありかつ政治的距離を置く、という国家理念が表れている。

無量寿院阿弥陀堂は、念仏で自らの極楽往生を願う浄土教の性質が鮮明である。同時に、権力中枢が権力拠点に建設した新式寺院であることに、強い意味づけがあったのではないだろうか。それは源信や大江定基（寂照）らの意見を容れた浄土教重視というにとどまらない。治安元年（一〇二一）八月には、奝然が宋皇帝から下賜された刊本一切経を、願主道長のもとに官人総出の仏事で無量寿院経蔵に運び移した。翌年の金堂供養での呪願文には、本尊金色大日如来像などをたたえるために「優塡尊容、栴檀色を慙ず」という文を入れ、奝然輸入の釈迦像を貶めている（『諸寺供養類記』[47]）。正統仏教の拠点づくりに国際政治への能動性がないのはむしろ特徴だが、権力中枢による対外認識の自覚を読みとっておくべきであろう。

（3）　摂関期から院政期へ

最後に極めて概略ながら、十一世紀後半の事情の一端として、数少ない渡航僧三人に触れておく。また、北宋と遼が滅亡する白河院政末期までを略述する。おそらく朝廷は、寂照が帰国できなかった事情に鑑みて、僧侶の渡航を認可しなかった。ところが一方で貴族層は、密航僧に期待する場合があった。しかし十二世紀にかけて国際政局が風雲急を呈し、それさえ影をひそめる。

成尋は[48]、園城寺系天台僧で、母は権中納言源俊賢の娘であり、後冷泉天皇や頼通の病気平癒を祈るなど、貴族の一員である。延久四年（一〇七二）三月に、七人の随行僧とともに入宋したが、許可された形跡はない。しかし一方で、皇太后寛子から故冷泉天皇書写経を託されている。宋商に渡航料を払っての密航なのだが、杭州着岸の後、遇されて天台山巡礼、神宗皇帝拝謁、五臺山巡礼、再入京などを果たしている。この間、新訳仏書などの入手に努力しており、『大乗荘厳宝王経』（九八三年インド僧天息災漢訳）や『聖六字大明王陀羅尼経』（九八八年インド僧施護漢訳）など、新奇な後期密教仏典が目立つ。開封では遼や西域の僧たちとも接している。成尋が帰国弟子僧に託した文物や『参天台五臺山記』は、朝廷にとって重要な情報源となった。

戒覚は[49]、中原氏出身の延暦寺僧で、永保二年（一〇八二）九月に宋へ密航した。明州に着岸ののち、五臺山と天台山への巡礼申請が認められ、皇帝の許可を得て都開封に向かった。五臺山巡礼ののち、帰国弟子僧に『渡宋記』を託した。これには、開封で天竺僧から得た伝聞として祇園精舎などの聖地は荒廃しているといった情報も含まれており、日本朝廷の関心を惹いたであろう。(50) 仏教の発信源の衰退は、自国の仏教を発展させる契機になりうるからである。

明範は、「商人僧」とも言われ、出自などはわからない。寛治五年（一〇九一）、宋商劉琨船の一員として遼へ密航し（『遼史』巻第二十五、遼大安七年）、翌年大宰府に帰着した。船頭劉琨は、成尋従僧の還送や戒覚密航の手助けをするなど、いわば日本通である。(51) 明範は、「初めて契丹国の路に通」じて「兵具」を売り金銀の「宝貨」を得たという。その結果、「武勇の聞」ある「胡の国《えびす》」での「兵具売却」の罪で、朝廷から処罰された（『中右記』寛治六年六月二十七日、九月十三日条）。明範の購入品には、遼の仏書が含まれていたようである。大蔵経の刊刻や遼僧の著述などが皇帝権力下で進められており、影響力は大きかった。(52) 明範を渡遼させたのは、一部の真言密教僧から後期密教の知識を得た白河上皇らしい。(53) 表沙汰にならなかったが、白河上皇は、江南の天台宗ではなく、宋の北地や遼で養成されていた新種の真言密教に注目した。摂関政治に対抗する白河上皇の政治姿勢のあらわれである。

十二世紀に入り、澶淵の盟の枠組みが解体する。女真人、特に北方の生女真を中心に部族統合が進み、氏族組織を基盤とする軍事組織を発達させた。そして、東アジアに覇権を振るった遼と戦争してその支配から脱し、一一一五年には完顔阿骨打《ワンヤンアグダ》を皇帝として金を建国した。宋は金に対して遼への挟撃を提案し、一一二二年に同盟を結んで、軍事行動を本格化させた。一一二五年に金が遼を攻め滅ぼした。この前後、一一二四年に金が西夏を服属させ、一一二六年に高麗を服属させた。宋と金の和約はすぐに破れ、同年十一月に金軍が宋都開封を陥落させ、翌年三月に前皇帝徽宗や皇帝欽宗ら数千人を連行し、北宋は滅亡した。同年五月、欽宗の弟が高宗として河南で即位したが（南宋）、金軍の攻撃は続き、南宋が臨安（杭州）を首都にしたのは一一三二年で、金との和約締結は一一四二年である。東アジアの政治世界は、金と南宋の対峙を軸とする構造になった。

永久六年（一一一八）三月十五日に、宋商孫俊明らが宋皇帝徽宗の国書をもたらすなど、この前後には宋側からの積極的な働きかけがある。[54] 朝廷は大陸の激動を知らないわけではない。大治二年（一一二七）十二月二十六日には、「唐人四人来着事」（『中右記』）が議されている。遼や宋が滅亡したという情報は、晩年の白河院らに届いていたであろう。明範事件ののち、一〇〇年にわたって巡礼僧も密航僧も表面から消える。王朝興亡という生々しい国際政局を意識しつつ、王朝維持という課題を自覚した院政の仕組みが明確になる。同時に、地縁村落を基礎とした荘園制の形成など、社会の深部における基礎構造の変動と政治的対応[55]がこれに結びつき、新時代の画期を確かなものにする。

この間、西夏よりさらに西方では、遼の王族耶律大石がモンゴル高原の騎馬軍団などを率い、カラ・キタイ（西遼）を建てて覇を唱えた。日本にはなじみ薄いが、次代には金やカラ・キタイの中間からモンゴルが勃興して否応ない影響を与えることとなる。

むすび

この章では、北宋と遼が対峙しあう大陸の政治状況が、藤原道長時代以後の摂関期日本と無関係でないようすを探った。国際的契機を明示できる史実が多いわけではない。ただし、政治や文化の影響形態は、反発や拒否、また別様式への展開なども含めて探らなければならず、表層の直接的形式のみでは判断しきれない。奝然将来の釈迦如来像の影響を受けながら、南都大安寺の天平仏を模したという説明のもとに霊験釈迦如来像が作られたことなどは[56]、その例である。仏教史にはそのような事例が多い。ほかに、東アジア諸国のような王朝断絶を回避させる摂関政治や院政の形式をも含めて、検討すべきことは多いと思う。

　主に道長執政期の時代像について、本章からいえることは少ないが、外交史と絡んで、知識人僧侶や文人貴族、さらには権力中枢が一致して推進することになった浄土教をめぐっては、考えておくべきことがあると思う。

　ライバルへの対抗心、官人業務の変形としての仏教事業、その両者に押されて特定信仰を選択した大権勢家、これらに共通するのは、思想外在的で知識本位的な態度である。内面世界の精神葛藤が価値意識との関係で浄土教信仰に結びついたのかどうかは、別に検討しなければならない。とはいえやはり、その荘厳された圧倒的な威力を想像すればこそ、外側の事情を直視しないわけけにはいかない。時代批判の精神や美的体系といった理想化には、かなりの躊躇を覚える。摂関期の政治理念との関係でいえば、対岸の政治動向を遠目に追いつつ身構える姿勢が、新傾向の仏教文化に表れている。このような意味で、仏教文化を展開させていく日本の十一世紀史は、宋や遼を軸に形成された東アジアの政治世界に連動していた、と見るべきであろう。

（1）木村茂光『「国風文化」の時代』（一九九七年、青木書店）、山内晋次『奈良平安期の日本とアジア』（二〇〇三年、吉川弘文館）、保立道久『黄金国家』（二〇〇四年、青木書店）。
（2）本章は対外関係史総合年表編集委員会編『対外関係史総合年表』（一九九九年、吉川弘文館）と田島公『日本、中国・朝鮮対外交流年表（稿）――大宝元年～文治元年――［増補改訂版］』（二〇一二年）から多大な恩恵を受けた。
（3）大曾根章介「文人藤原為時」（『日本漢文学論集　第二巻』二〇〇〇年、汲古書院）。

(4)川口久雄・本朝麗藻を読む会編『本朝麗藻簡注』(一九九三年、勉誠社)は、羌世昌は長徳元年(九九五)に若狭へ来航し、朱仁聡らとともに越前へ移されたと解釈している。

(5)天保年間の伊藤威山『鄰交徴書』初篇巻二の説。石原道博編訳『新訂旧唐書倭国日本伝・宋史日本伝・元史日本伝 中国正史日本伝(2)』(一九八六年、岩波書店)、参照。

(6)石井正敏「日本・高麗関係に関する一考察——長徳三年(九九七)の高麗来襲説をめぐって——」(『石井正敏著作集第三巻 高麗・宋元と日本』二〇一七年、勉誠出版)、森公章「古代日麗関係の形成と展開」(『成尋と参天台五臺山記の研究』二〇一三年、吉川弘文館)、森平雅彦「一〇世紀~一三世紀前半における日麗関係史の諸問題——日本語による研究成果を中心に——」(『第2期日韓歴史共同研究報告書 第2分科会篇』日韓歴史共同研究委員会、二〇一〇年)。

(7)朱仁聡はある時期から大宰府に行っていた。『権記』長保二年八月二十四日条。

(8)高梨修『ヤコウガイの考古学』(二〇〇五年、同成社)。

(9)山里純一「平安時代中期の南蛮人襲撃事件をめぐって」(鈴木靖民編『日本古代の地域社会と周縁』二〇一二年、吉川弘文館)。

(10)武田幸男編『朝鮮史』(二〇〇〇年、山川出版社)。

(11)田中史生「九~十一世紀東アジアの交易世界と奄美諸島」(『東アジアの古代文化』一三〇、二〇〇七年)、山里純一「平安時代中期の南蛮人襲撃事件をめぐって」(前掲注9)。

(12)杉山正明『中国の歴史08 疾駆する草原の征服者』(二〇〇五年、講談社)、毛利英介「澶淵の盟の歴史的背景——雲中の会盟から澶淵の盟へ——」(『史林』八九—三、二〇〇六年)、同「澶淵の盟について——盟約から見る契丹と北宋の関係——」(『アジア遊学160 契丹〔遼〕と10~12世紀の東部ユーラシア』二〇一三年)、古松崇志「契丹・宋間の澶淵体制における国境」(『史林』九〇—一、二〇〇七年)。

(13)藤善眞澄「成尋と楊文公談苑」(同『参天台五臺山記の研究』二〇〇六年、関西大学出版部)、同訳注『参天台五臺山記 下』(二〇一一年、関西大学出版部)。

(14)榎本渉『僧侶と海商たちの東シナ海』(二〇一〇年、講談社)。

(15)石上英一「日本古代一〇世紀の外交」(『東アジア世界における日本古代史講座』第七巻、一九八二年、学生社)。

(16) 竹内理三「『入呉越僧日延伝』釈」(『日本歴史』八二、一九五五年)、桃裕行「日延の天台教籍の送致」(『桃裕行著作集』第八巻、一九九〇年、思文閣出版)、瀧朝子「呉越国における貢磁としての越窯秘色瓷の役割」(『大和文華』一二〇、二〇〇九年)。

(17) 上川通夫「奝然入宋の歴史的意義」(同『日本中世仏教形成史論』二〇〇七年、校倉書房)、奥健夫『日本の美術513　清凉寺釈迦如来像』(二〇〇九年、至文堂)。

(18) 石井正敏「入宋巡礼僧」(『石井正敏著作集第二巻　遣唐使から巡礼僧へ』二〇一八年、勉誠出版)。

(19) 速水侑『源信』(一九八八年、吉川弘文館)、小原仁『源信』(二〇〇六年、ミネルヴァ書房)、参照。

(20) 上川通夫「往生伝の成立」(同『日本中世仏教史料論』二〇〇八年、吉川弘文館)。

(21) 速水侑『源信』(前掲注19)によって斉隠宛てであることが明らかになった。

(22) 井上光貞『新訂日本浄土教成立史の研究』(一九七五年、山川出版社)。

(23) 井上光貞『新訂日本浄土教成立史の研究』(前掲注22)や平林盛得『慶滋保胤と浄土思想』(二〇〇一年、吉川弘文館)は、時代社会への批判精神で求道心を掘り下げた思想家と捉え、小原仁『文人貴族の系譜』(一九八七年、吉川弘文館)や平雅行「浄土教研究の課題」(同『日本中世の社会と仏教』一九九二年、塙書房)は、世俗官人の高踏的凡庸さを指摘する。

(24) 平林盛得「新出「勧学会記」の発見とその資料性について」(同『慶滋保胤と浄土教』前掲注23)。

(25) 堀大慈「二十五三昧会と霊山院釈迦講――源信における講運動の意義――」(『京都女子大学人文論叢』九、一九六四年)。

(26) 西岡虎之助「入宋僧寂照についての研究」(『西岡虎之助著作集第三巻　文化史の研究Ⅰ』一九八四年、三一書房)、上川通夫「寂照入宋と摂関期仏教の転換」(同『日本中世仏教と東アジア』二〇一二年、塙書房)、手島崇裕『平安時代の対外関係と仏教』(二〇一四年、校倉書房)。

(27) 北山茂夫『藤原道長』(一九七〇年、岩波書店)。北山氏は、三者の間に「一つのやや親密なふれあいがあった」(七八頁)、と言われている。

(28) 佐藤道生「寂照の遺跡」(『日本漢学研究』一、一九九七年)、藤善眞澄「入宋僧と蘇州仏教」(同『参天台五臺山記の研究』前掲注13)。なお、寂照にいたる日宋交流の担い手と天台浄土教の発展については、西本昌弘「「唐風文化」

から「国風文化」へ」（『岩波講座日本歴史5　古代5』二〇一五年、岩波書店）参照。
(29)奥健夫「清凉寺釈迦如来像の受容について」（『鹿島美術研究』年報第一三号別冊、一九九六年）、「生身仏像論」（『講座日本美術史4　造形の場』二〇〇五年、東京大学出版会）、『日本の美術513　清凉寺釈迦如来像』（前掲注17）（以上は同『仏教彫刻の制作と受容』二〇一九年、中央公論美術出版に含められた）、中野聡「霊験仏としての大安寺釈迦如来像」（『佛教藝術』二四九、二〇〇〇年）、皿井舞「模刻の意味と機能――大安寺釈迦如来像を中心に――」（『京都大学文学部美学美術史学研究室研究紀要』二二、二〇〇一年）、長岡龍作「日本古代の「生身」観と造像」（同『仏教と造形』二〇二一年、中央公論美術出版）。
(30)中野玄三「『因幡堂縁起』と因幡薬師」（同『日本仏教美術史研究』一九八四年、思文閣出版）。
(31)増記隆介「「応現観音図」と五台山図」（同『院政期仏画と唐宋絵画』二〇一五年、中央公論美術出版）。
(32)久保智康「天台宗の造形世界」（大久保良峻編『天台学探尋』二〇一四年、法蔵館）。
(33)五臺山の「金燈」や「玉製舎利函」について、『続清涼伝』や『古清涼伝』に記述があると指摘されている。増記隆介「「応現観音図」と五台山図」（前掲注31）。
(34)小笠原宣秀「察南小五臺山攷」（『龍谷史壇』二四・二五、一九四〇年）。
(35)山本謙治「金峯山飛来伝承と五台山信仰」（『文化史学』四二、一九八六年）、手島崇裕「入宋僧の言動に見る五臺山の観念化・虚像化――震旦観の展開相の一側面として――」（同『平安時代の対外関係と仏教』前掲注26）。
(36)平雅行「末法・末代観の歴史的意義」（同『日本中世の社会と仏教』前掲注23）。
(37)遼寧省文物考古研究所他編『朝陽北塔』（二〇〇七年、文物出版社）、市元塁「契丹の歴史と文化」（『草原の王朝契丹』二〇一一年、九州国立博物館）。
(38)速水侑「『今昔物語集』の末法思想」（同『平安仏教と末法思想』二〇〇六年、吉川弘文館）。
(39)古松崇志「慶州白塔建立の謎をさぐる」（『遼文化・遼寧省調査報告書』京都大学大学院文学研究科21世紀COEプログラム、二〇〇六年）。同論文の註10、註11の史料参照。
(40)高麗経典の例については、初出稿にはなく、本書で追記した。『仏法東漸――仏教の典籍と美術――』（二〇一五年、京都国立博物館・京都仏教各宗学校連合会）。なお奥書には、遼の年号統和二十四年を使用している。
(41)上川通夫「中世仏教と「日本国」」（同『日本中世仏教形成史論』前掲注17）。

(42) 土田直鎮『日本の歴史5　王朝の貴族』(一九六五年、中央公論社)、村井章介「一〇一九年の女真海賊と高麗・日本」(『日本中世の異文化接触』二〇一三年、東京大学出版会)。
(43) 村井章介「一〇一九年の女真海賊と高麗・日本」(前掲注42)。
(44) 石田瑞麿「比丘尼戒壇」(同『日本仏教思想研究2　戒律の研究下』一九八六年、法藏館)。
(45) 古松崇志「法均と燕京馬鞍山の菩薩戒壇――契丹(遼)における大乗菩薩戒の流行――」(『東洋史研究』六五―三、二〇〇六年)、藤原崇人「契丹皇帝と菩薩戒」(同『契丹仏教史研究』二〇一五年、法藏館)。
(46) この一文も本書で追記した。注(40)参照。
(47) 奥健夫「清凉寺釈迦如来像の受容について」(前掲注29)。
(48) 藤善眞澄『参天台五台山記の研究』(前掲注13)、森公章『成尋と参天台五臺山記の研究』(前掲注6)。
(49) 橋本義彦「『渡宋記』――密航僧戒覚の日記――」(同『平安の宮廷と貴族』一九九六年、吉川弘文館)。
(50) 横内裕人「自己認識としての顕密体制と「東アジア」」(同『日本中世の仏教と東アジア』二〇〇八年、塙書房)。
(51) 原美和子「成尋の入宋と宋商人――入宋船孫忠説について――」(『古代文化』四四―一、一九九二年)、森公章「劉琨と陳詠――来日宋商人の様態――」(同『成尋と参天台五臺山記の研究』前掲注6)。
(52) 竺沙雅章『宋元佛教文化史研究』(二〇〇〇年、汲古書院)。
(53) 白河院は明範を処罰した側だと見る説もある。保立道久「院政期の国際関係と東アジア仏教史」(同『歴史学をみつめ直す』二〇〇四年、校倉書房)、森公章「古代日麗関係の形成と展開」(前掲注6)。
(54) 榎本渉「北宋後期の日宋間交渉」(『アジア遊学64　徽宗とその時代』勉誠出版、二〇〇四年)。
(55) 大山喬平『日本中世農村史の研究』(一九七八年、岩波書店)、「中世の日本と東アジア――朝鮮、そして中世日本――」(同『ゆるやかなカースト社会・中世日本』二〇〇三年、校倉書房)。
(56) 奥健夫「清凉寺釈迦如来像の受容について」(前掲注29)、皿井舞「模刻の意味と機能――大安寺釈迦如来像を中心に――」(前掲注29)。

第五章　十世紀における地域社会の胎動

はじめに

歴史における山寺といえば、分野史研究のさらに一要素に閉じ込められかねないが、山寺に探る歴史こそがここでの問題意識である。近年の山寺研究は、脱俗の高僧が社会と没交渉に隠棲する求道の場といった、一つの理想化された固定観念から自由になりつつある。古代に限っても、平地に伽藍を構える寺院との結びつきが見出され、国境・郡境といった行政上の界線と不可分の立地に注目され、さらには山下の住民生活空間との関係に注意が向けられている。主に考古学によるこの研究動向は、古代の山寺が、日本古代の国家や社会の基本骨格と不可分の存在であったことの認識を、改めて提起している。文献史学では、平地や山地といった立地が、そこに営まれる寺院の性質とどう関係するのか、必ずしも意識的に問題設定されてこなかった。

一方、山寺研究に限れば、古代山寺から中世山寺への転換について、充分な歴史像が描かれていない。何を契機にして、どのような過程をたどり、いかなる質的変化が生じたのか、論じるべきことは多い。なおも個別事例の実態解明を必要とする研究段階である。私見では、悔過の拠点として国衙の領域統治や対外防備の任務を分担する古代の山寺と、自律的な山寺間ネットワークや自立的な膝下地域からの支援をもつ中世の山寺とは、維持・経営の主体をはじめとする歴史的特質を異にしている。ただ、筆者は中世山寺の成立を十二世紀に想定しているものの、実証事例はなお乏しい。加えて、山寺の盛衰を含む古代から中世への移行過程は、ほとんど未解明だと思う。摂関期、特に十世紀後半から十一世紀について、山寺研究の課題を意識した実態解明が必要であろう。[1]

図１　近長谷寺位置図（筆者作成）

この章では、伊勢国の近長谷寺《きんちょうこくじ》について研究する。近長谷寺は、三重県多気郡に現存する山寺で【図1】、天暦七年（九五三）付の「近長谷寺資財帳」[2]によって寺院としての内実だけでなく、山下の所領や支援者が詳細にわかる。しかしこの時代の地方寺院の代表例として分析した西口順子氏や八田達男氏による専論や自治体史叙述のほかは、[3]断片的に言及する研究がある程度である。[4]

西口氏は、近長谷寺について、山中の小堂から発展した性質の、「村落寺院」に近似した存在と捉え、伝統豪族たる飯高氏の誘引に応じた「在地富豪層」「在地農民」らが共同で支えた地方寺院だと見られた。しかも、資財帳によれば、膝下の櫛田川上流の平地には、条里の敷かれた開発田地があり、近長谷寺を支える基盤であるとして注目された。零細な私有地が豪族（富豪層）らによって寺に寄進されていることと、条里のブロック（里）ごとに寺院の存在が注記されていることから、これを「自然村落」ごとの「村落寺院」だと評価されるとともに、諸国の村々には無数に同様の事例があったと想定された。十世紀の被支配民衆が生活世界に寺院を必要とする固有の事情は何か、また十二世紀以後に成立する中世村落が地縁結合の必要から導入した中世寺院との違いを説明できるか、という疑問はある。しかし、摂関期の山地と平地の寺院について、関連する事例として注目された意義は大きい。一方、八田氏は、大和の長谷観音信仰との親縁姓や、願主飯高氏が掌握していた地元の水銀生産が経済基盤であったことを、推定された[5]。

本章では、先に述べた近年の山寺研究の動向を踏まえて、あらためて考察してみたい。

一　成立期の近長谷寺

伊勢国多気郡の近長谷寺は、三重県多気郡多気町長谷の長谷山（海抜二八〇メートル）の山腹に現存する山寺である。本格的な現地調査に着手されておらず、堂舎跡や寺地の推移など詳細は不明である。「近長谷寺資財帳」には、「寺山四至」として、「限ㇾ東箕作横峰、限ㇾ南丹生堺阿幾呂、限ㇾ西丹生中山、限ㇾ北鳴瀧小俣鳥居」と記されているが、地名比定はなしえていない[6]。ただし、長谷山の西側は深い紀伊山地に連なるものの、南側は長谷の集落が営まれる谷戸に近い。東側は、伊勢平野から伊勢湾を望む伊勢国の中心部で、鈴鹿関から伊勢神宮を結ぶ道路が南北に走る。北側二キロメートル余りのところには、櫛田川が東流し、その両岸には条里が敷かれ、国衙や大寺院などが開発を競っていた。創建時から、近長谷寺は、これらの地理的、社会的な環境と不可分であった[7]【図2】。

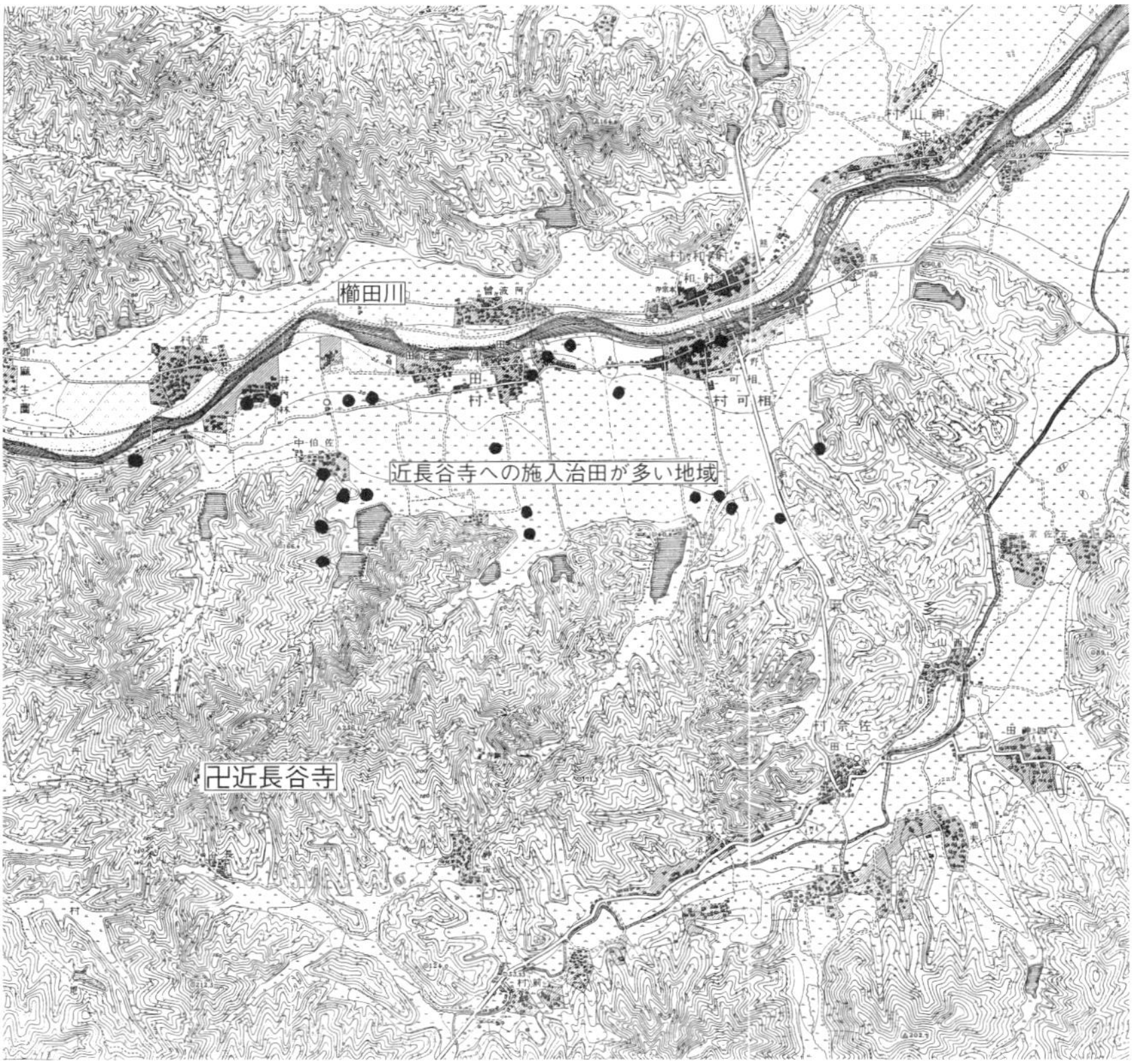

図２　近長谷寺と膝下の近長谷寺領（筆者作成）
散在する近長谷寺領の一部を●で示した。治田と垣内(畠)の区別や東寺領との位置比較など、注(8)水野章二「平安期の垣内」の図を参照されたい。

本章は、文献研究からの基礎的な考察を試みるにとどまる。これまで、寺院研究や自治体史研究のほか、平安時代の社会経済史や村落史への関心から、「近長谷寺資財帳」の詳細な所領記載に注目されてきた。(8) ここでは山寺研究への関心を加え、あらためて資財帳に焦点を当ててみたい。

「近長谷寺資財帳」は、全一一紙に書かれている。次のような構成である。

・内題「実録近長谷寺堂舎并資財田地等事」
・堂舎、本尊、仏具などの列挙
・「人人施入墾田」として山下の条里内における施入地の列挙
・略縁起（四行のみ）
・天暦七年二月十一日
・座主東大寺伝燈大法師泰俊と別当延暦寺伝燈満位僧聖増の連署
・「本願施主子孫」として相模守藤原朝臣（惟範）、大中臣朝臣ら五名の連署
・田畠施入についての在地証判として散位大中臣、藤原、飯高、磯部ら六名の連署
・天徳二年十二月十七日付の「郡判」として大領竹首元勝、少領検校麻続連公、検校中麻続公の諸判

以上のうち、「人人施入墾田」の項目は全体の三分の二以上を占める。その一部分に、「応和二年七月五日施入垣内」という記載があり、全体の本文とも同筆であることが指摘されている。一方、部分的には年号を含む追筆があり、その最も古い時代は「康保」（九六四〜九六八年）である。康保年間には現存資財帳があったことになる。つまり、「近長谷寺資財帳」は、原本が天暦七年（九五三）に作成され、天徳二年（九五八）に郡判を得た。その後、応和二年（九六二）に新たな施入地を得たのち、それらを含めた全体を案文として作成したものが、現存の資財帳である。追筆には他に「長和」「建仁」があり、後者は一二〇一年から一二

〇四年であり、資財帳として機能していたことがわかる。[9]ただこの資財帳は、内題の表現に意図されているように、公的な書類としての体裁をとりつつも、自ら財産管理する台帳としての機能をもっていた。施入地の書き上げ部分に、墨筆と朱筆での追記や合点などが付されているのは、管理台帳として使われた痕跡である。国衙に届けられたかも知れないが、実質は飯高氏のもとにある近長谷寺にとっての重書であっただろう。新傾向の縁起資財帳だといえる。

近長谷寺の建立事情については、「近長谷寺資財帳」がほぼ唯一の手がかりである。略縁起というべき四行には、ごく短く記している。それによると、正六位上飯高宿禰諸氏（法名観勝）が本願となり、仁和元年（八八五）に建立した。その際に施入した田地について、「別紙」が作成されたと記されているが、現存しない。しかし「人人施入墾田」の末尾には、「本願施入」の「治田」として、多気郡の条里内の七か所、飯野郡の条里内から三か所、あわせて一〇か所の詳細が記されている。その一つには、延喜三年（九〇三）正月十三日に施入されたとあり、またいずれの施入にも付された「願文」が存在するという。治田は一段未満から四段までと零細で、合わせると田地二町二段と畠地である。重要なのは、「内外近親等」に勧めて寺院を建立したとあることで、その実質が、「人人施入墾田」に詳しく記載された施入地である。櫛田川中流の南岸に集まっているが、多気郡を中心に飯野郡と度会郡にまたがる地域である。地元豪族らによる施入地に関しては、次節で扱うが、ここでは飯高氏の単独事業ではなく、共同事業を呼びかけて実現したことに注意しておきたい。

飯高氏は、伊勢国飯高郡から采女を出す伝統豪族で、天平年間に飯高宿禰諸高がその初例である。諸高は、宝亀八年（七七七）に八〇歳で死去した際、典侍従三位であった（『続日本紀』宝亀八年五月二十八日条）。また正倉院文書によると、天平勝宝三年（七五一）以降、飯高笠目が命婦として孝謙天皇に仕えており、内侍ともなって、東大寺写経所への命令を伝えている。この頃、飯高豊長が経師の一人として一切経書写に携わったように、一族には写経所や造東大寺司に勤務した者が多い[10]。諸高や笠目などの人脈による中央出仕であるのかもしれない。神護景雲三年（七六九）二月二十二日には、飯高郡人飯高公家継らが宿禰姓を得ている（『続日本紀』）。承和九年（八四二）六月三日には、伊勢国人飯高公常比麻呂らが朝臣姓を得るとともに、左京三条に編附されている（『続日本後紀』）。下級官人ないし中級貴族として都に出仕する動きは、本拠地伊勢国での地位を公的に確立する目的と連動していたのであろう。郡司であった確実な史料は残されていないが、任じられていた可能性はある。

近長谷寺本願となった飯高宿禰諸氏について、「近長谷寺資財帳」以外にその名を記す史料はない。しかしこのことに関して、『日本往生極楽記』（慶滋保胤著、九八四年成立）に登場する極楽往生者は、注目に値する。同書には、飯高郡の信仰者について二話ある。一話は、飯高郡上平郷（三重県松阪市か）に住む「尼某甲」で、晩年に出家して阿弥陀浄土に往生したという。同族の石山寺真頼法師やその妹ともども、往生者だとされている[11]。もう一話は、伊勢国飯高郡の「一老婦」で、「郡中仏事」や「諸僧」に布施するなどの行為による往生譚である。ともに、信心深い老女が主人公である。采女や命婦などとして中央で出仕し、写経所など朝廷の仏教事業の従事者を輩出した一族、そして近長谷寺本願ともなった飯高氏、という知識をもとに述作された往生説話であろう。二話の往生伝に描かれた主人公のモデルは、飯高諸氏その人ではなかろうか。飯高諸氏は、一族を代表する女性として、近長谷寺本願となったのである。

飯高氏の本拠は飯高郡である。多気郡の山地に近長谷寺を営んだ明確な事情はわからない。国衙や郡衙と連携した前身寺院があった可能性もある。だが、仁和元年に近長谷寺を建立するに際しては、郡を越えた飯高氏の活動が意図されたのであろう。本願飯高諸氏による多気郡と飯野郡にまたがる治田施入は、その活動の一部を示している。その後、近長谷寺を拠点にしつつ、後述するように、多気郡・飯野郡・度会郡にまたがる開発地の施入を実現していき、天暦七年の資財帳作成にまで漕ぎつけることとなる。

天暦七年段階の近長谷寺について、資財帳からその規模や性質を捉えてみよう。

まず「堂一院」とあり、光明寺なる「法名」がある。近長谷寺の本堂であろう。檜皮葺で高さ二丈三尺五寸（約七メートル）、前面幅は二丈六尺（七メートル弱）、奥行きは一丈六尺（五メートル弱）である。三面に庇と高欄が附属している。堂々とした本格堂舎だが、特に高さが目立つのは、本尊の大きさに対応している。

本尊は、金色十一面観音であり、一丈八尺だという。[12] 現在の近長谷寺には、六メートル六〇センチに及ぶ木彫十一面観音立像が祀られている。平安時代後期の特色があると判断されており、仁和元年（八八五）創建時より後の制作かも知れないが、像の髪際高での計測値は一丈八尺に一致するなど、「近長谷寺資財帳」にいう像そのものである可能性も否定されていない。[13] 威相であるのは、近世の修補が影響しているとも見られているが、悔過の本尊としての威容を感知することは可能だと思う。

他の堂舎を列挙すれば、鐘楼（三間、毗頭盧像と鐘を備える）、僧房（四間、萱葺）、政所屋（三間）、大衆屋（四間、板葺）、三間屋（二宇）がある。僧房には、「近長谷寺資財帳」に署名する座主伝燈大法師泰俊や別当伝燈満位僧聖増といった、上層の寺僧らが常住できる。経営拠点として政所を備え、下位の寺僧らは大衆屋に起居しつつ、山寺を支えたのであろう。

什物は、まずは本願飯高諸氏が施入した。銅鉢一口・鉄鉢二口、金鼓一口、漆塗大机一前、陶花瓶四口、金剛鈴一枝、錫杖三本、「光寺」の銅印（多気郡判のある許文が附属）、高座二基、宝頂二具（錦と白絹）、幡三十九流（錦・白・青）などである。その後追加された物として、泰俊（飯高氏であろう）の父が施入した錦幡、飯高朝臣乙子（諸氏の孫）による唐鏡、斎王徽子が天慶八年（九四五）に施入した白玉などがある。おおむね高級品だと見なされ、公認された寺印を得ていることを含め、本格的な寺院だと見てよかろう。山中の小寺院であるかのように捉える文献史学の旧説は、あらためられる必要がある。

なお、松阪市笹川町から出土した小型の銅鐘には、「貞元二年（九七七）正月十一日」「飯高郡上寺金」「願主亥甘部子村子」という陽鋳銘がある。(14)「多気郡」ではなく、近長谷寺のものではないだろう。ただ、飯高郡に本拠をもつ飯高氏による山寺設営を考える上での重要参考事例である。「上寺」は「下寺」と一対の存在であることを含意しており、山上と山下に設営される古代寺院の性質をうかがうことができる。「金」は「金鼓」あるいは「鐘」のことであろうか。願主についても不明であり課題が残る。

「近長谷寺資財帳」の作成主体として、座主東大寺伝燈大法師泰俊と別当延暦寺伝燈満位僧聖増の連署があり、その後ろに飯高諸氏の子孫五名も連署している。略縁起には、飯高諸氏は泰俊の「先祖」だと記している。泰俊は、多気郡の二か所を施入しており、その一方は延喜十五年（九一五）のことだという。また、本願飯高諸氏が施入した什物類を列挙した次に、錦の幡は「泰俊親父御施入」だという記載がある。泰俊の父親は、飯高諸氏の息子世代の同族者であろう。別当聖増については出自を知る手がかりがないが、飯高氏である可能性は高いと思われる。この時代、地方から中央の大寺に身を投じて、僧位僧官を得ることはできたが、次の十一世紀には上級貴族出身者に独占されていく。飯高氏出身僧として東大寺と延暦寺で研鑽した二人は、伝燈大法師・伝燈満位の僧位を得て帰郷し、一族の仏教事業を統括する役割を果たしたのである。

近長谷寺について、寺院の宗教上の特質を考えておきたい。高座二基に荘厳具がともなう点は、論義を実践して仏教興隆するしつらえであろう。座主東大寺伝燈大法師泰俊と別当延暦寺伝燈満位僧聖増こそ、論義の主役である。華厳と天台という、国家公認の二大宗を導入・実践する山寺であることが、公開の仏事で示される。

一方、観音悔過の山寺であるらしいことについては、先に触れた。悔過を見守る毗頭盧像（聖僧像）を据え、懺悔にともなって鳴らされる金鼓を備えることは、この推定を支える。施入地の記載のなかには、大中臣良扶家の場合、「二月悔過三箇日夜仏供幷御明料」だと明記し、伊勢包生は延喜十七年（九一七）に「二月悔過一夜」のために治田を施入する、という例がある。加えて、『日本往生極楽記』に書かれた伊勢国飯高郡の「一老婦」伝に注意したい。飯高諸氏らしき老婦は、「白月」（月の前半）に自ら浄土信仰の仏事を修したという。『日本往生極楽記』の諸話は、史実の反映というより、慶滋保胤ら浄土教推進者による作文という性質が強い。[15]実のところ、慶滋保胤が述作するに際して参照した素材には、『十一面神呪心経』（玄奘訳）による仏事を実修した飯高諸氏の伝えがあったのではなかろうか。同経には、「若し能く半月半月に於て、或いは第十四日、或いは第十五日に、受持斎戒し、如法に清浄にして、心を我に繋ぎて此神呪を誦することあらば、便ち生死に於て四万劫を超えん」（『大正新脩大蔵経』第二十巻）という一節がある。飯高諸氏は、白月または六斎日に、十一面観音の陀羅尼を唱えていたのであろう。創建期の近長谷寺は、論義と悔過を修する古代山寺であった。

二　近長谷寺をめぐる地域動向

七世紀後半、いわゆる白鳳期における地方寺院の爆発的な建立増加は、地方一般に仏教信仰が根づいた結果というより、朝廷の仏寺設定策に応じることで郡司等地方官の地位を得るという、実利を競う豪族層の自発性によるものであった。[16]その後、古代豪族の氏寺の多くは九世紀頃から荒廃の一途をたどる。[17]それは古代社会の構造変化と不可分の動きであり、郡郷制の再編への動向がかつての氏寺を放棄させることにつながったのである。近長谷寺は、そのような時代に、山寺として建立された。その新しい側面を捉えてみたい。「近長谷寺資財帳」の略縁起部分によると、本願飯高諸氏は、存生の間に「内外近親等」に勧めて寺を建立したという。このことは本質的に重要である。それは、田地等の施入を不特定多数に求めたということではなく、具体的な縁を前提とし、また強化しようとする方式だと考えられる。

まず、飯高諸氏の「子孫」について、「近長谷寺資財帳」に見える者を整理しておきたい。その文中に子孫として記されているのは、次の三人である。飯高朝臣乙子（諸氏の「孫」、唐鏡一面を施入）、座主東大寺伝燈大法師泰俊（諸氏は「先祖」、多気郡の治田二か所を施入）、泰俊の「親父」（錦幡を施入）。また、飯高豊子は寛平七年（八九五）に多気郡の治田と畠、飯高僧丸は延喜四年（九〇四）に多気郡の治田、故飯高常実は延喜二十二年（九二二）に同郡の治田、飯高女房屎は敢安道とともに延長二年（九二四）に同郡の治田を、それぞれ施入している。この四人の飯高氏も、諸氏の子孫と見てまず間違いなかろう。また、「近長谷寺資財帳」の末尾近く、在地証判を据えた六人のなかに、散位大中臣、藤原朝臣、磯部（二人）とともに飯高朝臣が二人いる。諸氏との血縁の親疎は不明だが、近しいと想像できる。飯高氏については以上であり、多くの施入者のなかではむしろ数少ない。それは、同族に協力者が少ないからではなく、飯高氏の事業であるのは前提であって、他氏への勧誘にこそ近長谷寺形成事業の意味があるからであろう。

この点で、「近長谷寺資財帳」の作成者としての連署に、座主泰俊と別当聖増に続けて、「本願施主子孫」五人を列記していることに、注目される。すべてあげれば、相模守従五位下藤原朝臣（惟範）、正六位上大中臣朝臣、正六位上藤原朝臣、正六位上大中臣朝臣、従七位上藤原朝臣である。いずれも他氏である。このうち、相模守藤原惟範は、近長谷寺関係者では最も高い地位にある。『尊卑分脈』に藤原式家の流として見える。多気郡相可郷に治田を得ていたことも、「近長谷寺資財帳」の施入地記載に見えている。[18]惟範は都の貴族だが、伊勢国多気郡に治田の利権も得つつ、飯高氏の呼びかけに応じて近長谷寺形成の共同事業者に名を連ねた。連署する他の四人については、位階もやや低く、居住地ともども不明であるが、ほぼ同様の者たちであろう。

ただここで確認したいのは、藤原惟範らを「本願施主子孫」と呼んでいることである。ここには、血縁の子孫だけでなく、一族女性の婿が含められているらしい。この推測を支えるのは、先にも触れたように、施入治田の記載のなかに、「敢安道并飯高女房㞍」が見えることである。敢氏は、伊賀国阿閉郡や伊勢国多気郡に分布した豪族として、八世紀以来の史料に散見される。右の記載は、敢安道と飯高女房㞍が夫婦であることを意味していると見て間違いない。つまり、飯高氏による近長谷寺形成事業は、地元の他氏豪族への協力勧誘による方式に特徴があるが、その軸となる具体的な方法は、一族女性の婚姻相手との縁を活用するものであったと推定される。

この点を踏まえて、「近長谷寺資財帳」の多くを占める、「人々施入墾田」について見てみよう。施入された時代範囲は、寛平二年（八九〇）から応和二年（九六二）にわたり、なかでも九一〇年代から九二〇年代に多い。記載は詳細にわたるので、ここでの関心に即した要点を【表】で一覧したい[19]。

本願一族たる飯高氏や斎王徽子のほか、次のように数多くの氏が見える。これらは伊勢国内の豪族層である。伊勢氏（五人）、麻続氏（五人）、藤原氏（五人）、日置氏（三人）、大中臣氏（三人）、中臣氏（二人）、橘氏（二人）、物部氏（二人）、百済氏、中臣部氏、磯部氏、敢磯部氏、敢石部氏、敢氏、荒木田氏、真神部氏、嶋田氏、完人氏、丈部氏、少氏、である。先行研究によって詳細に検討されている通り[20]、これら氏族は主に伊勢国南部、多気郡を中心に度会郡や飯高郡などを本拠とする豪族である。富豪百姓と呼ぶべき者を含むかも知れないが、ほとんどは伝統豪族と見てよかろう。実に二〇氏が、近長谷寺の資財形成に参加しているのである。

施入地は、櫛田川中流の南側に集中している。すでに指摘されているように、この立地は、櫛田川から農業用に直接導水することが技術的に不可能である。開発治田は、山麓や小谷からの湧水や池水を利用する墾田、または河岸段丘先端の畠地である。しかも条里地割を施行されたこの地域は、すでに国衙公田や東寺領庄田として先に占地されている。[21] 近長谷寺への施入地は、中央の領主に先取された治田の周縁部にある、二、三段前後を単位とする水利条件に恵まれない小空間であって、後発的な開発地である。

ただし、治田開発の計画主体が、近長谷寺に施入した地元有力者たちであったかどうかは、なお検討の余地がある。あまり拡がりのない地域に、零細な土地の支配者が密集しているのは、やや不自然である。藤原惟範のように、都の貴族が権利を得ている事例もある。推測にとどまるが、施入地のなかには、飯高氏が開発計画の主体であった場合が多いのではないだろうか。飯高氏が治田化を進め、地元の諸豪族に領主の名義を与えつつ近長谷寺への施入手続きを取らせ、その間に一旦の得分を保証した、という方法がとられたという可能性である。

こう推測する根拠の一つは、個別の施入に際して「願文」が付されていることである。「近長谷寺資財帳」には、たとえば、「右治田、故物部康相、以㆓去延長二年正月三日㆒施入、在㆓願文㆒」といった記載がある。特定の信仰対象に集まる喜捨・施入について、これを霊験の広まりや信仰心の高まりと捉えるのは、一般的に過ぎる。多くの場合、施入を受け付ける側の寺院が、本尊など特定の献納対象を提示し、誘導する。本尊や仏事を明記した施入状は、受け付ける寺院側が用意した雛形に即して作成される。[22] 近長谷寺の場合、それぞれの「願文」は、近長谷寺ないし飯高氏の意図と計画に沿う施入が、信仰を捧げる統一された形式で提出されたのであろう。ここには、開発治田を近長谷寺に集積する地元豪族層の共同事業が、実は飯高氏側の計画に即して進められた事情が隠れている。

表　近長谷寺への田畑施入

No.	施入年	施入者	郡・条里	地目	面積	四至に見える寺社	備考
1	寛平２年(890)	麻続高主(多気郡検校)	多20	田	１段200歩	穴師子寺田、中臣寺田	沙弥賢如請作、願文あり
2	寛平７年(895)	日置貴曽町子・男丈部薬円丸	多16	畠	垣内２処		寺家に沽り進む、公験あり
3	寛平７年(895)	飯高豊子	多16	田	８町200段	福田寺田	３か所、願文あり
4	延喜３年(903)など	本願主飯高諸氏	多16、飯６他	田	２町２段60歩		
5	延喜４年(904)	飯高僧丸	多17	田	１段		公験あり
6	延喜５年(905)	故麻続孝志子	多17	田	２段200歩	清水寺田	本券・新券を進める
7	延喜５年(905)	日置佰雄	多20	田	２段240歩		
8	延喜12年(912)	完人限丸	度	不明			
9	延喜13年(913)	故麻続在子	多16ヵ	田	５段	磯部寺治、宮守寺地、佐奈山寺治田、長谷寺垣	大悲者常灯料、願文あり
10	延喜15年(915)	泰俊(寺家座主大法師)	多16	畠	垣内１処		願文あり
11	延喜17年(917)	伊勢包生(故大宰帥宮敦固御監)	多17	田	２段		二月悔過料
12	延喜19年(919)	真神部安吉	度	不明			
13	延喜19年(919)	藤原乙御(前々斎宮御許人故美濃御乃孫)	多16	畠	垣内１処	磯部寺領地	願文あり
14	延喜20年(920)	麻続貞世・中臣部貞安	多16ヵ	畠	垣内１処		願文あり
15	延喜22年(922)	故飯高常実	多16	田	６段	槙倉社	鐘堂修理料、願文あり
16	延喜22年(922)	磯部置嶋	度	不明			
17	延長２年(924)	敢安道・飯高女房屎	多18	田	２段200歩		
18	延長２年(924)	物部茂世	多21	田	２段		新開を含む
19	延長２年(924)	故物部康相	多16、17	田	７段	里幡社	願文あり
20	延長２年(924)	敢石部望丸	多	畠	垣内１処	入江寺領、法楽寺田	

21	延長２年(924)	敢磯部望丸	飯	畠	垣内１処		願文あり
22	延長２年(924)	中臣春真	多７	畠	垣内１処		
23	延長３年(925)	嶋田分平(故美濃御男)	多	畠	垣内１処		
24	延長４年(926)	伊勢友行	飯	畠	垣内１処		
25	延長５年(927)	伊勢包生・同良影	飯17	畠	垣内１処		
26	延長８年(930)	中臣真有	飯９	田	２段200歩		公験あり
27	延長９年(931)	僧朝仁	多20	田畠	６段200余歩		２か所、新開田、坂上有実請作、願文あり
28	承平元年(931)	伊勢俊生	多16	畠	垣内１処	磯部寺中垣	願文あり
29	天慶２年(939)	百済永珍(前々斎宮寮大允)	多16	畠	垣内２処	長谷寺領地、磯部寺垣内、泰俊領	公験あり
30	天慶９年(946)	大中臣清光(土佐国掾)	多16	畠	垣内１処	長谷寺治田	願文あり
31	天慶９年(946)	橘高子(前々斎宮乳母)・嶋人	多８	田	１町８段350歩		除病延命のため、願文あり
32	天暦２年(948)	薬勝	多20、17	田	９段300歩		「字帝釈田」、願文あり
33	天暦３年(949)	日置昌布町	多17	田	１段		願文あり
34	応和２年(962)	荒木田有穂	多	畠	垣内２処		県倉子と伊勢乙山の沽地
35	不明	少苽子		田	２段		
36	不明	故大中臣良扶	多16、17	田	４段	清水寺地、富岑寺治、山田寺前	３か所、二月悔過料、御明料、願文あり
37	不明	大中臣綾御	不明	畠	垣内１処		願文あり
38	不明	麻続統令(多気郡検校)	多16	畠	垣内１処		願文あり

注：年代順に配列した。郡・条の欄、「多」は多気郡、「度」は度会郡、「飯」は飯野郡。数字は条里の数。

なお、近長谷寺領となる土地に招き据えられて、開発と耕作の担い手となった百姓の存在が想像される。「右治、故僧朝仁存日開発寺垣内、今請作坂上有実在二請文一」という記載がある。坂上有実は、近長谷寺と請作契約した田堵であろう(23)。

多気郡の櫛田川流域の条里施行地域では、中央領主東寺や国司による開発が進行していた。出遅れたが、飯高氏を中心として、伊勢国の諸豪族が呼びかけに応じて協力しつつ、開発と耕作の実働に長けた田堵らを招き寄せて治田獲得事業を推し進めた。いわばそれは、地域の経済権益を地元に確保しようとする努力である。その場合に特徴的な方法こそ、山寺としての近長谷寺への結集である。かつて古代豪族の氏寺が平地に建てられたこととは事情が違う。公私共利とされる世俗領域外の山野を場として、世俗権威外の仏菩薩を旗印に、布施の供出という形式で経済基盤を確保しつつ、地域の政治勢力が結集しようとしたのである。

三．平地の寺院と山寺

近長谷寺は山寺として建てられた。一方、施入された平地の治田あたりには、数多くの寺院が存在したことが、「近長谷寺資財帳」によってわかる。前節の【表】を参照されたい。これまで、条里ごとに寺院が存在したとも推定され、十世紀の在地に多くの小寺院が存在する例証として注目されてきた。『日本往生極楽記』にいう「郡中仏寺」（伊勢国飯高郡一老婦の伝）の実例として、「近長谷寺資財帳」に見える条里内の諸寺院が注目されている(24)。そしてこれらは、「里の小寺院」または「民衆の自然村落ごとに営まれた寺院」だと評価されている(25)。つまり、「自然村落」に住む民衆による自発的かつ無私の仏教信仰が、その建立の契機だと想定されている。

この見解は、主に八世紀を主舞台とする古代仏教史研究の根強い通説とも接合している。それは、『日本霊異記』に見られる「堂」「村堂」を民衆仏教の実在と解釈し[26]、各地の仏教遺跡を「自然村落」の村堂とみなす、文献史学と考古学との相互依存学説である[27]。しかし前節で検討したように、飯高氏を中心とする地元豪族らの主体性を考慮すれば、条里内に存在する寺院について、民衆の信仰施設と即断する根拠には乏しい。通説の再考は容易でないが、ここでは十世紀の地方小寺院が設けられる現実的な契機と実態を検討しておきたい。

「近長谷寺資財帳」に見える条里内の寺院については、小なりといえども設営と維持には資力が必要であろう。地元豪族が寺院を建てる理由について、ここではあえて実利をさぐってみたい。この時代、近長谷寺膝下の櫛田川沿いでも、田畠開発が進行していた。田堵ら有力百姓が実労働の主体であろうが、国衙や東寺などが領主の利権を争った。地元の諸豪族はただ傍観したのではなく、生産物を地元で蓄積し消費する方法を探ったに違いない。その具体策として、寺院の設営があった。近長谷寺膝下の寺院については詳しく解明できないが、志摩国答志郡に手がかりとなる事例がある。同郡鴨村の満薬寺の建立をめぐる、地元豪族伊福部氏の動向を示す、長徳二年（九九六）の伊福部利光治田処分状案に注目したい[28]。

養子伊福部貴子

処分充進治田立券文事

合弐箇処

一処在志摩国答志郡鴨村三条鴨里廿七小荒治田者

四至在二本公験一

一処在同郡村内十六竹依田壱段佰捌拾歩者
　四至 限東公田 限西十六作依畠〔竹〕 限南小鯨盧并神戸田 限北卯酉畔
　　此竹依田公験者、為二盗人一被二盗取一已了、出来時訴申、公験可レ致二沙汰一也、
右件治田者、従二答志郡司島福直妻子一、限二直物一永財定買得、年来領掌、更無二他妨一、而利光之齢及二老耄一之刻、無二一人子一、因レ之甲賀（英虞郡）御庄下司出雲介家女伊福部貴子遠、且号二養子一、且依レ有二父方姪一、以二所領田地一、分二与於貴子一已了、但至二于租税一者、鴨□（里カ）満薬寺奉レ造二影白願数体仏菩薩一燈油仏供料施二入寺家一又了、毎年正二月行并時節日料也、於二領作官物一者、可レ為二私用途支一者也、仍為二後代一、本公験并沽券文相副、処分如レ件、
　長徳弐年拾壱月参日
　　　　　　　　　内竪伊福部利光在判
　件治田弐箇処、分二与貴子一実正也、至二于租税一者、奉レ施二入満薬〔寺脱カ〕一実正明白也、仍証署加レ之、
　　　　　　　　刀禰大中臣在名
　　　　　　　刀禰山在名

　伊福部利光は、嶋村条里内にある鴨里の「小荒治田」と「竹依田」一段一八〇歩を養子伊福部貴子に与えることとした。かつてこの土地の権利は、答志郡司島福直妻子から伊福部利光が買得したものである。開発治田の本公験を答志郡司島福氏が得たのは、この処分状が書かれた時代をあまり遡らないであろう。跡継ぎのない伊福部利光は、父方の姪である伊福部貴子（英虞郡甲賀庄下司出雲介の娘）を養子に迎え、分与を証明する券文を作成し、近隣の保証者たる刀禰の署名をえた。

伊福部利光が養子貴子へ相続するに際して、「租税」を鴨里の満薬寺に施入することとしている。その使途は、自らの願いを込めて造った数体の仏菩薩像への燈油などの供料と、修正会や修二会その他の仏事料だという。「於㆓領作官物㆒者、可㆑為㆓私用途支㆒者也」と述べており、国衙への所当官物は仏寺経営の必要経費に充当すると述べ、事実上の免除を正当化している。満薬寺については不明だが、簡易な村堂などではなかろう。朝廷の仏教政策で模範が示され、国司管轄下の地方でも建立されたような、標準装備をもつ寺院であってこそ、官物免除は認められたはずである。

おそらく満薬寺は、伊福部利光が建立した寺院である。治田として充分ではない「小荒地田」や「竹依田」を含め、開発地の集積をめざす有力者にとっての、支配の正当性を可視化する施設であった。寺院のための治田だと主張するが、治田から利益を得るための寺院という一面はぬぐいがたい。「私用途」に官物分を補塡すると説明するが、満薬寺の経営費がこの零細な治田からの収益で満たされるとは考えにくく、ほかにも集積された治田はあったのであろう。合計すれば維持費を上まわる収益があった可能性もある。開発による治田化によって地元に耕作労働の機会を作り、その収益を寺院名義で現地に確保する、という経済効果を生む仕組みが意図されていたのではなかろうか。

近長谷寺資財帳には、【表】に示したごとく、多気郡を中心に度会郡と飯野郡にまたがって、「穴師子寺田」「中臣寺田」「福田寺田」「清水寺田」「清水寺地」「磯部寺領地」「磯部寺垣内」「長谷寺領地」「長谷寺治田」「入江寺領」「法楽寺田」「富岑寺治」などが見える。ここに見える寺についても、志摩国答志郡鴨村の満薬寺とその所領田地と、類似の成立事情と役割をもっていたのではないだろうか。穴師子寺や中臣寺はじめとする寺院の所在地は不明だが、多気郡を主とする近隣地であろう。延喜十三年（九一三）に故麻続在子の権利を施入した多度郡の田は、四至として磯部寺、宮守寺、佐奈山寺、長谷寺が記載されており、「寺田」「治田」

の表記が省略されているのかもしれないが、寺院そのものが隣接していた可能性もある。それら新しい寺院は、寺田・垣内・治田・領地という名目で、開発地の収益を地元にプールする拠点として成立したことが想定される。

では、飯高氏や近隣豪族らが支える近長谷寺は、山下の平地に成立していた諸寺院とは、どのような関係にあったのであろうか。山下の寺院の設営主体と、近長谷寺への所領施入主体が同一の豪族である場合もあろう。四至記載に散見される磯部寺は、近長谷寺への施入者磯部置嶋と、何らかの関係があったであろう。その場合、各豪族からすれば、近長谷寺と山下の寺院の両立が図られ、飯高氏を中心とする近長谷寺を核とした地元豪族の連合に加わるとともに、自前の寺院を個別権益の拠点として守ったのである。では一方、飯高氏側の立場から、近長谷寺と山下の諸寺院は関係づけられていたであろうか。

第一節でも触れたように、慶滋保胤『日本往生極楽記』（九八四年成立）には、近長谷寺創建者の飯高諸氏をモデルとしたらしい伝が二話ある。その一つ、第四一話「伊勢国飯高郡一老婦」の往生伝には[29]、生前の信仰生活を次のように記している。すなわち、月の前半は仏事を修す期間に定め、香を「郡中仏寺」に供えるのを常にしたという。また春秋二季に花を捧げるとともに、諸僧には恒に塩・米・菓・菜などを施したという。

『日本往生極楽記』は、保胤の願望と意図による作文としての性質に注意がいる。ただ、その述作に参照した知識のなかに、汲みとるべき歴史が含まれている場合がある。飯高諸氏とおぼしき老婦による「郡中仏寺」への布施とは、近長谷寺が多気郡を代表する山寺であることと、膝下平地の新興小寺院との間に紐帯が存在することを推測させる。ここには、かつて山寺が、郡行政を前提として活動した名残をとどめている。同時に、有力な山寺と地域の小寺院とのつながりは、伝統豪族たる飯高氏と近隣諸豪族とのあいだで模索された、郡を越えた新しい紐帯の形式なのではないだろうか。

『日本往生極楽記』の最終第四二話は、加賀国の「一婦女」が「郡中諸寺」に供花して往生を遂げたという内容である。この女性（実在したとすれば有力豪族であろう）は、臨終に際して「家族・隣人」を集め、極楽往生の実際を説明したという。[30] ここにも、郡と密着した寺院の姿が残っているとともに、血縁と婚姻の関係による地域的な縁の形成が見出される。『日本往生極楽記』全四二話は、貴族出身者の往生伝が中心である。同書の末尾に入れられた、飯高氏ら地方の俗人女性の話は破格の扱いであって、郡中での信仰普及方式とども、新しい傾向を示して見せたものである。

それは、十世紀における郡衙の解体、郡郷制の再編成、それにともなう郡司層ら伝統豪族の浮沈という、歴史の動態の只中で模索された仏教事業である。近長谷寺本願が飯高諸氏という女性であるのは、飯高氏による地元豪族との縁の形成にあたって、一族女性の他氏豪族との婚姻関係が重視されたからではなかろうか。女性本願を祖とする檀越集団という形式で、新しい地域結合が模索されたと考えられるのである。以上の意味で、近長谷寺と山下の諸寺院との関係は、かつての国境や郡境に設営された山寺と、国衙近傍の国分寺や郡衙近傍寺院との結びつきとは、性質が違う。十世紀段階にこそ出現した、斜陽の伝統豪族や新興の富豪層との利害一致を探ることから出現した、地域的仏教の胎動だと見ておきたい。

むすび

九世紀末から十世紀半ばの山寺として、伊勢国の近長谷寺に焦点を当ててみた。近長谷寺についてはなおたくさんの研究課題がある。山寺としての立地に即した研究は、ほとんど手つかずである。創建時における堂舎の位置など、現地調査に着手されてはじめて解明されることが多いであろう。十世紀後半以後、特に摂関期を越えて院政期にはどのように展開したのか、中世の山寺として新しい事情があったはずだが、未解明である。その場合、近長谷寺の南側の麓、長谷の集落をはじめ、里との関係を視野に入れる必要があろう。さらにこの章では、多気郡・度会郡・飯野郡など、近長谷寺への施入地の所在郡が伊勢神宮の神郡であることなど、伊勢国特有の事情との関連を分析していない。山寺と神祇の関係を考える上でも欠かすことのできない課題だと自覚している。

この章では、近長谷寺について、村堂から発展した農民層の寺院という旧説を疑い、飯高氏が近隣豪族層を誘引して結集する山寺として、捉え直してみた。その新しい経済基盤として、平地の新開発地からの収益を布施として集約する仕組みに注目した。開発地の寺院について、「自然村落」の堂舎ではなく、領主豪族が設営した新しい寺院だと見た。

ここでの考察は、豪族らの実利を表に出す結果となり、寺院や仏教に固有の信仰的側面を後景に退けすぎたかも知れない。しかし、飯高氏や近隣諸豪族にとって、郡郷制の再編や開発事業の進展、そして国衙や中央領主による地元からの搾取など、直面する時代の新動向を有利に乗り切る事業は、それなりに計画的で意志的である。飯高氏によって、南伊勢に豪族連合の形成が呼びかけられたことは、必ずしも広域的な勢力の形成にはいたらなかったとしても、地域づくりの一方法として評価することはできる。その方法に、山寺の創建と拡大が選ばれたことにこそ、現実に裏づけられた仏教信仰の切実さを読み取ることができる。地域社会による仏教導入というには、なお百姓層の主体性が呼び覚まされる必要があるが、それは院政期に訪れるであろう。「近長谷寺資財帳」の時代を、その胎動期として歴史的に位置づけておきたい。

（1）上川通夫「中世山林寺院の成立」（同『日本中世仏教と東アジア世界』二〇一二年、塙書房）で述べた。また、岡野浩二『中世地方寺院の交流と表象』（二〇一九年、塙書房）、菊地大樹『日本人と山の宗教』（二〇二〇年、講談社）参照。

（2）通称によって「近長谷寺資財帳」と呼ぶ。正式には、内題にある通り、「実録近長谷寺堂舎幷資財田地等事」である。案文（写）である。

（3）西口順子「九・十世紀における地方豪族の私寺」（同『平安時代の寺院と民衆』二〇〇四年、法蔵館）、八田達男「伊勢近長谷寺と長谷観音信仰」（同『霊験寺院と神仏習合』二〇〇三年、岩田書院）。鶴岡静夫「日向薬師の研究」（同『関東古代寺院の研究』一九六九年、弘文堂）にも論及がある。『多気町史　通史』（一九九二年、三重県多気町）第三編第二章「近長谷寺資財帳」（奥義郎氏執筆）には、地名や人名の考証を含めた詳細な記述があり、とても参考になる。なお上川は、『三重県史　通史編　原始・古代』（二〇一六年、三重県）第十一章第二節「地域による仏教導入」七九八～八〇三頁に、初期の近長谷寺について短文を記した。

（4）上原真人『古代寺院の資産と経営――寺院資財帳の考古学――』（二〇一四年、すいれん舎）には、「近長谷寺資財帳」についての解題的な記述が一五行あり、西口順子氏の論文が参照されている。

（5）本稿初出後、菱田哲郎・吉川真司編『古代寺院史の研究』（二〇一九年、思文閣出版）が刊行され、考古学・文献史学・美術史学・建築史学・地理学といった諸領域から実態解明する成果が提示されている。そのなかで、吉川真司「古代寺院の数的変遷」と三舟隆之「地方寺院の法会――伽藍配置・仏像・経典――」が、近長谷寺に触れている。

（6）『多気町史　通史』（前掲注3）一七二頁には、次のような説明がある。「東限の箕作横峯は、寺より東方の神坂金剛座寺に至るまでの間にあり、北方の四疋田、三疋田、佐伯中との分水境界に連なる山地である。西限の丹生中山は寺の西方にある丹生神宮寺および丹生神社（勢和村丹生）の背後にある小丘を指している。南限の丹生堺阿幾呂は、寺の南方長谷から丹生に下る旧道の峠付近を指す。北限の鳴滝小俣鳥居は、寺の北方井内林と佐伯中との境界である。鳴滝という地名は「井内林村文禄三年検地帳写寛文十年」に「なるたき」と記してあり、その付近をいうのであろう。小俣鳥居はどこか不明である。」

（7）八田達男「伊勢近長谷寺と長谷観音信仰」（前掲注3）は、多気郡に丹生神社・丹生中神社（『延喜式』）などがあり、

（8）飯高郡に水銀採掘の説話（『今昔物語集』一七―一三）があることから、近長谷寺の経済基盤としては水銀にこそ注意すべきだと述べられた。ただし、「近長谷寺資財帳」からは裏づけが得られない。
『平安遺文』一―二六五や『多気町史　通史』（前掲注3）、『三重県史　資料編　古代上』（二〇〇二年、三重県）に収めている。ここでは『三重県史　資料編』によった。原本調査はできなかった。三重県史編さん班にてカラーの調査写真を参照させていただいた。『三重県史　別編　美術工芸（図版編）』（二〇一四年、三重県）には「近長谷寺資財帳」の巻首・巻末の写真が掲載され、『同（解説編）』（二〇一四年、三重県）には概要が述べられている（小林秀氏執筆）。法量は縦二九・八センチ、全長四六三・八センチ、末尾の第十一紙は余白が切断されているという。

なお、『三重縣國寶調査書』（一九三七年、三重県）には、近長谷寺の「木造十一面観音立像」と「紙本墨書近長谷寺資財帳」の項があり、前者には近世の縁起も紹介されている。先行研究には、吉田晶「平安期の開発に関する二・三の問題」（『史林』四八―六、一九六五年）、戸田芳実「律令制下の「宅」の変動」（同『日本領主制成立史の研究』一九六七年、岩波書店）、水野章二「平安期の垣内――開発と領有――」（同『日本中世の村落と荘園制』二〇〇〇年、校倉書房）がある。

（9）以上、水野章二「平安期の垣内」（前掲注8）による。

（10）以上、『三重県史　資料編　古代上』（前掲注8）に関係文書が編年で掲げられている。

（11）井上光貞・大曾根章介校注『日本思想大系　往生伝・法華験記』（一九七四年、岩波書店）。同書に付された『日本往生極楽記』の説話番号の三二。

（12）「近長谷寺資財帳」には、顔面・眉・眉間・目・鼻下その他、寸法を詳細に記しているが、ここでは省略する。

（13）『三重県史　別編　美術工芸（図版編）』『同（解説編）』（前掲注8）。解説編の当該箇所の執筆は「編集部」とされている。

（14）『平安遺文　金石文編』（一九六五年、東京堂出版）。坪井良平『新訂梵鐘と古文化』（一九九三年、ビジネス教育出版社）は、「願主志甘□子□子」としている。坪井氏は、近長谷寺の鐘と想定している。『特別展覧会　藤原道長』（二〇〇七年、京都国立博物館）の写真と解説（久保智康氏執筆）を参照。同書によると、総口二二・九センチ、身口一七・七センチ、口径一五・五～一六・〇センチである。

（15）上川通夫「往生伝の成立――生死の新規範――」（同『日本中世仏教史料論』二〇〇八年、吉川弘文館）。

(16) 上川通夫「律令国家形成期の仏教」（同『日本中世仏教形成史論』二〇〇七年、校倉書房）。

(17) 広瀬和雄「中世への胎動」（『岩波講座日本考古学6　変化と画期』一九八六年、岩波書店）。

(18) 多気郡相可郷十七条の施入治田に関する四至記載に、「南レ限小道并相模守藤原惟範朝臣治」とある。この地は日置昌布町による施入地に隣接しているが、近長谷寺への施入地ではない。惟範が支配していた事情は不明だが、飯高氏との関係も考慮しておきたい。

(19) この【表】は、『三重県史　通史編　原始・古代』（前掲注3）第十一章第二節八〇二頁に掲げたものを補訂した（上川通夫作成）。古代の伊勢国全体については、他の執筆者による同書の叙述から学んだ。

(20) 『多気町史　通史』（前掲注3）。

(21) 水野章二「平安期の垣内」（前掲注8）。

(22) 上川通夫「東寺文書の史料的性質について」（同『日本中世仏教史料論』前掲注15）において、鎌倉時代の東寺御影堂への田地寄進を例として、弘法大師信仰のたかまりとしてのみ捉える説を批判した。

(23) 【表】のNo.1には「沙弥賢如請作」とある。田堵かもしれない。

(24) 『日本思想大系　往生伝・法華験記』（前掲注11）四〇頁、「郡中の仏寺」の頭注。

(25) 西口順子「九・十世紀における地方豪族の私寺」（前掲注3）。

(26) 直木孝次郎「日本霊異記にみえる「堂」について」（同『奈良時代史の諸問題』一九六八年、塙書房）。

(27) 吉田一彦『民衆の古代史』（二〇〇六年、風媒社）、笹生衛『神仏と村景観の考古学』（二〇〇五年、弘文堂）など。上川通夫「なぜ仏教か、どういう仏教か」（『日本史研究』六一五、二〇一三年）にこの点についての私見を述べた。

(28) 光明寺古文書。『平安遺文』二―三六七、『三重県史　資料編　古代上』（前掲注13）第三部別編（荘園）二七に収める。後者によった。

(29) 『日本往生極楽記』の四一（前掲注11日本思想大系本）。

(30) 『日本往生極楽記』の四二（同右）。

第六章　十一世紀の如法経と経塚

はじめに

十世紀末から十一世紀初めの日本では、大陸の軍事緊張を感知しつつ摂関政治が確立し、それに連動して浄土教が急浮上した。人民救済の方法として、まずは自らが教主阿弥陀仏の世界で再生することを願うという浄土教は、退嬰的で現実離れした特殊信仰に見えるが、実は国際政局と国内権力闘争に結びついた、実践的思想でもあったらしい。この浄土教は、天台宗僧の一部から主張され、中央権力による採用に結びついて、比叡山と平安京を二大拠点として形を表した。前者は比叡山横川の首楞厳院、後者は法成寺の阿弥陀堂や東北院である。(1) さらに派生して、天台系寺院や貴族氏寺系の阿弥陀堂が、諸所に設けられた。

この章では、右の動きの一部として、初期の経塚について触れてみたい。経塚は浄土教だけの信仰実践ではないが、初期事例には浄土教重視への転換事情が関係しているらしい。ただ経塚については、成立事情そのものがなお不明である。寛弘四年（一〇〇七）に、左大臣藤原道長が直接赴いて自筆経典を金銅筒に入れて埋めたという、金峯山経塚を初例とすることも、現研究段階ではその唐突な印象を拭いきれない。発想の出所や、発起の契機などについて、末法や弥勒についての経典思想を指摘し、それに対する道長個人の信仰心を認める以外に、なお合理的な説明を欠いているように思う。長元四年（一〇三一）に覚超が横川如法堂に『法華経』を納めた銅筒に焦点を当てて、考察の糸口を探りたい。

なお、旧稿で経塚の起源に関して、東アジアの政治情勢との関係で次のように推定した。[2] 中国では、七世紀後半から石刻碑の一種たる陀羅尼経幢が盛行したが、日本では九世紀半ばには陀羅尼を付した小型の卒塔婆として継承した。十世紀後半頃からの卒塔婆は、寛和二年（九八六）の横川首楞厳院二十五三昧衆の起請八箇条にいうごとく、結衆の墓塔になるとともに、僧覚超の永延三年（九八九）『修善講式』[3]にいうごとく、「仏・経幷ヒニ人々名帳ヲ埋納」する「霊験ノ仏地」の標識となった。つまり、中国仏教を参照しつつ、地上の卒塔婆と地下の埋経施設が考案されたらしいのである。ただし、覚超の講式にいう埋納作法は、形式と発想の由来など、なお不明な点が多い。のちの経塚に類似するとはいえ、形式と意図において必ずしも結びつけて理解できない。経塚前史に位置づけておくべきであろう。

一．『如法経濫觴類聚記』

円仁の住坊に始まる比叡山の横川は、五臺山竹林寺の法照流念仏としての常行三昧を、日本で実践する場だった。ただし先学によると、円仁の常行三昧は、止観の行法における補助的作法であって、その一世紀半ののち、良源門弟の増命・尊意らの時代に浄土門・念仏門として発展したのだという。[4] 入唐僧円仁の時代以後の天台宗が、その内在的な自己発展によって浄土教を徐々に育んだと捉える点は、継続的な対外関係を考慮して検討する余地がある。ただ、系譜としては、円仁が天長十年（八三三）に筆写した『法華経』（本願経）

を安置する首楞厳院（如法堂）が、源信以後の時代に如法経の根拠地として発展したことになる。阿弥陀の念仏と、『法華経』の写経とは、「作善」の中心である。その後、長元四年（一〇三一）にいたり、極楽往生を願う浄土教の作法として、埋経のための行事が、権力中枢の支援を得て行われた。それは新しく特殊な形式の信仰行事である。その出現事情を、過程的に捉える必要があるだろう。

長元四年に、比叡山僧覚超（九六〇～一〇三四）[5]が中心になって、円仁自筆の『法華経』があらためて供養された。厳重な保存施設を新造するなど、周到な計画を実行したもので、その記録も覚超によって書き残された。覚超は、自ら書いた記事を含めて、「五通記」（「如法堂文書五通」）として後世に残した。今日、『門葉記』第七十九「如法経一」に、関連する記録とともに編入されている。史料としての扱いに慎重さが必要なのはもちろんだが、発掘された遺物や関連する歴史的事項との整合性に鑑みて、やはり最重要史料と目される[6]。

『門葉記』の「如法経一」は、ほぼ円仁と覚超の関係記事で構成されている[7]。冒頭に「如法経濫觴類聚記」とある。『如法経濫觴類聚記』なる一巻が、『門葉記』「如法経一」の内容となっている。以下まず、多少の錯綜は見られるが、『如法経濫觴類聚記』の構成を示し、そこに含まれる覚超「五通記」の構成を確かめておく。

（一）「五通記都率僧都作云」

A根本如法堂事　円仁が天長十年（八三三）に『法華経』を書写して小塔に納めた由来と、嘉祥元年（八四八）に仁明天皇と藤原良房の保護で堂宇を建てて安置した記事。

B如法堂文書五通

前文（長元四年八月七日　前小僧都覚超）　五通の列挙。

①新造堂塔記（永延二年〈九八八〉十月十七日）　源信作ヵ。如法堂を改築し新造塔に円仁の小塔を納めた

由来と結縁の偈。

②如法堂銅筒記（長元四年〈一〇三一〉八月七日　覚超記）　円仁の小塔を納める銅筒作成と上東門院による結縁写経の由来。

③前唐院牒（長元四年八月七日）　前唐院検校・天台座主慶命が首楞厳院に宛てて如法経守護を命じる。

④上東門院願文案（長元四年十月二十七日　菩薩比丘尼）　如法に『法華経』を書写して如法堂に納め、円仁の衆生済度の事業に参加する旨を述べる。

⑤如法堂霊異記（長元四年十二月二十三日　前権少僧都覚超記）　諸神による如法経守護や、万寿五年（一〇二八）五月三日の如法堂十種供養における紫雲出現など、霊異の記事。

（二）　経営記録

①延喜十二年（九一二）近江国燈油僧供を宛てる官符。

②延長四年（九二六）如法堂への乱入についての前唐院禁制。

③正暦三年（九九二）十禅師検校を置く官符。（以上の①②③は項目記載のみ）

（三）　前唐院禁制（延長四年三月十九日　別当大法師）（二）②の全文。

（四）　万寿五年記（仮称　一〇二八年）　藤原頼通が三月七日から七日間にわたり比叡山根本中堂に参籠したことと、四月十八日に藤原長家（道長六男）が首楞厳院で円仁如法経を供養した経緯の説明。

（五）　良正阿闍梨記（延久五年〈一〇七三〉正月十日）

①如法経を守護する日本国中三十善神の結番。

②その由来説明（①との間に円仁時代の小注を挟む）。

（六）　沙門壹道記（貞観九年〈八六七〉正月十四日）

①円仁による如法経と守護神の由来。

②守護神十二番と三神追加について。

以上である。これらのうち、ここで分析するのは、（一）（四）である。それに先だって、その史料的性質について、少し確認しておきたい。

まず（一）「五通記」は、ほぼ覚超の編集を伝えていると考えられるが、Bの前文の署名では「権小僧都」とすべきところを「前小僧都」となり、B②の本文末尾に取意を示す小字の「文」が付いているなど、原態との違いは考慮しておく必要がある。

B①「新造堂塔記」の筆者は明示されていない。しかし、円仁書写経典を安置する小塔（旧塔）を入れる新塔を作ったと述べており、これについてB②に「故源信僧都為レ加二荘厳一新所レ造也」といっている。B①の執筆時期から考えても、源信の文章だと考えてよいと思われる。また本文末尾には、「南無十方三宝哀愍證誠、令三我等之弘願住二大師之本懐一、欲二重結縁一以二一偈一讃曰」と結び、三〇行の偈文を付している。この記録は、新造堂塔を供養する場で読まれた願文とみなしてよかろう。

B②とB③は同じ日に書かれている。覚超が由来を説明した前者と、座主慶命が本願経の守護を命じた後者とは、呼応しあっている。銅筒に納めて埋め置くという発想は「諸僧僉議」に基づく、という文言が共通している。B③にいう「有二別記一通一」はB②を指すらしい。

B④「上東門院願文案」は長元四年十月二十七日付になっている。女院の『法華経』のことはB②に述べられているので、すでに書写は八月七日段階で終えていた可能性はある。ただ、願文が法会で読まれることを考えれば、この日に如法堂塔に納めた本願経典の供養が執り行われたのであろう。

B⑤末尾の長元四年十二月二十三日は、「五通記」全体の奥書であるかもしれない。もしそうだとすると、B前文が八月七日とするのはおかしい。しかし前文には「女院御願如法経御願文案一通」や「霊異記一通」をも含めて五通列挙するのであるから、B前文の日付を疑っておくべきであろう。

次に（四）「万寿五年記」（仮称・一〇二八年）は、先に示したように、二つの内容からなる。前半は、三月七日から七日間にわたって、関白藤原頼通が比叡山根本中堂に参籠したことである。これについては、次節で検討するように、源経信『左経記』に関連記事がある。後半は、頼通参籠期間に、覚超らに迎えられた藤原長家（道長六男）が、首楞厳院で円仁如法経を礼するとともに、改めて四月十八日に十種供養（『法華経』「法師品」に基づく華・香・瓔珞など十種を用いた諸仏供養の儀式）を実施したことである。

（四）「万寿五年記」の後半、藤原長家が覚超等に迎えられて首楞厳院に参じた件は、『如法経濫觴類聚記』の独自記事だと見てよいであろう。十種供養が行われた日について、（四）では四月十八日とするが、（一）B⑤は五月三日としており、いずれとも決めがたい(8)。しかし、（四）後半には遁世して永谷寺にいた藤原公任の作になる讃歎詞を引用するなど、現実性がある。この十種供養が、上東門院の参加を得た横川での如法経供養に結びつく点からも、滅多な虚構は却って正当性を疑わせてしまう。史実性を含むと判断する。

「五通記」の構成の概略は以上の通りである。これに（二）（三）（五）を加えて『如法経濫觴類聚記』とした時期について、正確にはわからない。記事の最下限は延久五年（一〇七三）だが、書写経典の埋納行事への関心が、起源についての文献類聚に結びつくほど高まるのは、やはり経塚の盛行が前提だと考えるべきであろう。『如法経濫觴類聚記』は『山家要略記』（撰者顕真、一一三一～九二）に含まれているとのことだが、それほど古い文献をとり入れたものとは思われない。およその推定でしかないが、『如法経濫觴類聚記』の成立は、十二世紀半ば頃よりのちであろう。『叡岳要記』は、覚超の銅筒を実際に埋納することになったのは「承安年中之比」（一一七一〜七五）だと記している。[9]『如法経濫觴類聚記』の成立契機をここに求めうる可能性はあろう。

二　覚超の如法経供養

ここでは、『如法経濫觴類聚記』を中心として、覚超による横川での如法経供養の経緯を、時系列において整理しなおしたい。史料の長文引用は避ける一方、参考とすべき関係史料を加える。基礎的な事実確認に過ぎないが、如法経供養の成立過程を見やすくし、かつまた重要史実を見出したい。出典については前節の記号を用いることがある。

まず、覚超の事業の前提を二つ確認しておく。

一つは、円仁の事蹟である。天長十年（八三三）、円仁は比叡山横川の草庵に籠もって四種三昧を修すとともに、『法華経』を書写して小塔に納め堂中に安置し、首楞厳院（如法堂）と号した。『如法経濫觴類聚記』の文章は、ほぼ『慈覚大師伝』（天慶二年〈九三九〉）に拠っており、また『日本三代実録』貞観六年（八六四）正月十四日条円仁卒伝にも同様の記述がある。[10]（一）Aと（二）には、嘉祥元年（八四八）に「嘉祥皇帝」が造作料を給付し、藤原良房が檜皮葺五間堂宇を造立したと記す。

嘉祥元年といえば、入唐した円仁が帰国・入京し、比叡山に戻った年のことである。この年円仁は、灌頂の実施を認められ（『類聚三代格』巻第二所収太政官符、『慈覚大師伝』）、伝燈大法師ついで内供奉十禅師に任じられ（『慈覚大師伝』）、そして横川中堂たる根本観音堂を首楞厳院に建立したという（『山門堂舎記』『叡岳要記』下ともに「首楞厳院」の項）。円仁ないし比叡山にとって、画期となる年であったことは、間違いない。

観音堂は七間堂だというから、五間の常行三昧堂（如法堂）とは別である。常行三昧堂が建立された正確な年はわからないが、『慈覚大師伝』に「仁寿元年、移二五臺山念仏三昧之法一、伝二授諸弟子等一、始修二常行三昧一」とあるのを重視するべきであろう。円仁が帰国した嘉祥元年（八四八）から、仁寿元年（八五一）までの間である。嘉承三年に文徳天皇が即位し、同年に藤原良房が惟仁親王を皇太子に立てたが、良房が円仁を強く庇護したと指摘されていて[11]、『如法経濫觴類聚記』（一）Aの記述と合致する。

『如法経濫觴類聚記』は、覚超「五通記」の前に円仁の記事を置いており、あたかも『法華経』の如法書写ならびに埋経の作法が、円仁に始まるかのような編集になっている。しかしそこでは、入唐帰国後の円仁が、灌頂や八字文殊法・熾盛光法を修し、惣持院を建てたことなど、密教事蹟には触れていない。それは浄土教を強調する意図による選択だが、本来は入唐求法の成果として密教を輸入している。嘉祥三年二月十五日に、仁明天皇重篤にあたり、円仁率いる天台宗僧が仁寿殿で文殊八字法を始修したのは[12]、その一部である（『続日本後紀』）。常行三昧堂に移した「五臺山念仏三昧之法」も、そのような入唐求法の成果であった。経塚の成立に関して、「その主唱者は天台三祖慈覚大師[13]」だとする説は今日見られないと思うが、かつての付会説は、『如法経濫觴類聚記』に基づくことを確認しておきたい。

覚超の事業にとって前提となるもう一つは、天台宗から浄土教を浮上させた源信の事蹟である。円仁の常行三昧が、十世紀半ば過ぎまでに天台的浄土教として発展する経緯については、井上光貞氏の研究がある。相応・増命・良源などが常行堂や不断念仏を発展させたこと、止観の観法としての常行三昧に含まれる念仏門が発展してきたこと、良源・千観・源信らによる浄土門の著述が展開したこと、が指摘されている[14]。如法経書写に関しては、やはり源信の活動が重要な画期であるらしい。

永延二年（九八八）十月十七日の源信「新造堂塔記」（『如法経濫觴類聚記』（一）B①、供養願文）では、円仁

が自筆『法華経』を「小塔」に納めて「一堂」に安んじた経緯に触れた後、「星月推移土木漸廃」のため、「増以㆓堂基跡㆒、造以㆓新塔之形像㆒」、と述べている。円仁がかつて幽居した横川の草庵は、入唐帰国後に常行三昧堂に発展して五臺山念仏の拠点となったが、実はその後、元慶七年（八八三）に弟子相応によって東塔に移建された（『天台南山無動寺建立和尚伝』）。円仁の常行三昧堂が移建されてのち、もとの場所に堂宇が維持されたかどうか、詳しいことはわからない。源信の活動は、自身の表現を重視するならば、「新造」というにふさわしいと考えてよかろう。如法堂を建てたのは源信である。

では源信は、なぜこの段階に、かつての常行三昧堂跡に如法堂を建てたのか。

源信の文によると、摂津守大江為基の出資によって新堂ならびに円仁の小塔を入れる新塔を造り、明禅・厳久・聖全らと安置仏像を造立し、諸衆生とともに「往生安楽国」を願って供養したという。大江為基といえば、のち出家して三河入道（寂照）として知られる大江定基の兄である。定基と源信には浅からぬ関係がある。受領などとして朝廷に使えた大江氏が浄土教を後援した事情には、この後の摂関政治下の浄土教政策との関係で、なお追究すべき問題があるが、為基と定基が源信らを支持したことは確かである。寂照は、長保五年（一〇〇三）に入宋するが、源信が明州延慶寺の知礼に返答を求めた『天台宗疑問二十七条』を託されるなど（『四明尊者教行録』巻第一、『仏祖統紀』巻第十）、源信の意向を負って入宋した面がある。大江定基が寂心（慶滋保胤）を師として出家したのは、まさに永延二年の四月であり（『百練抄』、『諸嗣宗脈紀』下）、源信との結びつきがこの段階に存在した可能性は高い。さらにさかのぼれば、源信の『往生要集』執筆（九八四～九八五年）、慶滋保胤の『日本往生極楽記』執筆（九八三～九八五年）、比叡山横川首楞厳院二十五三昧衆の結成（九八六年）など、浄土教推進者による社会実践に加わった可能性がある。[15] 新堂の仏像造立に協力した明禅（善）・厳久・聖全（念、金）は、二十五三昧衆に属している（『首楞厳院廿五三昧結縁過去帳』）。

「新造堂塔記」を書いて如法堂を供養した永延二年（九八八）にも、源信は積極的に活動している。一月に、大宰府にいた宋商朱仁聡や杭州銭塘西湖水心寺斉隠に、自著『往生要集』や良源『観音讃』、慶滋保胤『十六想讃』『日本往生極楽記』、源為憲『法華経賦』などを贈り、宋にいる往生極楽の有志と縁を結ぼうとした（『往生要集』巻末、『源信僧都伝』、『朝野群載』巻第二十）。如法堂の新造は、源信らにとって、浄土教僧のみのためではなく、天台宗内や日本国内の事業であるだけでもなく、宋の仏教事情を念頭に置いた実践の一環として、この段階に着手されたのだと考えられる。

覚超の如法経事業は、源信の堂塔新造より四〇年後のことであり、単純な継承だと想定することはできない。源信や寂照らの働きかけを受け止めて、藤原道長が浄土教重視に踏み切ったのは、寂照入宋を事実上で黙認した長保五年（一〇〇三）ころ、遅く見積もっても『往生要集』書写を藤原行成に命じた寛弘二年（一〇〇五）九月（『権記』）までのことであろう。[16]その後、寛弘四年（一〇〇七）の金峯山経塚の築造、寛仁四年（一〇二〇）の無量寿院阿弥陀堂の供養などをへている。この間の内政と外交にも、平坦ならぬ動きがあった。藤原道長による摂関政治の確立や、澶淵の盟（一〇〇四年）前後における北宋・遼の対峙状況、またその両者の関連である。これらの問題についてはのちに触れることとし、覚超の事業を分析しておきたい。

「万寿五年記」（『如法経濫觴類聚記』（四））によると、万寿五年（一〇二八）三月七日、関白左大臣藤原頼通は、比叡山根本中堂に七日間参籠した。この件は、『左経記』に裏づけがある。二つの史料によると、根本中堂で権僧正慶命に薬師法を修させ、同所では薬師不断経（『薬師経』一〇〇〇巻を書写供養したという）をも行わせた。[17]食堂では、権大僧都心誉に延命法を、尋円に不動法をそれぞれ修させた。[18]また十一日からは、大講堂で座主僧正院源が千僧を集めて、頼通「擁護」（四）のために『金剛寿命陀羅尼経』を転読させた。このことを『左経記』では、「千僧供」が行われたという伝聞として記している（源経信は九日に下山している）。また『左経記』は、頼通の下山を十四日だと明記している[19]。

関白藤原頼通が根本中堂に参籠し、座主以下一〇〇〇僧が勤めたこの仏事には、やはり特別の意味があった。『左経記』万寿五年三月七日条によると、頼通は比叡山への出発日にまず法成寺へ参じ、ついで登山して「故殿《（道長）》御仏具等」を「御経蔵」に納めたという。前年十二月七日の藤原道長葬送に関係して、その仏事の締めくくりが、翌年三月七日から比叡山で開催されたのであろう。この間九〇日、それは常行三昧にいう念仏の日数に相当する。摂関家が天台宗に荷担する姿が明瞭である。ただし、山上での顕密の仏事は、密教色が強く、浄土教要素が表立っていない。

ところがこの間（七日間のいつかは不明）、「万寿五年記」によれば、権大納言藤原長家（道長六男）が、覚超・教円・梵昭・明快に迎えられて首楞厳院に入り、円仁書写の『法華経』を礼した。しかもその際、「相共議」して、その『法華経』に対し、四月十八日を期して十種供養を行うよう長家が発議し、覚超は宿念の実現だとして随喜した、という。実際は覚超らの誘引ではないかと想像されるが、長家との間で、密教ならぬ法華経供養を横川で行う合意ができた点は、事実だと認めてよいであろう。少し関連史料がある。

まず、その実施日は五月三日だが、横川如法堂で十種供養を行った記事が、『如法経濫觴類聚記』（一）B⑤「如法堂霊異記」に見える。そこには、東西諸僧が結縁し、権大納言藤原長家と左衛門督藤原兼隆が参会したとある。傍証となるのは、同日に、疾疫と旱魃への対策として、大極殿に南北諸宗僧六〇人を集め、臨時の大般若経転読が行われていることである（『左経記』）。この仏事は、四月二十三日に、関白藤原頼通が上東門院を通じて、改元の必要性とともに奏上して行ったものである（長元への改元は七月二十五日）。「如法堂霊異記」には、十種供養の際に紫雲が出現したことを述べるが、その一つに「大内御読経之間、諸僧眷属見之ㇾ云々」とあって、同時に行われたことが意識されている。応和三年（九六三）の、清涼殿での論義会（応和の宗論）と、空也による鴨河原大般若供養会とが連動していた例もあり、[20]覚超の法華経供養も同じ方法で、いわば公式行事化を図ったのではないだろうか。円仁本願経に対する礼拝供養に、権力中枢を関与させたことは、如法堂を拠点とする覚超らにとって、計画の一部実現ともいえる。

長元四年（一〇三一）八月七日、覚超の「如法銅筒記」と座主慶命の「前唐院禁制」の二通が書かれた。覚超によると、将来堂塔が破壊し円仁の『法華経』（如法経）が泥土に混じる事態を避ける方法として、諸僧の僉議で決めたという。それは、銅筒を鋳て如法堂内に埋め置き、末世にいたったときの住僧らが如法経を移し納めて「土石」を積む。そして、弥勒菩薩が成仏して現世に出現するまで待つ、というものである。ただし、「雖レ有二此議一難レ遂二其志一」という状態であった。ところが、禅定国母（上東門院彰子）がこれを支援したという。つまり、上東門院は深重の願を発し、「如法書写法花経一部」を横川如法堂に安置し、大師本願に結縁しようとしていたところ、「仍聞二食此事一、即助二僧願一、令レ設二此筒一乎」つまり覚超らの計画を知り、銅筒製作を助けたというのである。

「如法銅筒記」によるとこの銅筒は、如法堂内の西北角に「浅坑」を掘り、上東門院書写経を入れておく。「法滅時」になれば、堂の中央に「深坑」を掘って銅筒を移し入れ、本願書写経と上東門院書写経を納める。

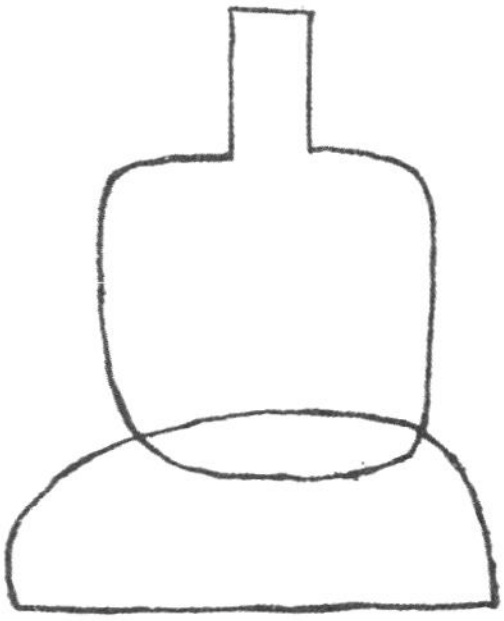

図１　如法経銅筒形（『大正新脩大蔵経』図像 12 より）

図２　横川出土銅筒（注６『比叡山と天台仏教の研究』より）

それまでは、現時点のまま、つまり円仁の小塔（白木小塔、轆轤塔）は源信の新塔（外塔、五尺の多宝塔）に入れて、如法堂の中心壇に置かれたのである。なお、覚超は「如法堂銅筒形事」として、銅筒の略図を付している。現存『門葉記』ではごく簡単な線描画として残る【図1】。よく知られているように、のちに地下に埋められたこの銅筒の実物は、一九二三年に横川から出土し、一九四二年に焼失したが、二尺六寸八分の円筒に、二尺二寸九分の蓋がかぶせられ、台石に乗せられていた[21]【図2】。

同一日付の前唐院牒は、比叡山東塔の円仁流拠点から、配下の首楞厳院に宛てて、覚超の計画に沿った円仁如法経の厳重な守護を命じている。ここにはっきりと、覚超の事業が、天台座主の認可のもとに実行されたことが確認される。

新奇な銅筒に円仁書写経と上東門院書写経を納めるに当たっては、その事業を明示する儀式が行われたはずである。それは、前節で述べたように、上東門院願文が書かれた長元四年十月二十七日であろう。上東門院書写経は「御経篋」（現存[22]）に納められたが（覚超「如法銅筒記」）、願文末尾の追記によると、願文の正文もそこに加え納めたという。その時点が供養の完結であろう[23]。

上東門院は、『法華経』を「如法」に書写したという。それを横川の如法堂に納めた意図について、「慈覚大師ノ如法経ノチカヒニコ、ロサシヲオナシウセン」、と述べている。また弥勒出世の時まで釈迦の教えを伝え、自らは極楽浄土で菩提の道を修し、また弥勒出世に際会することをも期して、衆生済度に勤しむのだという。「大師トタカヒニ善知識トナリテ、仏事ヲタスケ衆生ヲワタスミトナラム」、と繰り返している。ここには、「如法」の意味を、正当な仏教の作法という抽象的理念ではなく、円仁による『法華経』書写の追体験という、具体的形式に限定する考えが明瞭である。この時点においてこそ、正当作法による『法華経』の書写、という意味での如法経が成立したといえる。

なお、願文案の署名部分には「菩薩比丘尼」とある。彰子の出家は万寿三年（一〇二六）正月十九日だが（『日本記略』『扶桑略記』）、受戒は翌年三月二十七日に完成した「法成寺尼戒壇」（『小右記』）においてであらしい[24]。ごく一時期のみ存在した、天台の菩薩戒を授ける比丘尼戒壇での受戒である。願文の署名は、そのことを傍証している[25]。

三　覚超の計画と藤原道長・上東門院彰子

長元四年の如法経供養は、覚超主導で実施された。円仁、源信、藤原頼通、藤原長家、上東門院と、順次に支持を得て形式が整ったかのごとく記述するのは、覚超「五通記」ないし『如法経濫觴類聚記』の主張である。その編集を解体して事実を追うと、円仁の法華経書写はそれ自体独立した行為である。源信の如法堂新造には、浄土教を強調する意図があるが、如法経書写やその埋納を含んでいない。藤原頼通は、比叡山での父道長の追善供養を、主に根本中堂での密教修法で行った。藤原長家と上東門院については、覚超の計画に応じたと見ることができる。そう考えると、覚超の事業は、円仁の事績と源信による荘厳を、自らの計画に引き寄せて位置づけ直したのであり、同じく上東門院らの協力を誘引したといえる。

覚超が企画した長元四年の如法経供養とは、円仁書写の『法華経』に上東門院書写の『法華経』を添えることに意味があった。それは、横川での作法として意味をもつ行為であり、「横川根本水[26]」を用いて写経用の墨をするといった形式は、そのことを象徴している。しかしその意味づけは、円仁の五臺山念仏としての常行三昧とは異質であった。永延二年（九八八）の源信「新造堂塔記」に「先開二華報於極楽一、逐拾二実果於寂光一」などと述べ、長元四年八月七日の上東門院願文案に「極楽浄土ニムマレテ」、「浄土ニウマレテノチニハ」などと願われているように、極楽往生を目的とした浄土教思想として自覚されている。しかもそれは、一世紀半における内在的な発展ではないであろう。右に述べたように、円仁以来の事績を発展過程として結びつけたのは、覚超の意図に出るものである。

また、源信らが天台宗から浄土教を浮上させたのは、同時代の契機によるものである。北地の五臺山ではなく、江南の天台宗との交流重視こそ、源信らの意図であり、その路線が藤原道長ら権力中枢に支持されたのは、北宋と遼の軍事対立を焦点とする、東アジアの政局を考えてのことであった。第四章で述べたことだが、長徳元年（九九五）に宋から羌世昌ら大勢が若狭国に来着し、同二年には高麗国人が石見国に来るなど、宋や高麗から日本への政治的働きかけが活発化した。日本朝廷は、この時期に流行していた疫病の原因を異国人来着に求めながらも、国際情勢を探ったが、来着高麗人を宋の軍事謀略の先鋒だと邪推する程度の理解であった。実は、遼の軍事攻勢を背景とし、宋は日本国王の臣従と兵力補給の要請として、高麗は日宋の同盟による挟撃を避ける友誼の交渉として、それぞれの目的で来航したらしい。日本側の理解が修正されるのは長保四年（一〇〇二）頃からだが、一〇〇四年には宋と遼の間で和約が結ばれ、その後の情勢は、入宋した寂照らによって断続的に報告された[27]。藤原道長による源信の支持は、このような事情を背景にもつ。

この後、覚超が如法経供養計画を実現させる一〇年ほど以前、中枢権力を掌握し続けた藤原道長の晩年には、無量寿院阿弥陀堂があわただしく造営され、浄土教事業が矢継ぎ早に進められた。道長は、健康上の理由があって、寛仁三年（一〇一九）三月四日に、胸病の発作で倒れたあと、三月二十一日に、にわかに出家した。『栄華物語』に、彰子が父道長の出家を制止したとあることについては史実だと想定されている[28]。おそらく、計画性のある出家ではなかったのであろう。道長による晩年の浄土教事業について、多くの説では、この出家に結びつく健康問題のほか、群盗や疫病といった社会不安の拡大がその背景だと指摘される。ここではこれら一般的指摘に加えて、対外関係の突発的緊張も加えてみたい。しかもそれは、覚超が如法経供養を計画する契機だった可能性もある。

寛仁三年四月十七日、大宰府からの急使が「刀伊賊徒」の鎮西来寇を伝えた。朝廷は、同二十一日には諸社に奉幣し、二十七日には大宰府に防御を命じた。五月二十六日に旱魃と刀伊を関連づけて仁王会を実施し、(29)六月二十九日には対刀伊合戦での勲功が議せられている一方、七月十三日には高麗や刀伊に対する厳重な警戒を大宰府に指示している（『小右記』）。

道長が阿弥陀堂（のちの無量寿院、法成寺阿弥陀堂）の新造を発起したのは、このころである。『小右記』寛仁三年七月十七日条には、「入道殿忽ち発願す」と記す。

入道殿忽発願。被レ奉レ造二丈六金色阿弥陀仏十（九カ）体・四天王一、彼殿東地京極東辺、造二十一間堂一、可レ被二安置一、以二受領一人一宛二一間一、可レ被レ造云々。従レ昨始二木作一。摂政不二甘心一云々。

突然で強引な命令と、すでに開始された工事に、藤原実資は驚いているのであろう。そのことが、二度の「云々」というやや第三者的な表現に滲んでいる。末尾の一文により、とまどいは藤原頼通にも同じだったらしいことが伝わる。そして仏像は、早くも十一月三十日に完成し、当日に開眼されたという（「丈六阿弥陀仏八体、今日造了。仍令二開眼一給云々」『左経記』）。道長がいかに早急なる造作に執心したかは、『栄華物語』「うたがひ」に活写されている。「さまざまにおほしおきていそかせたまへは、よのあくるも心もとなく、日のくるるもくちをしくおほされて……」、築庭にいたるまで督促したという。しかもそれは、受領による費用負担方法をとり、摂政頼通に「くにくにまてさるへきおほやけことはさるものにて、まつこのみたうのことをさきにつかふまつる」べしといわせている。それは私的奉仕による個人的信仰心の充足ではなく、急務を公的課題に位置づけて遂行する、ある合理的な判断に裏づけられている。

翌寛仁四年（一〇二〇）三月に、九体阿弥陀仏を「新造堂」に安置する予定で（『小右記』寛仁三年十二月四日条）、実際に「中河御堂」（この段階の名称）は正月十九日に棟上げされ、二月二十七日には九体仏等を納入（『左経記』）、そして三月二十二日に「無量寺《ママ》供養」（『御堂関白記』）。諸宗から一五〇僧を参加させ、准御斎会として実施し、道長や公卿らのほか太皇太后彰子・皇太后妍子・中宮威子も参加し、大唐・高麗の舞を付し、夜には六〇僧による念仏もあった（『左経記』『諸寺供養類記』など）。

刀伊の来襲と無量寿院阿弥陀堂の造営が、関連しあうのかどうかは、史料の文言に直接の表現はない。ただし、一次史料と見なされないかもしれないが、『栄花物語』「もとのしづく」の記事は注目に値する。寛仁四年の春に疱瘡が流行したことを述べたあと、入道殿が九体阿弥陀仏の供養を目指して「いみしういそぎの〻し」る様子を描く。それに続けて次のようにいう。

かくてこのもかさ《疱瘡》京にきぬれは、いみしうやむ《病》人々おほかり。さきの大弐も、おなしくはこのみたう《御堂》のくやう《供養》のさきにとおほしいそきけれは、このころのほり給て、いみしきから《唐》のあやにしき《綾錦》をおほく入道殿にたてまつり給て、みたうのかさり《飾》にせさせ給ふ。めてたきみたうのゑ《会》とのゝしれとも、よの人たゝいまはこのもかさに何事もおほえぬさまなり。

もかさ（疱瘡）、前大弐（大宰権帥藤原隆家）[30]、急造の阿弥陀堂、この三者の関連は密接である。流行する疱瘡に、都人は阿弥陀堂供養会どころではないという。それはいかにも道長による計画と実行が、自身の意志に発するものであったことを際立たせている。焦燥と孤立を乗り越える冷静な指導力は、先に述べた、諸国負担や准御斎会という公事の方式採用に表れている。

大宰権帥藤原隆家による唐物の贈与は、配下からの奉仕とはまるで違う意味をもつと思う。そこにはやはり、急襲した刀伊軍に立ち向かい、国府を中心に地元兵力を組織して撃退した、前線の指揮官としての生々しい報告をともなっていたはずである。すでに前年六月二十九日には、大宰府からの解文に基づいて、壱岐・対馬・筑前で一〇〇〇人以上の略奪、数百人の殺害、牛馬の損害、防戦の実態と功績者のことなど、朝廷で議されている（『小右記』）。女真軍に高麗人が兵として含まれていたことへの不信は根強く、大納言源俊賢は藤原実資への書状において、両国間の通牒を憶測している。同時に、宋朝は本朝宛てに牒送すべきなのに、安東都護府が対馬嶋に牒を送っただけである、との不満を述べている（『小右記』寛仁三年九月二十三日条）。また、「刀伊国」と「女真国」の関係を大宰府に問いただすなど（同前史料）、「刀伊賊徒」の正体をつかみ切れていなかった。

刀伊については素早く撃退できたとはいえ、阿弥陀堂造作の間にも不安は続いていたはずである。阿弥陀堂開眼後の年末、寛仁四年閏十二月二十九日にも、「南蛮賊徒到二来薩摩国一、虜二掠人民等一」という大宰府解が届いた。刀伊ではないが、一連の不安を継続させたであろう。府解は、左大臣藤原顕光、ついで関白藤原頼通へ、そして無量寿院にいた藤原道長に報告され、年明けに太政官符を大宰府に宛てて追討を命じるよう指示が出された（『左経記』）。このようにたどると、権帥藤原隆家が阿弥陀堂供養の頃に上京して唐物の飾りを献上したことのうちには、外敵からの防禦という政治課題が、阿弥陀堂急造計画と無関係でないことを推測させる。

疱瘡の流行は、それ自体が社会問題である。しかし別の事柄と結びつけて認識されることもある。寛仁三年五月の臨時仁王会は、旱魃のための祈雨が目的だったが、人知を超えた災厄が重なっていたことになる。仁王会の呪願文には、はじめは「旱魃事」に対処する趣旨が書かれていたが、藤原実資の指示で「異国凶賊事」を書き加えた（『小右記』寛仁三年五月二十日条）。両者が同時に解決課題となったからではあるが、同じ仏事で対処できるというのは、共通の性質を認めているからであろう。「異土毒気」によって「京邑咳逆病」が流行したといった認識は（『日本三代実録』貞観十四年〈八七二〉正月是月条）、特に九世紀以来は色濃く、対抗儀礼としての国家仏事を催す契機になっていた。[31]『栄花物語』の表現はこれに関して説明的ではないが、藤原実資そして藤原道長の脳裏では、疫病・旱魃といった災厄が、実態のはっきりしない外敵への対処という現実意識を増幅させた可能性がある。

道長の阿弥陀堂造営は、現実政治に背を向けた浄土教信仰への専念計画ではないと思う。とはいえ、対外政治の不安解決策そのものだと考えたわけではなかろう。ただ、二〇年余り前に経験した宋と遼の軍事緊張の余波、澶淵の盟が結ばれて以後に寂照から届く大陸情報、それらをもってしては理解しえない刀伊来襲の衝撃に、過剰な反応を示した可能性はある。その場合、かつて寛弘二年（一〇〇五）に完成した浄妙寺が、本尊普賢菩薩の前における法華三昧で先祖供養を果たす氏寺だったのと違い、今度の無量寿院阿弥陀堂は、念仏で自らの極楽往生を願う浄土教寺院としての性質が鮮明で、しかも権力中枢が権力拠点に建設した浄土教寺院であることにこそ、強い意味づけがあったのではないだろうか。ここに日本朝廷は、実質的に、浄土教の旗印を立てたことになる。

かつて、藤原道長は、源信や慶滋保胤、また寂照らの活動を受けて、天台宗浄土教の採用に踏み切った。ただそれは、江南の天台勢力と関係深い海商との通交に結びついており、大陸からの政治情報と交易実利を確保し、しかも宋・遼の北地での軍事紛争から距離をとる方策であって、なお無量寿院阿弥陀堂造営のような発想をもたなかった。寛仁四年の阿弥陀堂完成は、国際政治世界への情報発信などはともなっておらず、不明な部分のある時局を前にした焦燥さえ感じられるもので、外交策としての新味はない。ただ、仏教史としての表面的な画期性に、権力中枢による対外認識の自覚を読みとっておくべきであろう。

無量寿院は、阿弥陀堂建設の後に、法成寺と改名して金堂はじめ堂舎を整えた。そのなかで、道長の意志を継承して発展させたのは、娘上東門院が長元三年（一〇三〇）八月二十一日に完成させた東北院である。「女院御堂」「法成寺内艮角新立三昧堂」ともいわれ、念仏を担当する三昧僧が置かれた。『法華経』一〇〇部を用いた供養において、導師を勤めたのは天台座主慶命である（『小右記』長元三年八月二十一日条）。「弟子忝号帝王之母儀」で始まる東北院供養願文には、先考道長建立の法成寺を讃え、そのなかに自らが「常行堂一宇」を建て、「金色阿弥陀如来像・観音・勢至・地蔵・龍樹菩薩像等各一体」を造り、『法華経』一〇〇部を書写したと述べている（『扶桑略記』）。本尊は、五臺山に由来する延暦寺常行堂の五尊を、そのまま踏襲している。

前節で述べたように、東北院造営二年半ほど前、万寿五年（一〇二八）三月七日には、関白左大臣藤原頼通が比叡山根本中堂に参じ、座主慶命に薬師法を修させるなど、藤原道長の追善仏事を締めくくった。しかもこの間、藤原長家が覚超らに迎えられ、首楞厳院での法華経供養を計画し、五月三日に実施した。連動して大極殿で行った大般若経転読は、関白藤原頼通が上東門院を通じて天皇に了解をとっていた。覚超は、円仁本願経供養に権力中枢を誘引していた。そして、長元三年（一〇三〇）に上東門院の東北院供養、翌長元四年（一〇三一）に上東門院書写経による横川での如法経供養につなげられた。

覚超の如法経供養計画に対して、支持する比叡山僧がいたのは確かだが、事業の核心部は一貫して覚超の主導で進められた。貴族への働きかけといい、「五通記」の編集といい、求道者のひっそりした信仰実践ではない。その積極性は、藤原道長そして上東門院による権力根拠地での浄土教推進策を捉え、比叡山横川をそれと連動する一対の浄土教拠点とする目的に向けられた。その実現の明示的な証として、如法堂銅筒を造ったのであろう。

四．上東門院彰子の一人称[32]

覚超の如法経銅筒については、埋経思想や経塚造営の風の高まりを背景にする、と説明されることが多い[33]。しかし実際は、前例などほとんどない。経塚創始の系譜上に位置づけることはできるが、完成体の展開上に位置づけることはできないであろう。ただし、覚超の如法経銅筒を含め、初期事例は三つある。永延三年（九八九）の覚超『修善講式』にいう「仏・経弁ヒニ人々名帳ヲ埋納」するという作法、寛弘四年（一〇〇七）の藤原道長による金峯山埋経[34]、そして長元四年（一〇三一）の上東門院の横川如法堂銅筒への納経である。『修善講式』では、経典を特定していない。金峯山経塚には、『法華経』『無量義経』『観普賢経』『阿弥陀経』『弥勒上生経』『弥勒下生経』『弥勒成仏経』『般若心経』を納めており、選択はされていても、「信仰の雑駁性をあからさまに呈示している[35]」という評価を容易には退けられない。では上東門院の場合はどうか。

すでに述べたように、覚超の如法経銅筒は、一四〇年後まで埋められなかった。『修善講式』を計画した覚超にとっては、「如法堂銅筒記」に述べたことからしても、いずれは埋納するつもりだったであろう。それが実現しなかったのは、上東門院との考え方の違いによるのではなかろうか。上東門院は、願文で次のように述べていた。

コノヨノカミスミシテカキ、アタナルカマヘシテオサメタテマツレハ、アサキ人ノ目ニハ、クチソコナハレ給フトミルトキアリトモ、実相ノ理ハ常住ニシテクチセス、モロモロノ功徳ヲソナヘタルモノナリ。ワカ願コ、ロサシキヨクカタケレハ、オノツカラコノ道理ニカナフラム。コレニヨリテワカコノ経ハ、ミメウノ七宝ニナサレタル経巻トナリテ、七宝ノ塔ノウチニマシ〳〵テ、弥勒ノ世マテツタヘヲキテ、釈迦ノミノリウセナムトキニモ、コノ経ハマシ〳〵テ、人ヲワタサセタテマツラム。(後略)

上東門院は、物理的な朽損をことさら問題にしておらず、理念の実体化を重視している。後文には、清浄な我が志により、この書写経は七宝の経巻となって弥勒の世にまで伝えられると述べていて、妄信による現実と理想の混同ではなく、自覚的な価値理想への信念であることが伝わる。願文には、「横川ノ慈覚大師ノ如法堂ニオサメタテマツル」とは述べているが、埋経という形式には触れていない。彰子は、いずれ朽ち果てる書写経典の形式よりも、「実相の理」をこそ重視している。形式としての経巻の絶対視を前提に、埋納によって永遠に保守しようという非現実的な物神観ではなく、仏教上の普遍的な真実の不滅を確信しているかのようである。覚超らは、銅筒に納入して埋め置いた上に土石を積んで弥勒出世を待つのが「勝術」だというが(「如法堂銅筒記」)、その非現実的な言説に同調しなかったのである。詳しくは不明だが、結果的に、覚超と上東門院は、将来の埋納ということで折り合いをつけた。いずれにしても、上東門院生前の如法経銅筒は、経塚ではない。

経典の物質的な永遠性に固執する覚超らと、将来における衆生の救済という不動の真実に価値を置く彰子とは、形式と内容いずれに重点を置くかといった補完関係にあるというよりも、やはり認識次元に相違があるとみるべきであろう。おそらく彰子は、覚超らの企画について説明を受けたものの、単純には同調できない違和感をもった。仮に、専門の仏僧覚超に比して彰子の信仰蓄積が浅いとしても、思想理解の質と行動規範としての内面化の程度は、人生経験と全人格に関係することであろうから、断片的な史料から充分な判断はできない。ただ、彰子には、自らの判断で覚超流の形式性に慎重な立場をとるような、主体性を認めることはできるであろう。

　この点に関して、彰子の願文を再三再四読むと、その主体性や確信が、文面全体に満ちていることを強く感じる。それは、上述した願文の内容によることでもあるが、一通の願文にほとばしる一人称の主語によるのではないだろうか。「ワカ願ココロサシキヨクカタケレハ」「ワカコノ経ハ」「ワカクニノキミタイラカニ」「ワレノチノヨニ三界ヲイテテ」「ワカ願カナラスミテタマヘ」、という。「弥勒ノ世ニモミツカラアヒテ」「ココロサシヲオナシウセントナリ」「衆生ヲワタスミトナラム」、というのも自己認識の表れであろう。

　彰子は、願文の前半で、経巻を無駄な結構に納めたところで、「アサキ人ノメ《(目)》ニハ」朽ち損なわれてしまうと見えるだろうが、仏教の真理は常住だといっている。一般論を述べていると考えられなくもないが、念頭にあったのは覚超その人のことなのではないだろうか。

　ただし、上東門院彰子の思想について、覚超との対比では評価を高めすぎたかもしれない。仏教信仰者としての見識は、必ずしも時代の課題と全面対峙する価値をもったとは限らない。彰子は願文のなかで、「人」「タミ」「衆生」の救済について繰り返し述べている。その主観を疑う必要はないであろうが、一般化された被救済者が置かれた具体的な状況への言及は一切ない。実際の救済事業にともなうであろう困難さではなく、楽観が全体をおおっているようですらある。それは、強い意思をもつ彰子が思い描く衆生救済の方法が、経典思想そのままの、自ら率先して往生した極楽界から現世の衆生を導く、といった観念性から一歩も出ないことの裏返しである。この点をあえて重視するならば、覚超との思想的な距離は意外に近いともいえる。

むすび

初期経塚として位置づけられることのある前節冒頭の三例は、形式作法の共通土台に基づいて実施されたものではないらしい。「横川に始まった如法経埋経を中軸としてほとんど全国に及んだいわゆる経塚」が、「階級・身分の如何を問わず自覚されてきた社会観」として、「民衆の世界にも末法思想がひろく拡がっていた例証」という説は、[36]少なくとも十二世紀の新展開を確認した上での一仮説であって、覚超の如法経銅筒そのものについては誤解を生みかねない。

金峯山経塚の検討など、重要課題を残した小稿からいえることは少ない。また、江南呉越に発して、のち北宋や遼にも受容された八角多層塔について、納められた真身舎利と法身舎利（『法華経』）を結びつける思想に拠ったことが、遺例とともに指摘されている。[37]それによると、横川如法経が供養された一〇三一年以前には、四例を確認することができる。流動する東アジアの政治世界との関係で、僧侶を含む知識人貴族と摂関期権力中枢とが、政治と宗教の進路を模索する葛藤がいかなる形をなしたのか、今後の研究課題としたい。

（1）法成寺は、厳密には、京域の東限外側に接している。
（2）上川通夫「尊勝陀羅の受容とその転回」「中世山林寺院の成立」（同『日本中世仏教と東アジア世界』二〇一二年、塙書房）。
（3）『和泉市史』第一巻（一九六五年）。
（4）井上光貞『新訂日本浄土教成立史の研究』（一九七五年、山川出版社）八六・八七頁。

（5）赤松俊秀「藤原時代の浄土教と覚超」（同『続鎌倉仏教の研究』一九六六年、平楽寺書店）、池辺義教「都率先徳、覚超の行実――源信と覚超――」（『大谷女子短期大学紀要』三八・三九、一九九四年・一九九五年）。

（6）『大正新脩大蔵経』図像第十二巻所収。よく知られた史料であり、天台宗史・如法経・経塚への関心から触れられることは多い。岩橋小彌太・梅原末治・中村直勝「叡岳横川根本如法堂址の発見」（『歴史と地理』一三―一、一九二四年）、廣瀬都巽「横川経塚」（『考古学雑誌』一四―五、一九二四年）、景山春樹「横川経塚遺宝拾遺」（『史跡と美術』二五七・二五八、一九五五年）、同「円仁の根本如法経と横川の発達」（『山岳宗教史研究叢書2　比叡山と天台仏教の研究』一九七六年、名著出版）など。三橋正「覚超と上東門院仮名願文」（吉原浩人・王勇編『海を渡る天台文化』二〇〇八年、勉誠出版）は、「如法堂銅筒紀」「前唐院牒」「上東門院願文案」の全文を引用する。

（7）『門葉記』には「如法経十二」までである。十二世紀から十四世紀の如法経供養について、諸事例の詳細な記録が編集されている。

（8）十六世紀末成立の『大雲寺縁起』実相院本には五月三日、同尊経閣文庫本は万寿四年五月三日のこととして、比叡山で如法経供養があったとする。なお、『大日本史料』第二編之二十七、長元元年（万寿五年）三月七日条には、藤原頼通の登山や藤原長家の十種供養についての史料が採られている。

（9）『叡岳要記』下には「如法銅筒記」「如法堂霊異記覚超僧都記」に続けて、「私伝聞云」として次の文を載せる。「承安年中之比、楞厳院長吏法印円良法師、如法経奉レ埋二大地之底一畢。如二大師記文一而已。可レ秘レ之可レ秘レ之。如法経内陣妻戸調木上虫食文云、得下見二此塔一礼拝供養上、当レ知三是等皆近二菩提一云々。件木隠二其上調木螺摺上一被二打付一畢云々。任尊法眼聞定説語申云々。」

（10）佐伯有清『慈覚大師伝の研究』（一九八六年、吉川弘文館）、同『円仁』（一九九〇年、吉川弘文館）五三・五四頁。

（11）佐伯有清『円仁』（前掲注10）二三〇頁。

（12）速水侑『平安貴族社会と仏教』（一九七五年、吉川弘文館）二二頁。

（13）石田茂作『仏教美術の基本』（一九六七年、東京美術）四五二頁。

（14）井上光貞『新訂日本浄土教成立史の研究』（前掲注4）八七・八八頁。

（15）上川通夫「寂照入宋と摂関期仏教の転換」（同『日本中世仏教と東アジア世界』前掲注2）。

（16）上川通夫「寂照入宋と摂関期仏教の転換」（前掲注15）。

(17)『如法経濫觴類聚記』(四)では、僧二一人に昼夜不断法華経転読を行わせたと記す。不断薬師経には触れていない。両方とも行われたというより、薬師不断経を不断法華経転読に書きかえられた可能性がある。
(18)(四)では逆に、権大僧都心誉が不動法、尋円が延命法だとするが、『左経記』に信を置くべきであう。
(19)『日本紀略』同年三月七日条と十四日条にも、頼通の登山と下山についての簡略な記事がある。
(20)東舘紹見「平安中期平安京における講会開催とその意義」(『仏教史学研究』四三─二、二〇〇一年)。
(21)岩橋小彌太・梅原末治・中村直勝「叡岳横川根本如法堂址の発見」(前掲注6)と廣瀬都巽「横川経塚」(前掲注6)に実測図がある。写真は、景山春樹「円仁の根本如法経と横川の発達」(前掲注6)のものが見やすい。
(22)京都国立博物館特別展図録『金色のかざり』(二〇〇三年)、京都国立博物館・東京国立博物館特別展図録『最澄と天台の国宝』(二〇〇五年)、京都国立博物館特別展図録『藤原道長』(二〇〇七年)など。
(23)横川如法堂跡の経塚出土遺物のなかに、十世紀から十一世紀に焼かれた灰釉四足壺(総高一九・五センチ)があり、覚超らによる銅筒供養時の結縁に関わるものかと指摘されている。『最澄と天台の国宝』(前掲注22)、作品解説76(久保智康氏)。
(24)石田瑞麿「比丘尼戒壇」(同『日本仏教思想研究2　戒律の研究下』一九八六年、法蔵館)。
(25)なお、この菩薩戒受戒は、北宋・遼・高麗の王族で見られる。上川通夫「北宋・遼の成立と日本」(本書第一部第四章)。
(26)『門葉記』如法経一に載せる、寛喜三年(一二三一)「如法経雑事」の「一、取写経硯水事」の項。
(27)上川通夫「寂照入宋と摂関期仏教の転換」(前掲注15)、「北宋・遼の成立と日本」(前掲注25)。
(28)北山茂夫『藤原道長』(一九七〇年、岩波書店)一七四頁。
(29)五月十九日には、彰子が藤原実資に道長出家にまつわる不安を語っている。同日は、道長主催の法華三十講が行われていたが、その合間に摂政頼通を中心に仁王会実施の打ち合わせが行われた(『小右記』)。
(30)寛仁三年十二月二十一日に、大宰権帥を藤原隆家から藤原行成に代えることが決められている。
(31)上川通夫『日本中世仏教形成史論』(二〇〇七年、校倉書房)第一部第三章。本文掲出の例は渤海人の来着に関係する。
(32)この節の後半、上東門院彰子の願文解釈については、初出稿に加えて、上川通夫「摂関期仏教の転回」(『愛知県立大学日本文化学部論集』八、二〇一七年）の第三節「比叡山の如法経供養——覚超と上東門院彰子——」の一部を接合した。

(33) 景山春樹「円仁の根本如法経と横川の発達」（前掲注6）、京都国立博物館・東京国立博物館特別展図録『最澄と天台の国宝』（前掲注22）解説75、など。

(34) 石田茂作・矢島恭介『金峯山経塚遺物の研究』（一九三七年、帝室博物館）、京都国立博物館特別展図録『藤原道長』（前掲注22）。

(35) 北山茂夫『藤原道長』（前掲注28）一〇三頁。

(36) 井上光貞『新訂日本浄土教成立史の研究』（前掲注4）一一一頁。この点については、平雅行氏による批判がある。平雅行「末法・末代観の歴史的意義」（同『日本中世の社会と仏教』一九九二年、塙書房）。

(37) 橋村愛子「平家納経とその経箱——呉越国、宋、契丹の仏塔に納められた法華経と日本より——」『美学美術史研究論集』二六、名古屋大学大学院文学研究科、二〇一二年）。

第七章　十二世紀真言密教の社会史的位置——大治と建久の間——

はじめに

九世紀の空海最晩年に始められたという後七日御修法は、真言密教を代表する仏事にして、御斎会とならぶ年頭の国家法会として、中世成立期にも再定位された。本尊として両界曼荼羅が掲げられるほか、五大尊や十二天の画像などが真言院内に祀られたが、白河院政末期の大治二年（一一二七）には五大尊・十二天画像が新調され、後白河院政期の建久二年（一一九一）には新様の十二天屏風が描かれたことが、東寺伝来品と関連文献によって知られている。それらは、美術史学と文献史学がそれぞれの考察を参照し合いながらともに方法を鍛える上でも、重要な位置を占めている。[1]文献史学についていえば、院政期権力の意向と不可分の仏画制作事情を知るとともに、仏画制作事情に国家政策の特徴を探りうる事例である。

二〇一三年に、京都国立博物館特別展観「国宝　十二天像と密教法会の世界」が開催され、東寺由来の五大尊・十二天画像や、十二天画像を中心とする遺品が陳列された。[2]この章は、その期間中に関連企画として開催された研究会での報告原稿である。上述のように、大治二年と建久二年、つまり十二世紀の前半と後半に描かれた共通題材の真言密教絵画が今日知られているのだが、私見では、両者の間には歴史段階としては重大な違いがあるのではないかと考えている。また、それら仏画は貴族社会の嗜好に沿って制作された、いわゆる美術的価値のある優品であるが、この章の関心は地域社会史にある。ここでは、文献史学の方面から考えていることを述べ、美術史学を含む十二世紀史研究の諸分野からの批判を仰ぎたい。(3)

一．十二世紀の日本仏教と真言密教

（1）中世史研究（文献史学）と真言密教史

自らの研究上の立場を明確にする目的で、ごく大まかながら、研究史とその問題点について触れておく。井上光貞氏の研究を代表とする日本浄土教成立史論(4)は、今日でも前提にされる場合が多い。個性ある歴史理解だが、十一世紀前後に末法思想の社会的拡大を実態視し、そのことを浄土教発展の要因とした点は、現段階ではすでに再考を迫られている。(3)とはいえ、井上説には、在地領主の成長に注意した点では、地方からの仏教導入を探ろうとする工夫があった。

のちに提起された顕密体制論(6)は、提唱者の黒田俊雄氏によれば、実は中世封建社会形成過程の民衆闘争を基盤に据えた中世宗教史像であった。しかし学説の継承発展の過程では、まず東大寺・興福寺その他の権門寺院の機構や、僧綱制など国家の仏教行政の復元研究が進んだ。ついで中世の国家仏事、たとえば後七日御修法や大元帥法などに注目された。そこで仁和寺、法親王、守覚などが研究対象として浮上した。文献として聖教に注目されたのは、ほぼこれらに関連した研究動向である。文献史学からの五大尊・十二天像の制作事情への関心も、このような研究史に促されたものである。(7)

一方、一九八〇年代後半頃から、東アジア世界論が日本中世史でも重視された。一国史論やその内在発展論への懐疑が歴史学全体に拡がったからだが、その視点はすでに一九六〇年代から古代史と近代史について議論されていた。ついで一九八〇年代に中世後期や近世史でも研究が深められたのだが、ようやく一九九〇年代になって「国風文化」時代への再考機運が訪れ、二〇〇〇年代に入って歴史的世界としての東アジア世界、つまり宋・遼・金・高麗などの歴史との連動が、日本列島史においても考察されている。真言密教史に関して、空海からの末広がり的真言密教発展史は、文献史学では今や成り立ちにくく感じられる。インド由来の後期密教の問題を日本史でも検討するのは、中世成立史研究の一部である。

以上を踏まえて、院政期真言密教をどう理解するのか、私見を述べる。前提として、摂関期仏教は、東アジアの政治世界の変動への対応という性質があった。遼と北宋との軍事的な対峙状況、天皇の皇帝への臣従回避と海商を介した江南地域との交流、摂関家を軸とする天台宗（浄土教）の推進、という内容である。

院政期仏教は、東アジア情勢の変動、つまり遊牧族を軸とする大陸動向の激動に影響されたが、遼ついで金による軍事攻勢と政治世界の再編は一一二五年から一一二七年に決着がつき、金と南宋が対峙する形勢へ移った。このころこそが、院政期仏教、日本中世仏教の確立期だと考える。その内容として三点あげることができる。

一つは、権門寺院の成立である。南都北嶺や御願寺の数々が、荘園公領を基盤に据え、侍や百姓を包摂し、末寺・末社を系列下に置いた。二つ目は、院による真言密教の大幅採用である。院権力は、摂関家の天台重視を否定しようとし、遼や北宋の後期密教にも注目した。三つ目は、平安京の仏教都として改造である。すでにインド仏教の衰退情報は届いており、大陸諸国の興亡は一層現実的で、そのことが日本王朝の持続を仏教で意味づける意思を生んだ。世界仏教の新しい発信源としての平安京を作るべく、仏事の盛行や舎利塔婆の林立、さらには新種の仏事等の考案、熊野・金峯山など国内聖地の養成へと展開した。以上、三点から見える院政期仏教の歴史的性質は、権力事業として顕密並立の国家宗教体制を強引に構築したもの、ということにある。

ただ、私見についてはもとより、これまでの院政期真言密教研究には問題点があると考える。それは端的にいえば、〝偏り〟ということである。つまり研究構想された院政期真言密教像には、権力中枢部からの視点、平安京の過大視、地方天台勢力等の軽視、という傾向がある。いわば忘れかけた社会史・全体史、という問題である。そのことを反省し、ここでは主に仏教史研究以外の文献史学が研究対象としてきた、地域の民衆世界に注目したい。院政期社会には、新しい歴史の動向が出そろっている。開発、百姓の家、地縁社会、村落[8]、などである。その際、百姓らは、谷戸田で湧水を利用し、山野を用益していた[9]。そこに、寺院を設営する動きが広く見られたらしい。平地の村落寺院[10]に対して、山林寺院という言葉があるが、ここでは里山寺院という概念を提起したい。これについても、研究史の蓄積と問題点がある。

（2）山林寺院の問題

近年、山寺研究は、新たな展開を見せている。特に考古学では、発掘調査も含めて活発である[11]。なかでも上原真人氏は、平地の官寺・国分寺と周辺丘陵の寺院とが連動して営まれていたことを、立地や瓦の同笵関係などから論じている。そこには、山林寺院跡の多くが里山に立地するという、重要な指摘を含んでいる[12]。久保智康氏は、山寺が国境や郡境の付近に立地する場合の多いことに注目し、国衙との政治的結びつきを指摘すると同時に、麓にある二、三キロ離れた辺りに営まれている村里との関係を想定している。また久保氏は、山寺・墳墓・祭祀場が有機的につながる信仰空間だと捉えている[13]。これら考古学研究が提起する諸問題のうち、ここで特に、里山の寺院と村落との結びつきを解明する研究課題に注目したい。

一方、文献史学による仏教史研究は、これに対応できていない。諸先学による大事な指摘は多いが、[14]やはり今なお、山林については、人里離れた信仰空間、非社会的存在と見なす傾向が残っている。一部の論者が指摘しているように、地域社会史への視点が必要だと考える。[15]なぜなら、かつての社会経済史研究では、「律令制の盲点」という前史をもつ山野について、中世の農耕民は生産活動の場としていたことを、説得的に論じられたからである。[16]しかし寺院史・仏教史の研究は、そのことを受けとめ切れていないと思う。[17]

以上のことを踏まえて、以下では、平安京の真言密教ではなく、南都世界の具体例を検討する。よく知られた内山永久寺の事例である。

二．大和国内山永久寺——南都辺の真言寺院——

(1) 創建時の諸相[18]

永久寺は、奈良県天理市杣之内町に位置し、西を除く三方が低い丘陵に囲まれた、谷部の平坦地に営まれていた。[19]廃仏毀釈で消滅したが、文献としては、文保元年（一三一七）『内山永久寺置文』（以下『置文』）と十四世紀『内山之記』（『記』）が残され、中世寺院としての具体相がわかる。

まず、権少僧都頼実（淡路守藤原頼成息、興福寺大乗院隆禅附属弟子）と前法務大僧正尋範（藤原師実息、頼実附属弟子、興福寺大乗院院主）がともに「本願」とされているが、[20]興福寺の末寺として藤原氏摂関家が設営したと見なすことができる（『置文』「本願事」「長者御祈願所事」）。本堂（本尊阿弥陀如来、永久年中草創歟、保延四年〈一一三八〉造営）、真言堂（保延二年〈一一三六〉建立、導師小田原現観房上人）、多宝塔（保延三年〈一一三七〉供養、高陽院祈願、頼実の申請で白河院瑠璃塔を納める）が中心伽藍に建てられているほか、灌頂堂でもある真言堂が密教の拠点であり、密教修法で用いられる十二天画像が建長五年（一二五三）に描かれたとの記録もある。これら主要堂宇は、保延年間に造営されている（以上『置文』「寺塔幷大喜院等事」）。

ただ寺号の通り、永久年間の草創である可能性は高いが、はっきりしない。勅額などはないようだが、本堂はもともとの永久寺からあったようで（同上）、興福寺の別所的な浄土教系寺院だったのかもしれない。

注意すべきは、保延年間の造営が、恒常的な経済基盤の設定に先行していることである。

僧侶は、十二世紀後半には、約一〇〇人いたようである。その組織には、供僧、学衆、禅衆という秩序があった[21]。構成員は二〇ほどの房に分散していたようであり[22]、寺内に住むことを義務づけられていた。僧侶らは、「山僧」とも呼ばれている。ほかに注意すべき存在として「法師原」「西谷・東谷の下人」が見えるが、これについてはあとで触れる。

経済基盤が問題だが、創建当初は領主の私領田を中心にしていたようである。保延五年（一一三九）に、本願頼実が「私領水田」を真言堂供料に宛てている（『置文』「仏事勤行事」）。永治元年（一一四一）の本願頼実供料施入状には、永久寺を取り巻く西谷と東谷の水田と畠を「内山庄」と呼んでいる（『記』）。田畠を指すもので、一円支配ではない。

しかも初期の段階では、地域勢力の実力こそが、寺院経営を軌道に乗せる主体だったようである。大和の「国民」出身の僧亮恵は、その中心人物として手腕を発揮している[23]。亮恵は本願前大僧正尋範の「真言師範也」とされている。灌頂を受けたのは天承元年（一一三一）だという（『記』「亮恵上人御房御誕生」[24]）。これに関して、真言堂に安置された金銅大威徳明王像は「亮恵上人本尊」だということ、保延二年に小田原現観房上人なる者が真言堂供養導師を勤めたこと、両界曼陀羅願主は「南仙房不レ知二正字一、本願祇候人云々母儀、本願令二与力一給云々」

と記述されていることなどに、注意される（『置文』「寺塔幷大喜院等事」）。亮恵・現観房・南仙房の実像はよくわからない[25]。推測だが、本堂に対して真言堂を設定したのはこれら地域勢力であり、本願らはこれを受け入れたのかも知れない。

また、「本願祇候人」としては、元興寺禅定院領たる民司庄の「本主」備後君なる者も、亮恵と並ぶ功績があったらしく、『置文』では特別に記載されている（「本願亡日幷墓処等事」「仏事勤行事」）。さらに、『置文』「山務管領次第」には、亮恵のあと、蓮恵（大輔上人）ついで道海（大夫阿闍梨）という、師弟間で経営実務を継いだと記している。これらから考えると、国民や庄本主といった地域有勢者から、私領を各地にもつ受領層出身僧、そして政治的統括者たりうる摂関家出身僧へ、働きかけが連鎖したようである。

（2）　山寺と近隣地域

このようにして成立した永久寺について、山寺として、また里山寺院として、捉えてみたい。

まず、永久寺を「内山」と呼び、僧侶を「山僧」と称したことは、無視できない。慶長五年（一六〇〇）『和州内山永久寺縁起』[26]には、「此山をミれハ、形勢自然と五鈷金剛杵の相をうつし……此山五鈷杵の形にて内に一の山あれハ山号を内山といひ、……」と表現されている。後世の縁起だが、地形そのものにはあまり時代の変化がないであろう。実際は決して峻険な山地ではなく、なだらかな丘陵に過ぎない。谷と谷との間に挟まれた凸起部や、平地の林をも「やま」と呼ぶ用語法があるので（『広辞苑』第四版）、「山寺」にも独特の質的概念を想定する必要がある。

山寺としての永久寺は、世俗との接点を、確かに持っていた。十二世紀後半、とくに源平合戦期には、繰り返して寺院法たる定文（起請文など）を作成し、寺院内外での武力排除を強調している。それは世俗と接触する実態と表裏の関係にあるはずである。また、内乱期の実際を生々しく伝える興福寺僧信円（藤原忠通息）は、「菩提山本願大僧正御暦記」（『置文』「雑事」）治承四年（一一八〇）十二月に、次のように記している。

> 同十二月廿八日、平相国禅門焼㆓失南都㆒、猶可㆑被㆓追捕㆒之由風聞之間、予雖㆑住㆓菩提山㆒依㆑為㆓南都近隣㆒、俄渡㆓内山慈源房㆒了、
>
> 同廿九日、官兵等猶可㆑捜㆓所々山寺㆒之由風聞、仍立㆓隠上山中㆒、然而無㆓殊事㆒、申刻許還㆓住慈源房㆒了、

平家軍による南都焼討の当日、信円は、追捕の手から逃れるために永久寺慈源房に入り、しかも「山寺」にはやはり捜査が及ぶとして、寺から出た。信円は、興福寺から菩提山正暦寺、ついで内山永久寺、そしてより深い「山中」へと避難した。菩提山や内山は、「山中」よりも世俗領域に近いのであろう。

しかし永久寺と世俗との接点は、むしろ日常的な構造として存在していた。寺のすぐ近隣には、住民が耕す田畠があった。それは、西谷と東谷と呼ばれる地域にある耕地である。永治元年（一一四一）にこの田畠を料所として設定している（本願頼実供料施入状、『記』）。西谷は水田六町一反と畠四町であるのに対して、山手の東谷は水田一町七反と畠二反少であり耕地面積は狭い。このうち六町を、上層身分の供僧六口に優遇配分しているので（人別田七反・畠三反）、残りは決して広くない。

同時に本願頼実は、同じ山辺郡の柳本や西嶋、また葛上郡や高市郡に散在する田畠を施入している。東西両谷分とあわせて、一七町七反六〇歩である。山僧たる学衆と禅衆ら約一〇〇人の居住と仏事の費用は、ここから賄われることになる。伽藍と仏事の維持には、相当の工夫が必要になったはずである。

（３）「山寺之法」の発見

経済基盤の確立に先行して、権力的に営まれた永久寺の伽藍は、寺辺の田畠によって支えられることとなったが、この仕組みはすぐに破綻したようである。そこで、この時代に各地で出現していた解決方法が見出されることになる。このことを記す仁平三年（一一五三）供僧山僧等解状（『記』）に注目したい。

供僧三昧僧等謹解　申請御裁定事
右倩案事情、当山者本願先師置三昧供僧之思、造房常住輩可為首、於他処時時通類永可停止由被下知畢、住僧等親承之事顕然也、仍自今已後、若有其闕可体時、山僧等撰定挙進可被補件職也、尋其由□（緒）者、常住小僧等各追年追日、於例時礼懺、夏安居・念仏・仏名・吉祥等御願、令勤仕来者也、除此輩横自側言上事由被補者懣（ママ）愁歟、付中於他処者、不知其心操之詞不詞、持法之器非器、或不常住或不造房歟、至此時徴之者、定似山僧等宜歟、尤可有還迹也、又住僧等漸曚昧難読仏経幷講演式等成罷也者、如此所作幷修正仏名等、導師之器撰定可挙進也、望請恩裁、早任山僧等解状裁下、将仰正政之貴、但此申状雖非当用、各鑑未来注意趣、以解、
仁平三年十月十三日　　山僧等

ここには、寺院維持の方法として三か条が述べられている。第一、本願頼実以来、供僧・三昧僧は造房・常住の山僧から選ぶ。第二、常住の山僧は例時礼懺や夏安居・念仏その他の仏事を担う。第三、仏経・講演式を読めない住僧の出現をとどめて導師たる器の者を推挙する。以上の三か条は、山僧の内部再生産と仏教素養の維持、と要約できる。ここでいう「造房・常住の輩」とは、その多くは西谷・東谷出身者だと考えら

れる。推測の根拠は次の仁安四年（一一六九）亮恵・睿俊解状である（『記』）。

□□預解状御外題案
　□（亮カ）恵睿《エイ》俊等解　申請御寺政所裁事
　請下殊蒙二　恩裁一内山東西谷付二供僧三昧等一、被上レ催二勤堂塔修理幷雑役等一子細状、
□（右カ）謹検二案内一、故本願僧都御房、以二内山御庄一被レ配二□（燈）油供田等一時、持二東谷一有二禅実一於二睿俊一充行之由聞食、被レ仰云、睿俊山寺住僧也、汝知レ為二山寺一返返神妙也、於二他所輩一定為二山寺一致二疎略一者歟、而近年堂舎宝塔漸以被二破損一耳、爰亮恵睿俊及二懸杖之齢一、不レ能レ催二沙汰一体罷成候之上、余命不レ幾、又於二残山僧等中一別無二仰付輩一、又被レ付二他所輩一者、如二本願仰一実致二疎略一者歟、為レ嘆事不少□已、依レ之尋二余山寺之法一、多分付二住僧等一毎年番□□沙汰云々、准二此傍例一当山毎年供僧三昧各□□廻二催両谷下人幷山僧等一加二修理一更無□□歟、又亮恵以二長寛二年之比一、於二内山一是堂□数多過二山寺之勢分一、仍可レ有二修理料一之由令二言上一者、随二申請一以二蔵垣内水田一令奉（ママ）施入御了、其田数六段也、残二段房地也、毎年所当本斗定四石四五斗也、其後至二去年一令以（ママ）二四ヶ年所出一令二御所修理一畢、又以二去年所当一従二今年之春一可レ令二丈六堂修理一也、自今以後追レ年可レ加二修理一葺而寺也、寺許亮恵等辞退、以二両谷等一付二供僧三昧等一令二修理一者、限二永代一無二破壊一者歟、望請　恩裁、早任二解状之旨一被レ下者、将レ仰二正理之貴一、仍録二在状一、以解、
　　仁安四年己丑二月七日　　　　僧亮恵
　　　　　　　　　　　　　　　僧睿俊
如二申状一供僧三昧等闕之時、任二山僧挙状一可レ補二其職一状如レ件、

権大僧都　在御判㉗

三行目の傍線部には、「内山東西谷を供僧・三昧等に付し、堂塔修理ならびに雑役等を催し勤め」させるとある。東西両谷の全体を永久寺と一体化させる取り決めである。文章表現上は、地域を僧侶に与えるとなっているが、実際は、僧侶らの出身母体が全体として寺を支える、という意味で解釈できる。ここでは、すでに寺領とされていた田畠だけでなく、住民の家屋その他の生活空間が包摂され、耕地ではない山野も含まれたに違いない。

また五行目には、本願の意思だとして、東谷の支配についての経験ある睿俊への褒め言葉を引用している。「睿俊は山寺の住僧なり。汝、山寺たるを知ること返す返すも神妙なり」、という部分である。その上で、永久寺が創建時の体裁を維持しがたいこと、経済基盤が不充分で寺院の維持が困難だということを述べ、その理由を、これまで経営実務の中心を担ってきた亮恵や睿俊の老齢化と、そのあとを継ぐ山僧の欠如に求めている。そして、そのような事態を解決する方法として、「山寺の法」が見出されている。それは「余の山寺の法」、つまり各地に見られる「山寺の法」だと言い、これを永久寺でも取り入れると指示している。

「山寺の法」とは何か。それが三行目の傍線部にある、「内山東西谷を供僧三昧等に付して堂塔修理ならびに雑役等を催し勤める」、というものである。この「山寺の法」とは、特定の修理料田畠のみではなく、囲い込んだ東谷・西谷一帯として寺院を支える、という方式を指しているようである。地域を主体とする寺院運営の方式である。史料の中程の傍線箇所に、「両谷下人ならびに山僧等」を催して修理するとある。谷の住民と山僧は、親縁関係にあったと考えられる。両谷の住民が「下人」で、そこに出身する僧侶が「山僧」だということである。建仁二年（一二〇二）十二月十五日の定文には、「当山常住之学衆禅衆及于《（ママ）》至法師原」

という部分がある。「法師原」は、里の住人を寺僧母体と見た場合の表現であろう。つまり、田畠だけではなく、山野を含み、生産と生活の場を丸ごと寺院と一体化させる構造が、ここに採用されている。

たとえば養和二年（一一八二）三月日籠山条々起請（『置文』）には、「山内」（永久寺内）の柴薪の確保を指示するとともに、「里」の山野用益が確保されている。東谷と西谷の村落としての内部構造や生活領域などは不明で、面積も決して広いわけではないが、谷の平坦部だけではなく、周囲の山野を確保していたと考えてよかろう。そして、このような地域と寺院との一体化こそ、中世の山寺つまり里山寺院の成立を示している[28]。

成立した里山寺院は、嘉応元年（一一六九）六月十四日の定文（山僧起請、『置文』）を初見として、寺法を重ねて制定している。元暦元年（一一八四）七月日の定文（条々起請事）には、三か条を掲げたあと、「満山一揆の起請」だとして遵守を約している（『記』[29]）。建仁二年（一二〇二）十二月十五日の定文（永可停止条々起請事）は、学衆五二人と禅衆四九人の連署する一三か条の起請で、一連の寺法の集大成のようである[30]。そこには、独立的な運営、内外の武力排除、女人を含む寺辺住人との秩序維持が記されている（『記』）。

以上、永久寺の成立と展開を、ほぼ十二世紀段階に限って概観した。まとめとして次のようにいえる。

永久寺は、興福寺・摂関家の一分枝として南都南方に建設された別所が、真言要素の付加を契機に拡充された寺院である。真言密教の選択付加は、多宝塔についてうかがえるように、白河院政の密教重視策に迎合した節がある。実際の運営は、寺院を拠点とした地域領主らが担い、真言密教も彼らの主導で持ち込まれたようだが、大寺院に拡充されたこともあって、経営維持は困難であった。そこで、独立採算による維持運営のために、山野を含めた村落を丸ごと包摂することによる経営基盤確保、という方式が採られた。この方法が「山寺の法」であり、そのような新しいタイプの寺院が里山寺院である。細部については不明だが、一連の事態からは、巨大寺院を維持しうるほどの、地域社会の歴史的な形成が推測できる。

三．和泉国松尾寺と三河国普門寺――地方天台と真言密教――

（1）和泉国松尾寺

永久寺からうかがえた事情を、別の事例と対照させたい。二例だけあげる。

和泉国の松尾寺は、天台寺院に真言密教が移植された例である。ごくごく大まかに、四段階の展開史として眺めておく。

第一。十世紀後半、『日本往生極楽記』が文献上の初見である。「松尾山寺」の沙弥尋祐が入滅する際に「大光明」が出現し、それを「里人」が見た、という記述である。この山寺は、摂関期には浄土教の拠点に据えられていた。この往生伝では、「里人」は信仰の主体として描かれていない[31]。

第二。十二世紀後半にかけての時代である。松尾川をさかのぼった移住民が、松尾谷を開発したが、その際に水源地でもある松尾寺を拠点とする新しい地域づくりがあったらしい[32]。おそらくこの時期に、松尾寺の中世山寺としての再生、里山寺院としての成立があったものと推測される。

第三。鎌倉時代に、真言密教が移植された。貞応元年（一二二二）に官宣旨が松尾寺に下された[33]。そこには、前年に「公家・仙院・法親王御祈願所」になったことや、松尾寺の僧侶が「兪《（ママ）》伽三蜜之壇場に向かい、顕蜜二法の深文を観行」していることが述べられている。そして「住侶長老の上座壱口を灌頂有職に定め補して、真言供養法を勤修せしむべし」、と決められた。承久の乱に関係する事情があるはずだが、ここでは、権威的宗教の体裁の追加を想像しておく。ただ住民の生活実態との関係は、うかがい知ることができない。なお松尾寺には、鎌倉時代の十二天画像や真言八祖画像などが伝来している[34]。

第四。十三世紀末近くまで見届けると、山寺を取り巻く地域社会の主体性が見えやすくなる。地域勢力主導で、松尾寺の正統仏事を維持した、ということが垣間見られる。永仁二年（一二九四）正月十八日付の二通、池田庄箕田村沙汰人名主百姓等契状と沙門頼弁願文である。[35]

両通の作成者である僧頼弁は、御家人池田氏庶流にして村落領主というべきだが、身分としては百姓である。[36]願文によると、頼弁は若くして松尾寺に住み、のちに比叡山に入ったことがわかる（「於㆓叡山㆒雖㆓剃髪㆒幼童之時止㆓住此寺㆒」）。地元に帰った頼弁は、刀禰僧として、近くの池田郷の開発を率先した重要人物である。二通の文書は正月の観音縁日に書かれている。契状には、松尾寺背後の「山林荒野」の一部を灌漑用水池として造成する申請が述べられている。注目すべきことに、頼弁側つまり百姓側は、寺山をつぶして灌漑池にする交換条件として、開発新田のうち三町を松尾寺に寄進し、その収益で「山門東塔北谷荘厳講法式」を松尾寺に「遷し伝え」て実施する、と約束している。願文の方でもほぼ同じ事を述べ、「四教五時の奥旨を談じ、三諦円融の頓観を成す」、と述べている。ここに、百姓側が山寺に仏事作法を持ち込む姿が確認できる。この事例は十三世紀末だが、頼弁のごとく、地域出身者が比叡山で得た知識技芸を出身地で役立てた例は、十二世紀後半にも見出されている。若狭国太良保公文職を得た出羽房雲厳が、よく知られている。[37]

以上、十二世紀後半以後の松尾寺は、古い山寺が、新しい里山寺院として再生した姿を見せていたはずである。その重要な推進主体は、谷部の開発による生活拠点の形成と拡大という、新しい地域づくりを進めた住民であった。

（2）　三河国普門寺

三河国普門寺は、三河と遠江の国境付近に営まれた山寺として出発し、十二世紀半ば過ぎに真言密教を導入した例である。[38]史料の詳しい検討を別に行ったので、[39]ここでは分析過程を省く。

普門寺には、標高二六〇メートルの船形山南斜面に、多くの院房が築かれていた。十二、三世紀の平場が、発掘調査によって大小約二五〇か所確かめられている。いわば一山に展開する寺院だが、拠点が二か所あった。一つは、元々堂跡（船形寺）で、観音菩薩を本尊とし、十世紀からの遺物も見出されている、古代以来の拠点である。もう一つの拠点は、元堂跡（梧桐岡《きりおか》院）と呼ばれ、五大明王が祀られた。ここからは十二世紀の遺構と遺物が出土している。

ここで注目するのは後者である。新しい拠点、元堂あたりからは、久寿三年（一一五六）の銘文をもつ経筒が二基確認され、(40)さらにいくつかの経塚痕跡がある。銘文からすれば、埋経の主体は、膝下地域の住人上層である。また、平治二年（一一六〇）銘の梵鐘が発見されている。(41)珍しいことに、朝廷からの下賜品をわざわざ鋳つぶし、地元で勧進して集めた銅を混ぜて、造り直したものだということが、銘文から読みとれる。さらに、永暦二年（一一六二）の僧永意起請木札がある。三か条、三六行に及ぶが、内容は、天台教学を踏まえた密教による戒律教導的な寺法、と要約できる。(42)

これらの史料は、時期が近接しており、(43)この頃に目だった動向があったことを想像させる。起請木札には、「戒律」「柔和」「和合」という言葉と精神が盛り込まれている。いわば僧伽の理念が込められている。それは、永久寺の起請に「満山一揆の起請」と書かれていたことと共通している。起請とは、ものごとを発起するという意味であり、新しい時代を迎えた普門寺は、将来に向けて僧伽・和合の理想を宣言した。しかもそれは、隔離された修行僧たちの間でのことではなく、実は、僧侶たちの出身母体たる山麓の村落住民が、真の主体であったようである。ここでも、山林の膝下の住民が、村落結合の核に寺院を組み込んで、里山寺院が生み出されていた。

この後、おそらく十二世紀後半には、それまで天台であった普門寺は、真言に切り替えている。普門寺は、摂関期地方天台寺院としての前史をもっていた。しかし十二世紀前半からの院政権力による真言密教重視策は、受領を介して東海諸国に持ち込まれている。[44]三河東部は、荘園領主が集住する平安京から遠く、かつ関東のように有力な在地領主はみあたらない。このような条件のなかで、地縁村落形成期の膝下地域は、意志的・主体的に、真言を受容したのだと考えられる。

再生した普門寺では、新拠点（梧桐岡院）に、五大尊を安置した（普門寺縁起）。[45]五大尊には、寺院の領域を守護する力も期待されているが、その領域とは、狭い意味での寺院敷地内ではなく、寺院を支える地域社会を含んでいる。仁治三年（一二四二）四至注文写木札は、かつて本尊宮殿の壁板の一部であった。[46]ここに記された地名の数々には、寺院側の拡大指向が含まれているとはいえ、現地には仏教を担った生活世界が存在したものと考えられる。[47]それら膝下村落にとって、「文覚上人祈水」が湧くという五大尊の元堂遺跡や、請雨法が行われるという「雨応之峯」（普門寺縁起）は、水源でもあった。

以上、三河国普門寺をみた。地域社会側によって真言密教が選択された一面に注目される。ただそれは、真言密教教理への拘りや、世俗権力の正当化志向とは区別される。社会生活の実際から受容されているのであって、平安京を中心とする貴族社会の真言密教とは、歴史的意味が本質的に違う。

むすび

院政期は仏教文化の一大展開期であったようである。美術史学が指摘するように、高い水準で技術と知識が磨かれ、「美麗」の様相を現出させた時代であった。真言密教には、特にその様相が目だつように思う。文献史学からの、私の意見は、そこに二つの観点を導入したいということである。

一つは、院政期真言密教の水準高い文物は、個性ある偏りとして捉えられるべきではないか、ということである。私見では、列島諸地域の社会史や被支配民衆の生活史を視野に入れなければ、時代全体の文化史的特質の把握にいたらないのではないか、と考える。

もう一つは、同じ十二世紀でも前半と後半、冒頭で触れた五大尊・十二天像に掛けていえば、大治と建久との間には、歴史段階として重大な違いがあるということである。白河院政後期にあたる前者では、権力事業として平安京が荘厳され、世界仏教の内なる発信源を作ることが目指された。内乱を経験した後者までの間には、新しい生活世界の建設を仏教の普遍思想で根拠づける共同事業が、社会の裾野に芽生えていた。後者から「美麗」な文化が生まれるとは考えにくいが、押し戻すことのできない歴史展開の底流を、そこに認識したいと思う。

（1）浜田隆「十二天画像の研究　一～四」（『佛教藝術』四四・四九・七一・七三各号、一九六〇～一九六九年）、京都国立博物館編『国宝　十二天画像　上・下』（一九七六年・一九七七年）、『研究発表と座談会　国宝十二天画像（京博本）について』（『仏教美術研究上野記念財団助成研究報告書　第三冊』一九七六年。中野玄三「京博本十二天画像研究史概要」、中村興三「京博本十二天画像の作風による分類」を含む）、中野玄三「国宝十二天画像の研究」（同『日本仏教絵画研究』一九八二年、法蔵館）、佐久間智美「真言院十二天画像について――その図様と京博本――」（『美術史研究』二四、一九八六年）、松原智美「真言院十二天画像小考――金沢文庫保管『寛信法務後七日法記』の紹介を兼ねて――」（『金澤文庫研究』二八八、一九九二年）、栗本徳子「宮中真言院五大尊・十二天画像――大治二年画像焼失後の制作と原本図像に関する一試論――」（『密教図像』六、一九八八年）、東寺宝物館図録『十二天画像』（一九八八年。泉武夫「東寺の十二天像」を含む）、泉武夫「平安時代の仏画」（同『仏画の造形』

一九九五年、吉川弘文館)、東寺宝物館図録『東寺の五大尊十二天』(一九九七年。安嶋紀昭「東寺の五大尊画像について」「東寺の十二天屏風について」を含む)、上川通夫「院政と真言密教」(同『日本中世仏教形成史論』二〇〇七年、校倉書房)、大原嘉豊「仏教美術」(佛教史学会編『仏教史研究ハンドブック』二〇一七年、法藏館)など。

(2)図録として京都国立博物館『国宝　十二天像と密教法会の世界』(二〇一三年)がある。

(3)二〇一三年一月十四日、仏教美術研究上野記念財団助成研究会「仁和寺御流を中心とした院政期真言密教の文化と美術」(於京都テルサ)において、「院政期真言密教の社会史的位置――大治と建久の間――」として報告した。当日の読原稿を元とし、史料など口頭では端折った部分を含み込むとともに、文体を論文調にあらため、さらに「はじめに」を改稿した。『研究発表と座談会　仁和寺御流を中心とした院政期真言密教の文化と美術』(『仏教美術研究上野記念財団研究報告書　第三十九冊』二〇一三年)には、藤井恵介「中世建築指図と密教美術研究」、大原嘉豊「院政期における灌頂儀礼と守覚法親王――十二天屏風の成立に関して――」を含む。

(4)井上光貞『新訂日本浄土教成立史の研究』(一九七五年、山川出版社)。井上説では、①死者追善として表れる民族宗教、②律令仏教としての国家宗教、③普遍宗教というべき日本的浄土教、と辿られる。②から③の過程には、古代国家の解体と没落貴族の不安、在地領主制の成長と新興勢力の解放願望、という時代史と思想史の基盤が見られている。

(5)平雅行「浄土教研究の課題」「末法・末代観の歴史的意義」(ともに同『日本中世の社会と仏教』一九九二年、塙書房)参照。

(6)黒田俊雄『日本中世の国家と宗教』(一九七五年、岩波書店)。黒田説では、古代の貴族と寺院の権門・荘園領主としての自己変容と、それにともなう旧仏教の中世化が指摘され、顕密主義ないし顕密体制として把握されたが、それは自立百姓による鎮魂呪術意識の獲得を基盤とする諸思想の統合であると考えられた。この見解は、河音能平『中世封建制成立史論』(一九七一年、東京大学出版会)が中世の権門体制国家について述べられた、小経営生産様式の展開史における民衆的闘争に余儀なくされた封建権力とそのイデオロギーの形態、という理解と呼応する。とともに、国家論、社会構成史論、民族文化論を備えていた点に注意したい。

(7)上川通夫「院政と真言密教」(前掲注1)。

（8）大山喬平『日本中世農村史の研究』（一九七八年、岩波書店）。大山氏は、同書序説において、中世村落について、直接的生産者の経済的実現を媒介するだけではなく、農民諸階層の政治的力量の最終的な表現形態であったと述べている。

（9）永原慶二「荘園制支配と中世村落」「中世村落の構造と領主制」（ともに同『日本中世社会構造の研究』一九七三年、岩波書店）。

（10）三浦圭一「ある中世村落寺院と置文」「南北朝内乱と畿内村落」（ともに同『中世民衆生活史の研究』一九八一年、思文閣出版）、同「日本中世における地域社会――和泉国を素材として――」（同『日本中世の地域と社会』一九九三年、思文閣出版）。

（11）『佛教藝術』二六五「特集・山岳寺院の考古学的調査　西日本編」（二〇〇二年）、『同』三一五「同　東日本編」（二〇一一年）、『季刊考古学』一二一「特集・山寺の考古学」（二〇一二年）、櫻井成昭『日本の遺跡4　六郷山と田染荘遺跡』（二〇〇五年、同成社）、後藤建一『日本の遺跡22　大知波峠廃寺跡』（二〇〇七年、同成社）、時枝努『山岳考古学』（二〇一一年、ニューサイエンス社）。

（12）上原真人「古代の平地寺院と山林寺院」（『佛教藝術』二六五、前掲注11）、「古代山林寺院研究の意義と現状」（同編『皇太后の山寺』二〇〇七年、柳原出版）。

（13）久保智康「国府をめぐる山林寺院の展開」（『朝日百科日本の国宝別冊　国宝と歴史の旅3　神護寺薬師如来像の世界』一九九九年、朝日新聞社）、同「古代山林寺院の空間構成」（『古代』一一〇、早稲田大学考古学会、二〇〇一年）。

（14）薗田香融氏は、山林修行は僧尼令で認可されていたこと、僧侶は山林寺院で能力獲得して平地の官大寺で能力発揮したこと、などを指摘された。薗田香融「古代仏教における山林修行とその意義――特に自然智宗をめぐって――」（同『平安佛教の研究』一九八一年、法藏館）。井上光貞氏は、『続日本紀』宝亀元年（七七〇）十月丙辰条に見える「山林修行」について、「民間、特に山林徳行僧」の活動だと述べられた。井上光貞『日本古代の国家と仏教』（一九七一年、岩波書店、九二頁）。黒田俊雄氏は、（多くは平地の）権門寺院や荘園内末寺が顕密仏教によって民衆を呪縛・支配したことを論じられた。黒田俊雄『日本中世の国家と宗教』（前掲注6）。菊地大樹氏は、往生伝類を根拠に、山林修行者―持経者（山林・世俗を往返）―民衆、というネットワークが平安中期に成立していたといわれた。菊地大樹『中世仏教の原形と展開』（二〇〇七年、吉川弘文館）。

(15) 山下有美「古代中世の寺院社会と地域」(『歴史評論』六二三、二〇〇二年)。
(16) 戸田芳実「山野の貴族的領有と中世初期の村落」(同『日本領主制成立史の研究』一九六七年、岩波書店)。
(17) ただすでに牛山佳幸氏は、意識的に古代・中世の山寺について論じられ、里山系寺院と霊山系寺院の二類型として捉える提言をされている。牛山佳幸「信濃における里山系寺院の成立と展開」(『信濃』六二—一二、六三—二、二〇一〇年・二〇一一年)、同「山寺の概念」(『季刊考古学』一二一、二〇一二年)。なお、本稿初出以後には、文献史学からの充実した成果が積み重ねられている。代表として、岡野浩二『中世地方寺院の交流と表象』(二〇一九年、塙書房)、菊地大樹『日本人と山の宗教』(二〇二〇年、講談社)。
(18) 史料は、文保元年(一三一七)『内山永久寺置文』と十四世紀『内山之記』に引用されている文書や記録である(原態未詳の引用記事を含む)。詳しくは注記しないが、根拠を示す際には、必要に応じて前者を『置文』、後者を『記』と略記する。東京国立博物館編『内山永久寺の歴史と美術』(史料篇・研究篇、一九九四年、東京美術)の影印(『置文』のみ)と翻刻を元とし、藤田経世編『校刊美術史料　寺院篇下巻』(一九七六年、中央公論美術出版)を参照するとともに、文書(寺法)については佐藤進一他編『中世法制史料集　第六巻』(二〇〇五年、岩波書店)を参考にした。引用に際しては旧字体を新字体にあらため、読点と返り点を付した。
(19) 『内山永久寺の歴史と美術』研究篇(前掲注18)六九頁に地図と航空写真がある。寺地の範囲は、境内域を含む南北約五五〇メートル、東西約四五〇メートルである。研究篇所収の大脇潔「堂塔・子院の配置とその復元」参照。
(20) 頼実や尋範の出自や法流などについて、苫米地誠一「平安期興福寺における真言宗」(同『平安期真言密教の研究』二〇〇八年、ノンブル社)が詳しい。なお『置文』では頼実を「淡路守藤頼成男」と記すが、『維摩講師研学竪義次第』承徳二年条には、講師を勤めた頼実を「淡路守中原成頼子」と注している。
(21) 供僧・三昧僧と連記されることがある。永治元年(一一四一)十月十八日本願頼実供料施入状(『記』)には「供僧六口」とあり、一部上層僧である。三昧僧は、学衆・禅衆の両方であるらしい。承元二年(一二〇八)十二月日条々(『置文』)によると、学衆は両界を伝受し禅衆は法花を受持するという。元暦元年(一一八四)七月日定書には、学衆四一人と禅衆四十五人が加判したと略記する。建仁二年(一二〇二)十二月十五日条々定書には、学衆五二人と禅衆四九人が加判したという(『記』)。
(22) 養和二年(一一八二)三月日籠山条々起請(『置文』)では、房の規模を七人以上、四ないし五人、三人以下、と三区分している。

(23) 『置文』『記』では亮恵のことを「上人」「聖人」と呼んでいる。『置文』「本願亡日幷墓処等事」には、亮恵のこととして、「聖人者元興寺々僧、俗姓当国々民地黄源藤三之一族也、本願前大僧正真言師範也」、とある。地黄は、現在の橿原市に遺称地がある。

(24) 苫米地誠一「平安期興福寺における真言宗」(前掲注20)には、興福寺末寺たる永久寺の寺務を執っていたのが内山真乗房阿闍梨だという指摘があり、『血脈類集記』によって醍醐金剛王院流の聖賢から天承元年(一一三一)に受法したことを指摘している。

(25) 亮恵については、苫米地誠一「平安期興福寺における真言宗」(前掲注20)参照。現観房についても、同論文で、『浄瑠璃寺流記事』に東小田原随願寺僧として見えることが指摘されている。南山城における興福寺の別所である。

(26) 『改訂天理市史　史料編　第一巻』(一九七七年)、『内山永久寺の歴史と美術』(史料篇、前掲注18)。

(27) 本願別当尋範による外題は、内容からして、仁平三年の解状に付くものであろう。仁安四年解状にも尋範の外題があった。これらのことは、『置文』「代々起請御教書等肝要事」に簡略な写しがあることでわかる。

(28) 次の六箇条があげられた起請である。「湯柴料不レ可レ取二山内一枝一葉一事、一枝一葉不レ可レ出二遣里一事、苗草不レ可二苅取一事、垣料不レ可レ取二木枝一事、山内不レ可レ放二牛馬一、随二見及一可二点定一之事、朝夕薪一月六度毎旬四九日外不レ可レ樵事(房の人数による薪荷数の規定——省略)」。

(29) 亮恵らの永久寺経営方針がほぼ軌道に乗っているらしいことと、内乱期の寺院を核とする地域の防衛努力がよくうかがえるので、全文を掲げておく。

条々起請事

一、若当山僧徒有レ致二口論一、取合程之闘諍出来之時者、不レ可レ論二是非子細一、於二彼両人一早可レ追二却山内一事、

一、於二山内住坊一不レ可レ処二分他所止住之人一、又殊山僧者不レ可レ沽二却之一、設有二年来弟子若甚深因縁一、雖レ可レ知二行之一、於二院家坊舎等一者、一向山僧可レ為二進退一也、可レ為二山□(門カ)陵遅之由来一故也、

一、於二山内一不レ可レ帯二甲冑幷大刀一事、

右条々起請、向後若或以二族縁一押二領之一、或以二威勢一相論輩、可レ蒙二常住三宝鎮守護法幷□(両)部諸尊金剛天等神罰冥罰一、満山一揆之起請、如レ件、

元暦元年七月　日
学衆蓮兼上人以下四十一人加判
禅衆良尋以下四十五人加判
三ヶ条起請至二于向後一更以不レ可レ背レ之、縦雖レ得二其理一、於下帯二大刀一刃二傷人一之輩上者、云二師匠一云二縁者一、
永可レ被レ処二重科一之状如レ件、
別当権僧正在御判

(30)『内山之記』にはこの定文の冒頭部分に「被本堂押事」と書かれている。山岸常人「仏堂と文書」（同『中世寺院の僧団・法会・文書』二〇〇四年、東京大学出版会）。

(31)上川通夫「往生伝の成立」（同『日本中世仏教史料論』二〇〇八年、吉川弘文館）、同「中世山林寺院の成立」（同『日本中世仏教と東アジア世界』二〇一二年、塙書房）。

(32)大澤研一「松尾寺の歴史――古代・中世を中心に――」（『和泉市史紀要第３集　松尾寺所蔵史料調査報告書』一九九九年、和泉市史編さん委員会）、山下有美「古代中世の寺院社会と地域」（前掲注15）、和泉市史編さん委員会『和泉市の歴史2　松尾谷の歴史と松尾寺』（二〇〇八年）。なお、和泉市史編さん委員会『和泉市の歴史1　横山と槙尾山の歴史』（二〇〇五年）と同『和泉市の歴史3　池田谷の歴史と開発』（二〇一一年）も参考にした。

(33)松尾寺文書、『鎌倉遺文』五―二九九〇。本稿では、『和泉市史紀要第３集　松尾寺所蔵史料調査報告書』（前掲注32）の写真と翻刻による。

(34)『和泉市史紀要第５集　松尾寺地域の歴史的総合調査研究』（二〇〇〇年、和泉市史編さん委員会）。

(35)松尾寺文書、『和泉市史紀要第３集　松尾寺所蔵史料調査報告書』（前掲注32）。『鎌倉遺文』二四―一八四五八、一八四五九。契状は、松尾寺と池田庄上方箕田村沙汰人名主百姓等との間で交わされたもので、百姓側を代表する僧・沙弥ら六名の筆頭に署名するのが「刀祢僧頼弁」である。願文は、「沙門頼弁」の単独署名である。

(36)三浦圭一「日本中世における地域社会」（前掲注10）。

(37)網野善彦『中世荘園の様相』（一九六六年、塙書房）第一章第一節「出羽房雲厳」参照。雲厳は、受領子孫にして小規模開発領主である。

(38)岩原剛・村上昇「三遠国境の中世山寺遺構――愛知県豊橋市普門寺旧境内――」（『季刊考古学』一〇七、二〇〇九

年）、岩原剛「普門寺旧境内」（『愛知県史　資料編4考古4　飛鳥～平安』（二〇一〇年）、豊橋市美術博物館『豊橋の寺宝Ⅱ　普門寺・赤岩寺展』（二〇〇二年）、岩原剛「普門寺旧境内と三河の山寺」（地方史研究協議会編『三河――交流からみる地域形成とその変容――』二〇一六年、雄山閣）。

(39) 上川通夫『日本中世仏教と東アジア世界』（前掲注31）第Ⅲ部。本書第一部第八章および第二部第三章。

(40) 『愛知県史　資料編7　古代2』（二〇〇九年）。

(41) 『愛知県史　資料編7　古代2』（前掲注40）。

(42) 事書だけを示せば、「一、可レ停下止於二無益一致二口舌論諍一輩上事」「一、可レ停下止住寺禅侶中於二彼此処一企二殺害一致二偸盗一輩上事」「一、可レ停下止乍レ住二山門一遊二行聚落一密好二女犯一輩上事」、である。『梵網経』『摩訶止観同行善知識文』を含む仏書・俗書などを引用する。日下には「遍照金剛弟子永意敬白」とある。上川通夫『日本中世仏教と東アジア世界』（前掲注31）三二二～三二三頁に翻刻を載せた。また本書第二部第三章も参照。

なお初出稿では、「遍照金剛弟子」と記す永意を、真言密教僧と考え、起請作成段階で天台から真言に転じていたと述べたが、口頭発表後の座談会で苫米地誠一氏より台密僧も遍照金剛号を名乗る旨、ご教示いただいたので、本文のように訂正した。苫米地誠一氏に感謝申し上げる。なお普門寺は、十二世紀末には真言に転じていたようである。

(43) 経筒銘文には二基とも「願主僧勝意」が見え、梵鐘銘文には「大勧進金剛仏子永意」「僧勝意」らが、そして起請には「遍照金剛弟子永意」が署名している。

(44) 上川通夫「中世山林寺院の成立」（前掲注31）において、受領藤原顕長の動きなどを例に、少し考えた。

(45) 普門寺文書、天文三年（一五三四）『船形山普門寺梧桐岡院闔闢之縁起之由来之記録』（『豊橋市史　第五巻』一九七四年。『愛知県史　資料編14　中世・織豊』二〇一四年）。

(46) 豊橋市美術博物館『豊橋の寺宝Ⅱ　普門寺・赤岩寺展』（前掲注38）参照。

(47) 愛知県立大学中世史研究会『中世三河国普門寺領現地調査報告書Ⅰ（豊橋市雲谷町編）』（二〇一一年）、『同Ⅱ（豊橋市岩崎町編）』（二〇一二年）。

第八章　十二世紀日本仏教の歴史的位置

はじめに

一九六〇年代から展開された前近代の東アジア世界論は、歴史的世界としての文明圏や地域について、その有機的連動を共時空間において見出す研究であった。[1] ただ一方それは、古代国家形成史における国際的契機を探る課題とともに、階級対立の非和解性と国家形成史という国内問題とも結びつけられていた。[2] その画期的な問題提起は生産的な批判を誘発した。冊封体制を相対視し、国際関係の相互性と多元性を重視する立場からの、実証研究が出されたのである。[3] 一九八〇年代には、この方面での中世史研究も深化し、陸海の広範なつながり、ユーラシアへの視野など、研究対象の空間的な拡大が目立った傾向になっている。その後近年までの研究傾向には、社会構成への視点が後退しがちで、列島内の地域史や民衆生活史との接点が弱い憾みもある。

研究史を参照しつつ、この章で重視したいのは、もう一つの世界史ともいうべき河音能平氏の研究である。私は氏の構想を、「意志的普遍思想の世界史」と理解する。[4] 主に八世紀から十二世紀を対象とする河音氏の議論について、ここでは二点に注目したい。

一点は、意志的主体としての勤労人民（反農奴化闘争の主体たる小経営農民）が、普遍的価値ある思想（正義・平和）の実現を世界史の一部として担う、という中世成立史の構想である。[5] もう一点は、普遍的知性の世界史である。インテリゲンチャ菅原道真の世界史的位置として、河音氏はおよそ次のように述べられた。[6]

中国諸子百家の合理的・普遍的思考に触れた道真の時代（十世紀）には、イスラーム教圏のアラブ諸都市が世界一の知的水準をもっており、十二世紀以後には西欧がイスラーム教圏から古典古代のギリシャ哲学を摂取して知的水準を上昇させて近代を準備したが、平行して中世・近世に学問神たる天神の知的刺激を有した日本では、近代の普通教育で知性が広められた。

後者については未完の構想だったと思う。また氏の研究は、史料の文言そのものには明示されていない史実を合理的推論によって導く、いわば研究主体の感性と深く結びついていた。受け止める側にも思考と思想を要求するが、私は、十二世紀日本、つまり中世成立段階の諸問題を、東アジア史ないし世界史に位置づける上で、脇に置くことのできない仏教史を軸に、意志的普遍思想の世界史を考えてみたい。

一．日本中世成立史の一特徴――仏教の社会的組み込み――

十二世紀には、日本史上の重大な節目を見出しうる。東アジア世界の変動の一部をなす日本中世成立史は、列島史上初めて仏教を社会的に組み込む過程であった。通説とは大きく異なるが、本章の前提なので私見をまとめておく。[7]

日本の古代仏教は、権力事業によって漢訳仏教を模倣的に再現したものであった。六、七世紀、東アジアの政治世界からの日本国家析出過程には、その政治世界への参入を目的としてそこに共有された仏教を導入した。また漢文経典は、書記術獲得のテキストの一部であった。仏教導入は、国内の支配秩序とも関係している。中央と地方の支配集団が政治的結集をはかる儀礼実践として、俗人支配者が戒律（大乗戒）を定期的に確認し、僧伽の理念の内面化が意図された。七世紀初頭からは中央支配集団が、七世紀後半からは中央と地方の支配集団が、戒律仏事に参加した。七三〇年代以降は、形式的体裁として、「公民」も戒律仏事の実践者に位置づけられた。日本古代では、仏教史の推移は国際関係の変化に従属していた。唐帝国が盛期を過ぎたこの段階以後、日本朝廷は、律令制の全面模倣から仏教の全面模倣へと、政策転換した。権力事業として強行された姿は、八世紀の写経所や造仏所など、国家機構の一部として、官人が業務として筆や鑿をふるったことに明瞭である。民衆生活にとって、仏教導入は真の意味での必要水準にいたっていない。

　摂関期の仏教も、東アジアの政治世界の変動に対応して変化した。遼と北宋の軍事的な対峙は、一〇〇四年の盟約（澶淵の盟）によっていずれかの破滅が回避されたが、北宋や高麗から政治的働きかけを受けた日本朝廷は、東アジア政局の軍事緊張を感知した。北宋皇帝からの臣従要求を避け、大陸北部の主戦場から距離を置き、海上貿易と天台浄土教の根拠地たる江南地域との交流方針を選んだ。ここに、藤原道長率いる摂関家主導で、天台宗浄土教が急浮上する。

　十一世紀後半から、中世社会と仏教の関係が始まった。特に十二世紀第Ⅰ四半期たる白河院政の後期には、次のような日本中世の枠組みが出揃った。諸権門がルーズに結集する国家機構。荘園制を軸とする社会編成。天皇と非人を両極に排除して社会を序列化する身分制。新興領主層の双生児たる武士と僧侶。百姓の家とその政治的・地縁的結集体としての村落。以上を総合すると、大土地所有者貴族、新興領主、自立百姓らの結びつきを主軸とする有機的一世界としての日本、と見られる。

この時期にこそ、はじめて仏教は社会的存在として実態化した、というのが私見の要点である。その形成契機には、遊牧族を軸とする大陸情勢の激動があった。遼ついで金による軍事攻勢と東アジア政治世界の編成替えであり、一一二五年から一一二七年に決着した。金の攻撃で遼ついで北宋が滅亡し、高麗と西夏は金の皇帝に臣従したのである。ここに、金と南宋が対峙する形勢が生まれる。白河院主導の日本朝廷は、東アジア世界の激震を知って、力任せの仏教事業を推進する。摂関政治時代の歴史的条件を基礎にしつつも、仏教が社会を覆う仕組みを作りあげた。特徴ある内容として三点を列挙する。

第一、権門寺院の成立。南都・北嶺の大寺院のほか、御願寺という天皇一族の大伽藍が数多く新造され、有力貴族の氏寺・家寺も造られた。これら大寺院は、荘園や公領という、公認された経済基盤をもった。後二者の場合、荘園を獲得したが故に寺院への寄進が拡がったのではなく、寺院を建設するためにこそ荘園を設定したのであろう。また権門寺院は、侍・百姓といった下位身分を内部に包摂し、末寺・末社という地方拠点をも獲得した。

第二、真言密教の大幅採用。摂関期の天台重視から転じた政策である。遼や北宋で採用されていた、インド新来の後期密教にも注目したもので、極度に呪術的で新奇な仏教である。

第三、首都平安京の大改造。大規模・大量に建設された御願寺などが平安京を取り囲んだ。釈迦の遺骨を祀る舎利塔婆の林立は顕著である。仏師の大動員により、寄せ木造りなどの計画的分業の方法で、一日に一〇〇体、一〇〇〇体といった大量の造仏も可能であった。寺院での仏事が常態化され、京内でも、貴族の邸宅内部（壇所）を使って仏事が繰り返された。

白河院たちの脳裏には、首都平安京を、世界宗教の発信源にする構想があったのではないか。すでにインド仏教の衰退情報が届いている上に（九八四年『三宝絵』、一〇八三年『渡宋記』）、大陸諸国の興亡情報が結びつき、世界認識に強い影響を与えたらしい。白河院らは、金輪聖王たる天皇を推戴する日本王朝の持続を、仏教で意味づける発想をもったのかも知れない。権力中枢で新種の仏事や仏像が考案され、五臺山や天台山ならぬ熊野山や金峯山など国内聖地が急浮上したことも、これと関係するであろう。十二世紀は写経の最盛期ともいわれるが、中国訳のインド仏教を日本国内に大量配備するかのごとき勢いである。ほとんどの場合それは、朝廷・国衙・寺院領主などが推進する事業である。勧進聖という担当僧が地方で事業を担うことが多いが、民間仏教として理想化はできない。

以上、日本中世成立史に組み込まれた仏教史は、世界宗教の国家宗教としての導入史と総括できる。日本中世仏教は、十二世紀第Ⅰ四半期過ぎに一旦成立した。固有の歪みを抱えつつ、仏教を思想基盤とする日本中世が成立した、と見られる。

日本中世仏教は民衆生活の内面心性を規制する支配思想として機能することになるが、新しい支配体制はその成立過程ないし成立時において、すでに被支配人民の抵抗を誘発すると同時に、それを圧殺する意図を含んでいる。河音能平氏は、反農奴化闘争の表現を田堵や百姓の御霊信仰・天神信仰に見出された。ここでは、民衆が仏教を採用して自立化する動きを捉えたい(8)。

二、僧伽と大衆

（1）僧伽について

国家宗教としてであっても、仏教である限りは不可欠の要素がある。苦、空、慈悲、解脱などの思想である。抽象論による歴史離れは禁物だが、歴史的な顕現を見ることは重要である。ここでは、仏教の担い手たちにとっての基本属性として特徴的な、僧伽なる原理に注目したい。仏教受容地域の社会集団を歴史的に考察する際には、欠くことのできない研究対象である。しかも、日本中世における僧伽の重要性を指摘する、先学の問題提起がある。

僧伽の原義は、インドにおける自治組織をもった商工業の同業者組合のことで、共和政体をも指す。仏教以前、紀元前六世紀から紀元前五世紀北インドの一六大国では、共和政体と専制王国とが相克していた。共和政体のサンガ（ガナともいう）は、自由な「個人」の活動を正当とする仏教などと結びついた。仏教側もサンガを採用した。そして仏道修行者の集団、戒律を守る和合衆を、僧伽と呼んだ。この地は専制王国たるマガダ国を中心に、マウリヤ帝国によって統合されたが、僧伽はそこでも継承された。その権力中枢にいたのがアショカ王である。(9)

日本中世史について、一九七〇年代に黒田俊雄氏が提起した寺社勢力論の核心には、僧伽論があったと思う。黒田説は次のように要約できるであろう。(10)

十世紀に寺院大衆が成立した。僧伽は、自発的に寺院に入った大衆の自治精神として再生した。僧伽は自律性をもつ自治集団の組織原理であった。たとえば、集団での討議と議決に、僧伽または和合という理念が機能した。寺社勢力の絶頂期たる十二世紀前半から中ごろにかけて、大衆の僧伽は庶民の自立性への指向（講、座、﨟次）に理念を与えた。逆に大衆は、庶民の自立性に依存して勢力を誇った。一方、寺社勢力の政治力は、世俗社会における郡司百姓等の愁訴・強訴から百姓主体の群参・強訴へ、という闘争の一表現形態であった。また僧伽は、一族や村落など、世俗の社会集団を離れた、自立的個人を主体とする共同組織であった。

以上、黒田俊雄氏は、中世成立過程で社会内在的に浮上し、中世末期まで機能した、自治・自立の組織と精神として、僧伽に注目していた。僧伽の原理をもつ点にこそ、日本中世寺社勢力の特徴を見出したのである。それとの対比で、僧伽でなくなった近世寺院、という厳しい評言もある。日本中世宗教史研究ないし、日本中世史研究について、大きな議論を呼んだ黒田氏の研究のなかで、この僧伽論はあまり顧みられていない。その検討に先立って、問題点をいくつかあげておく。

第一に、黒田氏は、国家による仏教政策以前に、寺院大衆の形成という社会実態の先行を想定されている。そこでは、古代国家が推進した戒律政策という歴史的条件が考慮されていない。

次に、大衆の闘争について、世俗の田堵・名主らによる闘争、つまり神人・寄人化闘争、または反農奴化闘争が、ほかでもなく仏教の形態をとる、その契機と理由が検討されねばならない。たとえば、九四五年に起こった、民衆的宗教運動として知られる志多羅神事件では、百姓らは「新しい神」を担いでいた。[11]百姓らによる仏教の導入はそれ以後であろう。

また、黒田氏は、貴種身分や侍身分、つまり支配身分に属する僧侶らが形成する僧伽について指摘したが、被支配身分たる百姓による僧伽の形成史を解明する、という大事な課題が残っている。

なお、僧伽という史料用語は少なく、日本史では「和合」という表現が主である。[12]漢訳仏典の影響について考えるとともに、「一味」という民衆思想との関係を問うことも、今後の課題である。以下、検討する。

（2）百姓身分の仏教導入

天台座主良源が制した天禄元年（九七〇）の起請には、「僧伽即和合」「大衆同心之心勤」が具体的に指示されるとともに、比叡山内での「裹頭妨法」や「持兵仗」の者の武力行動を禁止する部分があって（『平安遺文』二―三〇三）、武装する大衆が初めて明確に現れる例だとされている。[13]ただここでいう大衆の構成員は、諸仏事への直接参加者で「房主帳」に登録された「交衆」であるが、ここに僧侶として大衆に加わる百姓身分の存在が確かめられるわけではない。一方、黒田氏は、十二世紀半ば頃に、寺院上位層たる学侶（侍身分）と、下位層たる行人（百姓身分）との内部対立があったことを重視しており、比叡山や高野山での史実がよく知られている。(14)およそ十世紀後半から十二世紀半ばまでの間に、被支配身分の基幹たる百姓らによって、仏教の導入と僧伽の獲得があったことが想定される。もう少し探りたい。

豊後国六郷山なる仏教勢力の所領成立事情からは、地域社会の変動に仏教が組み込まれた様子が知られる。(15)六郷山領の一部、都甲荘では、十一世紀に平地の条里水田が開発された。開発事業の中心を担ったのは、地元土豪紀貞房と、京下り官人源経俊である。彼らは、開発地を近くの権門宇佐宮とその神宮寺に寄進しつつ、相伝を開始した。ところが十二世紀にいたり、六郷山は、都に近い比叡山無動寺の末寺となる。そしてそれまでの小規模な仏教施設と僧侶数は一挙に拡大し、大衆組織が成立した。その際、平地部ではなく、奥谷が開発され、谷ごとに設定された寺院が中核となって集落が形成された。その時期は、一一三〇年代だという。その中心的担い手の一人は、樹林繁り人跡絶えたる「大魔所」を開発した、と述べている（長承四年〈一一三五〉六郷山夷住僧行源解案、『平安遺文』九―四七〇二）。地域社会の新しい時代が、仏教の導入をともなって意味づけられた様子を読みとりうる。この地では、平地の条里水田から丘陵部・奥谷部の水田へと開発が進み、各谷部に形成された村落に近い山林に、寺院が新設された。(16)いわば里山の中世寺院の成立をともないつつ、百姓世界に仏教が導入されたのであろう。

このことを、別のタイプの史料、仏像像内銘からも探りたい。像内銘文は十世紀末期から本格的に出現するが、百姓身分上層と考えられる者の名前は、十二世紀に入って見られる（『平安遺文　金石文編』）。寺院を誘致し、本尊として据える仏像に結縁したのであろう。

保安元年（一一二〇）和泉国興善寺大日如来像は、谷川荘内の寺院に置かれた。この大日如来像の像内銘文には、「櫻井近介・女高志氏」「文室武末・女共」といった記載で、夫婦およそ一九五組が見える[17]。また「所生愛子」つまり夫婦らの子どもへの祈りも記されている。ここには家の形成がうかがわれる。夫のなかには、僧となった者も確認できる。これより約一世代前、同じ谷川荘で寛治七年（一〇九三）に据えられた釈迦如来像の像内銘文には、「結縁衆人々」として一一七人の名前が確認できるが、男性俗人中心であって、仏教導入の主体は不明確である。この時期には、荘園領主たる興福寺による持ち込み、という性質が勝っていたのではないだろうか。谷川荘では、一一二〇年頃には、住人が仏教導入の主体になっているらしい。

名前を記した住民は、有力百姓だと想像される。ここに、夫婦一対の家を単位とする領主支配が仏教思想を介して実現したという側面は否定できない。ただここで注意したいのは、支配台帳上の責任者としての男性名主のような存在ではなく、名を記す男女が個々の資格で結合していることである[18]。男女は家を形成しており、婚姻関係による縁の広がりがあるはずである。なおはっきりしないが、ここには地縁の原理があると見られ、その自立的な表現を新仏への結縁に見出した可能性がある[19]。

参考事例をあげたい。永久二年（一一一四）筑前国瓦経（福岡県飯盛神社）の裏面には、「僧永厳」ら一二人と、郡司（名前欠失）や壬生信道ら男性俗人八人の名が見え（一部に妻と子どもあり）、侍身分の主導は確かだが、その冒頭に「結縁衆椙村」と記されており、地域を基盤とする奉納行事の存在が推測できる。永久三年（一一一五）豊後国三宮八幡社経筒銘は、願主僧定長が父母の孝養を祈る文である。地元夫婦の家から僧が出されているのである（以上、『平安遺文　金石文編』）。少し時代が下がるが、嘉応三年（一一七一）三河国大脇寺薬師如来坐像には、二八氏、一〇〇余人の名が見える（『日本彫刻史基礎資料集成　平安時代　造像銘記篇』第四巻[20]）。夫婦を構成し、親族の結合をもち、地縁社会を形成する動向について、ここに見出してよいのではなかろうか。地域の結集を仏前で実現させるべく、像内に記して納める行事を執り行ったのであろう。

以上、一一二〇年頃には、地域住人が主体となって仏教を導入しており、担い手たる家からは、僧侶が出される場合もあったのである。体制として成立した顕密仏教の枠内でのことだが、地域住民がその主体性を表現する媒体ないし条件として、仏教が見出されている。

（3）体制内への包摂と相克

実は朝廷は、仏教徒であっても、被支配身分の者を「僧」と見なしていない。亜流・逸脱者たる「悪僧」の一部として指弾する一方、下位の労役者たる「夏衆」「講衆」などとして体制への包摂を図っていた。

長承三年（一一三四）には激しい飢饉や疾疫などがあった。翌保延元年七月、崇徳天皇は対策について諮問した。答えた一人、藤原敦光の勘申の一節には、「諸国の土民は課役を逃れむがために、或いは神人と称し、或いは悪僧と為りて、部の内を横行し、国の務に対捍せり」、とある（日本思想大系『古代政治社会思想』。本章では史料をすべて読み下し文で示す）。「土民」を「神人・悪僧」と呼んで指弾している。

この飢饉状況に連なって起こった保元の乱の後[21]、保元元年（一一五六）閏九月十八日に新制が出された（『中世法制史料集』第六巻）。その第二条には、「在庁官人、郡司、百姓を以て、庄官に補し、寄人を定め……」とある。第四条には、「本寺ならびに国司に仰せて、諸寺・諸山（興福寺・延暦寺・園城寺・熊野山・金峯山）の悪僧の濫行を停止せしむべし」と述べる。また、「悪僧」のことを、「制法に拘わらざるの輩」と評している。悪僧は一般の僧侶ではなく、「夏衆・彼岸衆・先達・寄人」という下位の名称でも呼ばれている。第五条では、「諸国司に下知して国中寺社濫行を停止せしむべし」と言い、「社は数千の神人を補し、寺は巨多の講衆を定む」とも述べ、その「郷村を横行す」ることを禁圧している。

これら朝廷の対応については、神人・寄人化闘争の吸い上げだと指摘されている。また一方の事情として、荘園領主による領域支配の進展や、基礎において中世村落を形成する百姓層の主体的動きが見出されている[22]。ここではそれに加え、百姓身分による仏教導入の実態と、その政治的動向を最小限に抑え、秩序内の下位に包摂しようとする、権力の政策を読みとりたい。

先に（2）で見た百姓身分の仏教導入と、右に見た中央権力の政策は、国政に関わる政治問題につながる構造を生んでいる。よく知られた事件だが、安元二年（一一七六）に、北陸の一大宗教勢力たる白山大衆が朝廷に強訴した。加賀国司や配下の領主・官人と対立したのである。それが中央の政変、つまり平清盛による後白河院政への掣肘、さらには治承・寿永の内乱にまで結びつく要因の一つにもなった。地方の紛争の発端に注目すると、加賀国の一小寺院、鵜川山寺の僧侶や住人の動きが浮かび上がる。鵜川山寺については詳しいことがわからないが、谷戸の集落と耕地を抱えた里山寺院として、地域の結集核だった可能性がある。「鵜川の山寺」は、「加賀国府の辺」にありながら、「昔よりこの所は国方の者の入部することなし」（『平家物語』）、と語られている。国衙勢力と対立した一地域の寺院から、在地領主層が結集する白山大衆へ、そしてその本寺である山門比叡山延暦寺へと、政治行動が上位へ連鎖した。

鵜川山寺の場合は、寺院権門の系列下での存立確保という道を選択した、地方寺院の事例である。このような天台勢力による強訴事件の渦中、治承二年（一一七八）七月に新制が出された。「諸社神人・諸寺悪僧、国中を往反して濫行を致すを搦め進らすべき事」（第二九条）と指示し、「諸国人民、公田を以て私領と称し、神人・悪僧等に寄与すと云々」（第三〇条）と指弾している。鵜川山寺の事例は例外的ではないのである。谷戸田の里山寺院を中核とする村落の政治的動向が、中央政局に結びつく構造の存在を、内乱前に見ておきたい。

以上、この節では、十二世紀前半、白河院政後期頃に、被支配民衆の社会と仏教が密接化したことを述べた。また十二世紀半ば過ぎには、仏教を導入した地域社会と中央政治との軋轢が表面化していることを見た。黒田俊雄氏は、寺社勢力たる大衆の動向に僧伽の精神を見出すとともに、十二世紀後半にかけて、それが絶頂から恣意・横暴へ推移したと指摘された。その場合、大衆の強訴という政治行動の表舞台には、侍身分・領主層出身の学侶層が中核にいた、ということが念頭に置かれている。大寺院の集団に、僧伽の原理がそれなりに生きていたことは、認められるであろう。一方、百姓を主体とする、民衆の自発的な僧伽については、史料的な制約を克服しなければ、確認しにくい。しかし、すでに一一二〇年頃には仏教を導入していた民衆の地域社会に、僧伽の原理が存在したのかどうか、やはり追究すべき課題だと考える。

三　日本中世における僧伽の発現

（1）寺院と村落

仏教が導入された百姓の村落に、仏教の担い手集団としての僧伽は見出せるだろうか。まず、先にも触れた、豊後国六郷山領の村落構成員の特徴を見てみる。

この地域では、一一三〇年代には、六郷山全体の大衆組織が成立しており、それを構成する基礎単位として、集落と耕地の核になる寺院が数多く作られた。村の成員から出された各寺院の僧侶が、全体として六郷山の大衆集団を構成している。この大衆組織が、開発地の個別相続を管理する主体であり（長承四年六郷山夷住僧行源解案、前掲）、僧侶集団による地域運営の姿を示している。建保七年（一二一九）の屋山寺院主僧応仁譲状案や年未詳同僧応仁置文案（『豊後国都甲荘の調査　資料編』）によると、有力僧のもとには所従たる「三楽法師」「金一法師」らがおり、供料免田畠を配分された「鏡厳」「禅慶」「禅朝」らの「下作職」は「西力」「西乗」らに担われていた。下って応永二十五年（一四一八）の史料だが、「山内に居住の族、住僧に入らざる者に於いては山中を追放すべきの事」（六郷山長岩屋住僧置文案、同前書）という、地域の取り決めさえある。

右に触れた年未詳僧応仁置文案（十三世紀初頭カ）は、「打札」と呼ばれている。掲示されたと思しいこの置文は、かつて「天魔楼の内」、つまり未開地だったこの地域の開発主導者僧応仁が、村堂の経営と年中仏事の実施について、個別の支出経費とその責任者を明示しつつ、自らの統括地位の相続を指示した書面である。ここには、僧伽の抽象理念は示されていないが、地域の共同運営の方針が具体的に示されている。

ただこの事例は、豊後国の有力領主、宇佐弥勒寺によって身近に支配され、その強い規制が特異に濃厚な仏教色を刻んだ場合だとも考えられる。僧侶たる百姓らの村落とその集合体である六郷山に、僧伽を見いだせないわけではない。しかしやはり、より自立性のある僧伽を探りたい。次に紹介する三河国普門寺の文書は、この点で注目に値する。

（2）　村の戒律

三河国普門寺は、渥美郡に属す東三河の山林寺院である。考古遺物では十世紀以来の活動が確かめられ、十二世紀の遺構からは堂舎興隆の様子がわかる。[23]　久寿三年（一一五六）銘の経筒二口や、平治二年（一一六〇）銘の梵鐘もあり、十二世紀半ばに再生の画期を迎えたようである。船形山の山腹に堂舎を点在させた寺の麓は、谷奥に当たる。谷戸田と村落が存在したらしい。同じ頃、永暦二年（一一六一）に、僧永意起請という木札の文書が寺に掲げられた。起請は発起を意味し、ここでは、いわば村の戒律というべき内容をもつ。現物の板は上半分が欠失しているが、近世の写本が伝来し、全文の復元が可能である。[24]　なお、末尾に署名する

「遍照金剛弟子永意」は、前節（2）で触れた嘉応三年（一一七一）三河国大脇寺薬師如来坐像の像内銘にも、供養導師の立場で登場する。

永意起請の内容は、典籍からの引用が多く、仏教的内容に満ちている。端的に言えば、天台教学を踏まえた密教僧による戒律教導的な寺法である。ここでは、注目すべき文言に絞って、歴史上の意味を考える。

まず、起請・戒律を遵守する主体を指して、「住寺禅侶」（第二条）、「我山禅侶」（第三条）と呼んでいる。何気ない表現に、実は独特の意味がこもる。当時は、船形山の山腹に、住僧の拠点として複数の堂舎が営まれていたようである。しかし起請では、個別の小集団についての表現がない。一山を単位とする一つの僧侶集団として表現している。そのような僧侶集団は、基礎単位たる個人の集合として成り立っている。

第一条には、「戒律」の遵守義務が説かれ、戒律を守る諸個人の結集を「和合」と表現している。これは、僧伽の理念を意識的に示したものである。

第二条には、「殺害を企て偸盗を致す」ことを戒めている。殺生や盗犯が戒律上の重大犯罪であることを確認しているのである。同じく第二条では、「武勇の家」「猛勢の処」から出身した僧について、「慈悲」を旨とすべく戒めている。それは、時代状況を念頭に置いた表現であろう。武力ではなく、和合を意識的に強調している。

第三条では、「山門に住しながら聚落に遊行し密かに女犯を好む輩を停止すべきの事」、と述べている。ここでの意味は、寺僧の無計画な通婚の制限であろう。寺僧と聚落とは密接な関係にあり、そこに維持すべき秩序を与えようとしている。

次に、後ろの本文には、「抑も近代の禅徒、……交わりを府辺に結び、……歩みを民烟に運ぶ」とのべ、それを禁止している。国府や地域権力との関係を避ける戒めであろう。古代の山林寺院は、国府の宗教行政の一部を担って設定されたが[25]、普門寺はそこからの脱却を図ったらしい。また、加賀国の鵜川山寺とも違い、権門寺院の系列下に入ることも選択しなかった。政治権力からの自立と地域社会における連帯が、慎重に選ばれたのであろう。

この文書は、経典類や俗書の文言を多く抜粋・引用している。一見すると、世俗外の宗教規範のみを示すかの如くである。しかし実際は、十二世紀に成立した中世村落の百姓たちこそが、この戒律を掲げた主体であろうと推測される。普門寺の膝下、山麓には、上層百姓の小家族を基礎単位として、地縁・血縁の村落と、その連合が形成されていたことが想定される。前節で触れた嘉応三年（一一七一）三河国大脇寺薬師如来坐像を、もう一度参照したい。普門寺の北方、約七キロの地にある別の事例だが、ここに仏像の供養導師として見える僧永意は、起請の末尾に見える永意と同一人物である。彼は、近隣地域で、寺院を核とする地域結束の事業に関係したのであろう。

これと似た事情が、普門寺にも存在したと想定される。寺の膝下には、夫婦一対の家を核として、地縁社会が形成されはじめていた。普門寺僧の出身母胎は、この地元地域であったようである。むしろ事実は、家と地縁村落を形成する地域の側が、近親者を寺僧として送り出したのであろう。それは、地域の結集核として没派閥的な寺院を設定する、百姓らの新しく主体的な営みであった。代表者たる僧侶たちの結集は、実は、背後にある地域の結集を意味していたのである[26]。

私はここに、地域住民の僧伽的な結束を見出しうると考える。僧伽・和合は、百姓らの自立を背後で支える普遍的思想として導入されている。古代インドで見出された僧伽思想の鉱脈は、十二世紀日本民衆が自覚した普遍的思想の水脈に、形を与えた。それは、意志的に獲得され、歴史的に表出したものである。史料では、「和合」（音写でなく意訳）なる表現が用いられている。そのことは、日本中世における僧伽の発現が、インドからの直接的継承ではなく、漢訳仏教圏たる東アジア世界の内部で発想されたことと関係している。それは、非合理的な呪術宗教、権力を補完する支配思想とは区別される、現実の日常生活に関わる生きた思想である。百姓身分が一枚岩ではないこと、下位身分を排除していることなど、価値的に評価できない実態はある。しかしともあれ、被支配者による平等の結束理念としての僧伽は、正統宗教（顕密仏教）の成立後、異端派（法然・親鸞ら）の成立前に、断片的ながらも、歴史上に萌芽していた。

（３）新時代の宣言

日本列島では、一一八〇年から八五年にかけて、国内戦争が経験された。兵粮の確保問題は深刻で、反乱軍（源氏）を攻める官軍（平氏）からも、餓死しそうだと悲鳴があがった（『玉葉』養和元年〈一一八一〉閏二月三日条）。そのさなか、養和の大飢饉（一一八一〜八二年）が起きている。たとえばある貴族（土御門泰忠カ）は養和二年（一一八二）正月二十五日の日記に、飢饉と戦争とを関連づけて述べている。「この間、天下に飢饉。以後、路頭を過ぐる人々伏死す。また天下の強盗、毎夜の事なり。……去年〈養和元年辛丑〉冬のころより、北国謀反するなり。輩寒路に発起するの間、京中の貴賤上下、衣食を定むるなり。東国と云い此の国と云い、一切の人しかしながら消息不通。大体、四夷起こりて運上絶えおわんぬ」（『養和二年記』）。京都の衢では、「乞食、道のほとりに多く、愁へ悲しむ声、耳に満てり」という状況で、「様々の御祈り……さらにそのしるしなし」（『方丈記』）というように、体制的呪術宗教の無力が露呈されていた。

内乱が終息した後、建久八年（一一九七）、武人政権たる鎌倉幕府の統率者源頼朝は、平和宣言を込めた仏教行事を催した。但馬国守護安達親長による五輪宝塔造立供養願文案（『兵庫県史　史料編　中世三』）に、そのことが書き残されている。願文の前半は、源頼朝側から与えられた文章を踏襲しているものと見られる。それによると頼朝は、阿育王に倣って八万四千基の宝塔（ここでは五輪塔）を造立し、全国一斉に供養させた。願文の文面からは、次のようなことがわかる。

①勝利の内実を御家人編成の実現で宣言する際に[27]、仏事の形式が選ばれた。守護を奉行とし、大名と住僧に仏教事業を担わせることが、鎌倉幕府固有の体制作りとして機能した。

②戦争責任を朝廷に問う表現がある（「当帝・新院自ずから一天を諍って已来……」）。直接には後白河院を批判しているようである。後白河は、養和元年（一一八一）から文治元年（一一八五）に、自分の「罪障」を消すためだけに八万四千基塔を造らせているが（『覚禅鈔』「造塔法」など）[28]、このことが頼朝の念頭にあったに違いない。

③「我が君前右大将源朝臣、天に代わって王敵を討ち、神に通じて逆臣を服す」と述べている。ここでは、天皇など特定の権力者ではなく、「天」「神」という抽象的・普遍的な絶対者に権威の根源を置いている。いわば「神」の下での平和が宣言されている。

④怨みの連鎖を断ち切る思想が表明されている。敵味方を区別しない戦没者供養である。そこには、平家軍に加わって死んだ者たちへの救いも述べられている。「追罰を行い、刑害を加うの間、夭亡の輩の数は千万たり。平家に駆られ北陸に赴く輩は、露命を篠原の草下に消し、逆臣に語らわれ南海に渡る族は、浮生を八島の浪上に失う。かくの如き類、恨みを生前の衢に遺し、悲しみを冥途の旅に含むか。須く勝利を怨親に混ぜ、抜済を平等に頒つべし」、と述べている。そして、「伝え聞く、怨みを以て怨みに報ゆれば、怨み世々に断つこと無し。徳を以て怨みに報ゆれば、怨みを転じて親しみとなす[29]」、と表現している。

⑤御家人層や侍身分を呼びかけの対象にするとともに、飢饉時にも兵士として徴発された百姓らの遺恨を念頭に置き、その宥和を図るかのごとき姿勢が読みとられる。但馬国の場合は、「諸国霊験の地」たる山寺、

進美寺で仏事が実施された。そのことは、三河国普門寺や加賀国鵜川山寺など、里山の寺院を拠点とする地域社会の新動向が、間接的ながらも、没党派的な仏教思想の採用を促す要因となったことの、かすかな証拠であろう。

⑥仏教思想の採用は、カリンガ国征服時の殺戮を悔いたという、アショカ王の事業に倣う体裁をとりつつ、実際には地域社会の僧伽的な動向に対応していた。つまり、武家政権の成立は、仏教に借りた普遍的思想が必要となる歴史段階の到来でもあった。

内乱時代の経験は、生きる庶民の不平や嘆き、そして死んだ庶民の遺棄死体を際だたせた。しかし同時に、内乱前の地方民衆に芽生えた平和と平等の結束思想は、未熟で断片的ながら、大規模な災害と戦争の経験を挟んで、生存を保障する普遍的思想への配慮を、支配権力にも促したと考えられる。

むすび

日本史と仏教史の関係は緊密である。しかし仏教史の存在は当然の前提ではない。歴史の問題として、中世成立過程にこそ、仏教の社会的な組み込みが進行したと考える。本章では、被支配民衆による主体的な仏教導入事情を考え、仏教を選択する条件と契機と意志の存在に留意した。そして、「僧伽」思想との関連で、不充分ながら、日本中世を世界史上に位置づける試みとした。同時に、漢訳仏教圏との関連で、東アジア世界における日本中世の個性を考えた。

鎌倉幕府は平家を討ち、朝廷を圧し、平泉政権を滅亡させ、寺社勢力の無力さを露呈させた。これら旧対抗勢力は、すべて仏教、それも国家宗教としての仏教を奉じていた。しかし源頼朝は、なおかつ仏教を採用した。ただそれは、かつてのように、国際政局を考慮したからではない。地域民衆の新動向を感知した上での判断だと推測される。そのようにして日本では、戦士と戦争への対抗原理としての仏教を構造化させた中世が本格化する。単純ではないが、日本中世における仏教の存在意義を、あらためて考えたく思う。

十二世紀一〇〇年間を焦点にして、日本中世仏教の成立と展開を荒削りに辿った。端的にまとめると、国家宗教としての中世仏教の成立のなかから、普遍的性質のある民衆仏教が萌芽的、断片的に表出する事例に、注目したのである。前段階と区別すべき時代であるとともに、東アジア世界のなかから成立した日本中世に、一つの個性的枠組みを次代に伝えた、いわば日本史における十二世紀ルネサンスとして、この一〇〇年間を位置づけてみたいと思う。

（1）上原専禄編『日本国民の世界史』（一九六〇年、岩波書店）。
（2）石母田正『日本の古代国家』（一九七一年、岩波書店）。
（3）鬼頭清明『日本古代国家の形成と東アジア』（一九七六年、校倉書房）、山尾幸久『古代の日朝関係』（一九八九年、塙書房）、など。
（4）河音能平『中世封建制成立史論』（一九七一年、東京大学出版会）。意志的普遍思想の世界史というのは上川の理解である。上川通夫『日本中世仏教と東アジア世界』（二〇一二年、塙書房）序章。
（5）河音能平『中世封建制成立史論』（前掲注4）。
（6）河音能平『天神信仰の成立』（二〇〇三年、塙書房）。
（7）上川通夫『日本中世仏教形成史論』（二〇〇七年、校倉書房）。
（8）本節最後の一段落は、本書編集に際して付け加えた。

（9）宇井伯寿「根本仏教に於ける僧伽の意義」（同『印度哲学研究　第四』一九六五年、岩波書店）、平川彰『原始仏教の研究』（一九六四年、春秋社）、山崎元一「十六大国からマウリヤ帝国へ」（『世界歴史大系　南アジア史1』二〇〇七年、山川出版社）。なお本稿作成にあたり、三田昌彦氏にご教示いただいた。

（10）黒田俊雄『寺社勢力』（一九八〇年、岩波書店）、『荘園制社会』（『黒田俊雄著作集　第五巻』一九九五年、法蔵館）、「中世における個人と「いえ」」（同第六巻、一九九五年）、「中世「顕密」仏教論」（同第二巻、一九九四年）、「日本中世における寺院と民衆」（同第三巻、一九九五年）。

（11）河音能平『天神信仰の研究』（前掲注6）。

（12）入間田宣夫氏は、初期中世村落の住人・百姓が獲得した強靭な主体性が、「一味」という語で表現されたことに注目している（同『百姓申状と起請文の世界』一九八六年、東京大学出版会）。

（13）黒田俊雄『寺社勢力』（前掲注10）二八〜三〇頁。

（14）田中文英「荘園制支配の形成と僧団組織──金剛峯寺と官省符荘をめぐって──」（大阪歴史学会編『中世社会の成立と展開』一九七六年、吉川弘文館）。

（15）大分県立宇佐風土記の丘歴史民俗資料館編『豊後国都甲荘の調査　資料編』（一九九二年）、『同　本編』（一九九三年）を参照した。

（16）上川通夫「中世山林寺院の成立」（同『日本中世仏教と東アジア世界』前掲注4）、「院政期真言密教の社会史的位置──大治と建久の間──」本書第一部第七章）。

（17）河音能平「中世前期村落における女性の地位──土地台帳の世界と譲状・売券・造像銘の世界──」（河音能平著作集『中世の領主制と封建制』二〇一〇年、文理閣）、峰岸純夫「平安末・鎌倉時代の夫婦呼称の一考察──「女共」「縁友」「縁共」を中心に──」（同『日本中世の社会構成・階級と身分』二〇一〇年、校倉書房）。

（18）名を記すことが個人の尊厳についての意識と関係することについて、上川通夫「勧進帳・起請文・願文」（本書第二部第五章）で触れた。

（19）この一段落は、本書編集に際して付け加えた。

（20）上川通夫「平安末期の山林寺院と地域社会」（同『日本中世仏教と東アジア世界』前掲注4）参照。

（21）五味文彦「保元の乱の歴史的位置」（同『院政期社会の研究』一九八四年、山川出版社）。

（22）小山靖憲「荘園制的領域支配をめぐる権力と村落」（同『中世村落と荘園絵図』一九八七年、東京大学出版会）。

（23）岩原剛・村上昇「三遠国境の中世山寺遺構――愛知県豊橋市普門寺旧境内――」（『季刊考古学』一〇七、二〇〇九年）。

（24）上川通夫「起請と起請文――永暦二年（一一六一）永意起請木札をめぐって――」（本書第二部第三章）参照。また「三河国普門寺の中世史料」（同『日本中世仏教と東アジア世界』前掲注4）、「国境の中世寺院」（愛知県立大学日本文化学部歴史文化学科編『国境の歴史文化』二〇一二年、清文堂出版）参照。

（25）久保智康「国府をめぐる山林寺院の展開」（『朝日百科日本の国宝別冊　国宝と歴史の旅3　神護寺薬師如来像の世界』一九九九年、朝日新聞社）。

（26）愛知県立大学中世史研究会『中世三河国普門寺領現地調査報告書Ⅰ』（二〇一一年）は、仁治二年（一二四一）普門寺四至注文写の検討から、寺領の範囲を近世村の雲谷村、原村、中原村、二川村、大岩村、手洗村、岩崎村などに見出している。

（27）大山喬平「鎌倉幕府の西国御家人編成」（『歴史公論』五―三、一九七九年）。

（28）上川通夫「造塔法と平安京」（阿部泰郎編『中世文学と寺院資料・聖教』二〇一〇年、竹林舎）。

（29）久野修義「中世日本の寺院と戦争」（歴史学研究会編『戦争と平和の中近世史』二〇〇一年、青木書店）は、この鎮魂仏事の問題を広く見渡し、この文書にも触れている。なお、「伝え聞く」以下には、阿育王伝説や『梵網経』の思想などが混じり合っている。なお近年、川合康『源頼朝』（二〇二一年、ミネルヴァ書房）、髙橋昌明『都鄙大乱――「源平合戦」の真実――』（二〇二一年、岩波書店）でも、それぞれ論述の末尾でこの願文を取りあげている。

第二部　中世民衆仏教の可能性

第一章　写経と印信——平安期仏教の展開と転形——

はじめに

平安期仏教史像の通説は安定的ではないと思う。その理由の一つは、奈良時代と鎌倉時代をつなぐ約四〇〇年間を、独自の歴史的特質をもつ段階として一括りにできないからではなかろうか。日本史上の古代から中世への転換を含む時代であって、歴史学としては、仏教史のみをそこから分離させて議論することはできない。つまり、古代仏教から中世仏教への転換過程が、その条件と契機にそくして説明されなければならない。

先学たちの知的営みは、新旧入り混じる仏教史の動態を、時代社会の歴史的特質と関係づけて把握しようとされたものであり、まさに諸説がある。それは、古代から中世への転換過程の捉え方に諸説があることと同根の、学術的議論の軌跡である。律令制の再建と解体、王朝国家と地方政治、領主制の形成と武家政権、荘園制と百姓身分、中世国家と民族文化など、それらを単純につなぎ合わせられない学説がある。そのことが、密教史の重点をどこに置くか（平安初期か院政期か）、主流仏教は何か（浄土教か密教か）、体制仏教をどう理解するか（国家仏教論や顕密仏教論）、民衆仏教の始発はいつか（公民と百姓の仏教受容実態）など、仏教史の諸説対立と錯綜気味に結びついている。

本章では、以上のことを想起しつつも、自らの仮説枠組みとわずかな具体事例を提示して、平安期仏教史研究についての課題抽出を試みたい。

一．古代から中世へ

平安末期までを古代とみる説もあるが、その場合でも、鎌倉時代以前に中世への胎動を認めているであろう。その代表的見解として、摂関期の浄土教の系譜に鎌倉新仏教を位置づける、いわばそこに古代から中世への展開を辿る説がある。逆に、共同体呪術からの解放と鎮魂呪術的意識の獲得を、中世百姓の小経営自立の淵源に遡って捉える説がある。古代史研究者と中世史研究者の視点の違いともいえるが[1]、ここでは、可能な限り古代と中世の双方に目配りし、古代仏教と中世仏教の質的相違を理解しつつ、その転換過程を含む平安期仏教の位置について探りたい。

古代仏教から中世仏教への転換について、今日の諸学説では、古代国家仏教から中世国家仏教への転換を認めている。前者については、世俗権力との結合を表現する傾向が強い。「国家仏教」は、古代以外でも使うことが可能な用語だが、研究史上は古代仏教の特質として思い浮かべられる。中世国家仏教については、顕密体制、顕密仏教として、思想傾向を用いた命名がある。この説に対しては当然ながら賛否あるが、中世国家と癒着した中世正統仏教が存在したことについては、ほぼ共通理解になった。

一方、被支配者と仏教の結びつきについては、古代に民衆仏教の実在を見出す説と、中世（院政期）にその第一段階を認める説と、理解の開きはかなり大きい。どう考えるかは、民衆の日常生活に即した必要水準において仏教受容が説明できるかどうか、ということにあろう。[2]

平安時代は、古代の国家仏教から中世の国家仏教への転換を含むとともに、被支配民衆の仏教選択または再選択という画期を含む。私見では、古代国家が必要とした仏教から、中世国家が必要としまた民衆が受容・導入した仏教へ、という歴史の筋道で理解している。その場合、東アジアの政治世界と、日本列島の生活世界という、いわば広狭の歴史的世界における条件と契機を重視したいと考えている。そのような見方から、文字通りの仮説、私見だが、古代における汎東アジア的漢訳大乗戒主義仏教から、中世における擬似汎東アジア的顕密主義仏教へ、という概念化を試みた。[3] 時代転換の画期については、東アジア政治世界が再編された十世紀後半からの摂関期仏教には、新展開の可能性をはらみつつもなお古代仏教の属性をみ、東アジア政治世界の再々編と地域社会の根本変動に規定された院政期仏教に、中世仏教の性質をみている。

そして、百姓身分の家と地縁社会の砦となる中世村落とが十二世紀に成立したこととの関係で必要とされ、意志的に導入された仏教の時代こそ、仏教民衆化の第一段階だと考えている。[4] 中国化されたインド仏教を導入した古代にではなく、日本独自の教義・行法が創造された点と、[5] 民衆が意志的に必要と感じて導入した点とによって、十二世紀にこそ「日本仏教」の成立を見出す考えである。[6] この点は、かつての民族論、特に封建制形成期を舞台としたフォルク論に、近い考えをもつ。[7] しかし、フォルク論は、「国風文化」論を古代から中世への転換動態に即して再検討する重要性をもったものの、仏教史研究を欠く場合が多く、同時に対外関係への視点が充分に考慮されない憾みがあった。今日、新たな研究動向が進むが、[8] やはり「国風文化」時代の仏教史は、東アジア世界論のなかの取り残されてきた部分、いわば一国史観最後の牙城であると感じる。

平安期仏教の研究動向には、東アジア世界論、対外史研究の視点と方法の導入以外に、目立った新傾向がある。それは、考古学が先導する山寺研究である。古代仏教の段階から、平地の大寺院と関連して、修養の場としての山寺が機能していたことは、文献史学による指摘もあるが、瓦の同范関係や、国境・郡境に近い立地などから、官寺や氏寺と一対の山寺や、地方統治の拠点としての山寺について、遺物と遺構による説得的推定が提示されている。今や山寺は、人里離れた脱世俗の修行空間としての理想視ばかりはできない研究段階にある。

そのことは、比叡山・高野山・金峯山など日本国内の山寺だけの問題ではない。五臺山・天台山・普陀山など中国の山寺は数多い。唐や宋の皇帝の五臺山重視などは、国家と仏教の基本構造に関係するであろうし、対外政策の重要拠点として機能したことも明らかである。しかも山寺は、天竺の霊鷲山や、仏教世界の中心に聳える須弥山とも関係し、仏教にとっては不可欠の本質的存在であるらしい。平安期仏教の史的特質を考える場合、今後充分に解明すべき課題であると思う(9)。

以下、古代仏教が平安時代に中世仏教へと変化する実態を、仏書の扱われ方と、教義・行法の継承過程とに焦点を当てて、具体例に則して述べてみたい。

二　写経・訓読・校合

西大寺に伝えられる天平神護二年（七六六）書写の『大毘盧遮那成仏神変加持経』七巻は、吉備命婦由利願経として知られる一切経の一部分であり、西大寺四王堂に納められた(10)。『奈良六大寺大観　第十四巻　西大寺　全』（一九七三年、岩波書店）や『書の日本史　第一巻　奈良時代』（一九七五年、平凡社）に同経巻第一の巻首・巻末の写真が掲載されるなど、よく知られた写経史料である(11)。ここではまず、巻末尾題のあとに加えられた識語・奥書に注目してみたい（【図1】参照。異筆④⑤は『奈良六大寺大観』の解説翻刻による）。

大毗盧遮那成佛加持経巻第一

（異筆③）（朱書）「大毗盧遮那成佛神変加持経巻第一東寺観智院摺本如是」

右大唐中天竺國三蔵輸波迦羅唐云善無畏譯沙門一行筆

（異筆②）（朱書）「承暦二年戊午六月五日　龍花樹院於正覚房移點了、

沙門寛経」

（異筆①）「天平神護二年十月八日正四位下吉備朝臣由利奉為

天朝奉写一切経律論疏集傳等一部」

（異筆④）「文明十一年己亥九月二日、於香呂山井関坊一交畢、東寺観智院之

摺本ニテ校合之、生年卌七、」

（異筆⑤）「又高野之摺本ニテ校合之、」

天平神護二年（七六六）の写経は、国家事業としての一切経書写の一部である。書写担当者名を記さないのは、官人が業務として没個性的に遂行するためである。その基本方針は、唐仏教の全面導入に沿う模倣的筆写である。右の写経もその一部である。『大毗盧遮那成仏神変加持経』（『大日経』）は七世紀にインドで成立した密教経典で、唐の開元四年（七一六）に中天竺国の僧輸波迦羅（善無畏）が翻訳し、一行が筆受したという。このことを示す訳場列位が、「右大唐中天竺國三蔵輸波迦羅唐云善無畏譯沙門一行筆」として簡略な識語として記されている。すでに奈良仏教に密教が含まれたことを如実に示している。ともあれこの写経は、インド仏

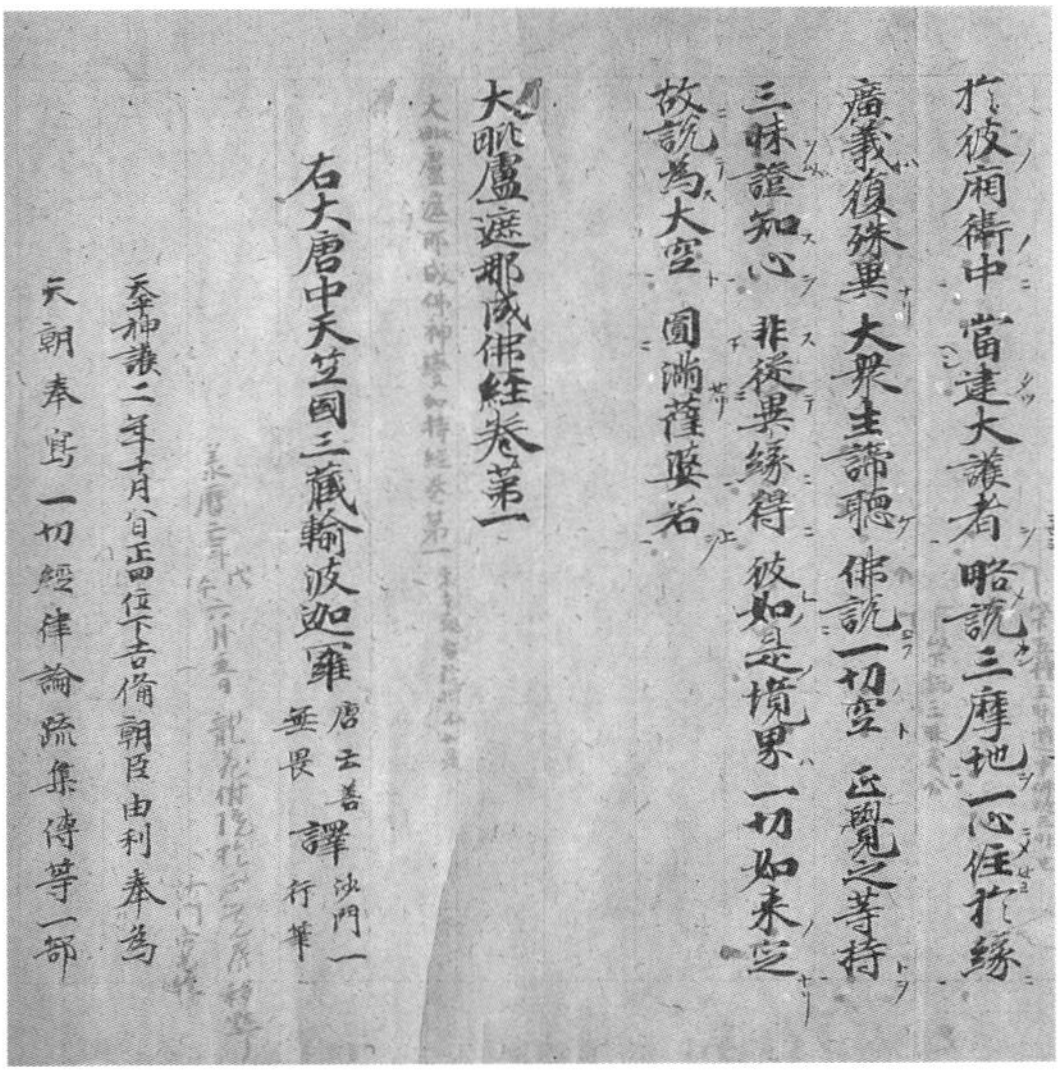

図１　『大毗盧遮那成仏神変加持経』巻第一巻末（西大寺蔵／奈良国立博物館『古密教』2005年）

教が中国の書記形式に変換された姿を忠実に再現すべく書写された一例であり、日本古代仏教の歴史的特質、つまり唐仏教を国家事業として模倣再現した姿の実例である。

吉備命婦由利願経は、天長五年（八二八）二月十三日に法隆寺へ移動されるなど（『日本紀略』）、平安時代にはもとの一括性が解体されて、他の一切経に分割・吸収されていったらしい。その追跡は、平安期仏教の推移を示すであろうが、ここではこの一巻のみから、奥書の異筆に注目したい。

異筆①は、写経生による本文書写の後、吉備由利の願意を同一日付で一切経すべてに付したものであろう。本文とそれほど時を隔てないにしても、それぞれ別の写経生である可能性が高い。

異筆①に次いで古いのが異筆②である。しかし、奥書には示されていないものの、①と②の間の時期に、本文に訓点が施されている。『奈良六大寺大観』の解説（山本信吉氏執筆）によると、銀（雲母）による訓点・傍訓・送仮名などである。平安時代前期に南都諸寺で用いられた、仁都波迦点と呼ばれる訓点で、僚巻の巻第七には「長保二年（一〇〇〇）五月二日朝坐已了」という銀書奥書が加点時期を示している。この訓点は、国家事業を官人が担う没宗教的世俗業務ではなく、漢文訓読による仏教理解への知的営みが、平安前期には進行していた証である。

朱書の異筆②には、承暦二年（一〇七八）に興福寺龍花樹院の正覚房で訓点を施した旨、注記している。僧寛経が、許されて師の所持本から送り仮名、返り点、ヲコト点などを写し取ったのであろう。実際、本文には、書き入れられた朱の訓点を確認することができる。師から弟子への伝授についての一形式であり、場合によっては師から音読の手ほどきを受けた可能性がある。ここには、専門僧による宗教行為そのものが刻まれている。しかもそれは、興福寺（寺家）を構成する院家における教義伝授であって、中世寺院の自立的活動の一端である。

異筆③も朱書である。『奈良六大寺大観』の解説によると、本文内には二種の朱書が施されており、そのうち諸本との校異や返り点、真言傍注などを記した、②より新しい朱書は、鎌倉時代後期のものだという。これに関係するのが、尾題の左に正式経典名を記した異筆③なのかもしれない。ここには、東寺観智院にある摺本と対照した旨が、わざわざ書かれている。そうであれば観智院が建立された延文四年（一三五九）頃以後のものである。その摺本は、請来の刊本一切経の一部であって、南宋版を指す可能性があろう。鎌倉時代ないし南北朝時代の営為であるが、奝然による北宋版一切経の請来（九八六年）ののち、宋版を参照した写経や校訂が取り入れられ、平安末期の十二世紀からは輸入南宋版を用いることも増える。異筆③は、そのような平安時代後期ないし末期の形式を継承している。つまり書写や校合の中世的形式である。その特質は、刊本の作成ではなく、請来刊本を参照しつつ書写するという点にある。奈良朝写経の権威を墨守するのではなく、訓読して和文に変換し尽くすのでもなく、新時代・新式の輸入刊本の正統権威を摂取しつつ手書きの原初形態を維持することに、日本式を見出したかのごとくである。ここに平安後期に成立した中世仏教の一特質がある。

異筆④⑤は、異筆③と同様、輸入刊本での校合だと記す。④の「香呂山井関坊」は石清水八幡宮にあった。

三、系譜の拡がりと拠点——ある印信から——

金沢文庫保管の称名寺聖教に、嘉元二年（一三〇四）三月十七日の『忍空授劔阿状』一巻（架蔵番号二五六函二四号）がある。真言密教僧にして称名寺第二世の劔阿が、智証大師円珍感得の金色不動明王に関する血脈を、大和国室生寺の忍空から相承したことを証明する印信である。平安・鎌倉時代にわたる一五人の相承系譜が具体的に記され、入唐僧らを含んでいることからも、仏教史展開の重要な断面を語る史料であろう。納富常天氏は、称名寺劔阿研究の視点から注目され、受者劔阿の自筆と認定し、全文の翻刻紹介とともに、系譜に見える僧について考証を加えられた。また、横内裕人氏は、南都多武峰が宋仏教摂取の一拠点であったことを論証する素材として、この印信に見える数人の僧を検討された[12]。両氏の驥尾に付して、平安期仏教の史的特質を探る視点から考えてみたい。

この印信の冒頭には、智証大師円珍が入唐以前の承和七年（八四〇）に不動明王から直接「不動立印儀軌真言」を与えられ、ついで灌頂を授けられたことなどを記す。『智証大師年譜』承和七年条に対応記事があることを、納富氏が指摘されている。同書には、円珍が康済法師に付法したと書かれている。印信の方には、円珍からの直接伝授については述べていない。そして約二〇〇年後、園城寺系の文慶が、「一門長者」として「適見二此正文一」てその重要さに驚いたという。これを成尋に授けたという部分までは、文慶の文章であろう。文慶（九六六～一〇四六）は、藤原佐理の子で、岩倉大雲寺の別当となり、長和三年（一〇一四）から園城寺長吏を三度勤めている。『不動尊五箇秘印記』に「文慶阿闍梨以来師資相承[13]」とあるのを、この印信血脈と関係すると推測する納富説は、妥当であろう。いわば、円珍による感得を、文慶が感得した、ということである。十一世紀段階の平安期仏教が、派閥集団の形成と独自教学の主張で競い合う傾向にあることを、文慶の活動にもみることができる。

文慶から始まる相承系譜の記述を整理すると、次のようになる。

①年未詳　法印大和尚位文慶→阿闍梨伝燈大法師成尋　※延久四年（一〇七二）成尋入宋以前。

②年未詳　闍梨入唐得大師号即善恵大師（成尋）→入唐賜紫厳円　※入宋中。

③大宋元豊七年（一〇八四）正月二十四日　厳円→新入唐巡礼沙門賜紫永暹（於天台山国清寺日本唐院善恵廟也）　※入宋中。

④応徳三年（一〇八六）九月八日　永暹（帰朝之後）→多武峯住僧済厳⒁

⑤寛治元年（一〇八七）七月十九日　済厳→同門僧暹宴

⑥保延六年（一一四〇）三月八日　暹宴→伯耆国大山住僧基好（於〈多武峰〉平等院）

⑦嘉応二年（一一七〇）三月二十日　基好→雲州櫻山僧厳朗（於雲州清水寺）

⑧安元二年（一一七六）正月九日　厳朗→三州船形山住僧覚智（於長楽寺）

⑨治承五年（一一八一）正月十八日　覚智→伊州走湯山住僧源延（於走湯山東明寺）

⑩安貞二年（一二二八）七月二十日　源延→駿州智満寺住僧尭真（於伊州走湯山来迎院）

⑪延応二年（一二四〇）三月二十二日　尭真→智満寺住僧尭豪（於智満寺）

⑫建長五年（一二五三）九月朔日　尭豪→真尊（於智満寺）

⑬永仁三年（一二九五）十月二十四日　真尊→忍空（於四天王寺勝鬘院）

⑭嘉元二年（一三〇四）三月十七日　忍空→武州金沢称名寺住僧劔阿（於大和州室生寺）

このうち②成尋、③厳円、④永暹は、入宋僧である。⑤済厳については、横内裕人氏によって、寛治七年（一〇九三）に宋福州商人から経典「読音」を伝授された例が示されている。済厳の住む多武峰が、北宋仏教を受容する一拠点であったことが、見出されたのである。また横内氏は、⑦の大山住僧基好について、多武峰で授法した宋仏教を、渡航しようとする栄西に授けたことについて、解明されている。このように見ると、印信に現れる不動立印儀軌真言の継承者は、平安期に限って言えば、円珍系の台密を保持したというだけではなく、新傾向の宋仏教を摂取する一脈と位置づけることが可能かもしれない。それは結果的に形成された特徴ではないだろう。受者は授法僧の居所に参じて獲得しているのであり、求める意思こそ前提である。

以上は、納富氏や横内氏の研究に導かれての再整理にすぎない。ただここで、授法の場が、山寺を多く含むことに、あらためて注目してみたい。③厳円は天台山国清寺で、④永暹、⑤済厳、⑥暹宴は大和国多武峰で、⑦基好は出雲国清水寺（島根県安来市）で、⑧厳朗（出雲国櫻山僧）は出雲国長楽寺（島根県安来市）で、⑨覚智（三河国船形山僧、愛知県豊橋市普門寺）は伊豆国走湯山（静岡県熱海市）で、⑩源延も伊豆国走湯山で、⑪⑫尭真・尭豪は駿河国智満寺（静岡県島田市）で、⑬真尊は摂津国四天王寺（大阪市）で、⑭忍空は大和国室生寺（奈良県宇陀市）で、それぞれ授けた。⑬四天王寺を除いて、広域にある山寺が連なっている（【図2】参照）。

また④永暹の場合、『後拾遺往生伝』巻中に出雲国鰐淵寺僧として見え、四天王寺や善峰寺（京都市西京区）で如法経供養を行い、四天王寺西門で念仏を唱えたともある。複数の山寺で活動した僧がいたことや、四天王寺のように平地の聖地もそれらと密接に関連していたことがわかる。⑦基好も、『元亨釈書』「栄西」によれば、伯耆国大山の住僧である。

このように見ると、台密の印信に記された伝授系譜に、平安期仏教の歴史的な特質を知ることができる。

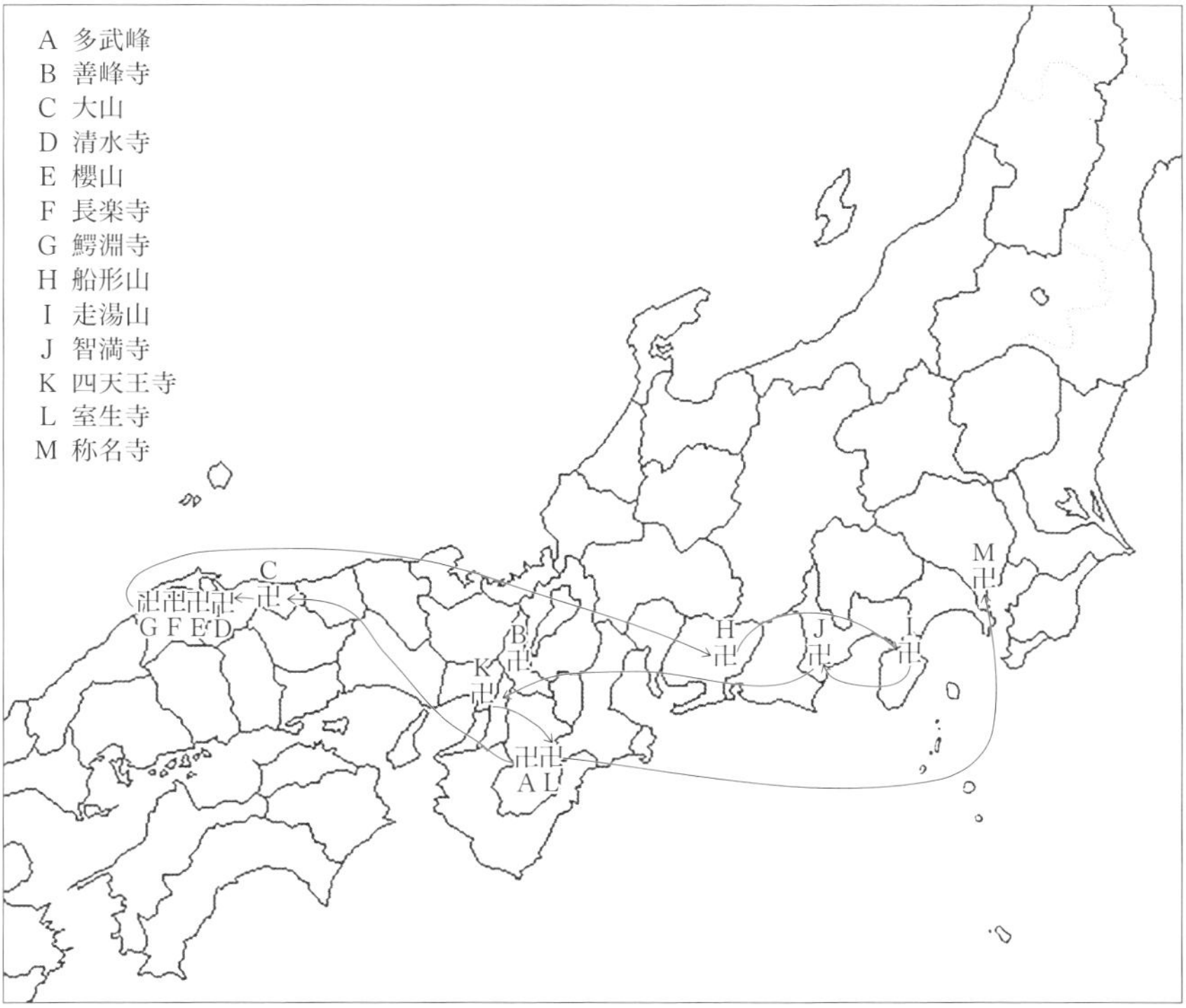

図２　相承系譜と拠点寺院（筆者作成）

九世紀の入唐僧円珍は、唐仏教の完全移入という国家事業を前線で担った天台僧である。ただし十世紀末ないし十一世紀からの本格的な摂関期には、入唐したかどうかとは別に、唐僧からの伝受よりも不動明王からの直接的な「感得」を主張する発想が重視された。仏菩薩などからの直接的継承とは、唐仏教の相対視と同根の、自国仏教に価値を置く考えである。

　ところが、それは、「国風文化」のごとき平板な性質ではなかった。宋仏教の継続的な導入が重視されており、入唐僧の系譜に重ねて入宋僧や宋海商、それらがもたらす仏書等の文物によって、平安後期仏教には新風が導入されていた。その宗教内容に即した特質について、この節で用いた事例からは、外来密教であることを知るのみである。ただ新時代をうかがわせるのは、その受容の裾野が拡大していることである。平安京をとりまく大寺院への独占集中ではなく、地方の山寺の存在意義が浮上している。

この印信の例では、山寺は宋仏教を導入・蓄積・継承する拠点として機能している。その住僧たちは、伝授僧のもとに赴いて受法しており、子弟の系譜と山寺の連絡が十一世紀以後には形成されている。山寺は、人里離れた脱俗の修行空間ではなく、東アジア世界の一部たる列島世界における活動網の拠点というべきである。この山寺間ネットワークの形成事情については、僧侶の自立的修行活動の成果だとは言い切れず、朝廷の山寺重視の方針との間接的な関係も想定される。ただそれは、荘園制や本末関係とは別の原理によって、緩やかかつ独自の秩序が生みだされる新動向であり、山寺やその地元基盤の自立性の胎動を背景とするのではなかろうか。

一例についてのみ、少し具体的に探っておきたい。⑧の安元二年（一一七六）に厳朗から伝授された覚智は、三河国船形山住僧とある。船形山とは、観音菩薩を本尊とする古代寺院として出発し、十二世紀中葉に再生した山寺で、すでに本書で何度か触れている船形山普門寺のことである。

印信によって知りうるのは、住僧覚智が、安元二年（一一七六）に伯耆国の大山や出雲国の清水寺に近い長楽寺において厳朗から受法し、治承五年（一一八二）に伊豆国走湯山で源延に授法していることである。活動範囲の広さには、現実の理由があったのであろう。横内氏の研究を参考にすると、出雲国での授法は、大陸仏教の吸収という目的があったように推測される。この時代の山寺について、たとえば『梁塵秘抄』には、「四方の霊験所は、伊豆の走井、信濃の戸穏、駿河の富士の山、伯耆の大山、丹後の成相とか、土佐の室生戸と讃岐の志度の道場とこそ聞け」とみえている。三河の船形山も、同時代に興隆した霊山の一翼を担っていたのであろう。

一方、伊豆国走湯山での伝授は、走湯山興隆への加担として注目される。走湯山は、伊豆配流中の源頼朝が源氏再興を祈願したところといわれ、安元元年（一一七五）に伊東祐親の三女八重姫と通じて祐親から追われた頼朝が身をひそめた場所だという。また頼朝は、治承四年（一一八〇）の挙兵前に走湯山僧覚淵を呼んで相談したという（『吾妻鏡』治承四年七月五日条）。また覚淵は走湯山内の東明寺に密厳院を建設している。してみれば、船形山住僧覚智が走湯山東明寺に赴いて源延に伝授したというのは、覚智が走湯山に有縁の人間、もしかすると走湯山僧覚淵と法脈を同じくする者であるということかもしれない。

天文三年（一五三四）の『普門寺縁起』（『船形山普門寺梧桐岡院閭闢之縁起由来之記録』、『豊橋市史』第五巻、一九七四年）には、源頼朝の叔父にあたる僧化積が、頼朝の帰依を得て普門寺興隆をなしたと伝える。このことについて、仁治三年（一二四二）の普門寺四至注文写（正中二年＝一三二五年写、下部欠失）の前書き部分に「化積」「頼朝」などの文字が確認され、まったく根拠のない話ではないらしい（『愛知県史　資料編14　中世織豊』二〇一四年）。印信に記された相承系譜は、船形山住僧覚智が、内乱期に源頼朝有縁の走湯山興隆に関与したらしい事情を伝えている。逆に、船形山普門寺が源頼朝の支援を受けて興隆した、という説との関係も想像される。平安期仏教と鎌倉期仏教をつなぐ一場面である。

むすび

平安期仏教の中世的展開が、日本的仏教というべき内実をもつにいたると判断されるには、民衆生活との接触、それも他律的、教導的、思想誘導的ではない、必要水準が満ちての意志的導入として確認される必要がある。この点を実証できる史料は乏しいが、痕跡に手がかりを求めなければならない。その場合、印信にも登場するような山寺が、地元の人里といかに関係しているかについて、個別に実証していく必要がある。この肝心の課題について、本章ではほとんど触れていない。

ただ、本書の各章でも繰り返して述べる事例だが、三河国の船形山普門寺の例は、先にもあげた十二世紀の史料があって、今後他の山寺を研究する手がかりにもなろう。普門寺の再生をめぐる動きは、船形山膝下の住民上層らが、地縁の地域社会を形成するにあたって、住民出身の寺僧らに経営させた里山の寺を拠点に、没派閥的な結束を実現しようとした地域公共事業であった[15]。それは、中世国家の正統仏教が体制的に成立して以後の営為であり、職業的聖職者による知的営為とは区別される生活者の意思によっている。東アジア世界や列島社会の広域動向とともに、社会の深部における変動に関係した局面を捉えてこそ、平安期仏教の歴史的達成を評価できるように思う。

（1）　井上光貞『日本古代の国家と仏教』（一九七一年、岩波書店）、黒田俊雄『日本中世の国家と宗教』（一九七五年、岩波書店）。
（2）　上川通夫「なぜ仏教か、どういう仏教か」（『日本史研究』六一五、二〇一三年）。
（3）　上川通夫『日本中世仏教形成史論』（二〇〇七年、校倉書房）。
（4）　大山喬平『日本中世農村史の研究』（一九七八年、岩波書店）。
（5）　上川通夫『日本中世仏教史料論』（二〇〇八年、吉川弘文館）。
（6）　上川通夫『日本中世仏教と東アジア世界』（二〇一二年、塙書房）、同「十二世紀仏教の歴史的位置」（本書第一部

第八章）。ただし、中世仏教の民衆的基盤は、民衆仏教そのものとは見なせない場合がほとんどである。この点、本書の序章と結章を参照。

（7）河音能平『中世封建制成立史論』（一九七一年、東京大学出版会）。

（8）木村茂光『「国風文化」の時代』（一九九七年、青木書店）。なお同書は「読みなおす日本史」として再刊され（二〇二四年、吉川弘文館）、「補論「国風文化」研究の前進のために」が追加され、近年の研究動向を整理するなかで、榎本淳一『唐王朝と古代日本』（二〇〇八年、吉川弘文館）、西本昌宏「「唐風文化」から「国風文化」へ」（『岩波講座日本歴史5　古代5』二〇一五年、岩波書店）、吉川真司編『シリーズ古代史をひらく　国風文化』（二〇二一年、岩波書店）などをあげている。

（9）『佛教藝術』二五六（二〇〇一年）「特集・山岳寺院の考古学的調査 西日本編」、『同』三一五（二〇一一年）「同・東日本編」、『季刊考古学』一二一（二〇一二年）「特集・山寺の考古学」、久保智康編『日本の古代山寺』（二〇一六年、高志書院）、など参照。中国の山寺を視野に含めた古代史研究には、中林隆之「東アジア〈政治―宗教〉世界の形成と日本古代国家」（『歴史学研究』八八五、二〇一一年）がある。

（10）宝亀十一年（七八〇）『西大寺資財流記帳』（『寧楽遺文』中巻）に、「一部、吉備命婦由利在四王堂進納」として「惣大小乗経律論疏章集伝出経録外経等一千廿三部五千二百八十二巻五百十六帙」とある。

（11）大矢透編『假名遣及假名字體沿革史料』（復刊一九六九年、勉誠社）に巻第七の解説、大屋徳城『寧楽古経選　上巻』（改装版、一九七六年、稀書刊行会）に巻第一巻首と巻第七巻末の写真、奈良国立博物館編『奈良朝写経』（一九八三年、東京美術）に巻第七巻末の写真・解説、『日本の写経』（一九八七年、京都書院）に巻第三巻首・巻末の写真と解説、奈良国立博物館編『西大寺展』（一九八九年）に巻第一巻首と巻第七巻末の写真・解説、奈良国立博物館編『古密教――日本密教の胎動――』（二〇〇五年）に巻第一の巻首・巻末の写真・解説、『平安遺文　題跋篇』には巻一と巻七の奥書を載せる。

（12）納富常天「室生寺と称名寺剱阿」（同『金沢文庫資料の研究』一九八二年、法蔵館）、横内裕人「大和多武峰と宋仏教――達磨集の受容をめぐって――」（西山美香編『アジア遊学142　古代中世日本の内なる「禅」』二〇一一年、勉誠出版）。また、聖教の書写奥書等を駆使しつつ、天台僧の地方寺院往来による宗教活動に着目された岡野浩二氏の研究は、本章で触れる僧侶以外にも広く事例を見出しており、山寺研究からも注目される。岡野浩二「平安末期における天台僧の修行巡礼――青蓮院門跡吉水蔵聖教にみえる備前・因幡・伯耆――」（『倉敷の歴史』一九、二〇〇九年）、「平安末期における天台僧の東国往来と聖教書写――忠済・源延と尾張・信濃・伊豆・相模・上総――」（『史聚』四九、二〇一六年）。両論文は岡野浩二『中世地方寺院の交流と表象』（二〇一九年、塙書房）第二章「聖教奥書からみた僧侶の往来」に含められた。

(13) 渋谷亮泰『昭和現存天台書籍綜合目録』（一九四〇年、明文社）七五〇頁。

(14) 納富氏の指摘にあるように、『大乗瑜伽金剛性海曼殊室利千臂千鉢儀軌』の奥書に、「大宋元豊六年正月廿五日於天台山国清寺、日本巡礼沙門賜紫永暹写功了、帰朝之後、以日本応徳年中以此法、授多峯妙楽寺僧済厳了、其後清水寺僧定深写之」とある。成尋の本奥書によると、入宋中に天台山へ向かう途上に入手・抄出し、熙寧六年（一〇七三）に本国へ送ったもので、かつて円珍が求めて得られなかった本だという。『大日本仏教全書　遊方伝叢書第四』「入唐諸家伝考第八　善恵大師成尋伝考」。

(15) 上川通夫『日本中世仏教と東アジア世界』（前掲注6）、同「国境の中世寺院――三河国普門寺――」（愛知県立大学日本文化学部歴史文化学科編『国境の歴史文化』二〇一二年、清文堂）、同「起請と起請文――永暦二年（一一六一）永意起請木札をめぐって――」（本書第二部第三章）。

第二章　経塚・造仏・写経——民衆仏教形成の条件——

はじめに

日本列島に住む民衆が、日常の生活と不可分の必要から仏教を求めて得たのは、中世成立期からのことであろうと思う。主に支配身分が担ってきた仏教の文物や思想を前提条件として、地縁の村づくりを課題として荘郷支配のもとに暮らしはじめた民衆は、新たな生活世界の構築に必要な仏教に着目し、時には意思をもって導入するようになった。

外来思想としての仏教は、寺院、経典、僧侶、法会など、形式と内容ともにもともとは生活世界と異質であった。たとえば自らの存在を社会的に位置づける上で不可欠の空間と時間の認識について、仏教導入は画期的な意味をもったのではないだろうか。次のような例がある。

円頓寺経筒銘（京都府京丹波市、『平安遺文　金石文編』四〇七）には、「嘉応二年」（一一七〇）の作成年がある。また経塚造営に籠めた願意として、釈迦如来、『法華経』、弥勒尊への帰依を述べたあと、「釈迦末法代於二南閻浮提大日本国山陰道丹後国管熊野郡佐野郷大治村円頓寺一、如法妙法蓮華経一部十巻奉二書写一畢」と記している。

まず、「南閻浮提」は、須弥山世界なる大宇宙に含まれる人間の小世界である。大日本国なる大仰な行政表示をはさんで、この広大な仏教世界と、足下の大治村円頓寺とが、対になっている。(1)一方、「釈迦末法」として、日本年代を凌ぐ過去の仏教史年代が理解されている。(2)また未来のこととして、弥勒如来が降臨し埋納経典が湧出する五六億七〇〇〇万年後が遠望されている。いわば世界時間としての仏教年代のなかに、自らの一生を位置づけていることになる。しかも通常、経塚築造には、先祖の追善、自身の息災、子孫の安穏という祈りを込めており、血縁継承という世代観も仏教史と関係づけられている。つまり、仏教の導入は、日常生活次元の認識世界を大きく変える可能性があるのである。

右の事例は、銘文末に「願主散位従五位下大江朝臣忠氏、女施主橘氏弁子息等」とあり、主体は在庁官人級の在地貴顕である。ただし経塚造営に集う実態の考察により、地元の百姓身分の動向をつかむことによって、仏教導入の民衆史を知りうる可能性がある。同じことは、在地での写経や造仏の実態によっても見出せるように思われる。

本章では、勧進と結縁による政治的な誘引をも見すえつつ、地域社会を切り拓く主体による積極的な仏教導入の実態、住民の生活世界を構築するための理念と実践としての仏教事業に注目する。対象とする時代は主に十二世紀である。そのことで、政治的な導入や強制が先行する日本古代仏教史との違いを確かめ、さらには中世国家によるその再編としての顕密仏教を歴史的条件として、生活世界を構築する意思的な営みから求められたという意味での民衆仏教について、その形成条件を捉えてみたい。(3)

一．史料としての経塚遺文、造像銘、写経奥書

十二世紀の地域民衆の仏教事情を考察する場合、重要な分析対象に経塚の遺物とその銘文、仏像とその像内銘や納入書面、写経とその奥書がある。ここでは特に、権門たる貴族や大寺社が身近で作らせたものではなく、地方においてそれぞれの事情で営んだ仏教遺物に注目したい。それらは考古学、美術史学、仏教史学によって駆使されてきた史料であり、銘文については、関秀夫編『経塚遺文』（一九八五年、東京堂出版）、『日本彫刻史基礎資料集成　平安時代　造像銘記篇』（第一巻〜第八巻、一九六六〜一九七一年、中央公論美術出版）、久野健編『造像銘記集成』（一九八五年、東京堂出版）などの史料集で紹介されている。[4]また文献史学によっても竹内理三編『平安遺文　金石文編』（訂正版、一九六五年、東京堂出版）があり、写経を含む典籍の奥書などについては、竹内理三編『平安遺文　題跋編』（一九六八年、東京堂出版）が知られている。それら史料集の刊行後にも、調査にともなう史料紹介や自治体史による報告など、研究の手がかりは一層整備される傾向にある。

ただ文献史学に限っていえば、ここ二、三〇年ほどの間に進んだ史（資）料学を踏まえても、なお経塚遺文、造像銘、写経奥書などについての基礎的な研究視角が共有されていないように感じられる。そこでまずこの節では、実物に即した考古学や美術史学などに学びつつ、陳述史料の批判的検討を介して社会的脈絡に位置づける文献史学として、いくつかを例示しつつ、留意すべき諸点を抽出してみたい。

保延四年（一一三八）の福岡県宗像市出土銅経筒には、次のような陰刻銘がある（『経塚遺文』一二四）。

奉鋳赤銅塔一基　　奉納如法経一部八巻

鎮西筑前国宗像宮内　字田嶋村住人

擬大宮司藤原貞包　　同藤原氏

保延四年十月廿日　　勧進僧善慶

願主は宗像宮司の藤原貞包と藤原氏、つまり地方有力領主たる夫婦による営みである。注目したいのは二人を「字田嶋村住人」だと記していることである。宗像宮の上級宮司としての政治的地位と同時に、夫婦が寝食をともにする生活圏の所在をあえて明示している。ただしそのことは、二人の私的な信仰を意味しているということではない。田嶋村住人を代表する立場で、この経塚造営の仏事を公示していた可能性があるからである。地中に埋納されたあとの遺物として見るだけではなく、埋納にいたる造営の過程を考える必要があり、この点は後述するが、まずは「村」の「住人」たることを確認しておく。[5]

三重県鈴鹿市稲生西宮の勧進写経として、承安五年（一一七五）四月二十三日に書写された『大般若経』巻第八十七奥書の結縁者には、「荒木住藤原景光、尾野氏、愛子等」と見える（『平安遺文 題跋編』二七五五）。一方、『大般若経』巻第四四九には「奉加荒木村住紀盛直、角氏、愛子毗沙丸等敬白」とあるので、前者は「村」表記を略しているのだとわかる。[6]稲生西宮勧進『大般若経』には、奥書を有する残存分三六巻のうち、「荒木住」四例、「荒木村住（人）」五例がある。[7]伊勢国安濃郡にある荒木村の、おそらく地元貴顕というべき住人が勧進に応じたのであろう。仏事に加わる住人の所属地名として、生活圏としての村を記す場合があることに注意したい。

また右の例にもあるように、夫婦と子どもからなる小家族の結縁という例がしばしば見える。永久三年（一一一五）の『中日兒本経』奥書には次のように記されている（『平安遺文 題跋編』九四三）。

永久三年歳次乙未七月十日書写畢、勧進僧勝賢　施主目安里住人清原安清、結義、所生愛子、為息災延安穏、法界衆生平等利益也、

表裏に「法隆寺一切経」の黒印が捺された勧進書写経の一帖である。[8]この一帖の施主として費用負担に応じたのは、「目安里住人」たる清原安清・結義（妻）・所生愛子（子ども）の単婚家族である。夫婦と子どもに

よる結縁の事例は、十二世紀を中心として数多い。ここでは、里住人の家という実生活の単位が表面に出ていることに注意しておきたい。

写経奥書や仏像像内銘の願主・施主・檀那として夫婦が現れる例は多く、特に女性の存在を明示する史料として、これまでも注目されてきた。妻は「縁友（共）」などと呼ばれ、「女藤原氏」、「源氏」（氏の名のみ）などとして記される。(9) 夫のように実名までは記されず、未婚者は両親に付属した娘として記されるなど、男女対等だとはいえないが、女性の確たる位置を踏まえた、生活実態の表出に近い記述だと考えられる。これに関係して、永久五年（一一一七）書写『紺紙金銀字大方広仏華厳経』（金剛峯寺蔵、『平安遺文　題跋編』九九〇）に「大檀那散位藤原清衡、女施主平氏」、元暦二年（一一八五）書写『観普賢経』（福岡市誓願寺蔵、『平安遺文　題跋編』二九九三）に「大檀那寛行、女檀仲原氏、太子」とあるのは、女性に仏教事業の担い手としての称号を付した例として参考になる。しかもなかには、女性のみを主体とする、次のような例もある。永久四年（一一一六）の『大方広入如来知徳不思議経』奥書である（『平安遺文　題跋編』九五五）。

永久四歳次丙申二月十四日法隆寺一切経内書写了、
　　　　勧進聖人沙門勝賢
偏為二施主等内蔵姉子、津守三子高向善財女、現当二世所願成弁一也、為二弁過去四恩三有八難法界衆生
平等利益一、書写供養如レ右、敬白、
　　　大和国平群郡坂戸里弟原村住人也、僧快円

末尾の僧快円は書写者であろうが、「坂戸里弟原村住人」というのは、施主として共同出資した内蔵姉子、津守三子、高向善財女の三人のことであろう。姓の異なる三人の女性は、弟原村における地縁関係を、共通の願いを込めた同時結縁によって確認していた。この時代の仏教事業は、女性をその担い手として表舞台に

出す場合がしばしばみられるようである。

いくつかの事例を拾ったに過ぎないが、経塚遺文、造像銘、写経奥書には、世俗領域の政治的枠組みの内部で作成される書面には表れにくいような、実際生活に関係する村や家族または女性の存在が記されやすいのではないか。もしもこの推測に妥当性がある場合、そのような史料上の事実を確認するだけではなく、それらの歴史的事実がなぜ生じたのかを問う必要が生じる。問題とすべきは次のような諸点ではなかろうか。

第一に、地中に埋納される経筒の銘文、仏像内に閉ざされる墨書、経巻の末尾に巻き込まれる奥書、これらは完成するとほぼ見られることがないにもかかわらず、実例が多い。第二に、在地貴顕層の女性や子ども、また夫婦と子からなる単婚家族の存在は、同時代の古文書や古記録にも断片的に見出されるものの、これら仏教史料に比較的多く見出しやすい。第三に、実生活の場である村や里、またその住人だと記す例がこれら史料に散見される。第四に、以上に共通するのは非公然の実態場面の痕跡だということである。

以上のことが、ほかならぬ仏教に関係していることを重視したい。その場合、経塚、仏像、経巻などの完成体を詳細に観察する考古学や美術史学に学びつつ、また完成後に信仰対象として機能する場面を念頭に置くとともに、ここでは特にそれらが作成される過程に注意したいと思う。なぜなら、銘を記す過程を含む作成事情には、企画者や支援者の動きや意思が刻まれているからである。

二・築造・造像・写経の過程

まずは経塚築造の動きを銘文から分析したい。康和五年（一一〇三）山梨県甲州市柏尾山山腹経塚出土の経筒に刻まれた長文の銘は、経塚の造営事情と造営過程を知る手がかりになる（『経塚遺文』四一）[10]。それによると、この経塚は僧寂円による勧進によって築造された。寂円は、「山城国乙国郡石上村ニ生せる世俗人」であり、六三歳で出家して仏道に励んだ者だという。そして柏尾山寺往生院で経典書写に四年を費やして完成させた後、次のように供養の儀式を行った。まず康和五年三月二十四日に、「誘二道俗男女於一引二貴賤上下一」きい、それら「結縁衆」が「路頭ニ無隙」く立ち並ぶなか、如法に書写した経典（おそらく『法華経』八巻）を寺に運び入れた。ついで四月四日に、比叡山学僧たる堯範を講師とする荘厳な法会を行い、経供養した。四月二十二日、柏尾山の「峯所」に埋納して事業が完了した、という。なお銘文は寂円を主語にしているが、末尾には「筆者正六位上文屋重行」とある。またその前には、結縁者として国司藤原朝臣（惟信）(11)や権介藤原守清、散位藤原基清、散位三枝守定などの名が記されており、この仏事が国衙権力を推進主体とする一面をうかがわせている。

八巻に過ぎない『法華経』書写と埋納準備の期間を四年設け、荘重な演出による儀式を衆人注視のもとで挙行して締め括ったのである。完成儀式に集ったのは、勧進僧寂円、学僧堯範、柏尾山寺僧や国衙官人のほかに、人数等は不明ながら誘引された里人たちがいたに違いない。つまり経塚造営の過程は公開されている。そして、「不レ異下荘二厳法浄世界一ニ上」という完成仏事では一層明示的に、この作法がもつ仏教思想上の意義が説明され、居並ぶ事業推進主体の名望が強調されることになる。この銘文は、末尾が「敬白」で結ばれており、仮名による助詞の挿入など、音読される願文であるかのようである。注視する衆人の耳に届けられたのであろう。多くの場合、経筒銘は短文で、無銘はさらに多いが、それらの供養儀礼に際しては、紙媒体の願文があったとも考えられる。

経塚築造は、その地域における公的な事業として設定されている。そのことからさらに推定すれば、経塚遺文に垣間見られる夫婦や村といった生活実態の記述は、決して封印秘匿されたわけではない。

次に、仏像の造立過程を像内銘からうかがいたい。滋賀県東近江市善明寺木造阿弥陀如来坐像には、像内胸腹部に長承二年（一一三三）十月一日の墨書銘がある（『造像銘記集成』七四）。日付の下には、「御衣木山入、仏師河内講師僧快俊、執筆僧永覚大徳」と記されており、近隣の里山から造仏の用材を調達するとともに、御衣木加持《みそぎかじ》によって霊像出現の作法を開始したのである。そして執筆僧永覚は、像内に「結縁人々」として、「依智秦則重・大友氏」の夫婦をはじめ、依智秦氏を中心にその婚姻氏族や近隣氏族、合計八四人の名を記した。しかも、像内前面右下部には、「右結縁人々、各為二現世安隠（ママ）後生菩提一、所レ奉二造立一如レ件、同年十一月廿日記之」という別の墨書がある。御衣木加持にあたって結縁者が集い、用材内側に自らの名が記される過程を目の当たりにし、二か月足らず後に行われた開眼供養に際しては、日常の平安を願意に籠めて木寄《きよせ》したのではなかろうか。

御衣木加持が結縁の機会であるという例は、十二世紀に限っても散見される。久安四年（一一四八）六月二十三日の像内墨書銘がある京都市三千院木造勢至菩薩坐像には、「木作之結縁功徳力」によって造像関係者が極楽往生するよう祈念されている（『造像銘記集成』八五）。栃木市住林寺の木造阿弥陀如来坐像の像内には、寿永三年（一一八四）五月二十四日の敬白文が、大法師義覚と妻子ならびに妻同族藤原道綱の名で墨書されている。その文中には、造像の過程が次のように示されている。寿永二年八月十日に「山入木□（切）」、同十二日「造始之」、同三年春「木造□（了）」、四月ごろ「漆之」、ついで堂材木の「目立」などをはさみ、十二月十一日「柱立」などである。この間の五月二十四日は、新堂に安置予定の仏像を供養した日なのであろう（『造像銘記集成』一三四）[12]。

造仏事業は、仏師や僧侶に任せて完成を待つのではなく、発注者自らが関係仏事に立ち会うことを不可欠とする。地元で採取した用材への御衣木加持から新仏完成の開眼供養までの期間こそ、発注者たる願主を中心とする事業支援者が集う中心的な場面であった。その機会に、それら結縁者の名が像内に記されることがあったのであり、その行為は明示的な儀礼過程の一部だった。そこでの「結縁」は、仏菩薩と個々人との繋がりだけではなく、事業参加者同士の連帯成立をも意味していることに、注意しておきたい。

経塚や仏像の造営に関与する「結縁衆」「結縁人々」は、事業主体と事業目的によって、それぞれ身分的特徴があるはずである。これまであげた事例のうちでは、三重県稲生西宮『大般若経』、奈良県法隆寺一切経、滋賀県善明寺木造阿弥陀如来坐像の作成に協力した結縁者は、百姓身分上層ないし侍身分といった地元貴顕層だと想定される。同様の早い例は、延久六年（一〇七四）八月二十五日滋賀県高島市称念寺木造薬師如来立像像内銘の、石師宮光・大中臣介時ら僧俗二〇人近くの「結縁人々」がある（『造像銘記集成』四五）。ついで、承保四年（一〇七七）二月二日三重県津市四天王寺木造薬師如来坐像の像内納入文書には、本願施主たる物部吉守とその同族の誘いに応じた秦、藤原、笠、大中臣などの氏族が、「一々結二名躰一像御中所レ納如レ右」という文言とともにみえる（『造像銘記集成』四七）[13]。

地元貴顕の仏事結縁者は、村里の住人として名をとどめる場合がある。前節で法隆寺一切経から例示した、永久三年『申日兒本経』奥書に見える「目安里住人」たる清原安清夫婦と子ども、永久四年『大方広入如来知徳不思議経』奥書に「大和国平群郡坂戸里弟原村住人也」と見える内蔵姉子ら三人は、これにあたる。同じく法隆寺一切経の保安三年（一一二二）『大方広仏華厳経』巻第十九奥書（『平安遺文　題跋編』一〇九七）には、「結縁施主茅原村住人僧厳真、女橘姉子」とあり、結縁者が茅原村住人であることを正確に記している[14]。そして、巻数が多い『大般若経』や一切経の勧進書写事業の場合、結縁者は一巻（ときには五巻、一〇巻など）を支援するが、写経事業全体としては、結縁者全員が関係づけられることになる。朝廷や国司、権門寺院を主体とする写経事業の場合は、貴族社会の結集や国衙領・荘園の統治に役立てられる。一方、在地で発起される勧進写経は、住人が属する村里を越えた関係、つまり仏縁の形式を借りた族縁・地縁の形成状況を映し出す場合がある。この点について、前節でも触れた稲生西宮の『大般若経』書写事業に即して考えてみたい。[15]
稲生西宮『大般若経』は承安四年（一一七四）から安元三年（一一七七）にかけて、大勧進僧連円のもとで書写された。完存しておらず、奥書を有するのは三六巻分に過ぎないが、重要な情報を含む。前節で触れたように、夫婦と子どもの単位で結縁し、「荒木村」といった所属地の記載がみられる。奥書等からわかることを【表】に整理した。[16]

ここには、次の八家族が確認できる。紀盛親・藤原氏・子（一〇巻分を支援）、紀盛直・角氏・子（二〇巻分カ）、藤原氏・越智氏（二〇巻分）、藤原為盛・県氏・子（一〇巻分）、藤原為元・藤原氏（二〇巻分）、藤原景光・星野氏・子（一〇巻分）、林友貞・伊賀氏（一巻分）、物部垣永・美濃氏（一巻分）、である。一巻を担当した比丘尼法妙（越智氏）や僧快勢は、家族を失った単身者の可能性がある。「結縁衆安景名主平氏甲斐殿得田住也」[17]という記載は、ややわかりにくいが、形式は名主にして実態は侍というべき地元有力者ではなかろうか。他の結縁者も地元貴顕と考えておきたい。また「一族結縁助成類大中臣成長」[18]という記載からは、家族や個人の背後にある氏族結合が、この結縁写経の人脈形成を可能にしたことを推測させる。[19]その居住地は鈴鹿郡、安濃郡、奄芸郡にまたがるが、この場合、地域としての繋がりではないだろう。

勧進写経は共同事業だが、発起し推進した中心的存在がいるはずである。稲生西宮『大般若経』の場合、それは大勧進僧連円の近親縁者である。No.11の奥書には、「稲生西宮結縁御経、大勧進得田住連円善恵房、為二現在悲母角氏現世安隠《ママ》後生善処一、一部内一帙奉二書写一」とある。奄芸郡得田（鈴鹿市徳田町、伊勢神宮御厨）[20]に住む連円は、角氏出身の母親の老後と来世の安心を願って、自らも一帙（一〇巻）を書写した。角氏はNo.4・5に妻として見えていて、その夫紀盛直、また同族らしいNo.1紀盛親は、角氏を介して連円の勧進を受

表　稲生西宮『大般若経』の奥書情報

No.	巻	年 月 日	結 縁 者	居 住 地	執筆者	その他
1	24	承安4(1174) 8.17	紀盛親、藤原氏、愛子	鈴鹿郡和田庄住	僧寛慶	結縁したのは安元元(1175) 8.17
2	27	承安4 8.17	紀盛親、藤原氏、愛子	鈴鹿郡和田庄住	僧寛慶	結縁したのは安元元(1175) 8.23
3	28	承安4 8.17	紀盛親、藤原氏、愛子	鈴鹿郡和田庄住	僧寛慶	結縁したのは安元元(1175) 8.30
4	53	承安4 8.17	紀盛直、角氏、毗沙丸		紀盛直	
5	431	承安4 8.17	紀盛直、角氏、毗沙丸	(安濃郡)荒木村住人	紀盛直	
6	449	承安4 8.17	紀盛直、角氏、毗沙丸	荒木村住		
7	42	承安4 9.1	藤原氏、越知(氏)		僧円慶	1帙(巻第41～50)に結縁
8	44	承安4 9.1	藤原氏、越知(氏)		僧円慶	1帙(巻第41～50)に結縁
9	43	承安4 9.19			僧円慶	
10	33	承安4 9.19	藤原氏、越智(氏)		僧円慶	1帙(巻第31～40)に結縁
11	38	承安4 12.				1帙(巻第31～40)に結縁
12	39	承安4 12.				1帙(巻第31～40)に結縁
13	170	承安5(1175) 11.11	比丘尼法妙(越智氏)		僧慶西	1巻に結縁
14	196	承安5 1.22	藤原為盛、県氏、愛子	荒木村	僧円慶	1帙(巻第191～200)に結縁
15	199	承安5 1.29	藤原為盛	荒木村住	僧円慶	妻子の名は記載されていない
16	232	承安5 1.	結縁衆安景名主平氏甲斐殿	(奄芸郡)得田住		1巻に結縁
17	93	承安5 2.7	藤原氏		僧円慶	5巻に結縁(巻第91～95)に結縁
18	81	承安5 2.	藤原景光、星野氏	荒木(村)住		1帙(巻第81～90)に結縁
19	95	承安5 3.6	藤原為元	荒木村住	藤原為元	5巻に結縁(巻第91～95)に結縁
20	98	承安5 3.6	藤原氏(為元)	荒木村住	僧円慶	5巻に結縁(巻第96～100)に結縁
21	437	承安5 3.	僧快勢			1巻に結縁
22	69	承安5 4.8	藤原為元、藤原氏	荒木(村)住	定教房	1帙(巻第61～70)に結縁
23	286	承安5 4.18			僧円慶	
24	87	承安5 4.23	藤原景光、星野氏、愛子	荒木(村)住		1帙(巻第81～90)に結縁
25	211	承安5 4.				1帙(巻第211～220)に結縁
26	238	承安5 4.				1帙(巻第231～240)に結縁
27	277	承安5 4.				1帙(巻第261～270)に結縁
28	231	承安5 5.	藤井恒吉	得田住		1巻に結縁
29	233	承安5	林友貞、伊賀氏	得田住	僧連円	1巻に結縁
30	507	安元元(1175) 8.	物部垣永、美部氏	□木郡白子郷住人		1巻に結縁
31	14	安元元 11.13	一族結縁助成類大中臣成長		僧円慶	
32	352	安元元 12.7	聖祐金如房	野寺住	僧円慶	
33	373	安元3(1177) 2.3			僧連円	
34	574	安元3 6.7				
35	371	安元3			僧連円	
36	462	不明			光音房	光音房は栗真別保住

けたのであろう。角氏については、この少しのち、治承五年（一一八一）二月の墨俣での源平合戦に御厨船を出動させたことが知られている。この時、伊勢国内の所々から御厨船が出動したが、その報告書に検非違使角俊連が署名している。角俊連は僧連円と同族であろう。№5に見える妻の角氏は安濃郡荒木村住人だが、もとは得田御厨の住人だった可能性がある。この得田からは、北方五〇〇メートルほどのところに稲生西宮があり、南東方に中の川（現在）が走り約三キロで伊勢湾に出る。なお得田には、平氏（№16）、藤井氏（№28）、林氏（№29）・伊賀氏（№29）がおり、角氏から勧誘された者の一部であろう。[21]

水陸の交通路を活用する角氏は、稲生西宮に拠って六〇〇巻ある『大般若経』の書写を地元貴顕に呼びかけ、婚姻関係を介した結合を形成しようとした。実際に勧進写経は完成しており、角氏の呼びかけに応じて結縁した諸氏族の主体性も想像される。恐らく、完成供養の場では、積み上げられた新しい経巻群によって結合が実感されたはずである。またその結合は、毎年の転読仏事などで確認されることが期待されたであろう。

領主化を図る角氏は、なお弱い世俗権力を補う方法として、地縁を越えた姻戚関係に触手を伸ばす勧進写経によって、在地貴顕層の結集を図った。つまり稲生西宮『大般若経』は、「荒木村」「得田（御厨）」などの「住人」として、生活圏に自立的な単婚家族を形成する在地貴顕層の協力を得てこそ成立した。写経史料はその動的な過程を示している。

以上、経塚、仏像、写経の作成事例から、動的な過程を抽出しようと試みた。勧進や結縁が社会的行為として営まれるのは中世の特徴だが、そこに共通するのは、人的な結合関係を創出する計画性である。地方権力の政治圏や在地貴顕層の結集圏は、前提として存在したのではなく、勧進仏事を通じて形成されたとみなすべきであろう。その基礎に、実生活の単位としての単婚家族や村里が存在した。特に百姓身分に注目した場合、その上層部に限られるかも知れないが、勧進仏事への関与が認められる点は、民衆による主体的な仏教導入の契機と画期を知る上で注目すべき事実である。

摂関期民衆は、天慶八年（九四五）七月に志多羅神を担いで入京しようとした田堵らに見られるように（『本朝世紀』）、開発と新しい労働編成の意欲を、「新しい神」への信仰に託して表現した。その後、十一世紀後半から十二世紀の変化について、なお詳細に検討する余地は大きいが、中世百姓身分の成立には、百姓自身による仏教導入をともなっているものと考えられる。その動態が、在地での経塚、仏像、経巻の作成として表れたのではないだろうか。民衆は、仏教に基づく空間と時間の認識を獲得しつつある。それは、新しい地域づくりを進める思想上の条件の一つとなる可能性を含んでいる。

三．発願と結縁の動態

在地において経塚、仏像、写経などを作る仏事は、企画者や共同事業者にとって、身近な生活圏に新しい状況をもたらそうとする計画に基づいていた。それは住人結合や親族結合などによる新しい地域づくりであり、動的な局面を示している。つまり仏教信仰の風習慣例に従う一般的な行為ではなく、目的と意思をもって力を注いだ投資事業だったはずである。そのことを、銘文の形式と内容に探ってみたい。

造立銘や写経奥書には、発起者や支援者の願意を記す例が多い。銘の冒頭や末尾に「敬白」と書き、本文に「現世安穏後世善処」など願いの内容を表すのである。これまでもそう解釈されてきたことだが、これらは願文として書かれていることにあらためて注意したい。第一節で引用した永久四年『大方広入如来知徳不思議経』奥書や、承安五年『大般若経』巻第四四九、第二節で分析した康和五年柏尾山経筒銘は、その例である。整った例として、仁平四年（一一五四）十一月三日広島市三滝寺木造阿弥陀如来坐像像内銘をあげておく（『造像銘記集成』九一）。

敬白 観音寺諸檀越等
日本国河内国錦部郡日野村道俗男女等
奉㆓造立㆒　供養㆒五尺阿弥陀如来像一躰
右為㆓善根意趣㆒者、難㆑受人界受㆑生難㆑愛（受）如来教□（法）、此□證善根者、奉㆓難㆑愛（受）仏教現世安恩（ママ）後生井㆒也、
僧智使（便カ）所生愛子一家安恩（ママ）寿命長□（息）給、此依㆓善知識功徳㆒、必各道俗男女等、可㆓罪障消滅㆒、法界衆生
平等利益、願以㆓此功徳㆒普及㆑於㆓一切㆒、我等与㆓衆生㆒皆共成㆓仏道㆒
仁平四年霜月三日　大安見恒依　秦重時　伴松末　同色末
御庄本家経所　下司源　記助元　同清貞　坂本正延　伴有□（行）
定□　松尾末近　秦重末　橘恒清
加掃時末　藤原重安　神内部有永
大石末永　□□恒貞　伴有□（時）
同貞行　僧聖□（劫）
仏師□□
記時貞　加掃恒□（道）

ほかに、「天承弐年歳次壬子六月十六日、結縁檀主菅野恒成、女橘姉子、為㆓現世安隠（ママ）後生極楽㆒、所㆑奉㆓書写㆒也、敬白、執筆僧暹秀」（和歌山県医王寺所蔵『大般若経』巻第二四六奥書、『平安遺文　題跋編』一三〇七）の

ような短文も同様である。さらに簡略なものを含め、像内銘、経筒銘、写経奥書の多くは、願文として書かれているとみるべきであろう。つまりそれら銘文は、過去の行為の記念や現在の状況の書付というより、むしろ将来に向かう発起の意思を記しているのである。(22)

ではどのような願意を発起するのか。個別にはさまざまだが、同世代の結縁者たちによる集団の形成や、家族の安定とその次世代への継承、という二様が目立つ。前者については、すでに「結縁衆」「結縁人々」の例をあげた。造像銘や写経奥書には、結縁者名を列挙する例は多く、それらは結縁衆による事業である。また他の例として、文治二年（一一八六）十一月八日和歌山県海草郡竜福寺旧蔵木造阿弥陀如来坐像像内銘には、「（若宮）貞国、女庭部、八代子息等、并卅余人之一結衆」（『造像銘記集成』一四〇）とある。この場合、親族結合を中心としているが、その外延の縁者を集団に含める際には、「一結衆」なる仏教理念が有効なのであろう。

以上のような結縁事業には、同時代の生活空間における集団形成の意思が込められている。その空間の範囲、地縁・血縁・婚姻関係といった縁の性質、担い手の所属身分が問題である。本章では稲生西宮『大般若経』の結縁者をみたように、侍身分や百姓身分上層といういわば地元貴顕が表れている断片事例をあげたに過ぎない。その位置づけについて、さらに後述したい。

家族とその次世代を対象とする願意とはどのようなものか。たとえば、第一節で示した『大般若経』奥書「奉加荒木村住紀盛直、角氏、愛子毗沙丸等敬白」のように、夫婦と子どもを記す場合が目立つ。また、承徳二年（一〇九八）岡山県瀬戸市出土陶外筒の銘には「為二過去祖父祖母父母成仏一也、現世間自身夫婦、所生男女、平安息災也」（『経塚遺文』三七）とあり、すでに死去した祖父母と父母を含め、四世代の平安が祈られている。その願意については、現世安穏と追善供養だと解釈されるのが一般的であろう。(23)同様の表現事例は多いが、それらを具体的に解釈した先学の対照的な二説がある。一方は、死者への追善と自身の極楽往生を願う現世否定の来世指向として、末法思想と浄土教信仰を読み取る見解である。[24]もう一方は、定型的文句にみえがちなこの種の史料から、「安穏」こそ根源的で絶対的な価値だと考える生活者の実質的願いを読み取る説である。[25]本章では、生活者が発起する意思を探る視点から、夫婦の子が記載されていることを重視したい。その場合、親として、子どもに現世否定の来世願望をかき立てるということは考えにくい。

元暦二年（一一八五）『大般若経』巻第九〇奥書（『平安遺文　題跋編』二九九七）には、「右志者、為二坂本宗忠、北方大江氏、所生男女等、息災延命恒受快楽、□命長遠現世安穏後生善処之故一也」とある。この場合、願いの中心は家族の現在と将来についてである。治承三年（一一七九）十月二十九日長野県大町市の藤尾観音堂木造千手観音立像に納められた札銘（『造像銘記集成』一二九）には、「大施（主脱）平朝臣盛家、芳縁女大施主伴氏、嫡男平□熊、嫡女同吉祥、二女同□童、三女同安倶利、右志ハ為二各現世安穏一切所願悉地成弁、惣御一家安穏子孫繁昌一也」とある。[26]施主夫婦は、抽象的な仏教用語を形式的に唱えているのではなく、家族とりわけ次世代を生きる子孫の将来に期待をかけているのであって、そこにはじめから現世否定の信仰をもち込んでいない。銘にみられる仏事発起の目的には、現世内の時間軸に即した将来への願いがある。

以上のように、在地における経塚、仏像、写経の制作には、身近な生活圏に新しい状況をもたらそうとする意思が込められている。以前からもつ信仰の単なる延長ではなく、担い手にとっての画期的な発意であって、その遂行は生活圏における人的結合の強化と安定化を将来にも繋げようとする希望がある。いわば世俗の目的だが、必要なのは実現以前の実行理念である。これまでにない社会結合を生みだすためには、すでに導入する条件が存在し、かつ喚起力と正統性のある指針こそが有効である。十二世紀の在地社会においては、仏教の「結縁」理念がそれであり、また「発願」にもそのような意味が込められていた。「起請」も同様であろう。

寺院や仏事の新方針を定めた起請は、十世紀後半の天台座主良源起請や源信撰横川首楞厳院二十五三昧起請を早い例として、十二世紀後半には本格的に出現する。尾張国の在庁官人大中臣安長が事業主して勧進書写させた七寺一切経のうち、安元元年（一一七五）の大般若経蓋銘には、書写上の誤記に気づいてもたやすく筆を入れてはならないと戒めており、その理由として「一帙一筆者願主起請」だからだと述べている（『平安遺文　金石文編』四五五）。治承二年（一一七八）の七寺一切経唐櫃蓋銘は、「後々将来」にわたる厳重な管理を促す五箇条の起請である（同上四七三）。また、永暦二年（一一六一）の三河国睦岡院起請（僧永意起請）には、戒律思想による「和合」を強調し、興隆する山寺の寺僧さらには膝下住民の結束を促している。[27]元暦二年（一一八五）の山城国の文覚起請は「一味同心」を繰り返し強調しつつ、神護寺再興事業の開始を宣言している。[28]いずれも、新しい事業の遂行に際して、結合力の創出と継続を宣言したものである。在地貴顕による発願と結縁は、これら起請の思想と共通している。

仏教を導入することは、生活世界にとって実に新しい理念と行為をもち込むことであった。世俗生活における願望を表現する方法としての仏教信仰は、朝廷や権門貴族・寺院、国衙が造寺・造仏・仏事などを展開してきたことが前提となって、民衆が導入することも可能であった。かつては造寺料や仏事料などを負担する傍観者として外在的に仏教と接した在地住民は、新しい地域と集団をつくる必要を自覚して、初めて内在的に仏教を導入しはじめた。ただし、十一世紀後半から約一世紀の間にこのような新動向が生まれた画期性を知ると同時に、そのような動きはそれぞれの地域の実情によって一律に進展していたわけではないことに注意したい。そのことは、家・村・親族などからなる生活上の結合体が、なお自立性において不安定であった時代状況と関係している。このことをうかがわせる例として、寿永元年（一一八二）六月十八日愛知県あ

図1　龍照院木造十一面観音立像像内銘

寺家衆　僧勝賢　僧教尊　僧祐賢　僧寛増　僧禅仁　僧定賢　文常房　仏師僧教円
藤原末信　藤原助吉藤原光延藤原吉道物部友道藤原家道大仲臣友包大仲臣助貞内蔵吉光伴貞国小仲太郎宗友近友藤井則□
藤原道弘　平遠信　源時包　堤家包　勝為弘　藤原行正　新太郎君　平秀信　秦次郎　秦三郎　藤原為国
常楽寺造立新仏十一面観世音井　寿永元年壬寅六月十八日　結縁衆村人等
僧順快　物部直弘　高物太郎　山貞正　小次郎　藤太郎　定□
保司殿
藤原助遠　藤井近国　藤井有行宇治則正清原貞遠物部真時物部則助物部清包物部延友物部久清物部友貞米三郎君物部清正
物部助真　物部助宗　宇治友正　秦助次物部真恒麻績助包物部真光宇治友員藤原為清嶋恒末宇治友房宇治正□秦助俊

ま市龍照院木造十一面観音立像像内銘を示す（『造像銘記集成』一三一、[29]【図1】）。

常楽寺については不詳である。[30]観音の縁日（十八日）に、ほぼ等身大の新仏前に集まった「結縁衆村人等」の人数は五四人に及ぶ（「寺家衆」ら僧を除く）。村名を具体的に記していないのは、複数だったからかもしれない。支配単位としての庄郷ではなく、生活領域の住民であることが含意されているらしい。仏教を受容する地域生活者が、新仏のもとに結集したことを意味しているのである。おそらくは、在地貴顕の成人男子であろう。

銘の中心に記された「結縁衆村人等」に対して、その左側に見える「保司殿」は格別の存在であろう。この、国衙を足場とする侍身分の領主は、「結縁衆村人等」を挟む右側に記された「藤原末信」のことかもしれない。この人物こそ、新仏造立を旗印に地元貴顕の成人男子を糾合しようとしているのである。この地は、東海道の萱津、古渡、熱田の西方一〇キロほどの地であり、東海道を北方にたどると、前年二月に尾張や三河の兵士を動員した源行家軍が平氏軍に打ち破られた激戦の地、墨俣にも近い。墨俣合戦に際しては、前節で見た伊勢国稲生西宮『大般若経』書写事業の発起者角氏の一族も、御厨船を出動させている。これに対して常楽寺新仏供養に糾合された村人らは、在地領主に軍事動員された可能性があるが、その詳細やその後の帰趨は不明である。ただここでは、村に届いた仏教が、「現世安穏」の切実な願いのよりどころとしてではなく、戦争動員を正当化する役割を担ったことが推測される。結縁者は成人男子だけで占められていることが、そう考える理由である。このことは、十二世紀第Ⅳ四半期という時代においての、政治史や仏教史の問題であると同時に、村の力の潜在性と脆弱性との拮抗を知る手がかりになるのではなかろうか[31]。ここでは、地域の結縁原理は戦争への対抗原理として機能しなかった可能性がある。

しかし、住民による意志的な仏教導入という歴史的趨勢は、支配イデオロギーとしての顕密仏教への包摂だけを意味するとは決めつけられない。矛盾や拮抗を含む住民世界から、非戦・非暴力への希いが仏教に託して表現される可能性は、現実性をもっていたとみるべきだと考える。

むすび

本章で扱った事例は、十一世紀後半から十二世紀後半にかけての約一〇〇年間に限られる。ただしこの時代にこそ、民衆を担い手とする仏教の台頭が、往生伝や説話などではなく、一次史料としての経塚遺文、造像銘、写経奥書から見出される。この仏教史上の史実は、民衆生活史上の新動向を表現していると考えられる。家、村、親族という生活基盤の構築への願望こそが、支配身分による仏教事業の単純な受容ではなく、「結縁」といった有用な仏教思想への着目と導入に踏み切らせたのである。この意味で、日本中世社会の形成は、日本史上における仏教民衆化の最初の段階であった。さらにそれは、仏教をとり入れた村や里といった生活領域の新動態に結びついていたのであろうが、そのことの考察にはさらに多角的な方法が必要であろう。

十二世紀ごろの結縁仏事史料には、支配身分のものと被支配身分のものと両方が混在しており、多くの事例は前者である。民衆を主体とする結縁仏事は、在地社会に広く一般化していたとまではいえない。本章で確認した事例について、在地貴顕による結縁だと表現したのはそのためである。当然ながら、民衆が生活基盤を構築する闘いの課題は、なお次世代に引き継がれたのであって、その過程を仏教史との関係で解明する研究が必要である。

ただ、中世社会成立期における民衆生活史上の願望と行動が、仏教信仰を自覚的に採用し進められたことには、重要な意味がある。民衆的願望が仏教思想の形を得て表現されたことで、「現世安穏後生善処」や「法界衆生平等利益」といった、平凡な定型文言に生きた意味を吹き込み、「結縁」にも実質的な人間関係の構築が目指されたのではないだろうか。中世民衆が、ほかでもない仏教の原理的、普遍的な思想に邂逅し、導入したことの意味のはかりしれない大きさは、今日まだ充分には解明されていない。この点を含めて、中世の起請文といった、神仏への誓約行為を用いて闘い、村寺・惣堂に拠って自立する十三世紀後期頃からの民衆の動向にも、歴史的な脈絡があるものと想像される。研究課題として自覚したい。

（1）これに付随して、兜率天や西方浄土という死後救済の天上世界や、地獄をはじめとする四苦八苦の六道世界といった空間も認識されているはずである。

（2）釈迦の死去年について、別の康和五年（一一〇三）経筒銘には、仏書を調べたところ「二千五十二載」前である、と記している（鳥取県倭文神社経筒銘、『平安遺文　金石文編』一六三）。

（3）本章では「村」を重視しているが、村の重層性、支配の単位である村、上位の郷との関係、などについて個々に分析していない。「村」をめぐって、政治的結合と生活上の結合の関係・分類をめぐる研究上の問題点は、近年明確に浮上してきた。大山喬平『日本中世のムラと神々』（二〇一二年、岩波書店）、大山喬平・三枝暁子編『古代・中世の地域社会――「ムラの戸籍簿」の可能性――』（二〇一八年、思文閣出版）、大山喬平・三枝暁子・服部光真編『「ムラの戸籍簿」を読み解く――「郷」と「村」の古代・中世――』（二〇二四年、小さ子社）、参照。

（4）本章では、『経塚遺文』『造像銘記集成』『平安遺文　題跋編』によって翻刻の所在を示し、『日本彫刻史基礎資料集成』『平安遺文　金石文編』や自治体史史料編、図録や個別の出版物については、必要に応じて参照したことを記すことにする。引用に際しては新字を用い、割付けを一部変更し、返り点を付した。

（5）似た例として、仁平四年（一一五四）の福岡県宗像市稲元出土石経筒の銘には、願主を「稲本村居住綾清宗弁紀氏」と刻している。『経塚遺文』二二五。

（6）『三重県史　資料編　古代（上）』（二〇〇二年）に、承安四年八月から安元三年六月頃にかけての奥書が採録されている。

（7）執筆時期の早い順に、「荒木村住（人）」紀盛直・角氏・愛子毗沙丸（巻第四三一、四四九）、「荒木村」藤原為盛・県氏・愛子（巻第一九六）、「荒木村住」藤原為盛（巻第一九九）、「荒木住」藤原景光・尾野氏（巻第八一）、「荒木住」藤原氏（巻第九五）、「荒木村住」藤原氏（巻第九八）、「荒木住」藤原為元・同氏（巻第六九）、「荒木住」藤原景光・尾野氏・愛子（巻第八七）。奥書にみえる大勧進僧連円も、「村」表記の有無についてあまりこだわっていないのであろう。

（8）この巻は東京国立博物館所蔵。法隆寺一切経については、堀池春峰「平安時代の一切経書写と法隆寺一切経」（同『南都仏教史の研究』下巻、一九八二年、法蔵館）参照。『昭和資財帳7　法隆寺の至宝　写経・版経・板木』（一九九七年、小学館）参照。永久二年（一一一四）の結縁写経の本格化から保安三年（一一二二）にかけての書

写奥書には、「五百井村住人田中延元、女子部中子」（八六）、「平群之群《ママ》内平群郷住人大江末通、女矢田部氏」（一六四）、「大神吉国、女結義、所生愛子等……大和国平群郡目安里住人也」（一七七）、「藤原□貞、女津守中知子、男女愛子二人……大和国平群郡坂門村弟原里住人也」（六四一）、「大和国平群郡坂戸里弟原村住人也」（七〇〇）、「大和国神南庄住人伴是信、女施主」（七六七）などがみえる。（　）内数字は上記『昭和資財帳』の総目録番号。同書解説の山本信吉「法隆寺の経典」や「個別解説」は、近在の豪族・農民だとする。

（9）河音能平「丹波国田能庄の百姓とその「縁共」について――中世前期村落における小百姓の存在形態――」（同『中世封建社会の首都と農村』一九八四年、東京大学出版会）、峰岸純夫「中世社会の「家」と女性」、同「平安末・鎌倉時代の夫婦呼称の一考察――「女共」「縁友」「縁共」を中心に――」（ともに同『日本中世の社会構成・階級と身分』二〇一〇年、校倉書房）、勝浦令子「院政期における夫と妻の共同祈願」（同『女の信心』一九九五年、平凡社）、大山喬平「西楽寺一切経の在地環境――平安後期の親族と社会――」（同『ゆるやかなカースト社会・中世日本』二〇〇三年、校倉書房）、櫛木謙周「大門寺一切経にみる社会関係」（『新修茨木市史年報』八、二〇一〇年）。

（10）『山梨県史　資料編2　原始・古代2』（一九九九年）に写真と翻刻が対照されている。この経筒銘の分析については、上川通夫「中世山林寺院の成立」（同『日本中世仏教と東アジア世界』二〇一二年、塙書房）でも述べた。柏尾山経塚については、菊地大樹『日本人と山の宗教』（二〇二〇年、講談社）が現地調査も踏まえて、詳しく論じている。

（11）『山梨県史　通史編1　原始・古代』（二〇〇四年）の国司表参照。

（12）ほかにも、嘉応二年（一一七〇）十二月十九日の「木取始」を記す愛知県新城市林光寺木造薬師如来坐像の像内銘（『造像銘記集成』一一〇）、建久七年（一一九六）三月二十二日に御衣木加持を行ったという奈良市興福寺木造維摩居士坐像（『造像銘記集成』一五四）などがある。

（13）四天王寺薬師如来坐像の像内納入文書の分析については、『三重県史　通史編　原始・古代』（二〇一六年）第十一章第三節「新しい地域づくりと仏教」（上川通夫執筆）を参照されたい。

（14）福岡市飯盛神社瓦経には永久二年（一一一四）の銘があり、「結縁衆椙村」という見出しについで一二人の僧と郡司壬生信道・介壬生貞宗・藤原貞光・伴友近・平久宗ら俗人の名が記されているが（『経塚遺文』六七）、性格がはっきりしない。

(15) 以下、稲生西宮『大般若経』についての分析は、『三重県史　通史編　原始・古代』第十一章第三節「新しい地域づくりと仏教」(前掲注13)をもとにしている。史料については、『三重県史　資料編　古代(上)』(二〇〇二年)第二部・編年資料参照。

(16) この表は、『三重県史　通史編　原始・古代』第十一章第三節「新しい地域づくりと仏教」(前掲注13)で用いたものである

(17) 『三重県史　資料編　古代(上)』第二部・編年資料二一七六。

(18) 『三重県史　資料編　古代(上)』第二部・編年資料二一九〇。

(19) 他の例だが、安元三年(一一七七)書写の『大般若経』奥書には、功徳を及ぼす対象として「親類結縁衆」があげられている(龍門文庫所蔵、『平安遺文　題跋編』二八二六)。

(20) 『神宮雑書』所収の建久三年(一一九二)八月神領注文。『三重県史　資料編　古代(上)』第三部別編一荘園一八〇、参照。

(21) なお、連円の父親については、得田に住むこれら氏族や、角氏と姻戚関係にある紀氏など、それぞれに可能性があるが、不明である。

(22) 河内国狭山池から発掘された建仁二年(一二〇二)の重源狭山池改修碑は、文頭と文末に「啓白」と記す願文一三行と署名などが刻まれており、「流末五十四郷人民」の「平等利益」のためという願意が込められている。大山喬平氏は、「石碑が立てられた完工の日、五〇余郷の代表者たちも改修されたばかりの堤のほとりに立って」、そこに刻まれた「まだ真新しい文字を見つめたに相違ない」、と述べられている。大山喬平「重源狭山池改修碑について」(同『日本中世のムラと神々』前掲注3)。

(23) この事例についての短い解説文として、奈良国立博物館編『経塚遺宝』(一九七七年、東京美術)三九七頁、がある。

(24) 井上光貞『新訂日本浄土教成立史の研究』第二章第一節「天台浄土教と貴族社会」(一九七五年、山川出版社)。井上氏が、経塚史料などを用いて、末法思想の全社会的拡がりによる浄土教発達を論じたことに対して、平雅行氏は顕密仏教発達史の観点から批判している。平雅行「末法・末代観の歴史的意義」(同『日本中世の社会と仏教』一九九二年、塙書房。初出は一九八三年)。

(25) 黒田俊雄「中世における武勇と安穏」(同『増補新版　王法と仏法』二〇〇一年、法蔵館)。

(26) 願文の冒頭には「南閻浮提大日本国東山道信州安曇郡御厨藤尾郷内覚薗寺」とあり、仏教的アジア認識の表れとして注目されている。井原今朝男「中世善光寺の一考察」(同『中世のいくさ・祭り・外国との交わり』一九九九年、校倉書房。初出は一九八八年)。

(27) 上川通夫「三河国普門寺の中世史料」(同『日本中世仏教と東アジア世界』二〇一二年、塙書房)。

(28) 上川通夫「後白河院の仏教構想――寺院法と手印――」(古代学協会編『後白河院』一九九三年、吉川弘文館)。

(29) 『日本彫刻史基礎資料集成　平安時代　造像銘記篇』第四巻(一九七七年、中央公論美術出版)参照。解説によると、「中央風」の作だという。『愛知県史　別編　文化財3・彫刻』(二〇一三年)も参照。

(30) 『尾張志』五十二・海東郡(十九世紀中葉)「龍照院」の項によると、天平五年(七三三)草創の常楽寺は寿永元年(一一八二)に木曽義仲が本堂や十八坊堂舎が加え、寺領七十六町に及んだが、天正十二年(一五八四)の兵火で龍照院のみ残ったという。

(31) 本節で全文を掲げた仁平四年広島市三滝寺木造阿弥陀如来坐像像内銘も、同様の観点から分析する課題がある。ほかに治承三年六月兵庫県出石市薬師堂木造薬師如来坐像(『造像銘記集成』一一八)には、「大垣御厨」「惣追捕使」「下司」「公文」「定使」などとともに、六〇人近くの地元貴顕者の名がみえる。

第三章　起請と起請文——永暦二年（一一六一）永意起請木札をめぐって——

はじめに

愛知県豊橋市の普門寺から、学術見地によって十二世紀の起請木札が見出されたのは、二〇〇七年のことである。その内容、形状、伝来経緯は、注目に値するものである。本章では、永暦二年（一一六一）と判明した起請木札について、基礎的な情報を提示するとともに、若干の考察を加えて多方面からの検討に供したい。

滋賀県長浜市の塩津港遺跡から、発掘調査によって保延三年（一一三七）の起請文木札などが見出されたのも、二〇〇七年のことである。琵琶湖北端の要港遺跡の一部に神社遺構が確認され、その前方の堀跡から、投棄された三〇〇点にのぼる大型の木簡群が発見された。判読できた墨書銘文によって、そこに十二世紀の起請文木札を含むことが判明した。新聞報道をはじめ、木簡学会での速報や、いくつかの学術論文で、すでによく知られている。(1)

一方、山寺たる普門寺に掲示されていた起請の木札は、横長材の伝世品である。塩津港の神社で使用・廃棄された起請文の木札は、縦長材の出土品である。形態、様式、機能それぞれについて、形成や継承といった歴史的位置を見極めつつ、対比的に検討する必要もあろう。この章では、普門寺の起請木札を中心に論じるが、塩津港遺跡の起請文木札、さらには起請と起請文のことを念頭において考察したい。

永意起請はじめ普門寺文書については何度も言及しているが、本書全体の論述にとって不可欠なので、本章で基本事項を記すとともに、新たな考察を追加することとする。

一．普門寺の諸史料と起請木札等

三河と遠江の国境付近には古代・中世の山寺が多い。その一部、弓張山系の南端、船形山（標高約二六〇メートル）に普門寺がある【写真1、図1】。現在の普門寺は、十七世紀後半に山麓近くで一拠点化されたもので、中世以前は船形山の南側斜面一帯を寺地としていた。豊橋市による発掘調査によれば、十世紀以降の遺物が見出され、十二世紀以降の堂舎遺構が確認されている。かつての山腹斜面を造成した平場は二五〇か所以上あり、ほとんどは十二、三世紀のものだという。往時の堂舎数が偲ばれる。(2)

山腹の平場群には二つの拠点がある。西側の拠点は元々堂跡と呼ばれ、五間四面の礎石建物跡や、十世紀の灰釉陶器などが採集されている。東側の拠点は元堂跡と呼ばれ、四間以上×五間の礎石建物跡や、十二世紀以降の渥美産山茶碗などが出土している。天文三年（一五三四）の『船形山普門寺梧桐岡院閭闘之縁起由来之記録』（普門寺縁起）(3)によると、神亀四年（七二七）に行基が創建したといい、西に観音を本尊とする雨応峯、東に五大尊を本尊とする尊勝峯があり、堂舎が数多く営まれたという。考古学の知見や、後述する文献の検討からは、西峰を中心に古代寺院（船形寺）として出発し、十二世紀なかばに東峰が密教の新拠点（梧桐《きり》

写真１　船形山の南側、普門寺の旧境内（筆者撮影）

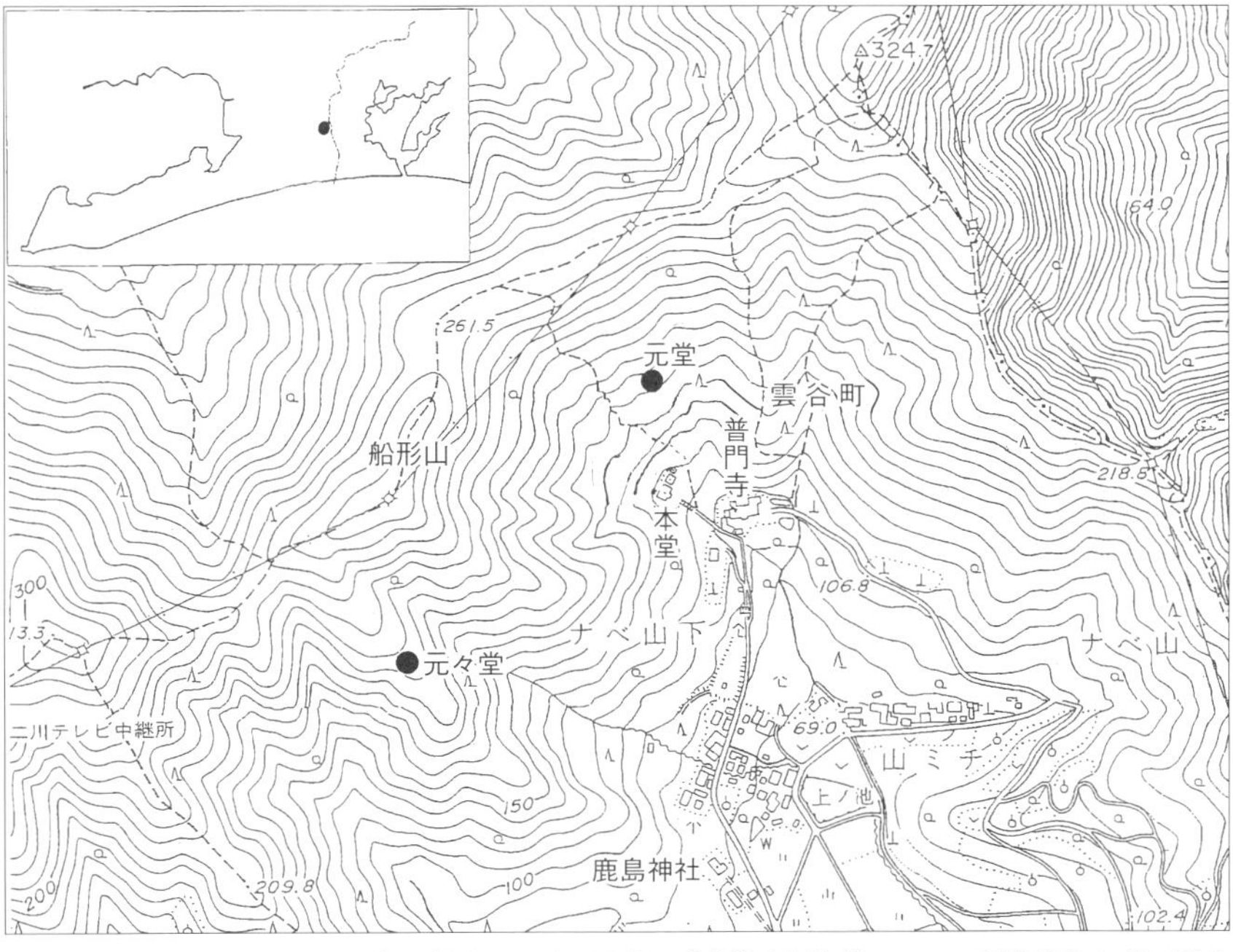

図１　普門寺旧境内と現在の普門寺周辺図（石川明弘「普門寺旧伽藍における採集遺物」（『田原市渥美郷土資料館研究紀要』10、2006年）を一部改変）

岡《おか》寺、複数の用字あり）となって、中世寺院として再生した、と考えられる。

普門寺には中世の仏像が多い。(4)半丈六の釈迦如来坐像と阿弥陀如来坐像、等身の四天王立像（以上、国指定重要文化財）、等身の不動明王立像と二童子像（愛知県指定文化財）、以上は十二世紀の彫刻である。また、阿弥陀如来坐像（十三世紀後半、豊橋市指定文化財）がある。大黒天立像（六五センチ）と、聖観音立像（九七センチ、普門寺本尊）は、後述する天文十一年（一五四二）の造立木札の記述に該当すると思われる。

次に、普門寺に関係する主要な文字史料について、名称を列挙しておく。(5)

①久寿三年（一一五六）三月十六日銘　銅鋳製経筒（北鎌倉古民家ミュージアム所蔵）
②久寿三年（一一五六）三月二十九日銘　銅鋳製経筒（普門寺所蔵）
※ともに願主僧勝意の願文を陽鋳する。①は亡父の沙弥寂妙のため、②は母親のため、とする。
③平治二年（一一六〇）銘　東𠵅哩《きり》岡《おか》寺梵鐘（静岡県袋井市所蔵）
※東𠵅哩岡寺は普門寺のこと。二拠点のうちの新しい方、元堂跡を中心とする寺院名。平治元年に入手し、同二年に再鋳造した旨の銘文を陽鋳する。僧永意・僧勝意などの名がある。(6)
④永暦二年（一一六一）正月二十四日　僧永意起請木札（上半欠失）
⑤仁治三年（一二四二）正月二十八日　普門寺四至注文写木札（正中二年・一三二五年写、下半欠失）
⑥暦応元年（一三三八）八月十六日　船形山桐岡院三界万霊木牌　※十六世紀前期に再利用。(7)
⑦応安元年（一三六八）五月二十七日　普門寺四至注文紙本写　※⑤の案文で、追記を加えている。
⑧天文三年（一五三四）二月一日　船形山普門寺梧桐岡院閬闢之縁起由来之記録（普門寺縁起）
⑨天文十一年（一五四二）二月十八日　本尊等造立記木札（下半欠失）

⑩天文十八年（一五四九）十二月十九日　今川義元判物　※寺法を定める。
⑪天文十八年（一五四九）十二月十九日　今川義元判物　※寺領の諸役不入を認める。
⑫天文二十四年（一五五五）二月二十二日　今川義元判物　※寺法。
⑬弘治三年（一五五七）十二月十四日　今川義元判物　※田畠寄進。
⑭永禄四年（一五六一）三月晦日　今川氏真判物　※寺領安堵と諸役免除。
⑮永禄四年（一五六一）三月晦日　今川氏真朱印状写　※寺地や寺領名田跡職などの指示。
⑯永禄十二年（一五六九）十二月日　徳川家康判物　※寺領等の安堵。
⑰天正十三年（一五八五）六月二十五日　酒井忠次制札　※寺域の山境などの安堵。
⑱延宝七年（一六七九）　祖《ちょう》深《しん》筆永意起請紙本写　※④の原態の案文。⑨の案文なども加える。
⑲貞享元年（一六八四）から同二年　黄檗版『大般若経』　※現存数は五六八帖。(8)
⑳元禄六年（一六九三）二月十八日　普門寺本堂弁玉殿造立記木札

このほか、歴代住持の事蹟を整理した『船形山開基以来代々忌日記』（十七世紀後半頃）や、文政十一年（一八二八）『船形山梧桐岡院普門寺什宝目録』などがある。近世の聖教・文書は膨大な量にのぼる。

右のうち、④⑤⑥⑨⑳が木札である。⑦⑱はその紙本写である。いずれも寺史の重要時期に作成されていて、その役割と伝来は密接な関係にある。普門寺史料にしめる木札の位置は高いといえるだろう。なお、⑥暦応元年船形山桐岡院三界万霊木牌は、独自の史料論を必要とする新出木札だが、他の木札とは性質が異なるので、先行研究にゆだねる。(9)

永意起請木札の発見経緯は、伝来事情の一部を示している。普門寺住職（以下、肩書は本稿初出当時）林隆清氏によると、一九九八年ごろ、本堂内陣にある宮殿《くうでん》（本尊厨子、元禄六年・一六九三年）の内部から偶然発見されたという。宮殿を移動させようと数人で舁《か》き上げた際、屋根部分の組み板が解体した。散乱した部材をその場で拾い集めた際、墨書のある板に気づき、別置した。それが、④永意起請木札、⑤四至注文写木札、⑨本尊等造立記木札である。⑳は、宮殿背面板に記されており、同時に取り外された。以上が、発見の端緒である。これら木札は、現在すべて普門寺に保管されている。なお、元禄期の宮殿は、その後修理され、本堂で本尊を収めている。

二〇〇七年一月、愛知県史編纂委員会中世史部会調査執筆委員で、豊橋市文化財保護審議会委員でもある山田邦明氏（愛知大学）が調査のため普門寺を訪ねられた。そこで④永意起請木札を実見され、年号部分などは欠失していたが、筆跡等から平安期の史料であると推定された[10]。その後、二〇〇八年八月、愛知県史編纂事業の一部として、古代史部会調査執筆委員の上川が調査を引き継いだ[11]。その過程で、⑤仁治三年四至注文写木札、⑨天文十一年本尊等造立記木札、⑳元禄六年普門寺本堂幷玉殿造立記木札の存在を確認した。また、二〇一〇年十二月、収蔵庫に別置された古文書類のなかから、⑱延宝七年昶深筆永意起請紙本写を見出した。現存する起請木札は、上部欠失の状態であるが、少なくとも近世前期には完存していた。この昶深写本によって、起請木札の全文復元ができた[12]。

四点の木札史料について形状と内容を略記しておく（④⑤⑨⑳と順に対応）。

④【永暦二年正月二十四日　僧永意起請木札】（【写真2】、翻字にあたり、④と⑱がどちらもある部分については原本の④によった）

嘛哩岡院起請

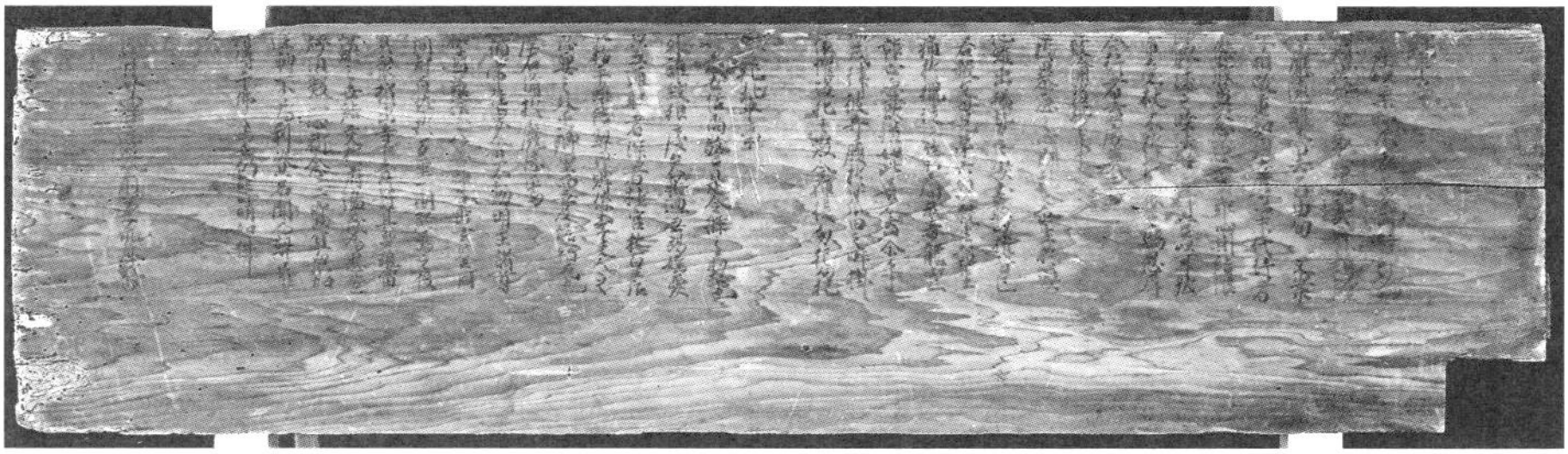

写真２　永暦２年正月24日　僧永意起請木札（注11『愛知県史研究』14）

三箇条事

一可停止於無益致口舌論諍輩事

右僧侶之行、宜守戒律、以空観為床座、以柔和為衣裳、何好諍論、還破和合、縦雖得其理、不可競是非、矧於無益事寧論哉、宝積経偈云、戯論諍論処、多起諸煩悩、智者応遠離、当去百由旬云々、又案止観同行善知識文云、同心斎志如乗一舩、互相敬重如観世尊云々、末代行者以此為師、若依小事自有向背、早謝其■敢莫忿懣、一事乖心則結恨、号忌芝蘭之契、一言違念亦変語、号隔膠漆之睦、法侶之行豈以可然乎、性雖頑魯見賢思斎、所謂不軽大士常受杖木於慢衆之驕、忍辱仙人永耐刀劔於悪王之怒、昔菩薩如斯、今行者盍庶幾焉、

一可停止住寺禅侶中於彼此処企殺害致偸盗輩事

右出家素意偏住慈悲、而殺戮之計起於暴悪之心、闘乱之企生於瞋恚之思、雖長武勇之家、不敢以威蔑他、雖出猛勢之処、不敢以摧貴己、況発悪心恣加誅戮哉、案梵網経意云、若殺父母兄弟六親、殺生報生不順孝道、至于如彼、堅誓師子忍苦痛於獵徒之箭、斎戒毒龍喪身命於屠倫之刃者、深禁傷害無蔆報心、悪獣猶如此、善人盍介乎、兼又偸盗之基、只由貪欲、其質直自備戒律、彼棄履於苽[瓜]田之畔、掛冠於李園之下、是則方守廉潔之心、依懼盗犯之疑、令禅徒勿犯勿犯、可慎可慎矣、

一可停止乍住山門遊行聚落密好女犯輩事
右十重禁之中、婬妷尤深重、就中於邪婬者世俗尚警、是令条之制禁也、法侶寧奸、亦律儀之所制也、其誡在内外誰致狼戻矣、輪廻無竭、婬愛為基、夫一角仙人忽離蘿洞於王女之貞、五通聖者深着桂宮於皇后之声、所以身雖坐檀場、心留楊貴妃之花粉、手雖結契印、眸係李夫人之金翠、逢縁詫境必増愛欲、不如難避急要之外、出郷里而無及信宿乞也、我山禅侶、造次顚沛、不遺茲文、常安座右、備於廃忘焉、
以前三箇条、録其由緒、貽之来葉、仰願常住界会、不動明王、諸尊聖衆、一切三宝、伏請五所権現、稲荷明神、伽藍護法十八善神、各垂玄鑒、同加炳誡、若有守此旨之輩者、百年現在之間、却百怗於万里、一期終焉之後、証一仏於十号、若有背此旨之輩者、上件冥衆擯出寺中、責罰其身、現当悉地定无冥祐欤、抑近代禅徒、或偏超蜉蝣之世、結交於府辺、或為思芭蕉之身、運歩於民烟、如此之際、非無悪縁、須凝一心祈念三宝、宜〔冥〕衆加擁護、必得除障㝵、三箇条事、更勿退転、不為利養名聞而契、唯為菩提涅槃而契、請以一言之教誡、将伝千仏之出世、仍起請如件、
永歴〔暦〕二年歳次辛巳正月二十四日遍照金剛弟子永意敬白

板一枚。板目、表。厚一・九センチ、縦三一・八センチ、横一一六・〇センチ。表面は平滑。裏面は釿痕。中央上部と下部に釘穴各一つ（釘の残欠あり。年代は不明）。

上部欠失。行頭の文字には上部が欠けているものがあり、板の上部断面は不整形に歪んでいることから、ある時期に断裂したらしい。ただし上部断面の汚れなどから推して近年の切断とは考えられない。原態が一枚板か二枚以上かは不明。本来の一行文字数の約半分が残存。右下にカット部分がある。カットされた時代等不明。現状の墨付きは三三行、各行は一三字前後。ただし復元すると三六行、各行字数は約二倍になる。三箇条の事書きと本文、日付と署名からなる。署名者たる遍照金剛弟子永意を代表とした起請である。内外典の断片的な引用が多いが、その内容は、天台教学を踏まえた密教僧による戒律教導的な寺法、とみてよいだろう。近世写本⑱によると、冒頭は「晠哩岡院起請」とあった。十二世紀の新拠点、東峰（元堂跡）の本堂に関係するのであろう。

⑤【仁治三年正月二十八日　普門寺四至注文写木札[13]】

板一枚。板目。厚一・八センチ、縦一七・五センチ、横（上端）一〇七・五センチ。下部欠失。

正中二年（一三二五）の写である。仁治二年の原態は不明。正中二年の追記が二行あり、「右後々将来証文、竄敵奮迅之用心、聊宮殿之内写之」と記す。応安元年の紙本案文⑦には追記として、「件之旨、梧岡院之宮殿壁板之裏仁被注間（中略）於後代為令知粗写之」などとある。「梧岡院」（梧桐岡院、晠哩岡院などとも）、つまり元堂跡の本堂宮殿の板壁材に直接書き付けられていた。内容は、境内地の外側、山下の雲谷・岩崎をはじめ、さらに広い範囲の四至を記述して「山内」としたもの。なお四至注文の前に、注文とは別の文が一三行ある。四至注文よりあと、正中二年までの文であろう。「権僧正化積」「実朝二品」などの文言があるが、木札の下半が欠失していて、文意がとれない。

⑨【天文十一年二月十八日　本尊等造立記木札】

板一枚。板目。厚一・一センチ、縦三三・〇センチ、横（上端）一〇六・五センチ。下部欠失。墨付きは板の中央部から左半で、右半には何も書かれていない。板には木の節が目立ち、特に中央、文の第一行目「𑖭奉造立」の「立」は、節の濃い色で文字が見えにくい。左端部の上から下まで、幅〇・五センチにわたって、かつて構造物にこの板を差し込んでいたような圧迫痕がある。

両谷、つまり船形山普門寺（西谷・元々堂跡）と桐岡院（東谷・元堂跡）の結束を意図し、「当山本尊」として観音像（あわせて大黒天像）を造立した旨を記す。西谷（西峰）に一拠点化する動きの表れであろう。

⑳**【元禄六年二月十八日　普門寺本堂幷玉殿造立木札】**

板二枚。柾目。厚一・三センチ、縦一九〇・五センチ、横一〇四・〇センチ。墨付きは上下の中央やや上から、左右ほぼいっぱいに、一七行にわたって謹直な楷書で記す。宮殿背面の板材に直接書かれている。「三州船形山梧桐岡院普門寺」と書き出し、山上伽藍から現在地に移転して本堂と宮殿の造立にいたった旨を記す。本願主は、⑱の筆者にして⑲の勧進僧、住持昶深である。

①永暦二年永意起請木札と⑤仁治三年普門寺四至注文写木札は、東峰（元堂跡）・梧桐岡院の本堂にあった。四至注文写木札は、本堂の宮殿壁板に直接書かれたが、永意起請についてははっきりしない。しかし、本堂の本尊近くに掲げられたと推測して、ほぼ誤りないのではなかろうか。

⑨天文十一年本尊等造立記木札は、西峰（元々堂跡）・船形寺の本堂宮殿に書き付けられていた。この時、西峰の本堂宮殿には、かつて東峰の本堂宮殿にあった①永暦二年永意起請木札と⑤仁治三年四至注文写木札も、あわせて移し納められた可能性がある。三枚の木札は、横幅が近似していて、格納の際に多少の整形を施した可能性もある。⑧『普門寺縁起』には、「代々綸旨、院宣、武家代々御判形等、奉㆑納㆓置宮殿㆒者也」とある。綸旨以下の文書は不明だが、宮殿に重書を納置したという記述は無視できない。⑱延宝七年

（一六七九）の祀深筆永意起請紙本写には、末尾に「仁治三年」（⑤四至注文の年号）と、⑨天文十一年本尊等造立記木札の抜粋がある。そして最末尾に、「本尊宮殿之内ゟ写申候」とある。筆者の祀深は、この時点で、古い宮殿にあった木札類を筆写したのである。新調した宮殿は、元禄六年（一六九三）に完成している⑳。新しい宮殿の完成に際して、木札類はその屋根裏に格納されたのであろう。

二　永意起請木札の内容と解釈

先に永意起請木札の内容について、天台教学を踏まえた密教僧による戒律教導的な寺法、と述べた。ただしそれは、寺院内の出家者集団のみに限定された機能が期待されたことを意味しない。地域社会の新しい動向と不可分の寺院法であることこそ、この木札の史料的性質の眼目だと思う。そのように考える理由を、文章に即して記しておく。その上で、この起請木札が作成された事情について、他の史料をも参考にしつつ、考えるところを述べておきたい[14]。

起請には、内典と外典からの短文引用が多い。引用書については、次のものがある。明記されているものには、第一条に「宝積経偈」と「（摩訶）止観同行善知識文」がある。第二条に「梵網経意」、第三条に「十重禁」（『梵網経』のなかの重要部分）がある。出典を記さない引用文は次の五か所である。第二条の、『大方便仏報恩経』巻第七や『賢愚経』巻第十三堅師子品第五十四に見える、「堅誓師子」の故事。同じく第二条の、「古楽府　君子行」（『文選』）に見える、「瓜田不納履、李下不正冠」の故事。第三条の、『大智度論』の「一角仙人」の故事。同じく第三条の、『維摩経』の「五通聖者」の故事。同じく第三条の、白居易「長恨歌」「李夫人」の故事。他にもあるであろうが、未詳である。

次に、先行する他寺院の起請と類似の表現がある。永意起請の第二条が『梵網経』を引用するのは、天禄元年（九七〇）七月十六日天台座主良源起請（『平安遺文』二―三〇三）の第十九条（「応尋捕持兵仗出入僧房往来山上者進公家事」）と共通する部分である。良源起請の文中に「起請」文言はないが、祖師の認可を得た制式として、起請と呼ばれる理由がある。[15] 良源起請では、「梵網経云、仏子不レ得二以レ瞋報レ瞋、以レ打報レ打、若殺二父母兄弟六親一、不レ得レ加レ報、殺生報生、不レ順二孝道一」とする。永意起請は経文の引用に不正確さや不充分さがある。次に永意起請の第一条には、天承元年（一一三一）二月十三日延暦寺起請（『朝野群載』巻第三）と似た文がある。永意起請第一条冒頭の文は、延暦寺起請の第四条（「可停止招集凶徒、営求兵器事」）の「夫僧侶之行、全守二戒律一、以二精進一為二甲冑一、以二柔和一為二衣装一、何好二驍勇一、還蔑二仏法一」と対応している。また、永意起請の本文末尾は、延暦寺起請の末尾「請以二一言之書紳一、将レ伝二千仏之出世一、仍起請如レ件」と無関係ではなかろう。

右に述べように、永意起請には、内外典や先行する起請と類似の文が多い。しかしその引用は、必ずしも原典に忠実ではなく、短文をつぎはぎした感がある。おそらくそれは、関係文献の博捜や、引用原典の直接参照ではなく、孫引きなどを含むからであろう。永意の学識形成過程はまったくわからないが、本寺での研鑽、三河国ないし諸国の山寺の知識ネットワーク活用、普門寺蓄積書物の研究、いずれの場合も想定できる。ただ起請の作文にあたっては、先行する形式と内容を参照したことは間違いない。しかしそれは、必ずしも内容の守旧性には直結しない。知識基盤の歴史的性格として確認しておきたい。

永意起請は、天台智顗『摩訶止観』の関係書、大乗菩薩戒を説く『梵網経』、天台座主良源起請や延暦寺起請を引いており、天台系知識が用いられている。そのことは、普門寺の前史が、多くの三河国古代寺院と同じく、天台系[16]であったことを想像させるが、起請では天台教学だけを強調しているわけではない。強調しているのは、諸宗に通有の戒律である。

三箇条とも、戒律の基幹を述べている。文言を拾うと、「口舌」、「戒律」、「柔和」、「和合」、「同心」、「殺害」「偸盗」「瞋恚」の禁止、「梵網経」、「十重禁」、「律儀」、「女犯」「邪淫」の停止、が目につく。語句だけを取り出せば道徳と見まがいかねない。なお、戒律の典拠として、『四分律』などではなく『梵網経』を選んでいることは、同書が在家をも持戒の主体に位置づける点でも注目される。戒律を守るよう促す起請であることは、この木札を理解する鍵である。戒律を守る和合・結束の平等集団とは、別の仏教用語にいう僧伽を意味する。問題はその構成員の特徴である。

永意を真言密教僧だと考えうるとすれば、起請作成時点で真言宗寺院であることになる。この点は少し判断がむつかしい。「遍照金剛弟子」[17]という称号は、空海の弟子という固有の意味に限定されず、大日如来の金剛名号として台密僧にも用いられる。[18]密教寺院化していることについては、起請の神文に「常住界会、不動明王、諸尊聖衆」とあることからも確かであろう。天台と真言を画然と分かっていたとはいえないが、基本的には密教寺院としての出発が、起請に籠められていたのではなかろうか。

天文三年（一五三四）の『普門寺縁起』（⑧）では、東峰（梧桐岡院、元堂跡、十二世紀成立）を密教の拠点だとする。同じく『普門寺縁起』には、嘉応年中（一一六九～七一）のこととして、「台家学徒僧侶」が当山で学問に励んで比叡山に行かなかったため、比叡山住侶の攻撃を受けたと伝えている。平治二年（一一六〇）銘の梵鐘（③）は、宮中から下賜された由来をもつが、それは朝廷と密着関係にある密教の大幅移入策の一部だった可能性がある。[19]寺院の新生出発を企図した永意たちには（後述）、天台から真言へと重点を移すほどの主体性があった。ただし台密から東密への転換時期は特定できない。[20]

金剛弟子号をもつ永意は、僧綱位や阿闍梨位をもたない凡僧である。寺院内でも出身地でも、ぬきんでた身分だったとは思われない。単独署名の周囲に、同格の寺僧たちの存在が想定される。この点で、大和国永久寺の元暦元年（一一八四）七月日起請にいう「満山一揆之起請」に近いであろう。[21]

起請後段の本文には、将来に向かう画期を今に据えた発起文として、誓約を介した内部規律が記されている。ただそこには、天台座主良源起請のような強いリーダーシップは込められていない。置文系の禁制ともいいにくい。また鎌倉時代初期以後の荘園領主側が作成した起請文のような、支配イデオロギーによる精神呪縛の色彩もない。いずれかといえば、神仏に対する一般的な誓約文言であるように読める。固有の神仏名には検討の余地があるが、「諸尊聖衆」たちと「権現」「明神」「護法善神」とは、世界仏教と日本神祇とを、対にしている。「冥衆」（異界の神仏）の監視の下に、「近代禅徒」らへの戒めを「来葉」、「千仏之出世」する将来に伝えようという。

内外典の引用と、戒律関係の語句、そして一般的な誓約文言が、文章上の特徴である。ただ、時代の傾向を反映した部分もある。第二条の、殺戮や闘乱を戒める文脈において、「武勇之家」の出身者を特に警戒している。また、本文では、「抑近代禅徒、或偏超二蜉蝣之世一、結二交於府辺一、或為レ思二芭蕉之身一、運二歩於民烟一」と述べて、その「悪縁」を戒めている。「府辺」は国衙近辺を指しているのであろう。対をなす「民烟」への接近の戒めは、文字通りの世俗生活拠点一般について、特定の縁故との偏りある結びつきのことを指している可能性がある。

以上は、永意起請にそくした概略事項の整理である。

歴史的な解釈は、内容の細部と全体との検討を基礎とすべきである。同時に、幸いにも永意起請には、関連史料があるので、あわせて考えることができる。これも別稿で述べたので、結論の概略のみ記す。

久寿三年（一一五六）銘の銅経筒二基（①②）は、僧勝意が父母のために造った。父母の実名などは不明だが、沙弥号の父親は、晩年まで世俗生活者だったのではなかろうか。寺外で家をなしていた父母は、子の一人である勝意を寺僧にした。一基（②）は元堂基壇跡あたりから出土したといわれている。普門寺の経塚は、元堂跡付近に少なくとも四基が確認されている（岩原剛氏のご教示）。十二世紀のなかば、新拠点たる梧桐岡院（元堂跡）には、寺僧らが複数の経塚を築いたものと考えられる。経塚造営は、寺僧の出身母胎たる家の行事でもあったのである。①には、勝意のほか、六人の僧名が「助筆者」としてみえており、一基の経塚を複数の寺僧とその出身家族が共同で営んだ可能性もある。経塚は、築造物そのものに意味があるだけでなく、写経から埋経にいたる儀式過程が重要である。[22] 築造主をとりまく行事参加者の姿を想像する必要があり、いかなる性質の共同行事だったかが問題である。

平治二年（一一六〇）銘梵鐘は、もとは中宮高松院姝子《よしこ》の判断と二条天皇の了解により、藤原師光が担当して、平治元年八月十三日に梧桐岡院へ下賜されたものであった。銘文の冒頭はそのことを記すのだが、より重要なのはそれに継がれた文である。

雖㆓此鐘請預㆒、為㆑不㆑漏㆓十方施主助成㆒、相㆓副奉加之銅㆒、以㆓同二年歳次庚辰正月三日㆒、鋳㆑之矣、

それは、下賜された梵鐘を鋳つぶして、地元で募った銅銭を加えて再鋳造したことを謳う文である。この事業の中心となったのは、銘文に連署する大勧進金剛仏子永意、僧勝意、小勧進金剛仏子行観である。十方施主への勧進方式の採用は、地元での主体的な共同事業として梵鐘鋳造を位置づけるための、思い切った判断であろう。ことは備品の問題ではなく、梵鐘を打ち鳴らして告げられる新生寺院の位置づけである。大勧進金剛仏子永意が筆頭に名を連ねるこの梵鐘は、遍照金剛弟子永意起請木札とも一体である。梵鐘銘文の末

尾には、「守護者、鎮守五所大権現弁以稲荷大明神、十八善神、護法衆各各王子眷属等」とあって、起請と対応している。

関連する文字史料はもう一つある。普門寺の北方約一八キロの大脇寺（新城市庭野字大脇、廃寺）には、木造薬師如来坐像があり、現在は近隣の林光寺に納められている。像内に銘があり、嘉応三年（一一七一）の作だとわかる。(23) また「僧永意」とあり、墨書の位置から推して開眼導師であろう。先行研究でも言及されているように、(24) 起請木札と梵鐘にみえる永意は同一人物だとみてまず間違いなかろう。

銘文の特徴は、二八氏、一〇〇余人の結縁者名が記されていることで、しかも「藤原行宗・大中臣氏」「紀重安・縁友」のごとく、夫婦一対の小家族四三組が確かめられることである。それは、家と地縁の結束を形成・維持するための、意志的契機による造像だったことを物語る。地域の上層貴顕層というべきこれら結縁者たちの身分は、一概にいうことができないが、この場合は侍層でありながら、国衙との関係では百姓身分に位置づけられる存在を含むと思われる。同時に、十二世紀の造像銘や写経奥書には、百姓身分の夫婦結縁者を含む例もよく見られる（『平安遺文』金石文篇、題跋篇）。

永意や勝意らによる経塚、梵鐘、起請の作成は、船形山東峰の梧桐岡院（元堂跡）を拠点とする新生出発事業の一部であった。そこは、山腹の平場に院坊を営みはじめた寺僧らが、集団として結集する場となった。さらに重要なのは、里山の寺院に、家族の一員を寺僧として送り出した、村里の動向である。十二世紀の列島社会には、百姓身分の家と、その政治的結束の砦たる地縁村落が、各地に形成されている。(25) 永意が関わった大脇寺造仏事業の様子からは、普門寺膝下にもこの社会動向があったことを類推させる。船形山膝下には、仁治三年（一二四二）の四至注文（⑤）に雲谷や岩崎など実質的な村があり、普門寺を支えていた。(26) 山下の四至領域は普門寺僧の出身母胎であり、その地域住民こそ、自立と結束を求めた真の主体であろう。船形山膝下の地元貴顕層の場合、「武勇之家」への成長傾向を抑え、「府辺」への接近を戒める意思を示すことからも、百姓身分上層だと想定しておきたい。山寺が選ばれたのは、里山を用益する複数村落が集うためであろう。

なお、永意の出自については、今のところ不詳とせざるを得ない。永意は教学の知識をもち、梵鐘の下賜とその再鋳という方式に手慣れ、複数地域に寺院拠点を据えるという、勧進僧としての特徴をもつとみることが可能である。十二世紀に各地で展開された仏事の勧進は、朝廷・国衙や権門寺院の地方統治政策の一形態であることが多い。永意をその担い手とみた場合、仏教と地域をつなぐ新しいタイプの媒介者だと考えられる。そして、梵鐘に永意とともに名を連ねた勝意は、先に述べたように、地元に出自する経塚造営者であるらしく、永意の事業を地域側で受容した代表の一人である。このように考えてよければ、この事例は、顕密仏教が地域に受容される具体的経緯として注目することが出来る。地域側からみた場合、顕密仏教を条件として、一方的な布教ならぬ相互関係における主体的受容としての意味が含まれているのではないだろうか。

戒律教導的な寺法による僧伽的な結束は、経済的自立の実態表現というより、意志的自立の思想表現であった。結集する寺僧集団とともに、時として本堂に集う地域住民のために、起請木札は掲げられた。

三　資料学的検討と思想的脈絡

寺院の起請は、延喜七年（九〇七）僧正聖宝起請文（『平安遺文』九―四五五二）や天禄元年（九七〇）天台座主良源起請など、十世紀から実例が確かめられる。早川庄八氏は、もとは上申を意味した起請が、十世紀には制規・制誡・禁制へと完全に語義と用法が逆転し、十一世紀半ばには自他に対する誓約の意味が生じたと指摘された[27]。永意起請木札は、その歴史的脈絡にあって出現した。ただし、前節での解釈は、上級者による下達ではなく、共同事業の発起である。この点の歴史的脈絡をも考察したい。

永意起請には、木札としての特徴がある。そこで、すでに知られている木札文書を概観しつつ、永意起請木札を位置づけてみたい。その上で、起請の歴史的変化や、神仏への誓約をともなう起請文が十二世紀なかばに出現することを参照しながら、あらためて永意起請木札がもつ歴史的意義を考える。

永意起請は、伝世した木札文書としては、見出されている限りの最古例だと思われる。しかしすでに田良島哲氏は、木製禁制の起源は古代に遡る、と指摘されている。[28] 禁制と起請の親縁性からすれば、起請木札が古代に作成された可能性なしとしない。出土遺物にして、かつて掲示されていたとおぼしい主な大型禁制木札には、以下の例がある。

A嘉祥二年（八四九）二月十二日　加賀郡牓示札（加賀国、石川県加茂遺跡出土）　横長（二三三×六一七×一七）[29]
　郡司が村に下した一〇箇条（実際は八箇条）の勧農と禁制。

B延喜六年（九〇六）四月十三日　禁制（但馬国、兵庫県豊岡市袴狭遺跡出土）　縦長（五九五×一〇六×六）[30]　民部卿家が田二段への介入を「禁制」。

C治暦二年（一〇六六）六月二十一日　禁制（河内国、大阪市長原遺跡出土）縦長（三五二×六一×四）[31]　平大夫が津則永の苧畝を「制止」。

また仏教関係では、大型の巻数木札と塩津港遺跡出土起請文木札に注目される。

D天禄三年（九七二）八月十日　仁王般若経等巻数（播磨国、兵庫県河東郡木梨・北浦遺跡出土）　縦長（六六八×一六〇×九）[32]

E保延三年（一一三七）七月二十九日　草部行元起請文（近江国、滋賀県長浜市塩津港遺跡出土）　縦長（一四一八×一二七×九）[33]　輸送荷物（魚）を盗み取らないと神仏に誓約。

F建長三年（一二五一）正月　般若心経等巻数（加賀国、石川県金沢市堅田B遺跡出土）　横長（一六〇×八三九×八）[34]

G弘長三年（一二六三）正月八日　般若心経巻数（同右）　横長（一一〇×七九五×七）[35]

ただ、普門寺の永意起請木札には、時限的な効力を終えて廃棄されたのではなく、将来に向けて本尊近くに掲げられたという特徴がある。参考例として、木札だったかどうかは不明だが、建仁二年（一二〇二）十二月十五日の大和国永久寺の起請写がある。そこには院主の下に学衆・禅衆一〇一人が加判し、「永可㆓停止㆒条々起請事」として一三箇条が示されている。この文書を引用する『内山之記』には、その冒頭に「被㆓本堂押㆒事」と注している。

本堂などに重書を掲示する例は、中世には多い。永治元年（一一四一）十月十八日付の大和国永久寺田畠施入状案には、『内山之記』に写し取られるに際して、「真言堂天井之蔵御札文云」と注されている。十三世紀初期の文書だと考えられる豊後国六郷山の屋山寺院主僧応仁置文案は、田畠寄進と供料配分を定めたものだが、文中にこの文書を指して「打札」と称している。[36]この二例は施入置文というべき文書であり、起請との共通性がある。仁治三年（一二四二）の普門寺四至注文写木札も、前節で述べたように、本尊宮殿壁板の書付だった。また、時代は下がるが、正平十二年（一三五七）紀伊国鞆淵荘置文木札や、嘉吉元年（一四四一）近江国奥嶋北津田荘徳政条々木札は、惣村の鎮守神殿に納められたものとして著名である。[37]

十二世紀なかば以降、起請・置文・四至注文など、将来に参照されるべき重書は、本堂や神殿に掲示・格納されることがあった。寺堂と文書の密接な関係については、中世史研究での議論がある。大和国元興寺極楽院の内陣柱には、嘉応三年（一一七一）僧慈経田地寄進状などが直接彫られている。この例は、仏教信仰に基づく尊崇の意趣によると解釈されている。[38]また、中世の仏堂には、柱や壁板に文書が打ち付けられたり、直接書きつけられたりすることが、注目されている。[39]仏堂納置文書というべきその作法について、究極的には仏陀の機能にすがる仏教教団固有かつ根源的な論理だといわれている。[40] しかし私見では、仏堂やその本尊近くに文書を置くのは、世俗の文書を聖教（仏書）に準じて秘匿神聖化する意識的な方法である。[41] いずれにしても永意起請木札は、本尊近くに掲示される木札の起請として、古例なのである。[42]

永意起請木札は、必要に応じて開閉される本堂または宮殿に掲げるために、工夫された形式であった。この形式は、現存の最古例であることからすれば、なお一般化していたとはいえないように思う。新しい文書様式として、なお非規格的であった可能性があり、流動的な歴史のなかに置いて捉える必要がある。その場合、固定的な形式が完成していないところには、主体の動向と思想が隠されずに表面化する可能性がある。

この点で、塩津港遺跡出土の起請文木札群が参考になる。保延三年（一一三七）のものが、判読された最古の起請文である。それらは縦長の木簡で、この形態は継承されなかった。ここにも形式固定以前の重要史実が潜んでいるのであろう。他の初期起請文とともに、考えてみたい。

起請と起請文について、佐藤進一氏の研究がある。[43] 起請文の成立と、先行する起請や祭文には深い相互作用があるという。そして、現存最古の起請文とされてきたのが、久安四年（一一四八）三春是行起請文（東大寺文書、『平安遺文』六―二六四四）である。地子代たる物品の帰属に不正がないことについて、「天判」を請うて確言・誓約したもので、約束不履行の場合に仏神の罰を覚悟するという自己呪詛の文言がある。また佐藤氏の説で見逃せないのは、平安末期に起請が発展変化し、第三者呪詛文書になったと指摘されていることである。神仏は、誓約の妥当性を認証し、強制力を助長する宗教的権威たる性質を大きく超えて、違反の有無を判定する絶対者になった。そのことが起請文の中世における定型を生んだ、というのである。そのような変化の時期を知る手かがりとして、「敬白　申起請文事」という書き出しの、永万二年（一一六六）散位足羽友包起請文（石山寺文書、『平安遺文』七―三三八七）があげられている。

その後の中世史研究では、支配装置としての起請文に注目されている。荘園制的領域支配、またその分裂支配を強化するイデオロギー装置としての機能（河音能平氏）(44)、白癩・黒癩の恐怖を罰文で煽る恫喝（黒田日出男氏）(45)、仏教の衣を纏った全領主権力の経済外強制となる起請文の定型性（黒田日出男氏・平雅行氏）(46)、といったことが指摘されている。

一方、百姓身分の意思表示を見出す入間田宣夫説がある。十二世紀の住人百姓らによる、根源的・主体的な結束儀式としての「一味」を前提とする意思表明であって、日本中世の民族的伝統の形成や、列島の枠を越えた権利の普遍性すら読みとることができるという。そのような起請文は、治承・寿永内乱期を境に定型化・本格化したという(47)。

以上のことを踏まえて、若干の考察を試みたい。

塩津港遺跡出土の起請文木札のうち、よく釈読できていて、かつ年紀の最も古い保延三年起請文をとりあげる。それは草部行元の起請文で、「負荷」の魚を「一巻」でも私的に流用した場合、神罰を「八万四千毛口穴」ごとに蒙る、と誓っている。草部行元は、塩津港を利用する運漕業者の頭目らしく、身分は不明だが、流通秩序の管理統制に服す立場の者である(48)。上部に「再拝」、第一行に「維年次保延三年七月廿九日以請申天判事」と書く。ついで神仏名を列挙している。誓約内容に先行して誓約対象を記すのは、祭文に近い書式であって、勧請型起請文だと指摘されている(49)。神文には、「上界ニハ大梵天王、躰尺天衆、四大天王、下界ニハ王城鎮守八幡大菩薩、賀符（ママ）下上、惣十八大明神、別シテハ当国鎮守山王七社、コトニハ当所鎮守五所大明神、稲懸祝山津明神并若宮三所、惣天ハ日本朝中一万三千七百余所大小神等御前」とある。

「八万四千毛口穴」は、「八万四千毛孔《もうく》」「八万四千毛穴」など『法華経』その他の仏典に見える数字だが、特には十世紀の呉越国王が八万四千基の舎利塔（宝篋印陀羅尼塔・銭弘俶塔）を造立し、日本にも分与して注目された(50)。起請文成立の条件として重要だが、この点の歴史的経緯の解明は課題として残す。

神文について、神名帳との関係を分析する研究があり、中世国家の神祇体系下で近江国北部の塩津を位置づける視野を開いている(51)。この点は無視できないが、そのことを前提にしてもなお、次のことは見逃せないと思う。それは、「上界ニハ大梵天王、躰尺天衆、四大天王」と、「下界」の「日本朝中一万三千七百余所大小神」という仏神の位置づけである。前者は、仏教的普遍世界としての須弥山世界にほかならない。後者は、「王城鎮守」から「当所鎮守」等を含む、「日本朝中」の全神祇世界である。つまり両者は、本地垂迹の仏神両世界全般を指している。このことは、「天判」を申し請う思想と一致している。それらは、一般的、普遍的な超越権威を指している。この起請文は、塩津港管理者を目前にしつつも、特定権力への服従宣誓だとは見なされないのである。

このような起請文は、先学によって重視された支配イデオロギーによる思想呪縛の道具とは趣を異にする。しかしこれは、必ずしも例外とはいえない。塩津港遺跡出土起請文が発見された今、確言・自己呪詛・神文を備えながらも、なお定型化する以前の起請文について、独自に検討する必要が自覚されるのである。

石山寺聖教紙背文書には、定型化以前の初期の起請文や、関連する内容の祭文がある(52)。また仁和寺文書にも、これに関連する起請文が一通ある。列挙する。

1 永暦元年（一一六〇）九月　藤原景遠起請文（『平安遺文』七―三一〇五）「申請天判」「謹請天判」。「日本国中一切神祇冥道ノ罰」。石山寺公文仁快への責勘の無実。

2 永暦二年（一一六一）三月二十二日　橘恒元起請文（仁和寺文書、『平安遺文』七―三一四四）「申請天判」。「惣天ハ王城鎮守万三千七百余所ノ神々、別天ハ禅林寺石山等ノ護法善神等ノ罰」、「一々毛孔」。藤内景遠に荷担していないことを誓う。田畠耕作の破綻、癩病、乞食の罰。

③永暦二年七月六日　聖人覚西祭文（『平安遺文』七―三一五五）勧請型。「三世一切諸仏……、兼又王城鎮守天神地祇廿二社諸神」の罰を「毎毛孔」に。逃散した景遠との内通がないことを誓う。

④永暦二年八月十三日　沙門覚西起請文（『平安遺文』七―三一六〇）[53]勧請型。「三世諸仏……、王城鎮守諸大明神惣六十余州普天率土大小一切神祇冥道」。「一々毛孔」。「仏天知見」。逃脱した景遠との内通がないことを誓う。

⑤応保二年（一一六二）十月八日　僧厳成起請文（『平安遺文』七―三二二九）「王城鎮守八幡三所賀茂下上日吉山王七社稲荷五所祇園天神別石山観音卅八所之罰」。飲酒は一杯に限ることを誓う。

⑥永万二年（一一六六）三月二十二日　散位足羽友包起請文（『平安遺文』七―三三八七）勧請型。「梵天王帝尺天衆五道冥宮天王天衆四大天王日月御□〔星〕二十八宿、殊王城鎮主（ママ）十八大明神鴨下上八幡三所松尾稲□平野大原北野、別テハ当国鎮主山王七社王子眷属楗部兵主三神大明神、当郡鎮主三尾十九所大明神□八所当御庄大井小井等大明神、惣日本国中六十余州一万□千七百余所有勢無勢大小神冥道」の罰。石山寺領の本家や預所に敵対せず、預所の田を苅り取らないことを誓約。

紙背文書として残ったこれら起請文等の存在は、入間田宣夫氏によって「氷山の一角」だと指摘されている。起請文は二次利用に供された裏文書であって、一次機能は廃棄された。③聖人覚西祭文と⑤僧厳成起請文を除く四通は仮名交じり文であり、音読された可能性がある。また、文意不通の箇所の目立つ表記は、与えられた書式の範囲で、自ら作文したことを想像させる。これらの点は、塩津港遺跡出土起請文と共通する。

これらの文書について、神文には一考の必要がある。石山寺支配下の者（侍身分と百姓身分を含むと思う）による誓約らしく、石山寺や近江の国内の神々があげられている点は、見やすい特徴である。ただそれらは、どちらかといえば、諸神ないし諸神仏の一部としての位置づけにとどまっていて、必ずしも他に優越した惘喝の主体として強調されていない。この点は断定できない一解釈だが、列挙された神仏の総花的な一般性こそ、むしろはっきりした特徴ではなかろうか。「三世一切諸仏」と、「日本国中一切神祇」（「万三千七百余所ノ神々」「六十余州普天率土大小一切神祇」など）とが、勧請される対象として意識されているのであろう。一部の文言を欠くものもみられるが、意図的な排除ではなく、他の起請文と同根の意識を出るものではないと思われる。

この見方を支えるのは、事例の前二者（1藤原景遠起請文と2橘恒元起請文）に、「天判」が請われていることである。「天」の内実理解はむつかしい。神仏に正否の判定を委ねるのは、訴訟制度や証拠法上の問題として考察されるが[54]、それにしてもここでは特定・個別の神仏による判定でないことは確かである。やはり、「三世一切諸仏」や「日本国中一切神祇」、つまり一般的・普遍的な神仏の裁きを指して、「天判」というのであろう。もしそうであれば、内乱期以後に確立する起請文のように、神仏を現実の誓約相手（ここでは領主石山寺）と重ね合わせた忠誠を示していない。むしろ、誓約相手を相対視する思想的根拠として、「天判」が請われていることになる。

初期の起請文類から見出した特徴は、多くの点で塩津港遺跡出土起請文にも共通する。時限的な機能を終えて廃棄されたこと、誓約者自身の仮名交じりの作文と音読、仏教的普遍世界と全神祇世界という一般的・一括的な神文、現実の誓約相手たる特定権力を相対視する「天判」の思想、である。

先に述べたように、佐藤進一氏によると、起請の性格変化の影響が表れた起請文の古例は、6永万二年足羽友包起請文だという。その神文は右にあげたものが全文である。仏教、陰陽道、神祇の守護者すべてをあげるごとくである。しかし整理すれば、須弥山世界の仏教守護者と地上の諸神である。そこには「天判」と書かれていない。しかしうがってみれば、やはり「天判」の観念は組み込まれているようである。冒頭に配された、梵天王、帝釈天衆、天王、天衆、四大天王という、立て続けの守護神勧請に、そのことを読みとりたい。

保延三年（一一三七）塩津港遺跡出土起請文木札（草部行元起請文）から永万二年（一一六六）散位足羽友包起請文までは、起請文が定型化する第一段階までの過程であり、いわば初期起請文の時代である。この段階には、一般的・一括的な神仏の権威を自ら推戴する、いわば天の観念が発見されていた。内乱期以後に起請文を強制した荘園領主らは、この思想的達成を摘み取ろうとしたのであろう。支配完成段階の起請文を基準として、形成期の起請文を解釈すると、歴史の可能性を見逃す恐れなしとしない。

迂遠だが、以上のことを踏まえて、永暦二年（一一六一）永意起請木札にもどりたい。それはまさに初期起請文の時代である。それは、先行する内外典から文言を抜粋引用し、起請という様式を借りつつも、本尊近くに掲示する木札という新式の非規格性をもっていた。その出現契機は、家の成立と地縁集団の結成であり、その主体的な地域づくりを将来的に支える思想として、永意によって提示された仏教の和合・僧伽が選ばれたのである。今のところ孤立した事例に見えるが、初期起請文にうかがわれる思想との、歴史的な脈絡を認めてよいと思われる。

むすび

普門寺起請木札のもつ独自性は、形態、様式、機能にわたるものである。ただその作成契機は地域社会の構築という社会深部の変動であり、その意思を支える思想的根拠として仏教が選択され、将来に向かって掲げられたのである。そう考えると、独自性には確かな歴史的脈絡があり、類似の動向は、相似の、また別形式で表出することもありえる。塩津港遺跡出土起請文木札と初期起請文に、その手がかりを求めた。ここでは、これらの史料に表れた思想を重視し、歴史的動態、歴史的達成、歴史的可能性において捉えようと試みた。あらためて永意起請を読むと、難解で複雑な文章のなかにある「和合」「(不) 殺生」「慈悲」といった文言の重要性が浮かび上がる。

塩津港遺跡出土起請文木札群については、釈読をはじめ、さらなる研究前進が真に望まれる。初期起請文の多くは聖教の紙背文書であり、同様の史料がまだ見出されていない可能性もある。今後、あらためて考え直さなければならない場合を、覚悟している。

しかしそれ以前に、起請の歴史との関連、特に十世紀以来の対外関係を踏まえた検討は、なお今後に残した。これと関係して、起請文の成立についても、なお定説はないとすべきであろうと思われ、課題として認識しておきたい。

(1) 横田洋三・濱修「滋賀・塩津港遺跡」(『木簡研究』三〇・三一、二〇〇八年・二〇〇九年)、濱修「滋賀県塩津港遺跡出土の起請文札」(『古代文化』六〇―二、二〇〇八年)、横田洋三「塩津港見つかる」(古代交通研究会第17回大会資料集『古代の運河』二〇一三年)など。本稿初出後のものとして、滋賀県教育委員会・公益財団法人滋賀県文化財保護協会『塩津港遺跡1』(二〇一九年)、滋賀県立安土城考古博物館『塩津港遺跡発掘調査成果展』(二〇一九年)、水野章二編著『よみがえる港・塩津』(二〇二〇年、サンライズ出版)。

(2) 『愛知県史　資料編4　考古・飛鳥～平安』(二〇一〇年、愛知県)、岩原剛「三河の山岳寺院（愛知県）」(『佛教藝術』三一五、二〇一一年)。

(3) 『豊橋市史』第五巻（一九七四年)。

（4）『豊橋の寺宝Ⅱ　普門寺・赤岩寺展』（二〇〇二年、豊橋市美術博物館）、同書所収の山崎隆之・山岸公基「普門寺の仏像」。また『愛知県史　別編　彫刻』（二〇一三年）。

（5）これらは、『豊橋市史』第五巻（前掲注3）や、『愛知県史　資料編』古代、中世、織豊の各箇所に掲載されている。本稿の初出後、次の調査成果報告があった。『豊橋市埋蔵文化財調査報告集一四一　普門寺旧境内――総合調査編――』（二〇一六年、豊橋市教育委員会。同集一四〇は「考古学調査編」である）、豊橋市美術博物館『普門寺と国境のほとけ』（二〇一七年）。

他所の史料に見える普門寺記事を含め、詳細については別稿を参照願いたい。上川通夫「国境の中世寺院――三河国普門寺――」（愛知県立大学日本文化学部歴史文化学科編『国境の歴史文化』二〇一二年、清文堂）、同「三河国普門寺の中世史料」（同『日本中世仏教と東アジア世界』二〇一二年、塙書房）。また、中世の聖教、近世文書、棟札などについて、次の調査報告書がある。愛知県立大学中世史研究会『中世三河国普門寺領現地調査報告書Ⅰ（豊橋市雲谷町編）』（二〇一一年）、同『中世三河国普門寺領現地調査報告書Ⅱ（豊橋市岩崎町編）』（二〇一二年）。

（6）『平治二年銘梵鐘調査報告書――その1――』（二〇一四年、（公財）元興寺文化財研究所、静岡県袋井市教育委員会）。実物分析によって考察した同書では、十二世紀末葉の鋳造だとする（狹川真一氏）。

（7）服部光真「普門寺（豊橋市）所蔵年次未詳（中世後期）三界万霊木牌について」（『愛知県史研究』一七、二〇一三年）。

（8）上川通夫・井上佳美「史料紹介 普門寺（愛知県豊橋市）所蔵黄檗版『大般若経』について」（『愛知県立大学日本文化学部論集（歴史文化学科編）』一、二〇一〇年）。

（9）服部光真「普門寺（豊橋市）所蔵年次未詳（中世後期）三界万霊木牌について」（前掲注7）。戦没した敵味方を供養する行事に用いられた木牌で、十六世紀に再利用された際には、供養対象たる地元住民を中心に二〇〇人ほどにのぼる名前が記された。

（10）『船形山開基以来代々忌日記』第十五世法印永意の項に「記證奥書永暦二年辛巳《歳次》正月廿四日永意敬白」とあることは知られていた（山崎隆之・山岸公基「普門寺の仏像」前掲注4）。

（11）永意起請は『愛知県史　資料編7　古代2』（二〇〇九年）に採録された。また上川通夫「史料紹介 普門寺（豊橋市）所蔵永暦二年永意起請木札について――付、大治二年『大般若経』零巻、仁治三年四至注文写木札、天文十一年本尊等造立木札――」（『愛知県史研究』一四、二〇一〇年）で詳細を報告した。また、さらに詳しい事情については、上川通夫「国境の中世寺院――三河国普門寺――」（前掲注5）に記した。

(12) 上川通夫「永意起請写本の出現」（愛知県立大学中世史研究会『中世三河国普門寺領現地調査報告書Ⅰ（豊橋市雲谷町編）』前掲注5）に報告し、上川通夫『日本中世仏教と東アジア世界』（前掲注5）に再録した。

(13) ⑤⑨⑳の翻刻は省略する。『豊橋市埋蔵文化財調査報告集一四一　普門寺旧境内――総合調査編――』（前掲注5）の翻刻参照。

(14) すでに上川通夫「国境の中世寺院――三河国普門寺――」（前掲注5）や同『日本中世仏教と東アジア世界』（前掲注5）第Ⅲ部諸論文で述べたことである。同「十二世紀日本仏教の歴史的位置」（本書第一部第八章）も参照。

(15) 佐藤進一『古文書学入門』（一九七一年、法政大学出版局）。

(16) 『天台のほとけ――その美術と三河の歴史――』（二〇〇三年、岡崎市美術博物館）。

(17) ③平治二年梵鐘銘には、「金剛仏子永意」とある。

(18) 苫米地誠一氏のご教示による。仏教美術研究上野記念財団助成研究会報告書第三十九冊『研究発表と座談会　仁和寺御流を中心とした院政期真言密教の文化と美術』（二〇一三年）での報告、上川通夫「院政期真言密教の社会史的位置――大治と建久の間――」に対するご発言。本書第一部第七章。

(19) 三河国や遠江国には、白河・鳥羽院政期の受領藤原顕長のように、京風の仏事作法を持ちこむ例が確認される。上川通夫「中世山林寺院の成立」（同『日本中世仏教と東アジア世界』前掲注5）。

(20) 初出稿では、起請の時点で真言に転じていたと考えたが、本文のように訂正する。

(21) 『内山之記』（十四世紀）に写されている。東京国立博物館編『内山永久寺の歴史と美術　史料編』（一九九四年、東京美術）。事書き三箇条をあげ、神文で、「右条々起請、向後若或以二族縁一押二領之一、或以二威勢一相論輩、可レ蒙二常住三宝鎮守護法弁□［両］部諸尊金剛天等神罰冥罰一、満山一揆之起請、如レ件」と述べる。学衆四一人と禅衆四五人、別当が加判している。上川通夫「十二世紀真言密教の社会史的位置」（本書第一部第七章）。

(22) 上川通夫「中世山林寺院の成立」（前掲注19）、「経塚・造仏・写経――民衆仏教形成の条件――」（本書第二部第二章）。

(23) 山崎隆之・山岸公基「普門寺の仏像」（前掲注4）、『愛知県史別編　彫刻』（前掲注4）。

(24) 山崎隆之・山岸公基「普門寺の仏像」（前掲注4）、『愛知県史別編　彫刻』（前掲注4）。

(25)　大山喬平『日本中世農村史の研究』(一九七八年、岩波書店)。
(26)　愛知県立大学中世史研究会『中世三河国普門寺領現地調査報告書Ⅰ（豊橋市雲谷町編）』(前掲注5)。
(27)　早川庄八「起請管見」(同『日本古代の文書と典籍』一九九七年、吉川弘文館)。吉川真司氏より、考慮すべき研究としてご指摘を受けた。
(28)　田良島哲「中世木札文書研究の現状と課題」(『木簡研究』二五、二〇〇三年)。
(29)　『木簡研究』二三（二〇〇一年)。
(30)　『木簡研究』一四（一九九二年)。吉川真司「九世紀の国郡支配と但馬国木簡」(『木簡研究』二四、二〇〇二年)。
(31)　『木簡研究』一八（一九九六年)。
(32)　『木簡研究』一六（一九九四年)。
(33)　『木簡研究』三〇・三一（二〇〇八年・二〇〇九年)。
(34)　『木簡研究』二〇・二一（一九九八年・一九九九年)。
(35)　『木簡研究』二〇・二一（一九九八年・一九九九年)。
(36)　宇佐八幡宮寺弥勒寺領都甲荘の関係文書（道脇寺文書）である。大分県立宇佐風土記の丘歴史民俗資料館報告書一〇『豊後国都甲荘の調査　資料編』(一九九二年)。
(37)　木札文書の研究動向について、服部光真「中世木札研究の一視点――庶民信仰資料・仏教民俗資料と金石文をめぐって――」(『奈良歴史研究』九二、二〇二一年）参照。
(38)　田中稔「金石文としての寄進状の一資料」(同『中世史料論考』一九九三年、吉川弘文館)。
(39)　山岸常人「仏堂納置文書考」(同『中世寺院の僧団・法会・文書』二〇〇四年、東京大学出版会)。
(40)　山岸常人「仏堂と文書」(同右書所収)。
(41)　上川通夫「東寺文書の史料的性質について」(同『日本中世仏教史料論』二〇〇八年、吉川弘文館)。
(42)　寺院の起請は、早川庄八氏が指摘されたように、十世紀には出現している。そのなかで、天禄元年（九七〇）良源起請をはじめ、寛和二年（九八六）九月十五日起請八箇条（慶滋保胤作)、永延二年（九八八）六月十五日横川首楞厳院廿五三昧起請（源信作）など、十世紀後半の天台宗には個性ある事例がめだつ（『恵心僧都全集　第一巻』一九七一年、思文閣出版)。十世紀の天台宗は、呉越国ついで北宋の天台宗と交信があり、源信らの浄土教興隆策は、そのような江南天台宗との交流を朝廷の政策として採用させる運動でもあった（上川通夫「寂照入宋と摂関期仏教の転換」同『日本中世仏教と東アジア世界』前掲注5）。なおこれら起請が、木札として本尊近くに掲示されたことをうかがわせる史料を欠く。

(43) 佐藤進一『古文書学入門』（前掲注15）。
(44) 河音能平「中世社会成立期の農民問題」（同『中世封建制成立史論』一九七一年、東京大学出版会）。
(45) 黒田日出男「中世民衆の皮膚感覚と恐怖」（同『境界の中世 象徴の中世』一九八六年、東京大学出版会）。
(46) 黒田日出男「中世民衆の皮膚感覚と恐怖」（前掲注45）、平雅行「中世仏教の成立と展開」（同『日本中世の社会と仏教』一九九二年、塙書房）。
(47) 入間田宣夫『百姓申状と起請文の世界』（一九八六年、東京大学出版会）。
(48) 他の起請文木札には、菅原有貞・三川安行・藤井末真・武次・藤次などが見え、供米や具足を盗み取らぬ誓いを立てている。
(49) 千々和到「塩津・起請文木簡の古文書学的考察」（『國學院雑誌』一一三―六、二〇一二年）。千々和氏は、永万二年足羽友包起請文についても、勧請型起請文であることを指摘されている。
(50) 追塩千尋「阿育王伝説の展開（一）（二）」（同『日本中世の説話と仏教』一九九九年、和泉書院）、上川通夫「往生伝の成立」（同『日本中世仏教史料論』前掲注41）、同「末法思想と中世の「日本国」」（同『日本中世仏教と東アジア世界』前掲注5）。
(51) 上島享『日本中世社会の形成と王権』第一部第一章「中世王権の創出とその正統性」（二〇一〇年、名古屋大学出版会）。
(52) 石山寺文化財綜合調査団編『石山寺の研究　校倉聖教・古文書篇』（一九八一年、法蔵館）を参照した。これらはいずれも、「聖教目録」（一巻、院政期写）の紙背文書一九通の一部である。
(53) 『平安遺文』では、恐らく内容から判断して、起請文とする。ただ、「立申祭文事」（事書）、「謹立祭文之状如件」（書止）とあり、祭文としてもよかろう。
(54) 佐藤進一『古文書学入門』（前掲注15）。

第四章　『平家物語』と中世仏教

はじめに

濃厚な仏教思想を用いながら、戦争という殺戮を含む人間模様を描く『平家物語』は、日本中世という時代を回顧する現代人に、歴史認識獲得のための彫り深い思考を要求する。その省察の重要性は、中世史研究における平家物語研究史に、意義深く刻まれていると考える。

石母田正氏は、一九五七年の著書『平家物語』(1)で、次のように述べられた。『平家物語』は、現世の人間とその矛盾に興味を抱く作者によって著された。それは、史上初の列島規模の内乱という時代における新しい型の人間を形象化しており、それらに物語的発展の秩序を与えつつ、文学による追体験を可能とさせた作品である。つまり、十二世紀末の内乱こそが平家物語という叙事詩を生んだ。

このように述べられた。石母田氏は、日本中世を、在地領主武士が率先して切り拓いた時代と見て、古代末期の内乱としての節目を重視された。そこでは、信心深い宗教の時代という見方とは、自覚的な距離がとられている。

一方、石母田説を批判して中世史像を構想された黒田俊雄氏にも、『平家物語』ないし軍記物語に関する重要な発言がある。黒田氏によると、院政期は軍物語《いくさ》の盛期だが、貴族・武士・寺社が競合する時代と見るべきであるという。(2) また、院政期は、仏教民衆化の第一段階である。生活に根差した民衆の願望は、石母田氏のいわれるごとき英雄的武士の「武勇」にではなく、日常生活の「安穏」にこそある。(3)

黒田氏の学説は、権門体制論・顕密体制論としてよく知られているが、民衆を重視した民族文化論でもあり、仏教の理想を中世史に見出そうとする学説でもあった。それは、中世仏教を、自立する民衆に思考の拠り所を与えたという点で、肯定的な価値ある思想として評価されたのである。さらにそれは、中世寺院社会に存在した僧伽《さんが》への関心と結びついていたことに、特に留意したいと思う。(4)

本章では、『平家物語』という叙事詩を主対象に、武家政権成立過程と同時代仏教がどのように関連づけられているのかを探ることで、中世仏教の基本性格を理解してみたい。(5) なお、『平家物語』の引用は、覚一本系を底本とする『新日本古典文学大系　平家物語上・下』（一九九一・一九九三年、岩波書店）を用いる。

一．平家物語・仏教・東アジア

（1）仏教の外来生

祇園精舎の鐘の音に諸行無常を聞き取るという冒頭の一文は、歴史的事実が仏教原理に拘束されて抗いがたいかのような印象を、強く喚起する。この作品に仏教が深く関係することは常識的事実である。しかしその仏教とは、どういう仏教なのだろうか。

仏教が日常生活から縁遠くなった今日、日本人の古風な信仰の伝統は仏教であった、と考えられがちである。しかし『平家物語』の実時代を生きた人々にとって、仏教という宗教の外来性は、意外によく理解されていたようである。そして、いわば外来性をともなう仏教色の濃い『平家物語』には、これまた意外にも、対外関係の要素が各所に散りばめられている。それは、この作品によって描かれた時代が、東アジアの歴史的世界の一角で展開したことの表れではないだろうか。

（2）三国の故事と末法思想

『平家物語』にみえる対外関係の記事には、外国の故事に触れる叙述と、同時代の対外関係の実際を記述するものとがある。

あちこちで触れられる故事はさまざまだが、通覧してみると、天竺（インド）・震旦（中国）・日本の話題であることに気づく。この三国は仏教流伝の国である。天竺については、釈迦による血脈相承が波羅奈国（中インド）の馬鳴比丘から南天竺竜樹菩薩へと授けられたこと（巻第二「座主流」）、南天竺舎衛国の月蓋長者が釈迦たちと阿弥陀三尊像を作ったこと（同「善光寺炎上」）、玄奘三蔵が流沙葱嶺を凌いで求法に赴いたこと（巻第八「太宰府落」）、悉太太子（釈迦）が檀徳山に入ったことで御者が悲しんだこと（巻第十「三日平氏」）などである。中国については、震旦の則天武后が太宗・高宗二代の皇后になったこと（巻第一「二代后」）、唐の一行阿闍梨が玄宗皇帝によって配流されたこと（巻第二「一行阿闍梨之沙汰」）、漢王が胡国（匈奴）攻閥に遣わした大将軍蘇武のこと（同「蘇武」）など、天竺関係よりはるかに多い。日本の故事も多いが、天竺・震旦のものに対応する神話性は、異国を攻め従えたという神功皇后関係に典型があろう（巻第五「都遷」、巻第七「願書」）。

散りばめられた故事は、一見とりとめないようでいて、実は三国思想の枠組をそれとなく示しているかのようである。複数国から成るはずのインドを「天竺」として、また漢族の諸王朝を「震旦」として、それぞれ一括りに見る発想は、「本朝」「我朝」の認識の投影である。しかも、神功皇后が攻めたという鬼界・高麗・荊旦（契丹）などは、遊牧族を胡国《えびすのくに》と見ることとともに、世界を構成する三国から排除されている。なお、三国思想には、中央アジアへの認識は存在しない。

歪みをもった三国思想は、同じく特定の仏教思想から出た末法思想と結びついている。たとえば、右に触れた釈迦からの血脈相承の場合、「我朝は粟散辺地の堺、濁世末代」なのに、天台座主明雲から澄憲へと伝えられた、とその尊さを述べている（巻第二「座主流」）。飛び散った粟粒のような小国（『楞厳経』）である日本の空間に、仏法衰退と社会混乱の時間が訪れている。大仏崩壊は、「我朝は言ふに及ず、天竺・震旦にも、これ程の法滅あるべしともおぼえず」（巻第五「奈良炎上」）、と表現される。時間と空間の究極的な行き詰まり、四次元世界での危機が最高潮に達したことを象徴している。

（3）東アジア世界のつながり

一方、同時代の対外関係の実際は、南宋との交流を主軸に述べられている。平家の栄花を支えていた七珍万宝として、「揚州の金、荊州の珠、呉郡の綾、蜀江の錦」を並べたてる（巻第一「吾身栄花」）。松陰なる名の硯は、平清盛が宋朝に砂金を送った見返りに、「日本和田の平大相国のもとへ」として贈られたという（巻第十「戒文」）。日宋貿易には、すでに祖父正盛も関係していたらしいが、父忠盛と鳥羽院の時代に、金一〇〇〇両を送って笛材の竹を贈られ、蟬折なる名品として以仁王が所持していた（巻第四「大衆揃」）。

公貿易の実質主体として平家が前面に出るのは、応保元年（一一六一）に「経の島」を築いて「上下往来の船のわづらひ」をなくしたころからであろう（巻第六「築島」）。のちに壇浦合戦で、平家軍の一部は「唐船」に乗っており、貿易船を所有してさえいた。清盛は、宋朝から来たという名医に重盛の病を診させようとしたという（巻第三「医師問答」）。重盛は、宋の育王山に金を寄進して後生善処を祈ったという（同「金渡」）。これらは、平家の権力が、貿易による経済実利とともに、医術や仏教の文明的権威にも裏づけられようとしていたことを思わせる。

東アジア世界という歴史的世界には不可欠でありながら、『平家物語』の思想的立場では蔑視されている地域がある。鬼界島、高麗、契丹がそれである。

神功皇后が「鬼界・高麗・荊旦まで攻めしたがへさせ給ひけり」という歴史認識は（巻第五「都遷」）、福原旧京からさらに西へ落ちざるをえない平家方武将が、「日本の外、新羅・百済・高麗・荊旦、雲の果て、海の果てまでも行幸の御供仕て、いかにもなり候はん」と覚悟したというのと（巻第七「福原落」）、同じ発想であろう。

鬼界島は、[6]平家討滅の謀議を企てたとして、俊寛ら三人が送られた流刑地である。現鹿児島郡三島村の硫黄島がそれだとすると、鹿児島湾の西南に五五キロしか離れていない。実際は日本の領域内だが、『平家物語』では異界扱いである。人数の少ない島民は、牛のように色黒で、体毛が多い。身なりも日本人とは異なり、水田や養蚕を営まず、肉食している、などと述べて野蛮性を強調しようとするのである。ただし、活火山に硫黄を産出している（巻第二「大納言死去」）。俊寛は、九州から通う商人と、この硫黄を食物と交換しようとしたという。末期近くに尋ね探しに行った、俊寛のかつての従者有王は、商人船に乗って鬼界島へ渡り、荼毘に付した俊寛の遺骨を抱いて、商人船に乗って九州へ帰岸した（巻第三「有王」「僧都死去」）。

火薬の原料たる硫黄は、南宋に輸出する重要品目であったらしく、日宋貿易を推進する平家にとって、鬼界島はその原料産出地として手放せない地だったのではないか。平教盛領の肥前国鹿瀬庄から衣食を送られたという俊寛らは（巻第二「康頼祝言」）、平家管理下の僻遠地で監視されていたのかも知れない。

朝鮮半島については、『平家物語』に触れられるところが少ない。神功皇后が征伐した政治神話の故地として、また鬼界島や契丹と並列してその辺地たることを述べる修辞において、といった程度である。それは、日本中世の三国世界観の典型的な表れである。近隣の独立国たる高麗国をほぼ黙殺する発想から、ここでも自由ではない。

契丹は、荊旦と表記されている。契丹は、十世紀に中国東北部で勃興した遊牧族の国家で、遼とも称した軍事強国であった。ただし、同じく遊牧族の金が急成長し、一一二六年に契丹が滅ぼされ、翌年には北宋も滅ぼされた。その後は、『平家物語』の時代を含めて、北方の金と江南の南宋が対峙していたから、同時代なら荊旦ではなく金である。日宋貿易を重視する一方、契丹と金の区別もせず、先に触れた匈土も含めて、それら遊牧族をひとまとめに「胡国」と呼ぶ偏見が、いともさりげなく語られているのである。

（4）内乱と東アジア

天竺なる観念上の聖地を除き、南宋・金・高麗といった諸国家、鬼界島という商船通う小島、それに日本国が、『平家物語』の東アジアである。実際の歴史的世界はもっと多様で、その外部への拡がりもあっただろう。客観的な記述でないのは当たり前で、その歪みにこそ思想の味わいがある。ただこの対外認識は、どのような立場に規定されているのだろうか。

『平家物語』は、列島中の諸国で日本国が構成されることを、知らず識らず了解させる記述になっている。「日本秋津島は纔に六十六国」（巻第一「吾身栄花」）などとあるほか、国名が当然のように頻出する。どの箇所といわずだが、「摂津国には多田蔵人行綱……」、「河内国には武蔵権守入道義基……」など、「源氏揃」のような場合には歴然である（巻第四）。過剰な意味づけは憚られるが、源平合戦が内乱であることを納得させられる。

この点を問題に思うのは、壇浦で決着ついた源平合戦だが、西への戦地拡大を厭わない意気込みの記述もみえるからである。福原から西へ落ちるに際して平家の武将がのべたことばは、先に引用した。他に次のような記述もある。大宰府から落ちる平家軍、「新羅・百済・高麗・荊旦、雲のはて、海のはてまでも落ゆかばやとはおぼしけれども」（巻第八「太宰府落」）。寿永三年（一一八四）二月二十八日平宗盛の院宣請文、「鬼界・高麗・天竺・震旦にいたるべし」（巻第十「請文」）。元暦二年（一一八五）正月十日の後白河院への奏聞、「鬼界・高麗・天竺・震旦までも、平家を攻め落さざらん限りは、王城へかへるべからず」（巻第十一「逆櫓」）。

兵士や兵粮の調達など、合戦の構造からして外国での源平合戦には現実性がない。また、意気込みの造形表現はそのまま事実とはみなせない。しかし、まったくわずかな可能性としてながら、ここからは、培ってきた経験に由来する意識として、東アジア世界を現実の地理空間として射程に入れる、平家軍の指揮者らの覚悟が推測される。ただ成立した『平家物語』には、その痕跡しか記されていない。

二　世界認識としての仏教

（1）未開と文明

『平家物語』には、人間の価値観や意志による時代の開拓という精神より、摂理によって選択の可能性を圧殺された条件下での人間群像が多く描かれている。その意味で、仏教思想が借用されているのである。しかもそのような仏教を受容している日本国は、仏教国で構成された三国世界の主要構成国であるかのようである。

鬼界島の位置づけは、この点をよく示している。鬼界島が日宋貿易にとっての重要地であることは、先に述べた。しかし『平家物語』は、流刑地であるというだけではなく、野蛮地たるしるしを仏教の未浸透として説明する。「食する物もなければ、只殺生をのみ先とす」（巻第二「大納言死去」）とは、殺生禁断の戒律を守る日本との対比であろう。尋ねてきた有王は、俊寛を海辺の阿修羅と見紛い、自分が餓鬼道に迷い来たのかと述べている（巻第三「有王」）。

法勝寺執行俊寛の鬼界島への流刑とそこでの死去は、頂点から奈落への悲劇性を語るのに、格好の題材であろう。白河天皇の御願寺として洛東に造営された法勝寺は、盛大な国家仏事で貴族層を結集させ、遼や北宋のモデルを踏襲して建てられた八角九重塔によって、その世界性の獲得が象徴されていた。ところが後白河院の権力中枢に侍った俊寛は、平家の権力によって、仏教未到の僻遠地で監視下に置かれた。それを『平家物語』は、法勝寺の寺物・仏物を私利に犯用した俊寛自身の悪業が原因だとする。同じく鬼界島に流されながら、熊野三所権現を祀るなどの信心を欠かさなかった藤原成経や平康頼は、建礼門院出産祈願のための功徳善根として赦免された。そして俊寛が赦されなかったことは、清盛の罪業になったのだという（巻第三「赦文」）。

仏教は、いわば文明の指標である。しかし、実際の東アジアには仏教が共有されていたとしても、『平家物語』では、天竺（虚構）・震旦（南宋）・日本の三国に限られている。仏教を介した世界認識の歪みとみていいだろう。

（2）　阿育王信仰

巻第三「金渡」は、日宋間の仏教交流の実態を反映している可能性がある。平重盛の、父清盛と対照的な人格者としての側面は、仏教信仰についても際立っている。日本で積んだ善根は子孫に引き継がれないと見た重盛は、安元年間（一一七五～七七）に、南宋の阿育王山（浙江省の禅寺）に三〇〇〇両の金を送り、皇帝の許可で田地五〇〇町を寄進し、自らの極楽往生を祈らせたという。

阿育王山は、貿易港のある明州に近く、あまり距離を隔てない台州天台山と並ぶ、江南地方の仏教聖地である。大乗仏教の推進者アショカ王にちなむ経典上の知識は古い。しかし十二世紀日本には、分裂期中国の呉越国王が、阿育王の故事に倣って八万四千の宝篋印塔を造り、外国にも送ったことや、北宋朝がその政策を引き継いで釈迦舎利塔を重視したことなどが、身近な知識につながったのであろう。

重盛は、宋商妙典を派遣したという。この人物は未詳だが、仏典を意味するその名前は、商品価値ある仏典を日本に運んでいた商人の姿を彷彿とさせる。権力中枢が日本僧を派遣して仏典を入手する事業は、寛治六年（一〇九二）に遼から帰国して処罰された明範以後、史料上は確かめられない。ところが、著名な重源の入宋は仁安二年（一一六七）であり、翌年入宋した栄西とともに、阿育王山と天台山を巡礼したのちに帰国している。重源には、金が五臺山地域を占領していることや、南宋の風俗、そして天台山の霊威や、阿育王山の「八万四千基塔之其一」の神変などの知見があり、貴族に珍しがられた（『玉葉』寿永二年正月二十四日条）。しかも彼らの入宋は、実は大宰大弐平頼盛の後援によった可能性が高いという。[7] また、重源が阿育王山で得た情報をもとに、後白河院が阿育王寺舎利殿新築の用材寄進を行った、とも指摘されている。[8] 重源は三度入宋したといい、栄西は二度果たしている。のちに二人は、宋風の建造技術と資金調達方法と日宋混成技術者などを動員して、東大寺再建の大勧進職をあいついでつとめることになる。

平重盛の「金渡」は、歴史的状況としてありえたことであろう。重盛の個性は、自身の追善を準備するという私的性質だとはいえ、仏縁が国境を相対化する、『平家物語』には珍しい挿話として光っている。

（3）八万四千の思想

阿育王や呉越国王が造ったという塔が八万四千基だというのは、『阿育王経』が典拠だが、この数字は「八万四千法蔵」（『法華経』）など、数々の経典に出ている。白河院が注目した後期密教の呪詛経典、『大乗荘厳宝王経』[9]にも、「八万四千法蔵」などとしてみえる。重源も阿育王塔の数を意識していたことは、再建された東大寺南大門金剛力士像の体内胸部あたりに、重源の署名する『宝篋印陀羅尼経』が打ち付けてあったことからも推測できる。[10]なぜならこの経は、呉越国王が八万四千基の宝篋印塔に込めているように（『平安遺文』金石文編五三、同題跋編一三七）、経典自体が舎利に変じると観念されたもので、彫刻に仏性を付与する手段として理解されていたからである。舎利塔など、釈迦の分骨を八万四千か所で祀る範囲は、仏教受容国たることの具体的なしるしであった。

この数字は、『平家物語』には、鬼界島で帰洛を祈願した平康頼の祝詞に熊野権現の「八万四千の光」と見え（巻第二「康頼祝言」）、焼き討ちされた東大寺大仏の「八万四千の相好」（巻第五「奈良炎上」）として見える。実際に同時代によく知られていたことは、現存最古の保延三年（一一三七）七月二十九日起請文木簡に、「八万四千毛口穴」ごとに罰を蒙る、と記されていたことなどからわかる。[11]『大乗荘厳宝王経』などにみえる通り、「毛孔《もうく》」は身体内のミクロ世界を意味する仏教用語である。養和の飢饉のことを二〇年ほどのちに述懐した鴨長明『方丈記』には、同二年（一一八二）の五、六月だけで左京に四万二千三百の死体が遺棄されていたとする。実数を装っているものの、右京をあわせて「八万四千」という数字を念頭においているのであろう。何気ない語句の使用例に、この仏教的数字の浸透度が推し量られるようである。同時にそれは、世界認識の媒体としての仏教が根を下ろし始めていたことを意味している。

（4）　東大寺大仏と日本仏教

重盛のような普遍的世界性認識はむしろ例外である。『平家物語』の叙述や、実時代の貴族らの認識は、八万四千の仏法満ちる普遍的世界を思い描いていない。その端的な言説は、大仏の意味づけである。

経典に由来する世界の構造は、大海の中央に須弥山が遙か高くそびえ、麓を四島がとり巻く。そのうち、南側の島が人間世界であり、南瞻部洲・南閻浮提などと呼ぶ（『倶舎論』など）。そして、十一世紀より以降、日本を世界に位置づける場合、南瞻部洲大日本国と表記し、続けて国・郡・郷・荘・村・寺などと順に絞り、仏教的世界認識によって足下を位置づける例が登場する。「閻浮提大日本国摂津国清澄寺」といった例が『平家物語』にもある（巻第六「慈心房」）。

南瞻部洲以外の三島は架空だが、逆三角形で描かれる南瞻部洲こそは、天竺を中心とする仏教世界、つまり人間世界を示しているのだという。三国思想はこの世界を構成する仏教国をいうのだが、この世界観によって日本を示す場合、南瞻部洲大日本国という表現が常套化する。

ところが『平家物語』には、仏教的世界認識に立ちながら、独特の表記がある。「南閻浮提のうちには唯一無双の御仏」（巻第五「奈良炎上」）、「南閻浮提金銅十六丈の盧遮那仏焼ほろぼしたまへる罪」（巻第六「入道死去」）、「南閻浮提金銅十六丈の盧遮那仏焼きほろぼしたてまつる平家のかたうどする物」（同「嗄声」）、である。ここに、大日本国と記さないことは、意図してのことであるに違いない。かつて八世紀に創建された大仏には、東アジア仏教世界へ対等に参入する日本国家の自負が込められていたとはいえ、三国思想などは芽生えていなかった。一方、八万四千の相好をもつ『平家物語』の大仏は、日本国家内の権威中心性を象徴するにとどまらない。南閻浮提なる人間世界全体にとっての中心価値を体現しているのであって、日本国内にそれが所在することに、三国一思想とでもいうべき独善的国際意識が語られているのである。

しかも平家は大仏を焼いた。その惨事は「天竺・震旦にもこれ程の法滅あるべしともおぼえず」と強調され、その罪障は清盛を業火で焼くごとき高熱の苦しみによって死にいたらしめる結果となった、という。平家の没落を必然視する言説の一部だが、時代の節目は、三国思想や末法思想を前提に、独善意識と危機意識を結びつけた仏教的世界認識によって説明されているのである。

三　新時代の選択

（1）中世仏教の成立

『平家物語』が対象とする十二世紀は、中世仏教が成立した時代である。この世紀前半、平正盛の時代には、すでに中世仏教は成立していた。それは古代以来の仏教信仰が漸次的に拡大深化して中世の民衆仏教が成立した、とみる説はなお根強い。しかし近年の学術的通説では、国家政策の後援による旧仏教の自己変容が正統宗教としての中世顕密仏教の成立に結びついたとみる。この通説を踏まえつつ、私見では、十一世紀までの歴史的条件を重視するものの、十二世紀初期以来の白河院を核とする権力中枢が、真言密教を他の顕教なみの地位に引き上げ、北宋・遼風のエキゾチックな仏教を国家宗教に位置づける強引な政策が、中世仏教成立の決定要因だと考える。先にも触れた、金の軍事攻勢による、東アジアの政治世界の大変動が、その契機としてあったらしい。この間、公式の渡航僧を送らなかったことをはじめ、対外交流よりも国内改造に精力が注がれたかのようである。

ところが、後白河院と平清盛の時代は、重源や栄西の派遣や日宋貿易の推進など、新動向が芽生えていた。エキゾチックな日本中世仏教は、もともとは被支配民衆の自発的信仰によって形成された救済思想ではない故に、簡単に社会的浸透が実現したとは思われない。しかし本書第一部第八章などで述べたように、十二世紀半ばには、中世仏教の受容基盤とされた民衆の生活世界の必要水準から、意識的に仏教理念に注目し採用する動きがみえはじめる。そして十三世紀二、三十年代には、仏教定着の新しい段階が訪れたと思われる。『平家物語』は、そのような時代潮流のなかで成立している。

この点に注意して、源平合戦の実時代における仏教事情の一面を、内乱がもたらした歴史的画期性を探る観点から、少し考えてみたい。

（2）中世仏教の実質

『平家物語』には、南都・北嶺の仏教勢力が重要な歴史的役割を担った様子が数々描かれている。末寺を巻き込んで攻撃しあう寺院同士の対立、上位の学生と下位の堂衆との紛争、御輿を振りかざしての朝廷への強訴、連携しあっての反平家の軍事行動、などである。これら物理的な暴力行為は、中世社会に基盤をもつ寺院の人間諸集団にとって、いわば自力による利権確保の運動である。

一方、僧侶の本領たる宗教行為について、『平家物語』にはあまり深い関心が示されていない。ただし、安元二年（一一七六）に起こった加賀国司藤原師高と延暦寺との対立については、強訴の叙述の前に、山門に強硬姿勢を見せた関白藤原師通を呪詛した一〇〇年前の故事を挿む。根本中堂に置いた山王七社の御輿を前にして、七日間『大般若経』を読み、八王子権現の鏑箭によって関白が射殺されるよう、呪詛したという。師通母の祈りで三年は延命されたが、若くして悪瘡で死んだのは呪詛の力によるのだという（巻第一「願立」）。

右の話はよく知られているが、『平家物語』以外には書かれておらず、今日の研究でも未解明の事例がまだあるらしい。もしも朝廷側の内実を包み隠さず題材にできる立場の者に相応の意志があれば、天皇家こそ呪詛を命じた主体だった史実に手が届いたのではなかろうか。そう考える根拠は、院政期に権力的に養成されて、国家的比重が一挙に高められた、真言宗の秘密書類（聖教）に、その一角が見出されつつあることにある。

白河院は、小野流真言僧範俊に命じて、転法輪法によって藤原師通を呪詛し、効果があった（『小野類秘抄』）。鳥羽院は、大治四年（一一二九）十一月の興福寺への人事介入に専権を発動し、大衆を屈服させる裏側で、勧修寺寛信に命じて、六字経法によって別当玄覚（藤原師実息）を呪詛した（『覚禅鈔』「六字経法」）。後白河院は、安元三年（一一七七）五月一日から六月十八日まで、鹿谷事件を挟んで、行海に命じて、転法輪法によって平清盛を呪詛した（『覚禅鈔』「転法輪法」）。また、寿永二年（一一八三）九月十二日から十月十七日まで、法親王守覚に命じて、転法輪法によって武家を呪詛した（同「転法輪法」）。さらに同年十一月十日から同十六日まで、東寺・山門・寺門に命じて、蓮華王院で百壇大威徳供を催し、自身に敵対する武士を呪詛した（同「大威徳法」）[12]。

このうち、転法輪法と六字経法は、十一世紀第Ⅳ四半期頃に注目された大陸の後期密教に由来するらしい。呪詛は、成仏を促進する手助け（度脱）などという強弁で正当化されている。仏教を媒介とする世界認識というものが、単純な受容などではなく、導入する側の関心と目的によって性質が決まる、という端的な例である。

一方、『平家物語』には、篤い信仰心をもつ仏教徒としての武将が目立つ。平忠度は、首を討たれる直前に、念仏十遍を唱える寸暇を求めた（巻第九「忠度最期」）。わが息子と同年齢の平敦盛を討った熊谷次郎直実は、発心の思いを強めた（同「敦盛最期」）。その他、貴族や武士、その男女を問わず、信心深い。これらは『平家物語』の仏教観である。

（3）　歴史の節目

末法でありながらも、むしろそれ故に仏教信仰が高まり、三国一の仏教国であるとするならば、源平合戦を含む内乱によって地獄の苦しみを経験するとは、どういうことなのか。この点、『平家物語』は、同時代の観察記録ではないものの、時代の大きな節目をこの内乱期に見出しているように思われる。

『平家物語』は、治承三年（一一七九）五月十二日の洛中辻風の猛威から（実は翌年四月二十九日、『百練抄』）、元暦二年（一一八五）七月九日の大地震までを、戦争時代だと見ているようである。地獄の業風以上だという辻風は、仏法・王法ともに傾いて兵革がうち続く予兆だとする、神祇官と陰陽寮の占い結果が出たという（巻第三「飈」）。大地震では、「世の滅する」、「大地うち返す」という猛烈さだというが、六勝寺などが崩壊し、なかでも法勝寺八角九重塔が上部六層をふり落とされたという（巻第十二「大地震」）。内乱最中の養和の飢饉にあまり触れていないことにくらべると、やはりこの天災は特筆されているとみてよかろう。しかも大地震は、敗者の怨霊が原因だと述べている。社会の希望ある再建は、はっきりと語られていない。

平家が滅んだ元暦二年に「上下安堵」したというのは（同上）、後白河院側の認識であろう。そして後白河院は、『平家物語』に記述はないが、前年夏以来、五輪塔八万四千基の造立を諸方に命じたらしく、元暦二年にはそのうちの一万基を長講堂で供養した。『覚禅鈔』「造塔法」に引く元暦二年五月二十三日後白河上皇院宣には、「無辺の功徳、最上の善根なり」とあり、『山槐記』には文治元年八月二十三日条（同月十四日改元）に、「追罰の間の罪障を滅せられんがため」とある。『覚禅鈔』に引く醍醐寺勝賢の請文には、保元の乱以後の戦死者の亡魂を救うためとあり、後白河院にこの発想がなかったとはいえない。しかし、それほど大事なことが、院の言葉として伝えられていない。後白河は、この事業を、ほかでもなく自身の功徳・善根、自身の罪障消滅、という考えで実施したのであろう。

（4）平和宣言と仏教

合戦の勝者源頼朝は、建久元年（一一九〇）に上洛した際、後白河から、宝蔵に集めた絵の観覧に誘われたが、体よく断った（『古今著聞集』巻第十一）。同六年（一一九五）三月の再上洛後に臨んだ大仏殿再建供養では、宿所東南院に留まったという（『東大寺続要録』）。朝廷の仏教に同調しないという自覚抜きに、この態度はとれないのではないか。

その頼朝は、阿育王の旧跡に倣った五輪宝塔八万四千基を、各国守護を勧進奉行として分担造立させ、建久八年（一一九七）十月四日午時を期して、いっせいに供養させた（同年月日但馬国守護源〈安達〉親長願文案、進美寺文書、『兵庫県史　史料編中世三』[13]）。

この件を記す長文の源親長願文は、その三分の二ほどが、頼朝側からの命令を敷き写したような文章である。おおよそは、頼朝の考えが記されているのであろう。文中、保元の乱以後の戦死者を供養する趣旨は、後白河側と同じようにも見える。しかしその範囲は、「平家に駈られ」て従軍した者を含む。また、平家を含む平等な救いの必要を述べ、怨みには怨みで対処するのではなく、徳によって怨みを親に転じるべきだという。本書第一部第八章で詳しく論じたように、源頼朝は、内乱の終息と御家人編成の実現を諸国一斉の仏事で示したのであって、敵味方の区別ない戦没者供養という形式のうちには、怨みの連鎖を断ち切った新時代への平和宣言の理念がこめられていた。

最も印象的なのは、次の文である。「我が君前右大将源朝臣（頼朝）、天に代わって王敵を討ち、神に通じて逆臣を伏す」。つまり、「天」や「神」という抽象的・普遍的な絶対者こそが、正義という権威の根源である。それは、特定身分の人間の神格化を拒否する意思表示であり、国家権力を権威づけてきた中世仏教とは異質の発想である。およそ、日本史上、時代変革の決定的瞬間に、意識して普遍的平和の思想を宣言した例がどれほど見出されているだろう。この事例はその問題を今日に突きつけている。
ともあれ源頼朝は、武家の首長として、ここにあらためて仏教を採用した。日本中世仏教の枠組は続く。しかし、頼朝の決断は、いくつかある進路からの意志ある選択だったことを、感じとっておきたい。

むすび

濃厚な仏教思想を用いながら、戦争という殺戮を含む人間模様を描く『平家物語』を念頭に置いて、十二世紀ないし『平家物語』成立時の日本仏教がいかなる歴史的な位置にあったかを考えようとした。史上初の列島規模の内乱という歴史的経験によって、国家宗教を担う寺社勢力の祈りの無力さが露呈した一方、「武勇と安穏」や「合戦と和合」という対になる指向ないし行動様式は、中世社会の抜きがたい原理となったのではないかと考える。そして、歴史の進路は、固有の条件内において多様性と可能性をもっているが、十二世紀における仏教の選択的導入は、暴力の原理を掣肘する役割を果たすことになった可能性がある。

ただし、中世仏教一般、顕密仏教は、民衆的基盤をもつ国家宗教としての基本性質をなお強くもつ。本書での関心は、そのような中世仏教を条件として、どのように民衆仏教が見出されるのかということにある。このことについては、なお不十分さを自覚しているが、本書の特に第二部諸章との関係で検討されることを望んでいる。

（1）石母田正『平家物語』（一九五七年、岩波書店）。
（2）黒田俊雄「「院政期」の表象」（『黒田俊雄著作集　第七巻』一九九五年、法藏館）。
（3）黒田俊雄「中世における武勇と安穏」（『黒田俊雄著作集　第三巻』一九九五年、法藏館）。
（4）黒田俊雄『寺社勢力』（岩波書店、一九八〇年）、『荘園制社会』（『黒田俊雄著作集　第五巻』一九九五年、法藏館）、「中世における個人と「いえ」」（同第六巻、一九九五年）、「中世「顕密」仏教論」（同第二巻、一九九四年）、「日本中世における寺院と民衆」（同第三巻、一九九五年）など。なお、上川通夫「十二世紀日本仏教の歴史的位置」（二〇一二年。本書第一部第八章所収）で、僧伽論の継承を試みた。
（5）本章の初出稿には「はじめに」と「むすび」がなかったが、本書収載に際して付加した。その際、別稿「『平家物語』と十二世紀仏教」（『軍記と語り物』四八、二〇一二年）の「はじめに」と「むすび」の一部分を移した。
（6）山内晋次『日宋貿易と「硫黄」の道』（二〇〇九年、山川出版社）。
（7）榎本渉「明州に来た平家の使僧」『アジア遊学特別企画　義経から一豊へ』（二〇〇六年、勉誠出版）。
（8）藤田明良「南都の「唐人」――東アジア海域から日本中世を見る――」（『奈良歴史研究』五四、二〇〇〇年）。
（9）上川通夫「東密六字経法の成立」（同『日本中世仏教史料論』二〇〇八年、吉川弘文館）。
（10）東大寺南大門仁王尊像保存修理委員会編『仁王像大修理』（一九九七年、朝日新聞社）。『南無阿弥陀仏作善集』（東京大学史料編纂所編『平安鎌倉記録典籍集』二〇〇七年、八木書店）。
（11）横田洋三・濱修「滋賀・塩津港遺跡」（『木簡研究』三〇・三一、二〇〇八年・二〇〇九年）、濱修「滋賀県塩津港遺跡出土の起請文札」（『古代文化』六〇―二、二〇〇八年）、滋賀県教育委員会・公益財団法人滋賀県文化財保護協会『塩津港遺跡一』（遺構編、遺物編1・2、二〇一九年）、滋賀県立安土城考古博物館『塩津港遺跡発掘調査成果展』（二〇一九年）。
（12）横内裕人「密教修法からみた治承・寿永内乱と後白河院の王権――寿永二年法住寺殿転法輪法と蓮華王院百壇大威徳供をめぐって――」（同『日本中世の仏教と東アジア』二〇〇八年、塙書房）。
（13）大山喬平「鎌倉幕府の西国御家人編成」（『歴史公論』五―三、一九七九年）。

第五章　勧進帳・起請文・願文

はじめに

林屋辰三郎氏のショートエッセイ「能のなかの古文書」は、能の「三読物」、つまり『安宅』の勧進帳、『正尊』の起請文、『木曾』の願書を取りあげ、最も中世的な人間の心をうかがいうる古文書、という解釈を示された。[1]応仁・文明乱後の頃に、源平争乱を回想した曲目のクライマックスに読まれた文書から、民衆の新しい動きを見出されたのである。弁慶が読み上げた白紙の勧進帳、義経への夜討ちを未然に見破られた土佐坊正尊が示した潔白主張の起請文、義仲が倶利伽羅峠戦の前日に地元の八幡宮へ納めるべく覚明に書かせ読み上げさせた願文、[2]この三通には共通性があるという。それは、神仏への思いと関係すること、その神仏に対する思いさえ虚言と隣り合っていること、読み上げられることで民衆のものとなりつつあった文書であること、だという。

この林屋氏の勘所に学びつつ、中世民衆の思想的な達成や意志的な行動の可能性については、前提として立ち塞がっていた諸要素への対峙にも目を向けることで、その歴史的な意味を一層よく知ることができるように思う。分権的ながらも維持される支配身分の体制的政治秩序、それを補完する正統宗教思想、権力支配の道具たる漢文体の書記言語、それらと格闘した具体的な場面とともに捉えてみたい。

中世の民衆が、自らの意思を政治的社会に向けて表現する場合、書面を用いた方法を選ぶならば、漢字漢文を主流とする文字言語を使い、支配思想として機能する仏教に向き合う必要がある。いわば二重の外来文化と対峙して、その形式の内部から自らの言葉を紡ぐという固有の困難をともなっていた。すでに先行研究では、申状や起請文などにそくして、民衆の思想と行動の潜在的、顕在的な可能性が論じられている。(3)この章では、文字言語と仏教を受容する民衆の営みについて、勧進帳、起請文、願文に素材を求めて考察する。その際に、漢字や漢文体という書記言語の形式や、漢訳仏書で説明される天竺由来の仏教という、外来の知識体系を導入する知的営みについて、一種の翻訳文化としての性質を念頭に置きたい。加えて、かつての古代貴族にとって農村に住む人民大衆の世界は「いわば「異国」にほかならなかった」(4)という前史を念頭に置く時、民衆文化の側に新しい営みが表出した姿を見出す試みの意味も明瞭になることと思われる。

一．勧進帳

事業計画ごとに費用調達を図るという中世財政の一般方式は、勧進として典型的に表れる。国家や領主の権力的仏教事業に採用される常套手段だが、寺社に結集する地域社会の場合にもその事例は広く現れる。(5)

近江の北西、伊吹山西麓の大原観音寺は、地元の武家領主大原氏の祈禱所であるとともに、百姓を主体とする地域社会の鎮守でもあった。(6)この地に移転して寺観が整備された十三世紀半ばからの動きの一部を知る史料として、正応四年（一二九一）頃の観音寺勧進注進状案（近江観音寺文書、『鎌倉遺文』二三一一七七九三）がある。[7] そこには、堂舎や仏具などごとに、寺僧の勧進として整備されたことが書き上げられている。記載順に、二王像―文永八年（一二七一）寺僧勧進、政所―弘長三年（一二六三）寺僧等勧進、推鐘―文永七年（一二七〇）勧進、内室―建治元年（一二七五）浄勝房阿闍梨勧進、大般若経―建治二年（一二七六）寺僧等勧進として了智房阿闍梨ら三人が如法経として迎える、本堂―弘安四年（一二八一）寺僧等勧進、五部大乗経―弘安十年（一二八七）寺僧勧進、涅槃像曼陀羅―正応四年（一二九一）美乃法橋勧進、である。[8] 一方で寺の敷地と中心寺領（成正名）は領家仁和寺からの寄進によっており、寺僧には大原氏出身者もいるので、この寺が領主の氏寺とはいえないものの、百姓を運営主体とする村落寺院ともいえないことは軽視できない。[9] しかし多くの堂舎と経典を勧進事業によって、つまり費用援助を臨時に募って整備するのが基本法式だったことの意味も重要である。勧進の対象は、個別の縁で結ばれた遠方の者である場合もあるだろうが、主には地域社会の住民であろうと想像され、勧進事業の実施が寺院を据えた地域社会の形成と関係したことを推測させる。

特に注目しておきたいのは、『大般若経』に関して、「行二如法経一、勧進して迎也」とあることである。すなわち、天台寺院の正式な写経作法を実演しつつ六〇〇巻を調達することは、費用と労力をつぎ込む法式への参加を大人数に勧める企てであり、その遂行過程が地域住民と鎮守との関係を親密にする契機を含んでいたのである。

『大般若経』を勧進によって獲得し、鎮守の寺社に備える例は多い。その企画主体は仏事や教理に熱心な僧侶というより、寺院を媒介に地域づくりを進める住人であるが、領主や民衆の関わり方によって鎮守寺社の性格が違うように、『大般若経』勧進の計画主体と参加主体も多様である。村落住民が主体だと確言できる例は必ずしも多くないが、藤田励夫氏が紹介された近江国菅浦の阿弥陀寺蔵本はその確かな例である。菅浦阿弥陀寺蔵本は、元亨元年（一三二一）に巻第一から巻第二百までの新刊本の「菅浦村人等」による購入、残り四〇〇巻分の元徳二年（一三三〇）から暦応三年（一三四〇）にかけての書写、貞治二年（一三六三）の全巻一斉の住民諸階層（「村人」「此之外少々勧進之」）による校合、という過程で揃えられたことが明らかにされている。[10] それは、惣の発展によって事業が実現したことを意味しているという。この重要な指摘に学びつつ、さらに推測するならば、住民にとっては資金拠出や写経進行の過程そのものが内部結束を促す継続的契機であり、この共同事業の企画当初からそのことが意図されていたのではないか。[11] また藤田氏は、「於二菅浦北深菴一如レ形書写了、右筆生命十六歳也」という奥書（巻第六百）にみえる若い執筆者にも注目された。膨大な文字数で満たされた『大般若経』の書写の実際を思い描くと、そこには村落住民による書記言語の獲得への営為、という一面がうかがえるように思われる。

村内部の勧進では、費用拠出は平等に求められたのであろうか。同じく近江国の惣村として知られる今堀郷には、正長元年（一四二八）十一月十二日の大般若経勧進帳がある。[12] この文書は、冒頭に「大般若経勧進帳」と記されているが、企画事業への参加を募る呼びかけ文ではなく、勧進に応じて出資した三八人について、それぞれの人名と金額を書き上げた帳簿である。ここでは、金額の多い順に整理して示せば、次の通りである。

一貫文―三人（馬殿、左近殿、又二郎）、五〇〇文―四人（道春坊、刑部太郎、彦六殿、衛門二郎）、三〇〇文―一人（真祝当聖仮名少輔）、二〇〇文―二人（彦五郎、孫五郎）、一〇〇文―二七人（卿公、介殿、彦太郎、左近九郎、道正坊、衛門五郎、兵衛三郎、覚円坊など。一人は行間に「十四文」と付け足されている）、五〇文―一人（妙蓮坊）

合計八貫四五〇文（＋十四文カ）であり、『大般若経』調達に必要な金額であった可能性がある。その内訳において、最も人数が多いのは一〇〇文出資者だが、出資者たちは同一金額を平等に負担したのではない。一貫文出した馬殿は、如法経道場への田地寄進や八反二一〇歩の経営地をもつなどのことから、「土豪クラス」だと指摘されている。(13) ただし、村内部での実力が金額の多寡に関係している可能性は高いものの、五〇文出した者も含め、今堀運営者を代表する上層百姓とみておくのが妥当であろう。

出資金額の多寡は、実力に応じた配分によるのか、または自発的出資の結果なのだろうか。そのこととも関係して、仏事企画を媒介とした住民結束は、どのような言葉と論理で呼びかけられたのであろうか。そのことを示す手がかりが次の勧進帳である。

延命寺（愛知県大府市）に所蔵される十五世紀半ばの写本『大般若経』は、寺院中興事業の核として、住僧の勧進によって調達されたもので（購入分が多いと推測される）、現在も全巻が伝えられている。その巻第一の第一紙・第二紙の裏に「文安二年乙丑（一四四五）正月廿日」（第二行目）の大般若経勧進帳案が書写されている。冒頭に「此御経勧進帳之事」とあるが、通常は「勧進沙門某敬白」(14)などとあったと考えられ、神仏を勧請しつつ勧進対象者を前に音読されたはずである。第二行目も含めて、正文通りの書写でないかもしれないが、その他の文面に不自然さはない。

この勧進帳は、「勧進沙門尾州智多横根延命寺住三部伝法阿闍梨位祐伝」の署名があり、その地元での地位等は不詳だが、台密の灌頂を受けるほどの人脈を外部にもつ有力住民と考えておいてよいであろう。祐伝と組んだ事業主体として、地元豪族がいた可能性はあるが、その名が見えないことも重要である。なお全巻調達時点のものと思われる宝徳四年（一四五二）二月九日の付記が、本文に続けて写されている。一方、個別の書写経巻に残る奥書には、勧進帳案と同一筆跡で、「施主大夫住人孫左近」（巻第七十八、「大夫」は現地名「大府」）、「施主大夫住人孫左近妻女」（巻第七十九）、「施主横根左近衛門」（巻第百九十二）、「施主 弥次郎、右衛門次郎」（巻第百九十二）など、結縁した地域住民の名が見える。この勧進帳からは、地域の共同仏事がどのように意味づけられているのか、具体的に知ることができる。さらに、音読される勧進帳は、費用出資者として期待された住民の耳と心にどの程度届いたのか、おぼろげながらも推測してみたい⑮。

勧進帳の内容は、次のように構成されている。①尾州智多郡横根郷の藤井大明神に安置する計画の『大般若経』は、「十方檀那資助」を得て実現するもので、「巻別百文の勧進を企」てた。②事業の趣旨は、神仏の加護による「転禍為福」と『大般若経』の功徳による「除災与楽」にある。③末法濁乱の時代の辺地粟散の地には災変・厄害の恐れが大きいが、般若経こそは理と道を明示して真如と法性を耀かすので、三界諸天・四海龍神・十六善神・五千鬼神は『大般若経』とその仏事のあるところを必ず守護する。④玄奘三蔵が六百帙を翻訳し、第三十五代天皇の時代に伝わり、天皇はじめ貴賤上下・道俗男女の願いを満足させてきた。⑤「一句一偈を持す」だけでも、また「六百帙の妙文を聞く」となおさら功徳甚深であり、そして「一称一礼」だけでも、また転読すればなおさら利益莫大である。この経は利得に勝り称し難きこと「言語の及ぶところに非ず、偏に三宝の知見にあり」。

まず注目されるのは、勧進対象に区別なく、一巻への寄付を一律に一〇〇文としたことである。計画段階と実際とでは違いが生じたかもしれず、実際には複数巻分の施主となった者がいる。夫婦で一巻ずつの場合もある。複数人で一巻に結縁する者がいたかもしれない。ただ、「十方檀那」に一律の金額を出資するよう呼びかける文言は、事業の共同性を強調するものであろう。巻数が多い『大般若経』の勧進は、不特定多数を対象とする呼びかけに適合的であり、実際には事業を通じた人的結集の地域的な範囲が想定されていたのではなかろうか。このことは、村落の鎮守に『大般若経』を備える諸例にも当てはまる可能性がある。延命寺勧進経の場合、その対象地域と応募者階層は不明であり、主に二キロ挟んで対になる延命寺と藤井神社を鎮守とした近隣地域とその「住人」であることが想定されるのみだが、この地域の住民を結束させるための新企画として、『大般若経』勧進書写が開始されたのであろう。

一巻「百文」の出資で六〇〇巻分を集めるとすれば、計算上では合計六〇貫文となる。今堀郷の八貫四五〇文に比べてかなり高額の見積もりとなる。ほかに例えば紀伊国神野庄では、文明十九年（一四八七）鎮守十三社に『大般若経』を備えるため、根来寺から一五貫文で購入している。満福寺所蔵『大般若経』巻第五百五十四奥書には、「詳二大般若経之出処一者、神野之庄黎民等、十三所社頭無二宝経一依レ、庄内大小家之庶民、励レ志不レ論二多寡之財一、随二定分一勠二合力一而、代物十五貫文、従二根来寺一買得、奉二納十三所大明神社頭一、以致二庄園大小家各々願望円成精祈一者也」と記されている。[16] 三河国設楽郡月村清平寺では、永禄五年（一五六二）十二月二十日の『大般若経』巻第十一奥書に、[17]「此大般若経一部代拾貫文仁而買取、月村勢（清）平寺置レ之、願主当寺住僧回叟幷大小旦那等各々」とある。

「大小家之庶民」「大小旦那」が資力などの事情に応じて出した総額は、前者が一五貫、後者が一〇貫である。金額の違いは、経本の新旧や個別の入手事情によるのであろう。しかし今堀郷、神野庄、月村の三例からは、八貫から一五貫という幅で理解される。やはり延命寺経の見積総額は高い。書写手本の貸出料を一巻につき「百文宛」とする例もあり、[18] その相場に左右される可能性はあるが、やはり思い切った高額の設定といえよう。延命寺興隆の諸費用に充てようとした可能性もある。事業への結集を期待された者は地域上層であったのだろうが、ただそれだけではなく、延命寺を後援し地域興隆の主体となる出資者住民の意欲を引き出す企画だったのかもしれない。

この高額の募財事業への勧誘の意図は、勧進帳の文言によってこそ説得的に語られようとした。あらためて勧進帳を見ると、正文ならぬ写しでありながら、仏教教理の権威、漢訳仏典の権威、日本仏教史の権威、という内容の重層に目を見張らされる。教理としては、「小因大果」「無相如々之理」「一切智々之道」「法身究竟」「真如実相」「自性清浄」「法性無垢」といった文言がちりばめられ、実感して理解できる説明ではない。漢文であるのは通常だが、玄奘三蔵が六〇〇巻を翻訳したことを述べる一文は、『大般若経』各巻冒頭の内題下の「三蔵法師玄奘奉詔訳」と記されていることと対応し、転読に際しても繰り返し聞かされることになる。また延命寺所蔵『大般若経』には、玄奘ら翻訳事業参加者の名を巻末に列挙した訳場列位まで書写した巻が、現状でも五巻ある。漢文翻訳経典の正統性は、ここでも確かめられる。さらに勧進帳のはじめの方には、「大般若経一部六百巻二百六十五品一千三百九十七義六十億四十万字金言」だとある。[19]

数で圧倒する漢字権威の強調は、漢字満載の六〇〇巻によって目の当たりのことであり、『大般若経』の実質はここにあるかとさえ思われる。外来の仏教を外来の文字で記した膨大な正統経典は、「第三十五代天皇之御時」に伝えられて、「金輪聖王」をはじめとして「博陸殿下・公卿大夫」そして「貴賤上下・道俗男女」という序列で信仰している。半ば常套文言だが、抜きがたい権威性を踏襲している。文字言語は権力的支配を容易にするという指摘が想起され、[20]仏教と漢字の二重の外来翻訳文化が、正確な理解ではないが故の権威的な意味と機能を発揮する可能性に思いいたる。[21]

日本中世仏教史研究では、正統顕密仏教による民衆支配の機能がここに想定されるはずである。[22]そのことは否定できないが、同時にこの勧進帳には、住民の結束による地域づくりを目指して、勧進額を高価に設定してまで取り組もうとした意欲を見出してもよいのではないかと思う。そのことは、勧進書写についての当初の計画が半ば挫折、変更されたことからも推測される。

この勧進帳には、末尾に宝徳四年（一四五二）二月九日の付記がある。その全文は次の通りである。

雖レ然、勧進現物依レ為二不足一、所願不レ速、爰以二偏浄中尼公一、廻二方便一買二得此経一、
宝徳三年壬申二月九日、所レ奉レ安二持神前一如レ件、
尼公浄中六十三才

前段の勧進帳と同筆で、続けて写し取られており、文字の配列に一部乱れがある。「浄中尼公」「尼公浄中」は自称ではないだろう。勧進寺僧祐伝によるものかもしれない。そしてここには、勧進帳で示した一巻一〇〇文の勧進が完遂できなかったこと、そこで浄中尼公が資金を出して残りを入手し、勧進を開始した文安二年から約七年後にいたり、藤井神社に安置したことが記録されている。現状では、「施主　祐泉」（巻第百九十八）のような、事業当初の勧進に応じた施主名がある奥書は、同巻よりあとにはみえない。正確にはわからないが、途中からは浄中尼公の出資金によって購入した経巻が取り合わせられているようである[23]。浄中尼公については、出自等を知りうる手がかりがない。一般の住民百姓というより、家の資産を運用できる土豪級の後家尼といった者ではなかろうか。

十方施主による共同出資という企画に籠めた、地域興隆事業としての意図は、簡単には実現しなかったことがわかる。大原観音寺の周到な諸勧進に比して、見込み違いの稚拙さがあった。ただしその半ばで方針変更せざるを得なかったことについては、挫折と評価しうる一面もあるが、地域の共同性を創出しようとする目的意識的な意欲が発生していたことにこそ、注目すべきだと思う。権威的仏教の形式は、自前の将来づくりにとって必要とされていたのである。

延命寺大般若経勧進帳には、地域興隆への企図が神仏への思いとして表現されている。神仏を勧請しつつ地域住民に向けて音読されたであろう文面は、権威的な内容を動員した大言壮語に満ちている。その勧進帳

は、勧進写経に際して読み上げられただけではなく、完成後いつでも参照できるよう巻第一紙背に写された。ここから、住民の心模様の一端を感じることは、不当ではないと思われる。なお天文三年（一五三四）十一月某寄進状によると、「正月地下之惣祈禱」（大般若会）が年中行事化している（延命寺文書、『愛知県史　資料編10　中世3』二〇〇九年）。

二．起請文

起請文は、勧進帳と同じく、神仏を勧請しつつ読み上げられた。十二世紀ば頃から見られ、中世を通じて作成された独特の文書で、神仏にかけて自らに嘘偽りないという証言を書面にし、実際の授受者間の関係を調整する。中世の諸身分によって用いられたが、ここでは特に民衆の動向を知る手がかりを探りたい(24)。百姓の起請文は、発給者による自己呪詛(25)の宗教作法をともなう点で、民衆心理の内奥に関係するであろう。一揆結合を促して領主に抵抗する場合や、荘園領主などに服従を誓約する場合など、いずれにしても当事者が置かれた状況のなかでぎりぎりの文言が選択されていると推測され、虚実のなかの真意を聞くための方法探究が必要である。ここでは、文書原本ではないが、説経「山椒太夫」における語りの一場面を取りあげたい。十七世紀前半の刊本に頼らざるを得ないが、室町時代初期には語られていたという。下層の芸能民が、ささらを摺りつつ節を付け、往来の場で、または門付けで、仏教思想を背景にしつつ、「民衆の幸福への願望と、あるべき社会への希求」を語った(26)、その台本である。

「山椒太夫」については、周知の重要研究がある。林屋辰三郎氏は、散所の長者による過酷な人身支配と、散所民の解放願望を読み取られた。岩崎武夫氏は、物語の構造と論理を抽出し、「さんせう太夫」の支配から逃亡した厨子王が非人そして貴人へと転化する節目を、宗教空間との関係で読み解かれた。勝俣鎮夫氏は、橋、初山の日、国分寺、天王寺など、聖俗境界的な時空での人間位相の転換について、身分制とも関係づけて論じられた。[27]なかでも、丹後国分寺に逃げ込んだ厨子王が、聖の機転によって間一髪のところで山椒太夫ら追っ手をやり過ごす場面は、「ひとつのヤマ場」（勝俣鎮夫氏）といわれている。厨子王をかくまった聖が、追っ手の要請に応じて、隠していないことを神仏に誓う場面である。聖は、本尊壇の前で、高らかに「誓文を立て申」した。書面にしたようには書かれていないが、起請の作法が描かれている。説経の文に引用された誓文は、起請文として読むことができる。

聖は、誓文を二度立てた。一度目の内容に追っ手が納得しなかったからである。まず一度目のものは次の通り。

そもそも御経の数々、華厳に阿含、方等、般若、法華に涅槃、並びに五部の大蔵経、薬師経、観音経、地蔵御経、阿弥陀御経に、こふみにこきようは、数を尽くいて、七千余巻に記されたり。万の罪の滅する経が、血盆経、浄土の三部御経、倶舎の経が三十巻、天台が六十巻、大般若が六百巻、それ法華経が一部八巻二十八品、文字の流れが、六万九千三百八十四つの文字に記されたり。この神罰と、あつう深う蒙るべし。童においては知らぬなり。

この誓文を身近に聞いた太夫は、「誓文などというものは、日本国の高い大神、低い小神を勧請申し、驚かしてこそは、誓文などと用いるものなり。今のはお聖の幼いより習い置いたる、檀那誑しの経づくしと言うものにはなきか」と責め、やり直しを求めた。聖の策略について、山椒太夫は「檀那誑《たら》しの経づくし」と喝破したのである。経典書写の勧進帳にも通じる漢文経典の権威動員は、虚偽を晴らす真実の証拠とはならない、という思想が語られているようである。

厨子王を引き渡せば殺されるであろうし、正式の誓いを立てれば神仏に嘘つくことになる。不殺生戒と不妄語戒の間で揺れた聖だが、心を決めて作法を整え、「敬って申す」と述べて二度目の誓文を音読する。長文だが、全体が重要なので、すべてを引用する。

謹上さんざん、さいへい再拝、上に梵天帝釈、下には四大天王、閻魔法王、五道の冥官、大神に泰山府君、下界の地には、伊勢は神明天照大神、外宮が四十末社、内宮が八十末社、両宮合わせて百二十末社の御神、ただ今勧請申し奉る。熊野には新宮くわうぐう、那智に飛滝権現、神の蔵には十蔵権現、滝本に千手観音、長谷は十一面観音、吉野に蔵王権現、子守勝手の大明神、大和に鏡作、笛吹の大明神、奈良は七堂大伽藍、春日は四社の大明神、てんがいに牛頭天王、若宮八幡大菩薩、しもつがはら、かもつがはら、たちうち、べつつい、岩清水、八幡は正八幡、西の岡に向日の明神、山崎に宝寺、宇治に神明、伏見に御香の宮、藤の森の大明神、稲荷は五社の御神、祇園に八大天王、吉田は四社の大明神、御霊八社、今宮三社の御神、北野殿は南無天満天神、梅の宮松の尾七社の大明神、高き御山に地蔵権現、麓に三国一の釈迦如来、鞍馬の毘沙門、貴船の明神、賀茂の明神、比叡の山にれんけう大師、麓に山王二十一社、打下に白髭の大明神、湖の上に竹生島の弁才天、お多賀八幡大菩薩、美濃の国になかへの天王、尾張に津島熱田の明神、坂東の国に、鹿島香取浮洲の明神、出羽に羽黒の権現、越中に立山、加賀に白山、敷地の天神、能登の国に石動の大明神、信濃の国に戸隠の明神、越前に御霊の御神、若狭に小浜、丹後に切戸の文殊、丹波に大原八王子、津の国に降神の天神、河内の国に恩知枚岡、誉田の八幡、天王寺に聖徳太子、住吉四社の大明神、堺に三の村、大鳥五社の大明神、高野にこほう大師、根来にかくば上人、淡路島に諭鶴羽の権現、備中に、吉備の宮、備前にも、吉備の宮、備後にも、吉備の宮、三箇国の守護神を、ただ今ここに、勧請申し、驚かし奉る。さて筑紫の地に入りては、おさらかに四こくほてん、鵜戸霧島、伊予の国に一宮、ぼだいさん、多気の宮の大明神。総じて神の、総政所、出雲の国の大社、神の父は佐太の宮、神の母が田中の御前、山の神十五王、いわんや梵天きみ木霊、家の内に地神荒神、三宝荒神、八大荒神、三十六社のへっつい、七十二社の、宅の御神に至るまで、みなことごとく誓文に立て申す。かたじけなくも、神の数、九万八千七社の御神、仏の数は、一万三千余仏なり。この仏神の御罰を蒙るべし。その身のことはおんでもなし。一家一門、六視眷属に、至るまで、堕罪の車に誅せられ、修羅三悪道へ引き落とされ、浮かぶ世さらにあるまじ。童においては知らんなり。

ほとんどが古文書学でいう神文であり、いわば大小神祇を具体的にあげている。仏については「一万三千余仏」という総数のみであり、それよりも生活実感に近い神祇との対峙が意味をもっているらしい。満遍なく神々をあげる方式には、むしろ特定の神の具体的な威力を後退させる形式性が感じられる。ただし説話の設定では、これで山椒太夫はとりあえず手を引く。また、厨子王をかくまった聖は、神仏に対して虚偽の誓約をしたため、堕罪に誅せられるはずだが、勝俣鎮夫氏が指摘されたように、それが本来の当事者である厨子王の非人（土車で天王寺に送られる癩者）への転化として現れる。

この説話によると、誓願においては、大小神祇を勧請すべくそれぞれの神名を具体的にあげて呼びかけることに意味があるとされている。それは、いわば起請を立てる際の「名を籠める」という作法に通じる性質をもつのではなかろうか。酒井紀美氏は、「神水集会」において呪詛の対象者の名を神仏の前に籠めて祈ることが、実際に悪病・癩病・狂気・頓死という結果につながったと理解された例を示された（『大乗院寺社雑事記』寛正三年〈一四六二〉五月二日条）[28]。また起請文の作成者が自らの個人名ないし連署者名を記すことにも、誓約作法としての自己呪詛に関係するという真剣さを読み取られた。この指摘を参照すると、国分寺聖の説話例からは、神仏の名を具体的に記して呼びかけることそのものの重要な意味が理解される。それは、神仏の名を籠めるという行為に等しいのではないか。神仏の名と、起請主体の名と、呪詛対象の名とは、対応している。そして神仏と誓約者は対峙する関係にある。対等ではないが、誓約者は一方的にひれ伏しているのではなく、絶望的に呪縛されているのでもなく、むしろ神仏にも保証の履行を迫る、主体的、意志的な行為者であった。

しかも「山椒太夫」の国分寺聖は、厨子王を隠していないという誓文を立てていると見せかけて、実は本尊不動明王を逆さまに掛け、自らは護摩壇に九〇度横向きに座るなど、調伏の作法で祈禱したことになっている[29]。山椒太夫の名を籠めたという記述はないが、呪詛の意味が込められており、その効果は、のちに貴人に転生した厨子王が山椒太夫らを滅ぼす、という結果として表れることとなる。

起請文とは、単に虚偽をただす作法として用いられた文書ではなく、正義という価値のためには虚偽をも堂々と語るものであり、また自己呪詛して精神的拘束力を発揮するのみの文書ではなく、神仏を介して権力をも縛ろうとする意志を表明する、中世民衆の非暴力的な抵抗手段であった。領主の要請で提出した起請文の数多い例についても、個別の状況が重要であることはもちろんだが、今日まだ引き出されていない意味があるのかも知れない[30]。

なお、この国分寺聖の件について、説話として退けられない思いを抱かせる確かな類例がある。三浦圭一氏が、慈悲と勇気のある賤民として紹介した戦国期和泉国の三昧聖は、入山田村の農民を拉致して殺害しようとした守護方の武士に対して、正論と行動で対峙し、農民を救った（『政基公旅引付』文亀元年〈一五〇一〉六月十七日〜二十一、二十七日条[31]）。

同時に想起されるのは、同じく三浦氏が紹介した別の例である。大和国興福寺大乗院門跡尋尊が身近に仕えさせる小童愛満丸の父、又四郎は、かつて下人の身を自ら一〇貫文で買い取って解放されながら、散所に編成されて満足し、しかも上級の僧に下人として売られそうになるという不安定さがあった（『大乗院寺社雑事記』文正元年〈一四六六〉十二月二十九日、同二年正月二十二日、二十六日、二月十日各条[32]）。厨子王が、貴人から下人、非人、貴人と転成した物語とは違い、被差別身分の境遇と感情の矛盾が何重にもつきまとう史実である。この例は、身分解放の証文が簡単に無効になる危険をはらんでいたことを示している。様式が整った文書でも、平等に扱われるとは限らない。被支配身分、被差別身分にとって、生活向上の闘いの条件は、不平等に満ちている。起請文についても、同じ事情を想定する研究課題が残る。

三．願文

願文は、思いを直接仏菩薩等に訴える文書であり、やはり実際に読み上げられるのが通常であろう。祈願・立願は意志的な行為であり、願文は意思表明の文書としての性格が顕著である。

願文の出現は早く、『日本書紀』欽明天皇六年九月条に、百済王からヤマトに贈る仏像製作記事とともに、造仏の「願文」が書かれている。朱鳥元年（六八六）に書写された『金剛場陀羅尼経』の奥書は、僧宝林の願文である（『寧楽遺文』中巻）。その後、八世紀に本格化する国家の唐仏教受容事業において、多くの願文が作られたはずである。

延暦四年（七八五）、具足戒を受けた最澄が翻然と比叡山に籠もる決意を述べた「願文」は、峻烈な自己凝視と反俗の価値意識に貫かれており、当代一般の思想から突出しているが（『叡山大師伝』[33]）、作法の模倣ではなく意志を籠めることのできる書面としての意義が表れている。平安期には、『性霊集』『菅家文章』『本朝文粋』『本朝続文粋』『江納言都督願文集』などに含まれる願文が蓄積され、文章博士らの代作も多い[34]。十一世紀後半から十二世紀には、写経奥書、仏像像内銘、経塚納入文など、願文として記された例が増加する[35]。中世仏教の展開にともなって、僧俗の願文が社会的に拡大した。ただし、なお探査の課題はあるが、被支配身分の民衆が記した願文は容易に見いだされない。

願文には起請文と共通する要素がある。文治五年（一一八九）三月二十九日田中成清願文案は、高野山随心院の経営を指示しつつ、公家・武家と吾が子孫の繁昌という願意を述べるとともに、紀伊国下和佐庄の沙汰人百姓等が違乱なく服すよう、神仏の「冥譴」を盾に迫っており、この「起請文」を本尊像内に納めると述べている（菊大路家文書、『鎌倉遺文』一―三七五）。また、起請文には、誓言に偽りがあれば「近三日遠七日之内」に罰を受ける、といった日数が散見される（石山寺所蔵聖教目録紙背文書、永暦二年〈一一六一〉八月十三日沙門覚西起請文、『平安遺文』七―三一六〇）。日数の根拠は不詳だが、同様の作法は願文にもみられる。たとえば北条時頼への敵対陰謀を疑われた九条道家の弁明文、寛元四年（一二四六）六月二十六日沙門行恵願文は、神仏照見の下で「三日若七日之中」に証拠が出現したならば罰を受けるという誓いを立てている（九条家文書、『鎌倉遺文』九―六七二〇）。弘安五年（一二八二）七月二十三日藤原かうたい願文は、父親からの譲りが安堵されるよう、僧形神に願文を捧げるなかで、「三七日こも」って万巻の心経を読むことを誓っている（武蔵峰岡八幡宮蔵僧形神像像内文書、『鎌倉遺文』一九―一四六六一）。起請文と願文の誓いはともに「立てる」と表現されることも含め、両者には共通要素がある。

さて、誓願には作善が対応するが、その前後関係には両様ある。一つは、作善（造寺・造塔・造仏など）や追善・逆修など（以下すべて作善に含める）の実施事実をあげつつ、あらためて仏事（供養）でその願意を告げるものである。もう一つは、先に願意を述べて、所願成就したのちに作善等を実施する、と約束するものである。[36]前者をA型、後者をB型としておく。

A型の願文は、願意を表明しつつ、過去の作善を列挙するものである。その場合、仏菩薩が救済意思をもつことが前提であり、立願者は全面的に依頼することになる。一般的にはこのタイプが多い。B型の願文は、願意の表明が先行し、その実現を条件に将来の作善が約束される。願文作成段階に、立願者は作善を行っていない。その場合、仏菩薩の救済意思を願文中に確認しつつ、立願者と仏菩薩は交渉関係にある。

AB両型にとって重要なことは、仏教においては当然のことながら、仏菩薩はそれ自身の「誓願」「本願」「弘誓」に基づいて衆生救済を使命としている、ということである。そのことは大乗仏教の存在理由としての前提であって、諸経典に説かれた所与の思想であるとともに、古代・中世の日本史料に記されることも多い。[37]仏菩薩の本願としての衆生救済という思想の存在は、日本中世の願文を理解する上での、不可欠の要点である。誓願は、仏菩薩と願文作成者との相互行為だからである。

古代・中世の事例で、圧倒的に多いのはA型である。しかし本章で重視するのはB型の願文である。この場合、発願者の意志と個性がより前面に出る傾向があり、置かれている深刻な状況から絞り出された言葉が籠められている。

まず著名な二例を見てみよう。元弘二年（一三三二）八月十九日後醍醐天皇願文は、「敬白」「発願事」と記したあとの本文で、次のようにいっている（鰐淵寺文書、『鎌倉遺文』四一―三一八一三）。

右、心中所願速疾令二成就一者、根本薬師堂造営急速終二其功一、可レ致二顕密之興隆一之状如レ件、

鰐淵寺の薬師如来に対し、帰京して権力奪還する計画の成功を願うにあたって、それが待ったなしに実現することを条件として、事後の薬師堂造営を保証しようと迫る。薬師如来を恫喝するかのごとき口吻は、もちろん鰐淵寺衆徒を実際の対象としており、その膝下地域が視野に入っている。[38]翌年五月に鰐淵寺僧頼源軍忠状で恩賞を申請し認められているのは、効力が発揮されたことの一部である（鰐淵寺文書、『鎌倉遺文』四一—三二三二五）。

もう一例、元弘三年四月二十九日足利高氏願文は、丹波国篠村八幡宮において、後醍醐方について勝利することで家の再栄を果たしたい旨を願い、実現することを条件にした社壇荘厳と田地寄進を約束している（篠村八幡宮文書、『鎌倉遺文』四一—三二一二〇）。『太平記』には同年五月七日付で同様の願文を載せるが、幕府に対する義憤と天皇に対する忠節が強調されて、八幡大菩薩への強迫的な文言が省かれている。本章冒頭で触れた能『木曾』の「願書」と似た話である。『木曾』の「願書」では、願文作成者の覚明が、「古書」を写すように滞りなく作成したとあり、林屋辰三郎氏が見抜かれたように、定型の様式があったのであり、いわば虚言の側面があった。実際には、敵味方の決断を地域に迫るための、強い政治的機能をもっていたのであろう。[39]

ではB型であり、しかも被支配者民衆が立てた願文にはどのようなものがあるだろうか。残された事例は少なく、探査は不足しているが、いくつかをあげることができる。

文保二年（一三一八）五月十八日近江国葛川惣住人立願文案は、生業を営む樹林である下立山をめぐって、隣接する伊香立庄との堺相論が激しく闘われたときのものとして知られる（京都大学蔵葛川明王院文書、『鎌倉

遺文』三四―二六六七六)[40]。住人が奉仕する現地の不動明王とその鎮守明神への願書である(正文は明王宛と明神究の二通だったらしい)。

　　敬白　立願事

右、元起者、依二椙尾山相論事一、立申者也、然者、此椙尾山者、現在之為二明王《神》御領一、然伊香立百姓等令二押領一之間、不レ及二下賤之住人等顧一、末代他人仁被二押領一事、生々世々口惜依レ令レ存、令レ致二此相論一処也、然而難二明々照覧計一、若明王《神》も彼等之所行之企、不レ可レ然被二思食一候者、正直任二御本誓一、停二止伊香立か押妨一、可レ被レ加二明罰《社壇之》一者、又若住人等之所レ願無二相違一者、当堂之砌、如法経一部可レ令二奉納一者也、雖二旨趣多一、明王定令二知見一候覧、仍立願敬白、

　　文保二年戊午五月十八日　　　惣住人等敬白

明王と明神に対して、自らを「下賤之住民等」とへりくだりながらも、確信する正当性を認められない口惜しさが漲っている。そのため、「正直任二御本誓一」(衆生を救済するという真っ当なお誓い)という不動明王の立場を確認することで、葛川側につくことを当然と主張する。しかもこの所願が相違なく成就すれば、明王堂に如法経一部を奉納しようともちかける。論理の工夫は明確である。また住人が仏典を自らのものとしており、政治的に用いていることも注目される。ここでは中世の正統仏教が、惣住人の意志を実現する媒介となっている。

　この願文の正文は、領主無動寺に提出されたのであろう。また、願文提出の二か月前に無動寺へ惣住人申状を提出しことは、相論における一連の行為である(文保二年三月十三日葛川住人等申状案、国会図書館蔵明王院

文書、『鎌倉遺文』三四―二六五九〇）。そこでは、堺についての無動寺の裁定が、伊香立有利に変更されたことについて、「これ程当所をおほしめしあなツらせ給候て、すておほしめされ候ハん上ハ、不レ及レ申二当所一、此御代あたりて明王住人等か可レ失二時分一ニこそ」と言い、「いとま申ニまいり候へく候」とも述べている。ないがしろにした無動寺の領地を捨てるのはもちろん、不動明王に仕える住民でいる必要もない、という意味ではなかろうか。

　申状に次いで書かれた願文も、実際の宛先は無動寺であろう。ここで住民らが述べる論理によれば、葛川明王堂にまつられる不動明王は、山門無動寺が専有する守護本尊ではなく、「正直の御本誓」によって「下賤」の葛川住民の側に立つ守護者であるべき存在である。領主無動寺からは「侮られる」「下賤の住民」だとしても、「正直の御本誓」に照らせば我々に正当性がある。ここでは、個別権力を超えた抵抗原理が見いだされており、人権意識ともいえる内実がうかがえる。[41]

　同じ年、文保二年（一三一八）二月十九日に和泉国で書かれた某願文がある。暗号文を含む村の訴訟の願文として稀有の著名な文書で、三浦圭一氏によって紹介され、多くの中世史研究者によって注目された（大阪府和泉市河野家文書、『鎌倉遺文』三四―二六五五七[42]）。なかでも保立道久氏は、村堂に集って小地頭や公文を呪詛する村人の抵抗と実力を伝える文書として読み解くとともに、他にも多数存在したはずの民衆的・村落的な願文を探求すべき歴史学の課題についても指摘されている。[43]

　この願文はほとんどカタカナを用いており、意思ある民衆の声を聴く思いがする。坂本郷の小地頭らに仏罰が下るよう要請し（主にこの部分がジグザク記載の暗号文）、村の安穏をもたらすよう仏に迫る内容である。村人注視のもとで、その意志を代表する僧侶が、安明寺（村の寺）の薬師如来に対して読みあげたのであろう。本章で注目したいのは、支配者を呪詛するに当たって、本尊薬師如来に投げかけられた恫喝的な文言である。

まず前半、具体的な要求を述べた部分において、小地頭・公文に仏罰を下してもらえるならば、

センシユタラニ《（千手陀羅尼）》五センヘン《（千遍）》、心経コセンクワン《（五千巻）》、光明真言、薬師之真言、菩提心真言、カレコレトリアツメテサンセンヘン《（三千遍）》、

という。また武田次郎殿義泰を当郷地頭に再任させてくれるならば、

タヒハンニヤ《（大般若）》ヨフテ《（読ん）》マヒラスヘク候、

と述べる。村人の誓願を本尊が成就させることこそ、経典や真言を読んで供養する条件だといっており、B型願文による意志表明である。しかも後半の文章は、さらに畳みかけて本尊に迫っている。

ヤクシニヨラヒ《（薬師如来）》ワ十二ノ大願ヲ丶コサセ給テ、シユシヤフ《（衆生）》ノ子カヒ《（願）》ヲ□《（ト）》ケントナリ、ソノウヱシヨフツ《（諸仏》ホサツ《菩薩）》ノセイクワン《（誓願）》ワ、シユシヤフ《（衆生）》サヒト《（済度）》ノ御タメ、カツ《（且）》フワシユシヤフノ子カヒ《（願）》ヲカナエントナリ、シカル上ハイカテカ、ソレカシカシヨマフ《（所望）》ヲモ、カナエテタハテワ候ヘキ、モシ丶カラスンワ《（バ）》、御誓願ムナシクナンヌヘシ、ムナシクナラハ、タレヤノ衆生カ仏・菩薩トアヲキタテマツランヤ、モシカナヒカタクンハ、ソレカシカウンメヒ《（運命）》ヲトトメテ、後生ヲタスケ《（助）》テタヒヲワシマスヘク□《（候）》カ、ソレカシカム《（無》シヤウ《常）》ノエタヒ《（衣袋）》、ツユ《（露）》ノイノチ《（命）》ノキエンコトハイタミニテモノ丶カスナラス、薬師如来ノムナシクナリ《ミミ》御誓願□《（ノ）》ナリナンコトコソ、ミラヒサヒチヨクセマツタヒ《（未来際濁世末代）》マテモ、クチヲシク候ヘ、シカレハ御誓願ア

ヤマチタマワス、ナフシユ《納受》セシメタマエト申、リフクワン《立願》ノシヤフクタンノコトシ、

ここには、本章の考察点が凝縮されている。第一に、村人らは村堂の本尊薬師如来を恫喝する勢いである。(44)抵抗の意志は、聖俗の権威を恐れないほどであり、ここに集う人々の結束はさらに強まるのであろう。第二に、薬師如来への強迫は、経典思想に根拠をもっている。『薬師如来本願功徳経』にいう「十二大願」が指し示されている。村人が精通していなくとも、執筆僧を通じて概略の知識を得ていた可能性は高い。いわば国家仏教のごとき思想支配を拒否した、抵抗思想の正統権威として換骨奪胎されている。第三に、何種類もの陀羅尼や真言、六〇〇巻におよぶ『大般若経』という、梵漢の呪文を村堂で読む備えがあることである。外来言語の正確な理解に基づくはずはないが、いわば能の「三読物」のごとく、虚言と隣り合わせで音読される仏教語が、民衆のものとして新たな生命を与えられている。第四に、薬師如来を強迫する論理のなかには、救済が叶わなければ自分たちの「ウンメヒヲトトメ（命を奪う）」ることにつながるという、いわば仏による殺生だという意味づけがある。また、自分たちの「露の命が消えることなどたいしたことではない」と述べている。ここには、逆説的に、不殺生と人命尊重という、普遍的思想が表出している。

むすび

勧進帳と起請文と願文をとりあげ、林屋辰三郎氏の提言を参考に、今日の研究段階を意識して、民衆思想を考察しようとした。この三様式の文書以外にも、申状や置文その他、民衆思想を探る手がかりについての検討課題がある。(45)本章は、気づいた史料を個別に検討したに過ぎず、それぞれが置かれた歴史の脈絡で捉え

る必要を自覚しているが、課題探究の基礎作業に着手してみたものである。

ここで取りあげた諸例からは、民衆思想の表出にともなう固有の困難さに、あらためて気づかせられる。漢字・漢文を中心とする書記言語や、膨大な知識体系をもつ仏教は、古代以来、多くの場合は統治のための技術・思想としての役割を果たしてきた。その形式を借りながら、支配思想に包摂されつくすことなく、被支配身分にとっての正義が主張されている。民衆がやむにやまれぬ生活上の必要から、絞り出したように書かれた文書は、実際には他にもあったはずである。つぶやかれ、語られたこともあったであろう。そのような自覚的な思想が生み出されるに際して、領主への闘争や、地域間の相論といった、困難な試練との対峙が必要だった。「三読物」に共通する民衆文化を理解する上で、このことへの留意は不可欠であろう。民衆思想の実態について、歴史の可能性ということを念頭に置いて、探究する課題が痛感される。

（1）林屋辰三郎「能のなかの古文書」（一九七二年。同『日本史論聚七　史料の探求』一九八八年、岩波書店）。
（2）『安宅』は観世小次郎信光作、『正尊』はその嫡男弥次郎長俊作、ともに『日本古典文学大系　謡曲集下』（一九六三年、岩波書店）所収。『木曾』は作者不明だが観世流に伝承されている（『謡曲大観』第二巻、一九五四年、明治書院）。『平家物語』「木曾の願書」がもとになっているらしい。
（3）佐藤和彦「惣結合と百姓申状」（一九七一・一九七二年。同『南北朝内乱史論』一九七九年、東京大学出版会）、黒川直則「惣的結合の成立」（『歴史公論』五―九、一九七九年）、同「中世一揆史研究の前進のために――史料と方法――」（青木美智男他編『一揆5　一揆と国家』一九八一年、東京大学出版会）、入間田宣夫『百姓申状と起請文の世界』（一九八六年、東京大学出版会）など。
（4）河音能平「「国風文化」の歴史的位置」（一九七〇年。同『中世封建制成立史論』一九七一年、東京大学出版会）。

(5) 榎原雅治「中世後期の地域社会と村落祭祀」（一九九二年。同『日本中世地域社会の構造』二〇〇〇年、校倉書房）。

(6) 湯浅治久『中世の富と権力』（二〇二〇年、吉川弘文館）。

(7) 他の文書の筆跡等から「乾元頃の文書」と推定されている。滋賀県教育委員会編『滋賀県古文書等緊急調査報告二　大原観音寺文書』一九七五年）。『史料纂集　近江大原観音寺文書』第一（二〇〇〇年、続群書類従完成会）五七号文書。

(8) ほかに、領地寄進によって獲得された当寺敷地と成正名、枯れた山木を用いた鐘楼などがある。

(9) 湯浅治久氏は前掲注(6)書（九二頁）において、領家・地頭双方の帰依を受けて荘園全体の安穏を祈る「荘園祈願寺（寺院鎮守）」と表現されている。

(10) 藤田励夫「村落における大般若経の護持――菅浦・阿弥陀寺所蔵大般若経――」（『大般若経の世界』一九九五年、滋賀県立琵琶湖文化館）、同「中世村落の大般若経受容について――菅浦庄と大浦下庄の四組の大般若経をめぐって――」（『琵琶湖博物館研究調査報告』二一、二〇〇四年）。

(11) 前注藤田氏の両論文には、奥書から直接知られる結縁者の願意について、近親者の追善供養などの個人的なもの、という指摘がある。

(12) 仲村研編『今堀日吉神社文書集成』（一九八一年、雄山閣）三五三・大般若経勧進帳。

(13) 金本正之「中世近江商人の性格――得珎保今堀商人の分析――」（『史学雑誌』七〇―八、一九六一年）。

(14) 応永七年（一四〇〇）正月日深大寺梵鐘鋳造勧進状の「勧進沙門比丘祖明敬白」（調布市市史編集委員会編『深大寺住僧長弁の文集　私案抄』一九八五年）など。同書には、武蔵国多摩川中下流域で活動した長弁による、一四三四年までに執筆した各種事例が収録されている。

(15) 『愛知県史　資料編9　中世2』（二〇〇五年）の口絵写真参照。同書一七六五号・大般若経施入帳、ならびに『大府市誌　資料編・宗教』（一九八九年）に大般若勧進帳として翻刻されているが、両者には字句や読点に異同がある。ここでは、あらためて校訂された愛知県立大学中世史研究会編『延命寺（愛知県大府市）所蔵大般若経調査報告書』（二〇二二年）の翻刻によった。なお私もこの調査に加わった。

(16) 和歌山県立博物館『中世の村をあるく――紀美野町の歴史と文化――』（二〇一一年）四七頁。

(17) 『愛知県史　資料編11　織豊1』（二〇〇三年）。冨賀寺文書にある寛政八年（一七九六）大般若波羅蜜多経奥書写。矢満田道之「愛知県内の大般若経調査について」、新行紀一「近世に記録された大般若経の奥書について」、ともに

『愛知県史研究』八（二〇〇四年）。

(18)　三河国猿投神社文書、応永三年（一四九六）二月日大般若修理行事弁損料法式定（『愛知県史　資料編9　中世2』前掲注15、六四五（二）号）に、「一、里中於借出申者、百文宛可有沙汰」とある。

(19)　正長二年（一四二九）四月八日武蔵惣社大般若経施入発願文（『深大寺住僧長弁の文集　私案抄』前掲注14）には、「断紙員一万三百卅一紙、文字凡《スヘテ》六十億四十万字、法門一千二百九十七科也《ト》云云」とある。

(20)　レヴィ＝ストロース『悲しき熱帯』第七部ナンビワラ族（川田順造訳、一九七七年、中央公論社）。

(21)　翻訳論に関しては、柳父章『翻訳語成立事情』（一九八二年、岩波書店）参照。

(22)　黒田俊雄『日本中世の国家と宗教』（一九七五年、岩波書店）、平雅行『日本中世の社会と仏教』（一九九二年、塙書房）。

(23)　奥書などの詳細については、『延命寺（愛知県大府市）所蔵大般若経調査報告書』（前掲注15）参照。

(24)　十二世紀の出現期の起請文については、別に触れた。上川通夫「起請と起請文――永暦二年（一一六一）永意起請木札をめぐって――」（本書第二部第三章）。

(25)　佐藤進一氏は、『古文書学入門』（一九七一年、法政大学出版局）において、起請文の神文部分は自己呪詛文言というべきだと指摘された。また、平安時代末期に、起請と起請文が相互作用によって定型化され、違反の有無の判定者、違反者に対する呪詛者として仏神が奉請された、と述べられている。

(26)　荒木繁・山本吉左右編注『説経節――山椒太夫・小栗判官他――』（東洋文庫、一九七三年、平凡社）所収、荒木繁「解説・解題」。以下、本文は同書による。

(27)　林屋辰三郎「『山椒大夫』の原像」（一九五四年。同『古代国家の解体』一九五五年、東京大学出版会）。岩崎武夫『さんせう太夫考』（一九七三年、平凡社）、同『続さんせう太夫考』（一九七八年、平凡社）。勝俣鎮夫「説経「さんせう太夫」の構造」（一九八八年。同『戦国時代論』一九九六年、岩波書店）。

(28)　酒井紀美「名を籠める」（一九八九年。同『日本中世の在地社会』一九九九年、吉川弘文館）。荘園領主が所領百姓を呪詛した例としては、諸庄所当・官物難渋の族を「仏家怨敵」と決めつけてその名字を仏前で呪詛して焼却するという、呪い殺しを意図した祈禱の例が知られている。貞和三年（一三四七）八月一日高野山金剛峯寺の学侶方四季祈禱条々定書写（『高野山文書』二、金剛三昧院文書三五五）、同四年金剛峯寺衆徒一味契状（金剛峯寺文書、『大

日本史料』第六編之十一）。山陰加春夫「南北朝内乱期の領主と農民」（一九八三年・一九八四年。同『中世高野山史の研究』一九九七年、清文堂）参照。

(29) この点、上川通夫「近代天皇制歴史観と前近代天皇制――日本中世史の可能性――」（上川通夫・川畑博昭共編『日出づる国と日沈まぬ国――日本・スペイン交流の400年――』二〇一六年、勉誠出版）でも触れ、類似の事例をあげた。

(30) 「らんはうらうせき更々いたさす候」と述べた、寛正三年（一四六二）十一月九日山城国上久世荘百姓等連署起請文（東寺百合文書）などが思い合わされる。

(31) 三浦圭一「ある三昧聖の慈悲と勇気」（一九八二年。同『日本中世賤民史の研究』一九九〇年、部落問題研究所）。部落問題研究所編『部落史史料選集　第一巻　古代・中世篇』（一九八八年、部落問題研究所）第四章3、参照。

(32) 三浦圭一「一枚の証文」（一九八五年。同『日本中世賤民史の研究』前掲注31）。

(33) 『日本思想大系　最澄』（一九七四年、岩波書店）、山尾幸久『古代の近江――史的探究――』（二〇一六年、サンライズ出版）I第六章「比叡山の開宗と天台宗」参照。

(34) 工藤美和子『平安期の願文と仏教的世界観』（二〇〇八年、思文閣出版）。

(35) 上川通夫「経塚・造仏・写経――民衆仏教形成の条件――」（本書第二部第二章）。

(36) 佐藤進一「願文」（『国史大辞典　第三巻』一九八三年、吉川弘文館）。

(37) 例をあげる。「願必所引導今生無作無縁四弘誓願」（延暦四年〈七八五〉七月最澄「願文」、『叡山大師伝』、前掲注33）、「仰願、如来薩埵、大乗妙典、各任二本願一」（元慶六年〈八八二〉三月十三日為故尚侍家人七々日果宿願法会願文、『菅家文章』巻第十二）、「文ニ若一人モ往生之儀ニ違シ、諸仏之引摂於不レ蒙ハ、我先不レ取二正覚一」（『仏説無量寿経』「正宗分」法蔵菩薩四十八願の取意文カ、康和五年〈一一〇三〉四月二十二日山梨県甲州市出土経筒銘〈僧寂円願文〉、『平安遺文』金石文編補遺続四一）、「所レ祈者大智大悲之尊也、本誓可レ憑」（建久九年〈一一九八〉四月十五日貞慶逆修願文、東大寺文書、『鎌倉遺文』二―九七六）、「偏憑二弥陀引接之誓一」（永久三年〈一一一五〉十月一日敦光朝臣中宮周忌願文、『本朝続文粋』巻第十三）、「仰願、本師釈迦如来本願不レ誤、必救二護我等一」（正嘉二年〈一二五八〉四月二十六日釈迦念仏結縁交名、唐招提寺礼堂釈迦如来像像内文書、『鎌倉遺文』一一―八二一五）、「地蔵菩薩誓願云」（正安元年〈一二九九〉九月六日木造地蔵菩薩坐像造立願文、神奈川県金剛寺、『鎌倉遺文』補遺四―補一七九八)、「聞二我名一者、不レ堕二悪趣一者、薬師如来之本誓、現世安穏後生善処者、妙法蓮華誠言」(元徳二年〈一三三〇〉六月二日蓮花院法印実尊四十九日願文、『東草集』巻第一)。

(38) 杵築社に対しては、綸旨で逆臣征伐の祈りを命じ、成功後の勧賞を約束している。元弘三年三月十四日後醍醐天皇綸旨(出雲大社文書、『鎌倉遺文』四一―三二〇五九)。

(39) 鎌倉幕府滅亡前後には、後伏見上皇や護良親王その他による、B型の願文が目立つ。伊地知鐵男『日本古文書学提要　上巻』(一九六六年、新生社)三五八～三六三頁には、いくつかの事例を紹介しつつ、単なる信仰心によるのではなく発願者の立場に直接関係し、「社会の変革期に作られるもの」、と指摘している。

(40) 田良島哲編著『京都大学文学部博物館の古文書　第10輯　葛川明王院文書』(一九九三年、思文閣出版)に写真が掲載されている。文保の争論についても、同書の「解説」を参照されたい。

(41) 願文提出のすぐ後には、前欠のため本文の内容は不明だが、四四名が連署した起請文を提出している(文保二年六月二十一日葛川住人等起請文、葛川明王院文書、『鎌倉遺文』三四―二六七一二、田良島哲編著前掲注(40)書「解説」と写真)。十一月には常住住人等重申状を提出し、「仁平行者御連署状幷度々御下知状」を持ち出すことで裁許を有利に展開したが、この申状には「依レ理不レ依レ人者、憲政之徳化也」という合理的思考の文言が含まれている(文保二年十一月日葛川常住住人等重申状案、京都大学蔵明王院文書、『鎌倉遺文』三五―二六八六六、田良島哲編著前掲注(40)書の「解説」と写真参照)。

(42) 黒島村文書研究会「河野家所蔵文書　同解説」(『日本史研究』二〇七、一九七九年)、三浦圭一「日本中世の立願と暗号」(同上。同『中世民衆生活史の研究』一九八一年、思文閣出版)。

(43) 保立道久「呪詛の立願・訴訟の立願――「血」と「暗号」の願文を読む――」(『週刊朝日百科日本の歴史別冊　歴史の読み方10　史実と架空の世界』(一九八九年、朝日新聞社)。

(44) 保立道久氏も前掲注(43)論文で、「あたかも神を脅迫するかのような口調」といわれている。

(45) 『日本思想大系　中世政治社会思想下』(一九八一年、岩波書店)。高橋敏子「中世百姓の身分意識――十四・五世紀の百姓申状を中心に――」(海老澤衷他編『中世の荘園空間と現代』二〇一四年、勉誠出版)。

第六章　寺院縁起と地域社会——三河・尾張の山寺——

はじめに

中世の山寺研究が新段階に入っていることは間違いない。一九七〇年代後半ごろから新展開した中世寺院研究は、主に平地に所在する権門寺院や村落寺院を対象とする場合が多かった。山地に位置する寺院の場合も、立地の特質はそれほど議論されなかった。寺院組織の復元的解明や、政治史、荘園史、村落史との関係に主関心がもたれたからであろう。近年、時代の歴史的特質を探究するという関心を一層深める自覚のもとに、山寺研究が進展していると思われる。

近年の山寺研究を牽引しているのは、考古学研究である。すでに各地での蓄積は多く、研究動向を知るための企画もある。『佛教藝術』二六五（二〇〇二年）「特集・山岳寺院の考古学的調査 西日本編」、『同』三一五（二〇一一年）「同・東日本編」、『季刊考古学』一二一（二〇一二年）「特集・山寺の考古学」のほか、研究動向への案内書や個別寺院の概説書も出版されている。(1) 自治体などが本格的に調査する山寺も増加している。(2)

この章では、文献史学の立場から、中世の山寺について考察し、三河国と尾張国の諸例を素材としつつ、中世山寺の構造的特質について、粗々の試論を提示してみたい。その際、先行する考古学との接点として、平地や村里が山寺と密接な関係にあることを主張した研究を継承したい。

上原真人氏は、主に古代の山寺を対象に、平地の官大寺・国分寺と周辺丘陵の寺院との関係が深いことを、同范瓦などを証拠に解明されるとともに、山寺の多くは里山に立地していることを指摘された[3]。久保智康氏は、国境付近に山寺が分布することに着眼して、国衙の行政との関連を推測され、山寺の麓二、三キロの距離には神社などの祭祀場とともに村里が営まれている実態を指摘された[4]。両氏の研究は、山寺について、人里離れた脱俗空間としてのみ認識しがちな固定観念への反省を迫る。同時に、寺院は社会生活の場だと指摘する文献史学との接点だけでなく、環境史を組み込んだ里山と里人の生活史に注目する近年の中世史研究と結びつく。山麓ないし平地の里人の生活が、里山（史料では「後山」）の資源と不可分に営まれた実態が、文献史学によっても解明されている。水野章二氏による一連の研究は、中世の山寺研究を強く刺激する[5]。里山の寺院と村落の関係を解明する研究課題は、すでにはっきりと提示されている段階だとすべきであろう[6]。

この章で扱う三河国と尾張国については、考古学の研究蓄積が厚い。『愛知県史　資料編4　飛鳥〜平安・考古4』（二〇一〇年）は重要な研究基盤である。三河には山寺が多く、岩原剛・村上昇「三遠国境の中世山寺遺構」（『季刊考古学』一〇七、二〇〇九年）や岩原剛「三河の山岳寺院（愛知県）」（『佛教藝術』三一五、二〇一一年）のほか、三河山寺研究会・三河考古学談話会『三遠の山寺』（レジュメ集、二〇一〇年）も充実している[7]。湖西市文化財調査報告集第四〇集『湖西連峰の信仰遺跡分布調査報告書』（二〇〇二年、静岡県湖西市教育委員会）にも関連資料・論考が多い。考古学では本尊への関心がいずれかといえば薄いが、仏教史や美術史の研究との接点を深めることで有効性が強化される。『愛知県史　資料編14　中世・織豊』（二〇一四年）

に集成された中世以前の縁起類や、『愛知県史　別編　建造物・史跡』（二〇〇六年）、『愛知県史　別編　彫刻』（二〇一三年、愛知県）は、この点でも重要である。

なお、中世の山寺研究では、海・港湾・岬への視点が全般的には概して弱い。この点、永原慶二「戦国期伊勢・三河湾地域の物資流通構造」（同『戦国期の政治経済構造』一九九七年、岩波書店）や綿貫友子「尾張・参河と中世海運」（同『中世東国の太平洋海運』一九九八年、東京大学出版会）などに学ぶ点は、本論で述べるとおり、非常に大きい。

一・『普門寺縁起』と里山寺院の構造

遺跡における伝承を含めて、東三河の山寺としては、普門寺（豊橋市雲谷町）、竹簄山普門寺跡（豊橋市嵩山町）、大岩寺（豊橋市大岩町）、東観音寺（豊橋市小松原町）、泉福寺（田原市山田町）、石神観音（田原市石上町）、財賀寺（豊川市財賀町）、長富寺跡（豊川市赤坂町）、冨賀寺（新城市中宇利）、坂津寺（豊橋市牟呂町）、今水寺跡（新城市八名井）などがある。西三河には、平勝寺（豊田市綾渡町）、小馬寺（豊田市牛地町）、全福寺跡（蒲郡市相楽町）、三箇根寺（西尾市東幡豆町）、龍田院（豊田市古瀬間町）などがある(8)【地図】。

山寺には観音菩薩を本尊とする例が多い。山地の占める割合が多い三河国の場合、薬師如来とともに観音菩薩が目立つ(9)。薬師悔過や観音悔過など、悔過を基軸とする古代仏教に由来し、また地方に扶植された天台勢力の名残であろう。

観音を本尊とする中世の山寺を考える際、念頭に置く必要があるのは、十二世紀の日本に仏教聖地としての山寺が称揚されていることである。十二世紀後期に編集された『梁塵秘抄』(10)には、インドや中国の山岳聖

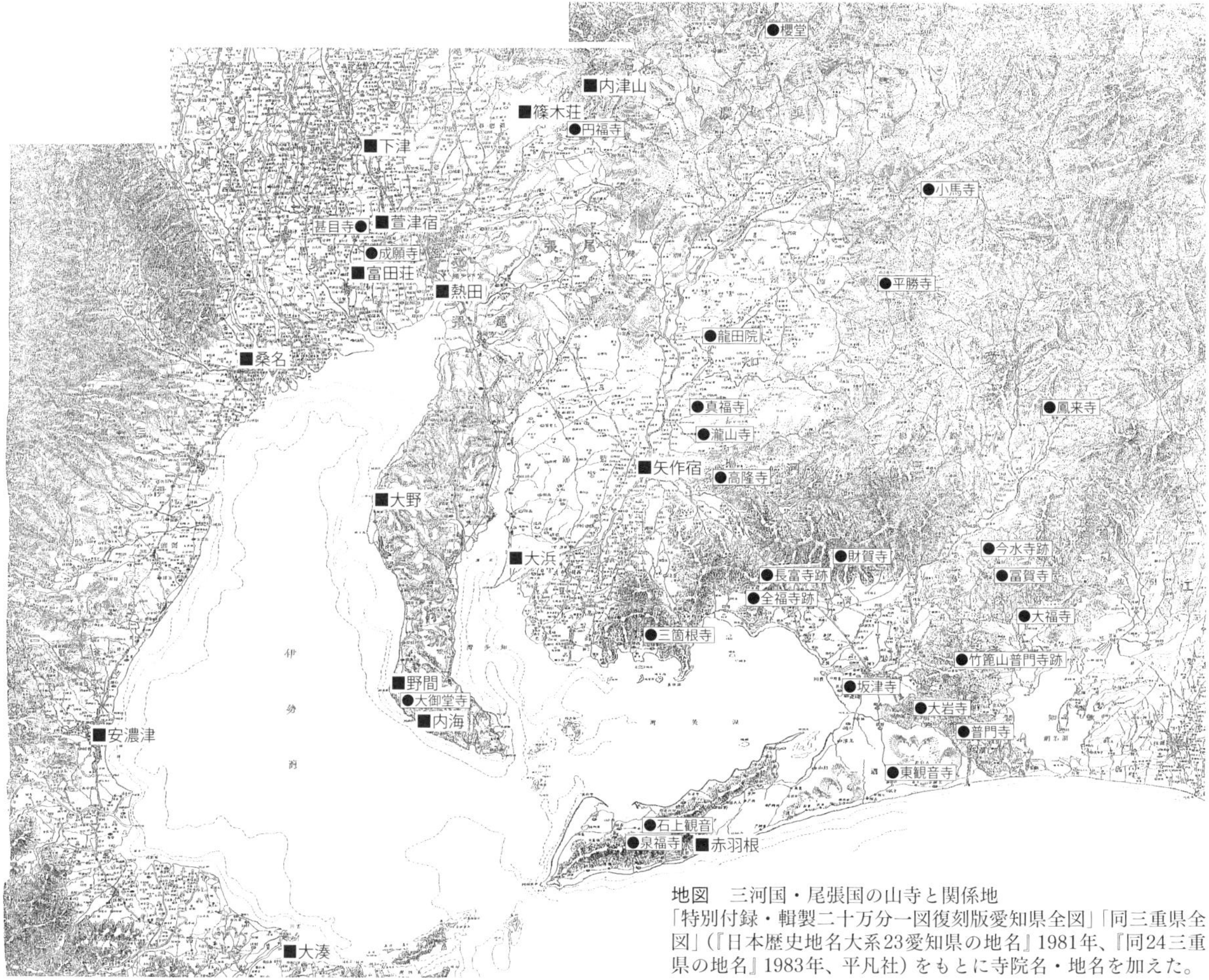

地図　三河国・尾張国の山寺と関係地
「特別付録・輯製二十万分一図復刻版愛知県全図」「同三重県全図」(『日本歴史地名大系23愛知県の地名』1981年、『同24三重県の地名』1983年、平凡社) をもとに寺院名・地名を加えた。

地が連呼され、比肩する日本の聖地があげられている。「勝れて高き山、須弥山耆闍崛山鉄囲山、五臺山、悉達太子の六年行ふ檀特山、土山黒山鷲峯山」（三四四）、「勝れて高き山、大唐唐には五臺山、霊鷲山、日本国には白山、天台山、音にのみ聞く蓬莱山こそ高き山」（三四五）、という今様である。また、「聖の住所はどこ〳〵ぞ、大峯葛城石の槌、箕面よ勝尾よ、播磨の書写の山、南は熊野の那智新宮」（二九八）と歌われ、日本仏教の聖地にも山寺の占める位置は高いことが察せられる。しかもこれら聖の住所は、十二世紀に明確化する三十三観音の順礼と同傾向の巡礼先として浮上している。

しかも同時に、観音が南海の補陀落浄土の教主であることを確認し、信仰者をそこに誘う歌もある。「観音大悲は舟筏、補陀落海にぞうかべたる、善根もとむる人しあらば、乗せて渡さむ極楽へ」（三七）、「観音深く頼むべし、弘誓の海に船うかべ、沈める衆生引き乗せて、菩提の岸まで漕ぎ渡る」（一五八）、という周知の今様である。補陀落浄土への信仰は、『華厳経』に根拠があり、新訳（七世紀、八〇巻本）では「光明山」、旧約（五世紀、六〇巻本）では「補怛洛迦」としてみえる。観音浄土たる補陀落山への信仰は、補陀落渡海なる実践行となる場合が、十二世紀には確かめられる。[11]

補陀落渡海はやや特殊だとしても、観音菩薩を海域の救済者に位置づける言説が、『法華経』「普門品」（『観音経』、四世紀初）にある。「大水のために漂わされんに、その名号を称えば、即ち浅き処を得ん」、また「金、銀、瑠璃（中略）の宝を求めんがために大海に入らんに、たとえ、黒風その船舫《ふね》を吹きて、羅刹鬼の国に飄わし堕しめんに、（中略）観世音菩薩の名を称えば、この諸の人等は皆、羅刹の難を解脱《まぬが》るることを得ん」、とある。水陸の難から通行者や商人を救う内容は、海域生活者の信仰的よりどころを背景にもっている。[12] 正統の経典思想は、十二世紀日本に実態的な接点をもっていた。

『船形山普門寺梧桐岡院閬闢之縁起由来之記録』（以下、『普門寺縁起』と略称する）は、天文三年（一五三四）

に書かれた。[13] 衰退する寺勢の再興を意図した作文だが、歴史的背景と思想的意味づけには軽視できない特徴がある。

神亀四年（七二七）に行基がこの地に立ち寄り、「山高聳而西嵐颯々」などの風景に、釈迦成道の風情との類似を感じて、寺院建立を志したという。その際、自ら「浦陀洛世界主」と名乗る観音菩薩の告を得てその容姿を本尊像に刻み、山の形姿によって山号を船形山に、また観音菩薩にちなんで寺号を普門寺としたという。[14] 船形山と補陀落山は一対の観音住所である。両者をつなぐ海に関して、「一切衆生苦海運載表二器物一、施二大悲深重霊徳一名字」ともいう。「臨二南面一江河渺々波濯二煩悩業苦之垢一」と述べる部分もあり、太平洋（遠州灘）の実景も裏づけになっているのであろう。

縁起には、里人の生活と関係の深い記述がある。船形山に散在する巨岩の一つ、「貝吹岩」は、大衆の衆会や、火盗の難に際して、貝を吹く場所である。そのことで、「近辺道俗打寄令レ降二伏其難一」という。寺僧らと里人にとって、共通の施設であることに注目される。また、東西に峰が並ぶ船形山の西側を「雨応之峯」といい、ここが観音菩薩をまつる「西谷」とも呼ばれる拠点である。「往古繁昌刻」にはここに「時太鼓」を打つ「太鼓鉤」なる岩があった。また西峰では、旱魃の時に請雨法を修すという。また、本堂（東峰カ）近くに「湖水池」があり、「文覚上人祈水」だという。平安末期・鎌倉初期に活動した文覚の伝承について、真偽は確かめられないが、紀伊国桛田荘の文覚井のことも思い合わされる。源義朝の舎弟たる化積上人が、頼朝時代に普門寺を発展させたという縁起の内容をも含め、[15] なお追究すべき点が残る。しかも発掘調査によると、東峰の「元堂跡」と呼ばれる平場には、本堂跡基壇のほかに池跡があり、絶えず湧き出る豊富な水が確認されている。[16] 文覚祈水と関係があろう。

『普門寺縁起』からは、里山の寺と村里との関連が読みとれる。この構造は、中世前期に形づくられていたと考えられる。考古学調査によって、船形山の南側斜面一帯には、大小の平場が二五〇か所以上確認されており、[17] ほとんどが十二、十三世紀の造成だという。院坊をはじめとする生活・信仰施設の拡がりが推測される。住僧らの出身地として第一に想定されるのは、山麓膝下の地域であろう。この推定には、十二世紀半ばにさかのぼる根拠がある。普門寺に関係する久寿三年（一一五六）銘の銅経筒二基、平治二年（一一六〇）銘の梵鐘、永暦二年（一一六一）銘の僧永意起請木札があり、別稿で論じたように、これらは古代寺院から脱皮して、中世寺院として再生した段階で作成された備品類であった。[18] 銘文の分析によれば、山寺再生の真の主体は、膝下村落の住民集団であって、子弟を寺僧として送った里人らが、設営した山寺を結集の拠点として地域秩序の構築を図った、という事情が読み取れる。

普門寺にみられる里山寺院のあり様は、ある程度は一般的にみられる中世寺院の型の一つなのかもしれない。具体的な検証作業はすべて今後の課題だが、いくつかの荘園絵図に、里山寺と村里の構造を垣間見ておきたい。絵図作成の主目的とは別に、意味ありげに山寺を描き込む例が散見される。[19]【図1】『伯耆国東郷荘下地中分絵図』（十三世紀半）には、山寺と集落と耕地がくっきりと描かれている。山麓、集落との接点らしき位置に神社があることは、久保智康氏の指摘にも当てはまる。【図2】『播磨国鵤荘絵図』（至徳図、十四世紀前半）は、平地に敷かれた条里に特徴のある図だが、山寺が無意味に描かれているとは思われない。人里離れた修行場というより、ここには描かれていない集落との関係で、実際に存在理由があったはずである。

関連して、平地の寺院についても一例を見ておく。大和国西大寺は、中世においては農村的小寺院として、周辺百姓が寺僧として入っていたとの指摘が知られる。[20]【図3】『大和国西大寺与秋篠寺堺相論図』（十四世紀前半）には、耕地や灌漑施設とともに、背後の山が明確である。秋篠寺の方には、在家集落が描かれている。

図 1　『伯耆国東郷荘下地中分絵図』東大模写本、部分（東京大学史料編纂所蔵／小山靖憲・下坂守・吉田敏弘編著『中世荘園絵図大成　第一部　中世荘園絵図の世界』1997 年、河出書房新社）

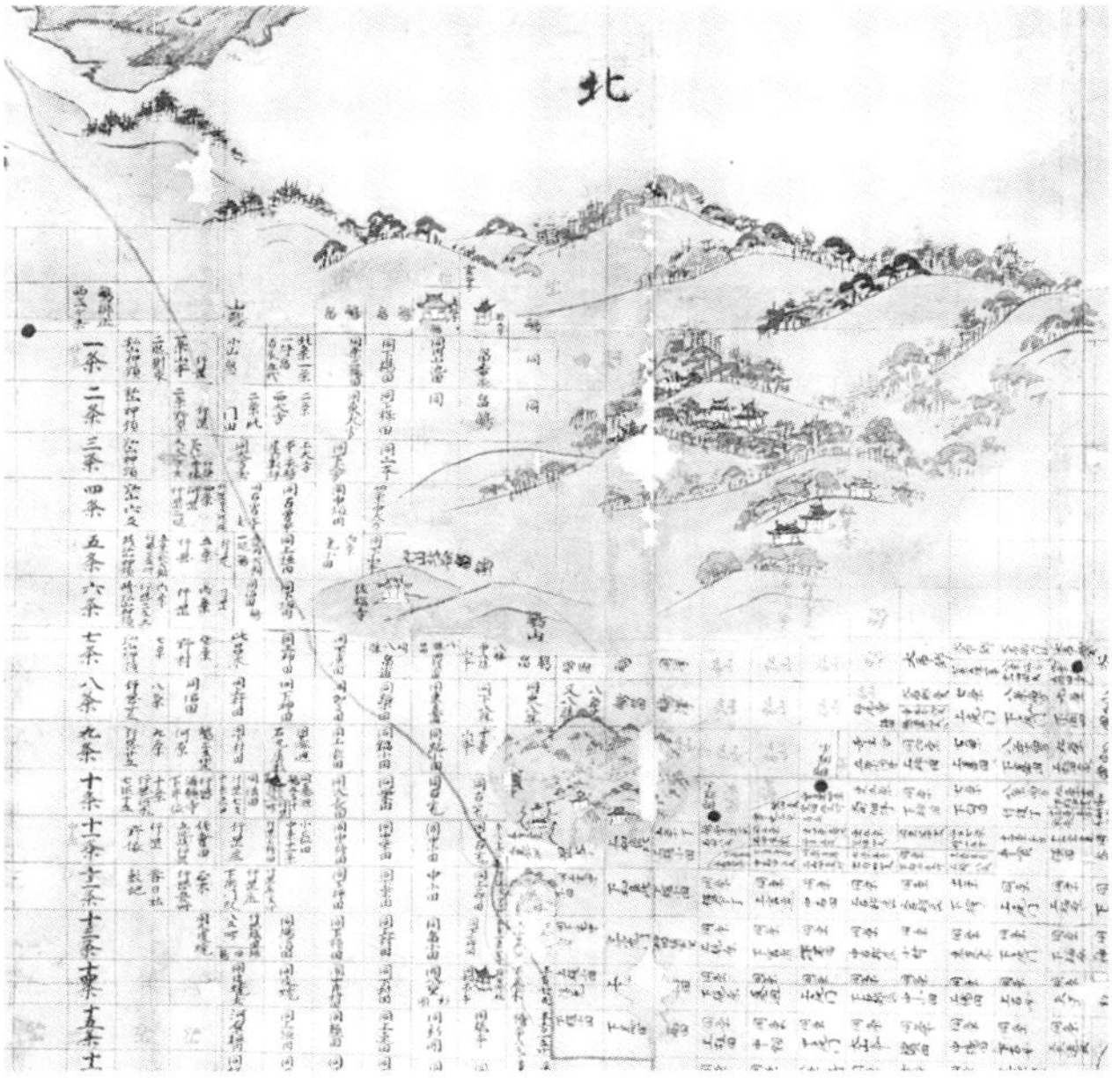

図 2　『播磨国鵤荘絵図』至徳図、部分（法隆寺蔵／同上書）

平地の寺院においても、山、在家、耕地との一体性が認識されている例であろう。

二・『東観音寺縁起』と海

愛知県豊橋市の東観音寺も観音菩薩を本尊とする山寺である。[21] しかし何といってもその個性は、海と間近に結びついていることである。宝永四年（一七〇七）の津波被害にあって、北方一・九キロの現在地に移ったが、もとは渥美半島南端を東西に走る伊勢街道に沿い、太平洋に臨んでいた。中世末期に描かれたと思われる【図4】『東観音寺古境内図』には、その実景と理念が込められている。図の下方（南）には、五艘の船や網を引く人々、諸人が往来する伊勢街道などが、門前の繁栄を映している。段丘を縫って登る参道によって、一段と高い平場の本堂に到達する。本堂背後の山は、中腹に雲をたなびかせた高山として描かれている。

『東観音寺縁起』は大永六年（一五二六）の奥書をもつ。[22] 立地と情景については、「堂背青山峨々」「門前之滄海漫々」「釣魚之徒繋レ舟曝レ網」などと述べられている。「東観音寺者即

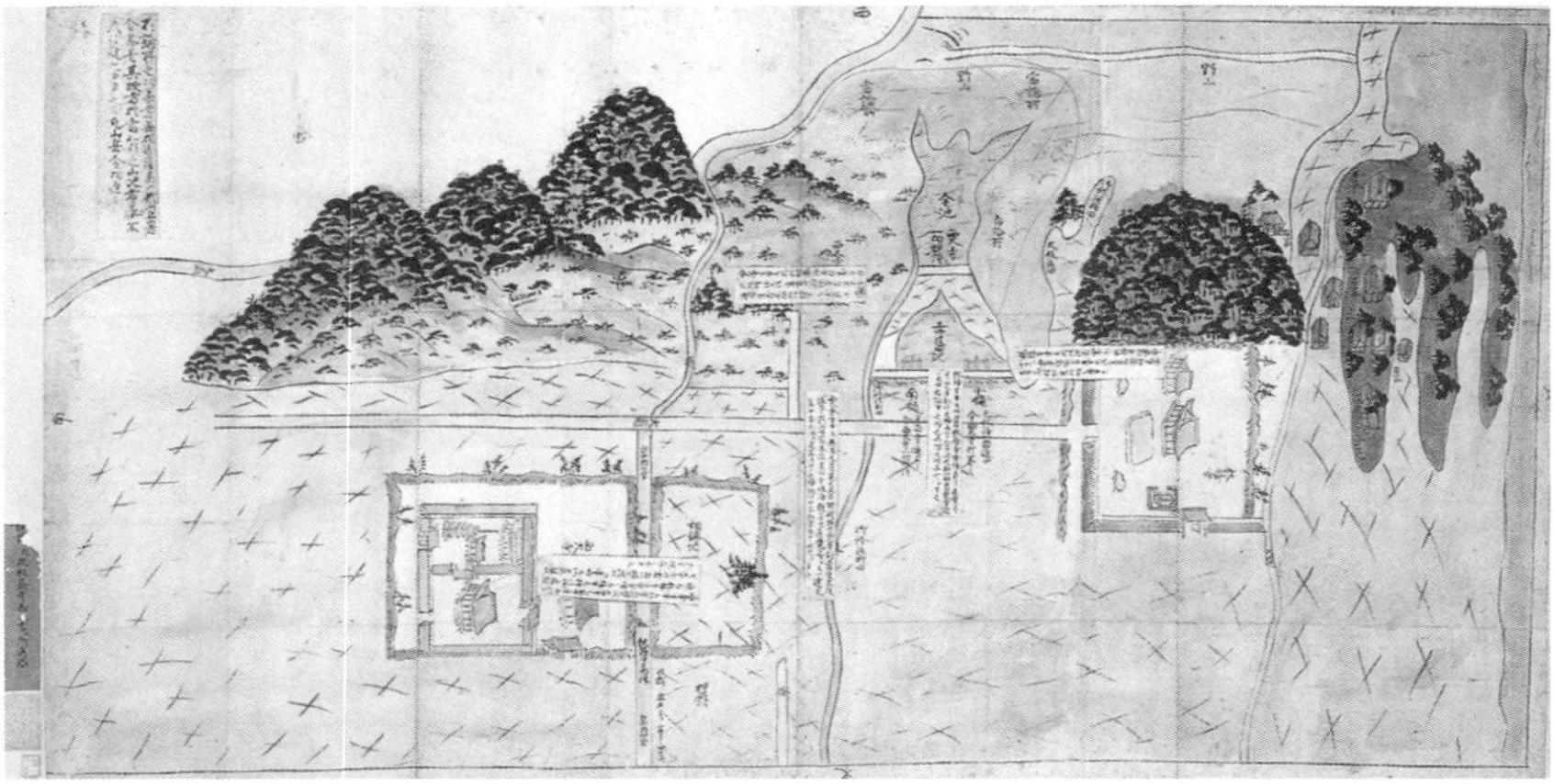

図３　『大和国西大寺与秋篠寺堺相論図』東京大学蔵図（東京大学文学部蔵／小山ほか『中世荘園絵図大成　第一部』）

南海補陀洛也」とあって、観音浄土と直結されている。寺院建立の由来は、天平四年（七三二）に僧行基が熊野参詣し、権現の本地を拝したいと願ったことに始まる。行基は、観音の告によって「参州渥美郡小松原沙村」を指示され、そこで観音の化身から霊木を感得し、馬頭観音を彫って安置したという。

山寺の観音は、渥美半島南端の海浜空間を挟んで補陀落山と相対しているとともに、東観音寺が補陀落山であるかのような位置づけである。この南北軸とともに、伊勢街道と太平洋海運によって、東西軸が実際上にも縁起上にも意味をもっている。熊野権現と東観音寺本尊は、三河湾と伊勢湾を挟む二拠点であるだけでなく、太平洋海運の拡がりのなかに位置づけられているかのごとくである。そのことは、縁起末尾に列挙された鎮守神に、熊野権現、伊勢神冥、伊良湖大明神、住吉大明神、熱田大明神、伊豆権現、箱根権現、三嶋大明神、鹿嶋大明神がみえることにも表れている。(23)

図４　『東観音寺古境内図』（東観音寺蔵／大阪市立博物館編『社寺参詣曼荼羅』1987年、平凡社）

東観音寺には、十二世紀後半制作と推定される木像阿弥陀如来坐像や、文永八年（一二七一）の「当地頭藤原朝臣泰盛勧進」といった銘のある金銅馬頭観音御正体などが伝わるが、中世前期についてはあまりわからない。やはり、十六世紀前半頃からの一大発展と、それが太平洋海運と密接であったことを、想定してよいのではなかろうか。

東観音寺文書には、有力武士の権力的支持によって、領主寺院として機能した姿を示す内容がある。天文五年（一五三六）六月十五日の戸田宣成寄進状(24)は、地元武士の戸田氏が伊勢街道の赤羽郷に設けた関について、関銭徴収権を東観音寺に寄進したものである。一般の通行者からは六〇銭、道者（巡礼の組織者）は一〇銭、順礼（巡礼者）は五銭、高荷（運搬荷物）は二〇銭、乗懸（馬）は一〇銭という関銭額が示されている。熊野・伊勢と東観音寺を結ぶ巡礼を核として、東西に拡がる物資輸送者からの多額の関銭が、東観音寺の興隆を支えたのであろう。『東観音寺縁起』は、この地はもと「漁夫海猟汚穢之沙村」だったと述べ、漁業生活者への蔑視は覆い隠せない。興隆の担い手は地元の武士領主集団であろう。

通行者にとっても、関銭は安全保護の代償として支払われたのかもしれない。戸田氏に代わって進出した今川義元は、天文十七年（一五四八）九月二十一日の寄進状で、「門前漁船五艘」を守護使不入の特権として保証している。直接には船籍を東観音寺に置く漁船のことであろうが、行き交う諸地域の船が門前海浜に接岸することで、通航保証を得る仕組みをともなったのではなかろうか。

赤羽郷の関銭は、陸路伊勢街道に設けられており、東観音寺の一二キロ余り西方だが、東観音寺による海運経済への関与にも結びついていたと考えられる。『東観音寺古境内図』に描かれた五艘の船のうち、帆を張る二艘には俵が積まれている。他の三艘は、櫓を漕いで人を運ぶタイプのようである。その一艘が無人であることは、陸路通行や東観音寺参詣との連接を意味しているのではなかろうか。

十五世紀には、熊野と東観音寺は、補陀落山に相似た観音聖地としての巡礼拠点であり、その実質は伊勢湾をまたぐ二拠点間を重要航路とする、海運経済の興隆にあった。海運にとっては、港湾こそが拠点である。しかし中世では、熊野と東観音寺という、仏教聖地を重視している。東観音寺に即していえば、海運の拠点として山寺が存在するのである。

東観音寺にみられるような、山寺と海の一体性は、決して特殊例ではない。いくつかの例を瞥見しておきたい。

紀伊国の熊野三山は院政期に急成長するが、なかでも那智神社は補陀落山信仰の性質と関係深い海浜の山寺だといえる。天福元年（一二三三）三月七日に、那智海岸から、もと御家人下河辺行秀（出家して智定坊）が補陀落渡海に出たことは、『吾妻鏡』同年五月二十七日条の記事によってよく知られている。【図5】は、中世末期・近世初頭の『那智参詣曼荼羅』の一例であ

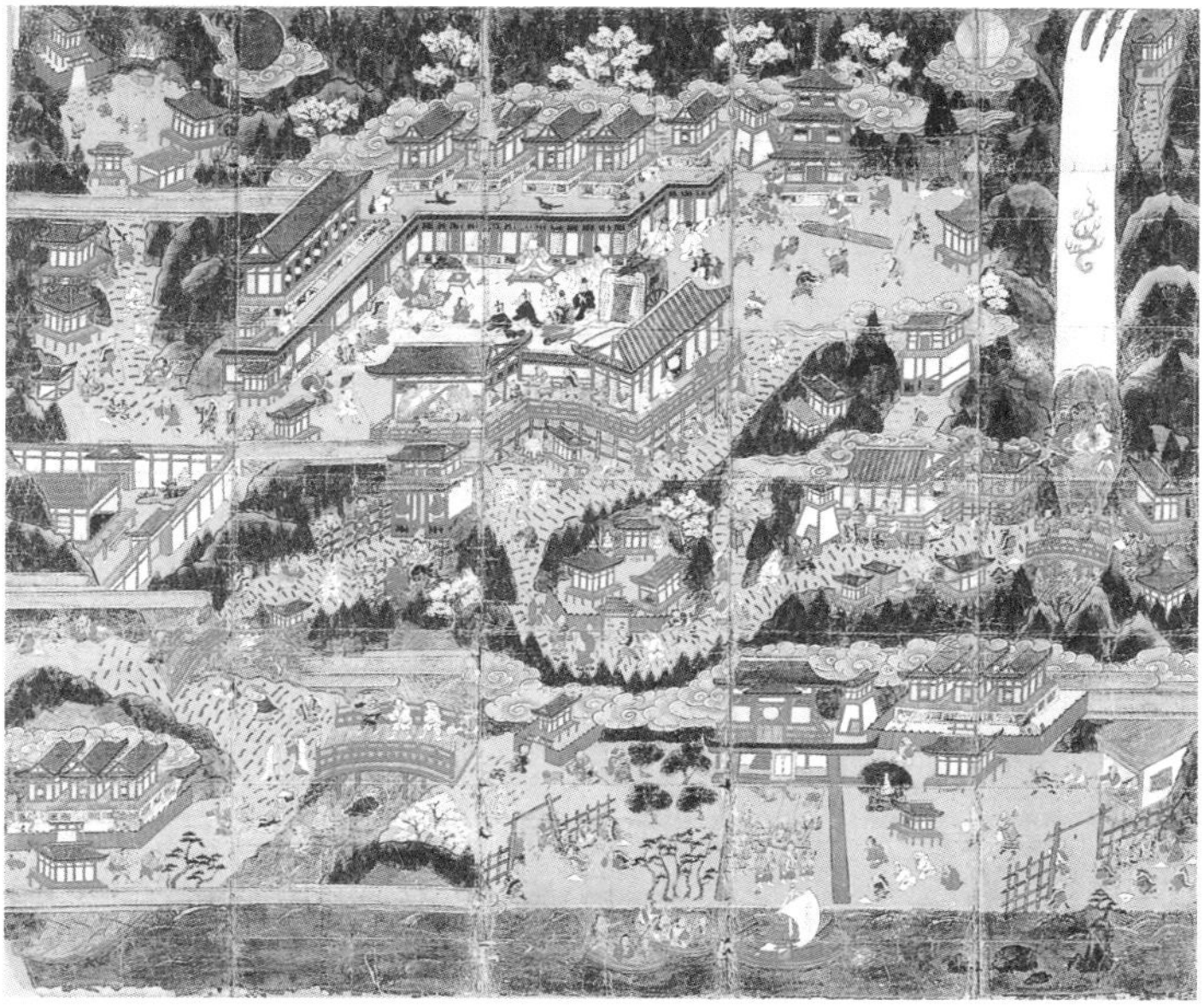

図５　『那智参詣曼荼羅』（補陀洛山寺蔵／大阪市立博物館編『社寺参詣曼荼羅』

る（補陀洛山寺蔵）。社殿の前庭右側に、懸崖造りの如意輪観音堂が、南海を臨む位置に設けられているのがわかる。図の下方、鳥居の手前岸に補陀落浄土への出発場面が描かれている。そこは補陀洛山寺の門前である。またそこは、東西に木組みの門を構えた、関所そのものであることがわかる。那智の本地観音は、山上と山下の二拠点をもち、水陸交通の関門を補陀落渡海への結縁に包摂する仕組みであった。

和泉国施福寺は、『日本霊異記』に「茅渟山寺」（中巻第十三）、「血努上山寺」（中巻第三十七）とみえ、観音をまつる古代からの山寺である（標高四八五メートル）。保延五年（一一三九）銘の経筒などが出土した経塚や、『槇尾山大縁起』（十三世紀半ば、正安時代末期）、『槇尾山小縁起』（平平十五年写）などから、千手観音を本尊とする山寺として新たに興隆したことがわかる。その原動力は、十一世紀後期から膝下の池田谷を開発した刀禰や里人らにあった[25]。

図６　『施福寺参詣曼荼羅』（施福寺蔵／同前）

中世末期の『施福寺参詣曼荼羅』（施福寺蔵）には、高所の山上伽藍を大きく描くが、下方（西）には大阪湾沿いの熊野街道が走っている。【図6】左下隅には、『槇尾山大縁起』に照応させて、客僧として施福寺に来た観音が海上で姿を現した、という場面が配されている。槇尾山から海岸までは一五キロほどあって、池田谷の里人にとっても日常の生活圏ではないであろうが、補陀落浄土との一対性を理念上の距離感で思い描き、現実上の広域的な結びつきを、熊野街道と海上航路に求めたのであろう。

尾張国甚目寺は、聖観音を本尊とする平野の寺院であるが、十六世紀の堂塔配置を描く【図7】『甚目寺参詣曼荼羅』（十七世紀後期写）は、定型にしたがって背後に山を配している。文永元年（一二六四）の年紀をもつ『甚目寺縁起』[26]（十四世紀写カ）には、南天竺で造られた観音菩薩が本尊で、「甚目氏龍麻呂」なる「海人」によって海中より網で引き上げられたのだという。南

図7　『甚目寺参詣曼荼羅』（釈迦院蔵／同前）

方の伊勢湾海岸線は、今日ほど遠くない。東海道の萱津宿も近く、『一遍上人絵伝』（十三世紀末）によると、宿の有徳人らが甚目寺を支えたらしい。図の左右には川があり、結界の意味もあろうが、東側を南下する庄内川やその支流を連想することができ、伊勢湾とのつながりを示唆しているようである。

以上、東観音寺のような海と近接する山寺、また海との関係性を主張する山寺について、ごくかいつまんで確認した。前節で見た普門寺のように、山麓の村里だけではなく、街道や水運路との結びつきの強い点が、海浜系の山寺を特徴づけている。臨海に孤絶する信仰空間ではないことは確かであり、列島に数多い岬の寺院をも視野に入れた実態解明が必要だが、小稿では典型とも位置づけうる例を見たに過ぎない。

ただ山里系の普門寺も海浜系の東観音寺もともに、山寺―村里という基本骨格をもっている。そして、山岳聖地としては仏・菩薩の住所として理念上のつながりがあり、巡礼地としては実際上のつながりがある。また、海浜聖地としては補陀落浄土への理念上の通路であり、巡礼と分業流通における実際上の拠点である。単純な仮説には傍証の探査が課題である。以下、わずかな事例ながら、もう少し具体的に検討したい。

三．三河・尾張の河海と山寺

山寺への視点から中世寺院の特徴を観察すると、直接の基盤である近隣の村里だけでなく、山寺間のつながりや、河川や海域を介した広い世界との関係を指摘できる例が、意外に多い。前節までの考察を踏まえ、三河から尾張に探査の範囲を少し拡げて傍証を得たい。

三河国の瀧山寺（岡崎市滝町）は、『瀧山寺縁起』（鎌倉末期）によって、十二世紀以後の再生・発展が具体的に知られる[27]。本尊は薬師如来で、矢作川の支流青木川に沿う谷間に院坊が展開した山寺である。寺地を中心とする谷一帯は、「寺中」と呼ばれると同時に滝川保でもあり、近世には滝村であったことから、村落を一山に抱え込んだ中世寺院だったことが解明されている。[28]

一方、瀧山寺は、寺院間の広域的な結びつきの一翼を構成していた。『瀧山寺縁起』には、貞応元年（一二二二）の本堂改築に際することとして、「国中在々処々山々寺々令ㇾ沙㆓汰人夫㆒者也」と記している。より具体的には、嘉禄元年（一二二五）の本堂供養に請僧六人が参加したとして、「船形寺（普門寺）ノ蓮道坊、今水寺ノ禅定坊、鳳来寺ノ実鏡坊、財賀寺ノ大音坊、真福寺ノ理観坊、真如坊」をあげている。供養仏事だけでなく、人夫や材木の調達にも諸寺が協力したのかもしれない。宝治三年（一二四九）の三重塔供養には、導師を美濃国桜堂（岐阜県瑞浪市）[29]の照寂上人が勤めたという。呪願師は薬師寺別当法眼信有、請僧六人には真福寺（岡崎市真福寺町）や高隆寺（岡崎市高隆寺町）の僧が加わっていた。この薬師寺は、東海道と矢作川の交点に近い位置にあったらしい。川床遺跡から、「□師寺」等の篦書き銘をもつ平瓦が見出されており、『瀧山寺縁起』にみえる薬師寺だと推定する説がある。[30]そうだとすれば、陸路東海道はもとより、矢作川から三河湾への水運とも無関係でない可能性がある。[31]

尾張国春日部郡篠木郷の円福寺（春日井市白山町）は、阿弥陀如来を本尊とし、観音堂に十一面観音を祀る天台の古刹である。建武二年（一三三五）閏十月二十六日雑訴決断所牒には「篠木庄内大山寺并白山円福寺」とみえる。[32]庄内川の北約一・五キロに位置し、なだらかな丘陵地上に建てられている。

天文十七年（一五四八）の『円福寺縁起』には、養老七年（七二三）に観音菩薩を本尊とした建立の由来を記す。[33]それによると、伊勢国安濃津商人たる船頭益直が、尾張国下津で旅宿の折り、東方の内津山あたりの紫雲・光明に気づき、出向いたところ田中松嶋で生身の十一面観音を感得した。伊勢国で祀ろうとしたが、観音の意思で船が着岸しなかったので、もとの地に祀ったのが始まりである。その際、「美濃・伊勢・尾張三箇国一揆」して建立したという。寺の地形は、「西南沼地曠々而不レ堅、東北深山峨々而不レ平」と表現されている。この山寺は、伊勢湾、東海道、木曽川・庄内川等における水運の担い手集団が支えている。十六世紀の経済発展を現実的背景とするのだろう。ただ、建久二年（一一九一）十月日長講堂課役注文(34)には、篠木荘に節器物（白瓷鉢一口、酒瓶一口、酢瓶一口）が課されている。また、暦応二年（一三三九）十二月九日引付方頭人散位某奉書(35)によると、鎌倉円福寺領の富田荘や篠木荘の年貢米に関米を賦課しないよう相模国飯嶋関に命じている。貢納物資の運搬ルートは、詳しい経路は不明ながら、早くから開拓されていたであろう。

また、縁起によると、円福寺の寺地は、二十八部天仙衆が「擲二補陀洛山之塊一塡二土壇一」めたものだといい、同じ意味で「霊台光明山砂鋪」ともいう。本尊について、「南海船師」に喩え、「生身」「瑞像」だという。これらは、補陀落浄土の観音菩薩が現前するという意味づけである。この点は、現存する円福寺の十一面観音菩薩立像（鎌倉時代末期から南北朝時代）に対応している。像高一〇九・六センチ、カヤ材素木の一木造りで、赤栴檀に似せた着色、典拠となる容姿の存在を思わせる個性的な重量感など、生身仏の要素があると指摘されている(36)。縁起の思想は、生身の観音菩薩という部分について、中世前期にさかのぼる可能性がある。

尾張国海部郡の萱津宿は、東海道（鎌倉街道）の下津と熱田の中間あたり、下津方面からの五条川と北東からの庄内川との合流地点に位置する(37)。円覚寺領富田荘の絵図にはその北東方に描かれていることでも知られる。富田荘絵図には、萱津宿の南方に堂塔とともに「成願寺」と記載されている。現在地には自性院（あま市大治町）があり、中世以来の文化財を伝えており、同院は成願寺の系譜を引くものと考えられている。成願寺は、地頭円覚寺や北条氏に庇護された、支配拠点の性質をもっていたことが明らかにされている(38)。応永二十七年（一四二〇）頃に成立した『自性院縁起』（慶安五年写）は、成願寺の縁起である(39)。本尊は薬師如来で、縁起では大宝二年（七〇二）の草創と伝える。

縁起には、「北者松竹老檜之陰並レ枝連レ梢」「東者大河流漲波浪蕩々、鎮《トコシナヘニ》数船を渡せり」とある。平地なので山だとはいわないが、鬱蒼とした樹木によって聖地表現とする。河川と渡船については、庄内川の舟運を具体的に想像させる。先にも触れた暦応二年（一三三九）十二月九日引付方頭人散位某奉書は、富田・篠木両荘年貢米の海上輸送を妨げないよう促すものだが、富田荘には弘安六年（一二八三）九月二十一日に、幕府から在所地頭に年貢運上の宿兵士役が命じられ、[40]年貢運上過書も出された。[41]応永三十一年（一四二四）五月八日伊勢守護一色義範書状には、円覚寺正続院造営材木を伊勢国桑名より海上を下すとある。[42]円覚寺は、美濃・飛騨の材木を、庄内川や木曽川水系から伊勢湾へと運ばせている。[43]富田荘、成願寺、萱津宿は、そのような交通網と結びついていた。尾張国内に限っても、甚目寺や円福寺も含め、水系の活動拠点の拡がりが想像される。関係する寺院は数多いはずだが、もう二例のみ付け加えておく。

東海道鳴海宿に近い尾張国愛智郡の笠覆寺（笠寺、名古屋市南区）は、嘉禎四年（一二三八）十二月の勧進沙門阿願解や『笠寺縁起』（室町時代）[44]によって知られる東海道筋の十一面観音霊場である。本尊は、呼続浦に漂着した「桂旦国預山」の霊木像だという。[45]

尾張国知多郡の大御堂寺（知多郡美浜町）は、源義朝墳墓の地としても知られる（『吾妻鏡』文治二年閏七月二十二日、建久元年十月二十五日各条）。先にも触れた建久二年（一一九一）十月日の長講堂課役注文には、「節器物」を負担した篠木荘などとともに、内海野間荘が見えており、河海の水運と関係深い荘園として支配されていた。[46]大御堂寺は、湾岸荘園の拠点的な寺院であろう。海浜の平地に位置する真言系寺院で、本尊は阿弥陀三尊である。天文三年（一五三四）の『大御堂寺再興勧進状』[47]には、「東南山林双レ梢」「西北蒼海湛レ水」とあり、海に面した山寺であるように表現されている。

以上、三河・尾張の範囲で、しかも限られた例をあげたに過ぎない。とはいえ概略ながら、理念的に山寺と位置づけられたものや、文字通りの山寺の諸相を知ろうと試みた。それら山寺は、水陸拠点として設営されているともいえる。いわば、山・里・海の結節構造の要として機能しているらしいのである。

むすび

この章では中世の山寺について、特質の一端を考えてみた。成立史や解体史、また中世前期と後期の違いなど、ここではほとんど述べていない。また、中世寺院のすべてが実態として山地にあるわけでない。しかし、山寺が特殊な存在でないことについては、認識を深めるべき段階にある、ということはいえると思う。それは寺院研究においてのことではなく、中世社会研究においてである。中世の山寺は、里山、村里、水陸交通といった場での、社会生活に不可分の役割を果たしていたらしいのである。院坊の展開する伽藍域は、僧侶の生活舞台として、「もう一つの中世社会」であるということについては、(48) すでに中世史研究の一般的認識になっていると思う。しかしなおそれは、寺内という限定領域のことと認識されがちで、寺院史や仏教史を一分野史として切り離す研究傾向は根強い。それは、寺院や仏教が日本中世社会の構造に不可分の存在であったか否かが、なお充分に説明されていないことによるのであろう。

中世の山寺は、地域社会の新秩序を成り立たせる中心的位置に設営される場合が多い。それは、中央権門の系列下にある末寺としてや、行政機構たる国の配下にある寺院としてというより、地域側が主体となった生産・分業・流通の展開を支える寺院としてであろう。

しかし、地域社会はなぜ寺院を組み込む必要があるのか。この単純で本質的な問いは、必ずしも充分に意識されていないし、また難問でもある。この点、「はじめに」で触れた永原慶二氏の論文「戦国期伊勢・三河湾地域の物資流通構造」は示唆的である。永原氏は、「伊勢・濃尾・三河の河川流域諸平野の生み出す物資は、河川・海上交通によって一体的な流通圏として結合されていた」、と述べられた。そして、そのような実態をもたらした要因について、「尾張・三河を始めとする当地域の高い生産力とともに、河川・海上の結合した物資流通網の発達であった」、と結論づけられた。具体的な分析を踏まえたこの見解は、政治経済、物資流通、陸海交通の問題としての議論を代表していると思う。この議論の一部として解明されたのは、港津都市である。伊勢国の桑名、安濃津、大湊、尾張国の熱田、大野、三河国の大浜、その他である。永原氏は、桑名などを発展させた主体について、実力伸張した武士的豪族的商人だと述べておられるが、これは網野善彦氏が平和・自治の本質を重視したことへの批判であって、議論の焦点が港湾都市にあることをよく示す(49)。同時に、蓄積されてきた重要学説は、寺院史や仏教史への関心を欠いた議論であることがわかる。

このような研究史を念頭に置きつつも、寺院や仏教への関心から、社会史や地域史の観点を可能な限り考慮し、あらためて検討しようとした。実態として、寺院や仏教が占める比重は無視できないと思う。山寺の事例を検討した限りでは、それらが地域社会や分業流通の結節点に設営される場合が多い。そのような構造的特質は、中世社会を理解する上での本質的問題なのかもしれない。本格的には今後の課題だが、探究の視点は考えておきたく思う。

抽象的なことだが、仏教の没派閥性は、道俗上下貴賤の結縁という形式のより所とされやすい。権力側の融和政策に利される場合と、被支配身分の結束理念に用いられる場合があるが、汎用性ある結縁理念を必要とする諸社会集団の時代的性質を表している。一方、仏教思想は、地理的空間の拡がりをもっている。補陀落信仰の場合、南海の観音浄土という理念上の聖地との関係だけでなく、東観音寺と熊野那智のつながりや、中国の海上観音聖地たる普陀山（浙江省舟山群島）を一拠点とする海域世界など、現実の広域世界との結びつきがある。[50]霊験所の巡礼や、瀧山寺（西三河）・普門寺（東三河）・櫻堂（東濃）・大福寺（遠江）などの協力関係は、日常生活を越えた活動形式の例である。

日本中世では、諸集団内部の結合や、広域活動世界の形成といった、それぞれ自律的活動の場面で仏教の形式が用いられ、拠点としての寺院が設けられることがあった。中世国家の列島各地における職権は弱い一方、各地では自律的な諸集団が地域性をもって成立してくる。諸地域では、自らが形成する公共空間を観念的に保障する媒体として、仏教と寺院が重要な役割を果たし得た。古代国家による仏教の権力行政的普及策や中世権門寺院の所領支配を前史にもつという条件の下で、個別権力の党派性を越えた世界宗教の経典に正統性を求め得たからである。中世仏教は、中世民衆の自立的な思想と行動に形を与える条件ともなりえたのである。

（1）時枝務『山岳考古学――山岳遺跡研究の動向と課題――』（二〇一一年、ニューサイエンス社）、櫻井成昭『六郷山と田染荘遺跡』（二〇〇五年、同成社）、後藤健一『大知波峠廃寺跡』（二〇〇七年、同成社）、網田龍生『池辺寺跡』（二〇〇九年、同成社）。

（2）近年の報告書等に限っても、首羅山遺跡（福岡県久山町）、大山寺僧房跡（鳥取県大山町）、槙尾山施福寺（大阪府和泉市）、白山平泉寺旧境内（福井県勝山市）、上市黒川遺跡群（富山県上市町）などがある。なお、「山の寺」科研の総括シンポジウム資料集『中世「山の寺」研究の最前線』（代表仁木宏、二〇一一年）によって、各地の研究状況を知ることができる。

（3）上原真人「古代の平地寺院と山林寺院」（『佛教藝術』二六五、二〇〇二年）、上原真人編『皇太后の山寺』（二〇〇七年、柳原出版）。

（4）久保智康「国府をめぐる山林寺院の展開」（『朝日百科日本の国宝別冊　国宝と歴史の旅3　神護寺薬師如来の世界』一九九九年、朝日新聞社）、同「古代山林寺院の空間構成」（『古代』一一〇、早稲田大学考古学会、二〇〇一年）、同「古代出雲の山寺と社」（京都国立博物館・島根県立古代出雲歴史博物館『大出雲展』二〇一二年）。

（5）水野章二『中世の人と自然の関係史』（二〇〇九年、吉川弘文館）、同「近江国河上荘の湖岸と後山」（同編『琵琶湖と人の環境史』二〇一一年、岩田書院）、同「古代・中世における山野利用の展開」（湯本貴和編『里と林の環境史』二〇一一年、文一総合出版）、同『里山の成立――中世の環境と資源――』（二〇一五年、吉川弘文館）。

（6）近年、岐阜県による古代・寺院跡についての考古学調査の詳細な成果が公表された。注目すべきことに、美濃国と飛驒国の調査確認数は、一九一八か寺に及ぶという（『岐阜県文化財保護センター調査報告書第一六二集　岐阜県古代・中世寺院跡総合調査報告書』第1分冊〜第6分冊、二〇二一年）。私的な感覚に過ぎないが、文献史学が古文書等によって思い描く数より二桁ほど多いようにも思われる。

（7）荒井信貴「西三河の山寺」、岩原剛「東三河の山寺」、石川明弘「三遠国境の山寺」、松井一明「遠江と駿河の山寺」、三河山寺研究会「山寺資料集」などを含む。

（8）三河山寺研究会・三河考古学談話会『三遠の山寺』（レジュメ集、二〇一〇年）、『愛知県史　資料編4　飛鳥〜平安・考古4』（二〇一〇年）のほか、「三州大岩寺千手観音象《（ママ）》記」（『懶室漫稿』第七、『愛知県史　資料編9　中世2』二〇〇五年、四五七〜四五九頁）、「三川三箇根寺化修造序」（『天隠和尚文集』、『愛知県史　資料編14　中世・織豊』二〇一四年、「語録・文集」）、「大象山龍田院縁起幷鼻祖希声禅師行状録」（『愛知県史　資料編11　織豊1』二〇〇三年、二七八〜二八一頁）を参照した。

（9）薬師如来をまつる天台系寺院が多いことについては、『新編岡崎市史　中世2』（一九九八年）第一章第三節（新行紀一氏執筆）参照。

（10）佐佐木信綱校訂『新訂　梁塵秘抄』（一九五六年、岩波書店）。番号も同書による。

（11）保延六年（一一四〇）八月九日僧西念願文（『平安遺文』一〇―補六四）など。

（12）坂本幸男・岩本裕訳注『法華経（下）』（一九六七年、岩波書店）。観音信仰については、小林太市郎『小林太市郎著作集7　仏教藝術の研究』（一九七四年、淡交社）参照。

（13）『豊橋市史　第五巻』（一九七四年）と『愛知県史　資料編14　中世・織豊』（前掲注8）「寺社縁起」に翻刻がある。

井上佳美『船形山普門寺梧桐岡院闔闢之縁起由来』についての基礎的考察」（『愛知県立大学大学院国際文化研究科論集』一一、二〇一〇年）参照。

(14) 標高二六〇メートルの船形山は、東西二か所の峰を結ぶ凹曲した稜線からの連想による命名である。『法華経』「普門品」は『観音経』とも呼ばれる。

(15) 化積上人については、四至注文写木札の前書き部分にもみえる。下半部を欠失しており、なお検討課題である。上川通夫「三河国普門寺の中世史料」（同『日本中世仏教と東アジア世界』（二〇一二年、塙書房）、同「起請と起請文――永暦二年（一一六一）永意起請木札をめぐって――」（本書第二部第三章）。

(16) 岩原剛・村上昇「三遠国境の中世山寺遺構」（『季刊考古学』一〇七、二〇〇九年）。

(17) 岩原剛「普門寺旧境内」（『愛知県史　資料編４　考古４』前掲注８）。

(18) 上川通夫「国境の中世寺院――三河国普門寺――」（愛知県立大学日本文化学部歴史文化学科編『国境の歴史文化』二〇一二年、清文堂）、同『日本中世仏教と東アジア世界』（前掲注15）第Ⅲ部、同「起請と起請文」（前掲注15）。

(19) 『中世荘園絵図大成　第一部』（一九九七年、河出書房新社）によった。

(20) 大石雅章「中世大和の寺院と在地勢力――西大寺を中心として――」（同『日本中世社会と寺院』二〇〇四年、清文堂）。

(21) 豊橋市美術博物館『豊橋の名宝Ⅰ　東観音寺展』（二〇〇〇年）参照。同書には、和田実「東観音寺略史」などの論稿が含まれており、参考にした。また、第五二回中世史サマーセミナー（二〇一四年八月二十七日、於愛知県蒲郡市）における綿貫友子氏の報告「中世伊勢海運と尾張・三河」からも学ばせていただいた。

(22) 内題は「参河国渥美郡小松原東観音寺縁起序」。『愛知県史　資料編14　中世・織豊』（前掲注８）「寺社縁起」所収。

(23) 他には白山妙理権現、富士浅間大菩薩、出雲大社、宇佐大菩薩、賀茂大明神、松尾大明神、平野大明神、山王権現、諏訪大明神があげられている。海運等と無関係でない神も含まれているであろう。

(24) 以下、東観音寺文書は、『豊橋市史　第五巻』（前掲注13）と『愛知県史　資料編』の編年該当箇所に、それぞれ翻刻されている。

(25) 山下有美「古代中世の寺院社会と地域」（『歴史評論』六二三、二〇〇二年）、和泉市史編さん委員会『和泉市の歴史1　横山と槇尾山の歴史』（二〇〇五年）、同『和泉市の歴史6　和泉市の考古・古代・中世』（二〇一三年）。

(26)『愛知県史　資料編14　中世・織豊』（前掲注8）「寺社縁起」所収。
(27)『新編岡崎市史　史料・古代中世』（一九八三年）、『愛知県史　資料編14　中世・織豊』（前掲注8）「寺社縁起」所収。
(28)服部光真「『瀧山寺縁起』と中世の地域社会」（『年報中世史研究』三八、二〇一三年）。
(29)瑞浪市陶磁資料館『櫻堂薬師一二〇〇年展』（二〇一二年）。
(30)斎藤喜彦「矢作川河床遺跡と遺物」（『岡崎市史研究』五、一九八三年）、『新編岡崎市史　中世2』（前掲注9）第一章第三節（新行紀一氏執筆）、岡崎市美術博物館『天台のほとけ――その美術と三河の歴史――』（二〇〇三年）。
(31)なお、三河国普門寺に関係する例として、応永二十四年（一四一七）に、遠江国大福寺の修理費を普門寺僧大全や冨賀寺僧実誉が分担している。『瑠璃山年録残編』（『静岡県史　資料編5　中世1』一九八九年）一六二一号。
(32)円覚寺文書。『愛知県史　資料編8　中世1』（二〇〇一年）所収。
(33)『春日井市史資料編』（一九六三年）、『愛知県史　資料編14　中世・織豊』（前掲注8）「寺社縁起」所収。また『円福寺遺芳』（一九八四年、円福寺）には、全文の翻刻と写真を載せている。
(34)島田文書。『愛知県史　資料編8　中世1』（前掲注32）所収。
(35)円覚寺文書。『愛知県史　資料編8　中世1』（前掲注32）所収。
(36)『愛知県史　別編　彫刻』（二〇一三年）三〇頁、二三八頁、四八二頁。
(37)萱津宿については、蔭山誠一・加藤博紀・鬼頭剛・鈴木正貴・松田訓「中世萱津を考える」（『愛知県埋蔵文化財センター研究紀要』八、二〇〇七年）参照。
(38)上村喜久子「絵図にみる富田庄の開発と形成」（同『尾張の荘園・国衙領と熱田社』二〇一二年、岩田書院）。
(39)『愛知県史　資料編14　中世・織豊』（前掲注8）「寺社縁起」所収。大治町文化財展展示解説書『自性院――祈りとほとけさま――』（二〇一三年）参照。
(40)幕府奉行人左衛門尉某書下。円覚寺文書。『愛知県史　資料編8　中世1』（前掲注32）。
(41)円覚寺文書。正和四年（一三一五）十二月二十四日円覚寺文書目録に「冨田庄年貢運上過書」がみえる。『愛知県史　資料編8　中世1』（前掲注32）。
(42)円覚寺文書。『神奈川県史　資料編3　古代・中世三上』（一九七五年）、五六八〇・五七二七。綿貫友子氏の研究報告によって知った。註(21)参照。

（43）綿貫友子「尾張・参河と中世海運」（同『中世東国の太平洋海運』一九九八年、東京大学出版会）。
（44）前者は『愛知県史　資料編8　中世1』（前掲注32）、後者は『愛知県史　資料編14　中世・織豊』（前掲注8）「寺社縁起」所収。上村喜久子「地方寺院縁起の展開と地域社会――笠寺縁起と熱田社――」（同『尾張の荘園・国衙領と熱田社』前掲注38）参照。
（45）「桂旦国」は契丹国のことらしい。『愛知県史　通史編2　中世1』（二〇一八年）七三四頁参照。
（46）注(34)。綿貫友子「尾張・参河と中世海運」（前掲注43）、同「中世伊勢海運と尾張・三河」（中世史サマーセミナー報告、前掲注21）。
（47）『愛知県史　資料編14　中世・織豊』（前掲注8）。
（48）黒田俊雄『寺社勢力』（一九八〇年、岩波書店）。
（49）網野善彦「中世都市論」「伊勢国桑名」など、同『日本中世都市の世界』（一九九六年、筑摩書房）。
（50）横内裕人「法隆寺所蔵『五天竺図』にみる仏教的世界認識の更新――仮想現実としての補陀落山の登場――」（吉川真司・倉本一宏編『日本的時空観の形成』二〇一七年、思文閣出版）、谷口耕生「五天竺図と中世南都の仏教世界観」（『平成二五年～平成二七年度科学研究費補助金・基盤研究（B）研究成果報告書　東アジア仏教美術における聖地表象の諸様態』研究代表・稲本泰生、二〇一六年）、同「『玄奘三蔵絵』と中世南都の仏教世界」（佐久間秀範・近本謙介・本井牧子編『玄奘三蔵』（二〇二一年、勉誠出版）。

第七章　中世の巡礼者と民衆社会——出土禁制木簡から——

はじめに

前近代ことに古代・中世の日本において、仏教の外来性は今日思い浮かべる以上の特徴であったのではなかろうか。仏教の民衆化または民衆仏教成立の時期に関する諸学説は、六世紀から十三世紀にわたる間の各時期に見出されていて一致を見ないが、東アジアの政治世界を媒介しての導入は継続しており、国家の権力事業で養成された仏教の社会的威力は中世成立期においても圧倒的である。その場合、世界宗教としての仏教と日本史との関連は、中国を基軸とする東アジア世界の範囲においてだけでなく、近隣の遊牧族世界を含めて枠組みを広げる研究動向はあるが、南アジアインドに発する仏教史の経路などを整合的に理解するにはいたっていない。十世紀頃から明確になる三国思想は、朝鮮半島を黙殺し、観念化されたインドを強調しつつ中国を相対視する日本知識人の願望だが、今日の学問をも拘束しがちなこの観念は、仏教史上ないし世界史上で重要なユーラシア中央部を見逃すことになる。

ここで重視したいのは、出家主義を脱して信仰を社会化し、仏像・寺院・仏典などで身近に可視化しつつ、世俗在家者の生活規範として不殺生・慈悲・智慧などの普遍的思想を展開した、中央アジアでクシャーン朝頃に興隆した大乗仏教である。内実は単純でなく、その興隆はカニシカ王をはじめとした王権の保護政策を不可欠としたが、この大乗仏教は、ソグド人の交易活動に媒介されて東アジアにも導入されて展開し、ヤマトないし日本の仏教史にとって実質的な起点ともいえる位置を占めている。

一方、日本中世において、地域の民衆生活世界に仏教が広がったことは確かである。その経緯と性質については、国家や領主の支配を補完する思想としての特色が濃いが、民衆思想形成の手がかりとなる可能性は絶無ではない。たとえば、殺生・慈悲・智慧・和合・一味・布施・功徳・旦那・利益その他の語彙は、今日仏教由来だと意識されないほどに定着している。しかもそれらは、中世民衆みずからの発言や行為として断片的ながら諸史料に見えはじめる。生活者民衆の潜在的・顕在的な認識が、仏教の形式を借りて紡ぎ出された可能性がある。そのことが少しでも明らかになれば、日本中世民衆史と広域世界史との接点を見いだせるかも知れない。

一、北方京水遺跡（岐阜県大垣市）出土の禁制木簡

二〇一八年に出土史料として、岐阜県大垣市の北方京水《きたがたきょうずい》遺跡から発見された木簡が紹介された。明徳四年（一三九三）に美濃国の一地域で旅の民間僧に向けて掲示された禁制である。(1) 形状は、ヒノキ科の板材（柾目）で、縦九・一センチ、横三二・一センチ、厚さ〇・六センチ。折敷の底板の一部が転用されている。墨は残っていないが文字部分が浮き上がっている。五行目と六行目の間には何かで挟んだ跡が縦長に浮き上がり、その右、全体の中央に小孔がある。この木簡が掲示されていた痕跡であろう。

公表された釈文をここに引用する。実物は、手慣れた崩し方や謹直な楷書ではなくやや判読しにくい。花押を据えた人物の自筆であろう。禁制の対象者を、順に行脚の僧、高野聖、巡礼、薦被、乞食、商人と列記し、「ろさい人」（囉斎人）と総称している。囉斎人とは、「布施あるいは扶助を乞う人」（『日葡辞書』）である【図1】。

岐阜県文化財保護センターによる公表資料から、遺跡の基本情報を確かめておきたい。(2) 北方京水遺跡は、揖斐川が形成した標高九メートル前後の沖積平野にあり、旧河道に挟まれる中州上の集落遺跡である【図2】。古代から中世前期の掘立柱建物が見出されるとともに、十四世紀中葉から十五世紀後葉を中心とする遺構には溝で区画される四つの屋敷それぞれに掘立柱建物があり、遺物として古瀬戸陶器・磁器・漆塗椀・風炉・天目茶碗などが混じる。中世では中河御厨（伊勢神宮領）の範囲内である。南側は東海道に近い。現時点では集落遺跡と称されるにとどまる。公表資料からの推測だが、屋敷地の規模、高価な調度品、河川と陸路の利用拠点での立地ということから、土豪屋敷を中心とする集落なのかもしれない。

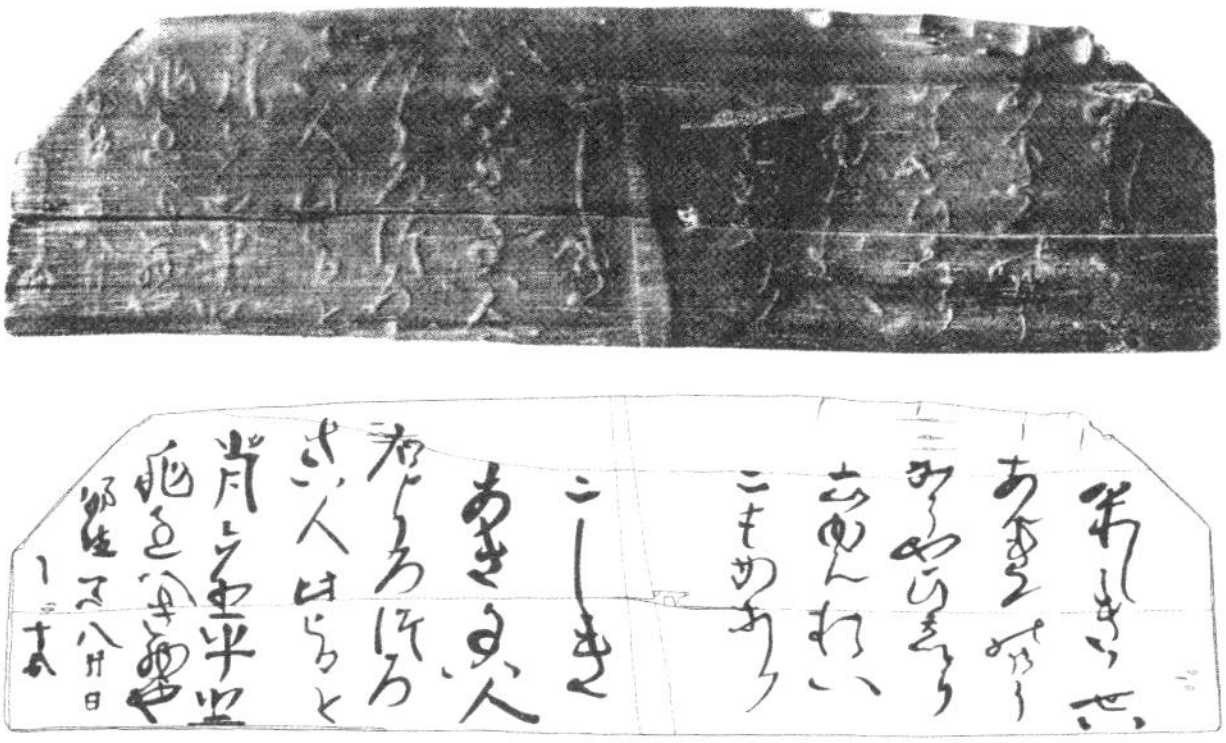

条々きんせい
あんきやの佐う
かうやひ志り
志ゆんれい
こもかふり
こしき
あきない人
右よろ徒ろ
さい人此旨を
背之輩堅
罪過へき物也
明徳四八月日
ー（花押）

図1　禁制木簡と実測図、翻刻（注1磯貝「岐阜・北方京水遺跡」（翻刻は一部改変））

禁制木簡は、屋敷遺跡の一つ（幅三〇メートル、奥行五〇メートル）、南側出入口の東側溝の底面から出土した。対になる入口西側の溝からは、古瀬戸後期の直縁大皿・卸目付大皿・燭台などが出土しているが、十五世紀以降には埋没したらしいという【図3】。

木札文書については先行研究があり、荷札・付札・禁制・祈禱札などが知られている。[3] 掲示された木札は、嘉祥二年（八四九）加賀国牓示札や天禄三年（九七二）仁王般若経巻数（兵庫県加東郡）など古代からある。[4] 中

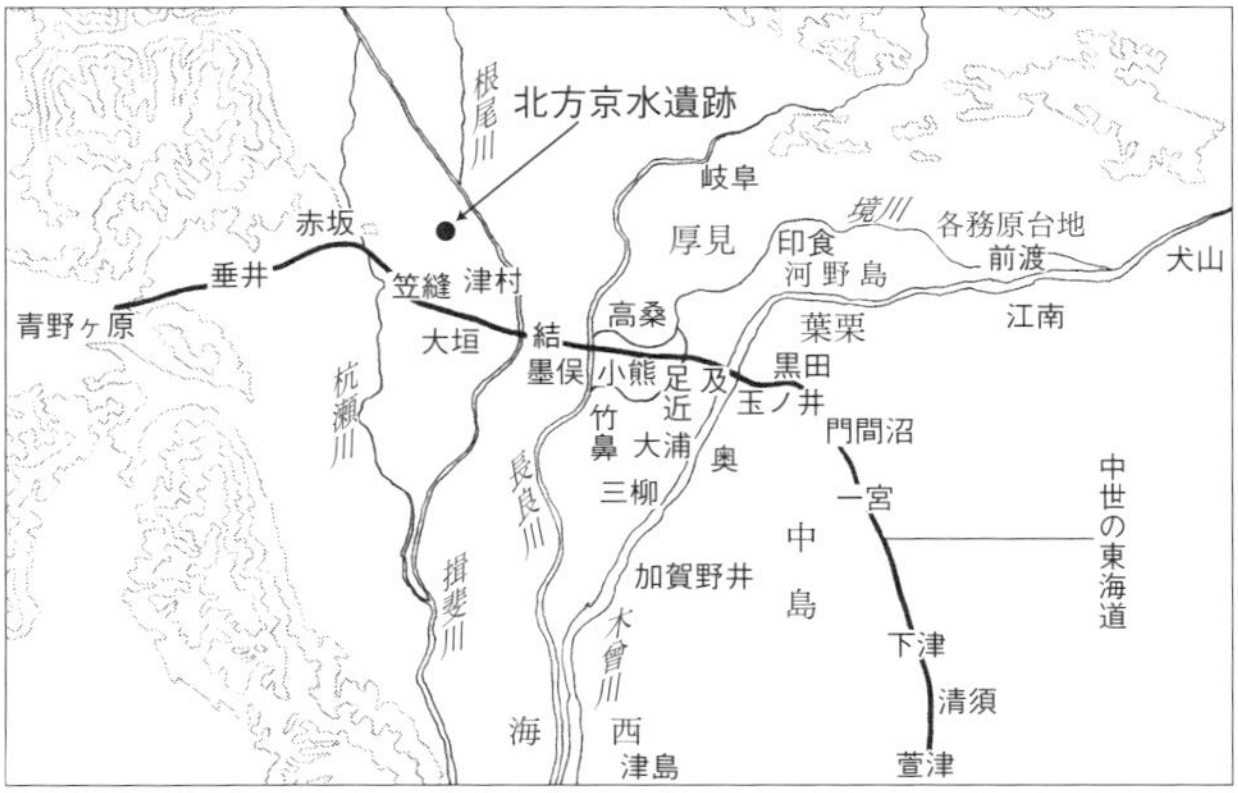

図２　北方京水遺跡の位置（榎原雅治『中世の東海道をゆく』（2008 年、中央公論新社）所収地図をもとに加筆）

図３　禁制木簡出土遺跡（注２『北方京水遺跡現地見学会』所収地図（一部加工））

世では領主の禁制高札が代表的で、『日葡辞書』には「タカフダ　領主の命令または禁令で、板札に書いて道や辻に高く掲示されるもの」とある。禁制木札の大部分は武家領主発給・寺社宛のもので、乱入・狼藉・殺生・伐木を禁止する。確認される最古例は文治元年（一一八五）北条時政発給・河内国薗光寺宛である。ほかに寺社・町・惣村が定・置文などを木札で掲げる例もある。また大嶋奥津嶋神社所蔵の嘉吉元年（一四四一）徳政令木札や、狂言に高札を掲げる話があることから、民間での多様な例があったらしい。(5) 長禄二年（一四五八）には幕府が徳政を求める山城西岡土民の「高札」を禁じている（東寺百合文書京函一〇六、室町幕府奉行人連署奉書）(6)。

狂言に出てくる「高札《たかふだ》」について五例を確認しておく。(7) ①国の新市に目代が立てた高札には、一番に到着した者を今後も優遇するとあり、羯鼓売とあさ鍋売が競った（「鍋八撥」）。②婿を求めて祈誓する有徳人に、鞍馬毘沙門と西宮夷が高札を打って募れと示した（「夷毘沙門」）。③八幡山下の有徳人が一芸（蹴鞠・鼓・鉄砲・弓・歌道）ある婿を求めて高札を立てた（「八幡の前」）。④坂東から西国に向かう旅僧が「宿の入口」で見た高札に「往来の者に宿貸すことかたく禁制」とある（「地蔵舞」）。⑤ある有徳人が片輪者を扶持するとの意思を高札で示し、座頭・ゐざり・瘖唖が応じた（「三人片輪」）。これらからは、商人・旅の宗教者・芸能者を吸引し排除する開放空間での掲示板、という高札の性質が読みとれる。

以上、禁制木札とは、権力・寺社・地域の側からその外部者に対して掲示した規制である。北方京水遺跡出土禁制木簡の場合は、旅する民間僧らに向けた掲示板である。それは、美濃国の東海道・揖斐川沿いの集落拠点たる土豪屋敷門前の通過者を想定して、一定期間掲示されていた。

二・囉斎人——行脚僧、高野聖、巡礼、薦被、乞食、商人——

北方京水遺跡出土の禁制は、民間のものであること、下層の旅僧らが対象であること、また比較的早い時期の実物であること、いずれの点でも今のところ類例を見ない。ただ、武家領主による類似の内容の禁制として、文明十八年（一四八六）四月二十九日大内氏禁制がある。[8]「夜中大道往来之事」「薦僧、放下、猿引事、可レ払二当所并近里一事」「非職人、非二諸人之被官一者、他国之仁、於二当所一不レ可二寄宿一事」「路頭夜念仏停止事」「巡礼者、当所之逗留可レ為二五ヶ日一、過二五ヶ日一者、不レ可二許容一事」の五箇条を下知したものである。身分制史料としても注目され、戦国大名による新たな芸人や巡礼などへの統制として紹介されている。[9] 薦僧《こもそう》、路頭念仏、巡礼者のほか放下《ほうか》や猿引などをあげ、夜中や路頭での活動を問題にし、巡礼者の逗留を五日までに限っており、大内氏の領域支配にとっての不穏分子が警戒されている。

大内氏はほかにも、「夜中に大道往来の事」「諸国落人」（長禄三年）や、夜中路頭往来する「いさう（異装ヵ）」「物詣之由申仁」「ほうかふり」「笛、尺八、音曲」（文明十九年）などを規制している。また肥後の相良氏は、天文二十四年（一五五五）に「はふり、山ふし、物しり」などの寄宿を禁止し、駿河の今川氏親は、永正十一年（一五一四）に、「笛、尺八、うたひ」「十こくなとの修行者」の活動や寄宿を禁止している。[10] 大名権力にとって民間の宗教者や芸能者は警戒対象であった。同時にこれらの禁制は、町や里を歴訪する民間宗教者の広範な活動を推測させる。このほか寺院領主の例として、長禄三年（一四五九）高野山無量寿院三所十聴衆評定事書案に、「あんきや乞食不レ止」として「制札可レ立事」と定めている（高野山文書又続宝簡集七四）。正規の高野聖以外を排除しているらしく、独自に活計せざるをえない者が行脚乞食なのであろう。

禁制対象の民間仏教者は各地で活動しており、統制されてはいるが完全に排除されてはおらず、場所や時

図4　巡礼（左）、高野聖（右）（注11『新修日本絵巻物全集28』より転載、図5・6も同）

間を規制されつつ部分的に受容されている。規制主体と旅僧らの接点は、宗教的な活動内容にあったはずである。北方京水遺跡禁制の対象者にそくして具体的に検討したい。

『三十二番職人歌合』(11)（一四九四年）は、少し時代は下るが、ここで対象とされる民間宗教者たちの具体的な姿を知る手がかりである。七番は高野聖と巡礼を対にしている【図4】。高野聖には「たかのやま修行せぬまも宿かせと、坊をうかれて花やたつねむ」、巡礼には「おいすりに花の香しめて中いりの、都の人の袖にくらへん」、という和歌を付している。判詞で両者を「高野山居住之聖、諸国巡礼之客」と言い換え、「或期二五十六億之会座一、或約二三十三所之霊場一、共雖レ結二仏道修行之果一、互慕二人間栄耀之花一」などと説明する。図像では、高野聖は大きめの荷負が特徴的である。ここには袈裟や布、薬など、旅先での販売品が入れられているという(12)。巡礼は複数の巡礼札を所持し、編笠と藁ござ、勧進杓を携帯している。背に「三十三所巡礼」等と書いた笈摺《おいすり》は巡礼者の標章である。高野聖と巡礼者は、高野山・三十三所霊場とつながって仏教物品の配布と布施の獲得を目的に都鄙を遍歴する仏教者、ということができる。

六番は算置《さんおき》と鷹僧を対にする【図5】。鷹僧の虚無僧への系譜は

図５　こも僧

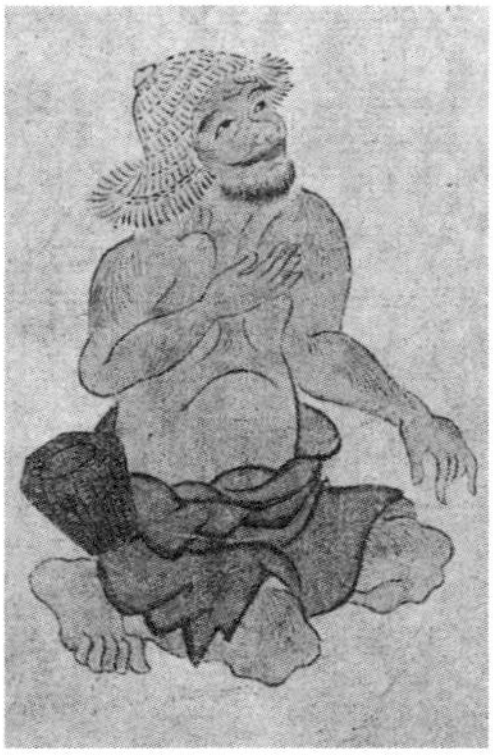
図６　胸たたき

別として、ここでは「薦被《こもかぶり》」との親近性に注目したい。判詞には「薦僧の三昧紙きぬ肩にかけ、面桶腰につけ、貴賤の門戸によりて尺八ふく外には別の業なき者にや」などとある。図像によると、六番の薦僧と七番の巡礼とは服装が類似しており、巻いた薦（またはござ）を腰に携行している。薦僧は門付けで尺八を吹く僧である。北方京水遺跡禁制の薦被は、尺八のことは不明だが、「薦僧」と見てよいであろう。

八番は、鉦叩《かねたた》きと胸叩きである【図６】。これらは北方京水遺跡禁制には記されていないが、乞食を理解する上で参考になる。鉦叩きの判詞には、「念仏弘通の心さしをもわすれ乞食頭陀の求をも捨て」など、本来のありかたに言及する。胸叩きには、「すみかへりたる寂寥の、むねをたたきののしりてせめてのまきらはしにするにや、宿ことに春まいらんと節季に契しを」、などとあり仏教者の一姿だとする。前者の乞食頭陀と後者の裸一貫での乞食とは、親近性をもって対にされている。評者は、鉦叩きを仏事から逸脱しがちだと戒め、胸叩きを心ある仏教者としてやや肯定的に述べる。ここには乞食の両義性、つまり仏事と物乞いとが、後者へ傾斜しつつなお仏教者への期待として表現されている。

旅僧の宗教能力は独力で身につけたものとは言い切れない。高野聖は高野山と、巡礼者は三十三所霊場と、それぞれの結びつきがある。五来重氏は、「（廻国の勧進聖は――筆者注）いたるところであたたかい hospitality（異境人歓待）にむかえられたのである。そのためには、高野とか東大寺とか鞍馬寺・長谷寺・四天王寺・善

図７　『洛中洛外図屛風』（模本）の巡礼・乞食（東京国立博物館蔵／ ColBase（http://colbase.nichi.go.jp））

図８　『多賀社参詣曼荼羅』の山伏・高野聖・巡礼（個人蔵／注15『社寺参詣曼荼羅』、図９も同）

光寺などから出てきたという証明書（勧進帳）と、それぞれの本寺の本尊の写しやお札をいれた笈を、宗教的権威として携行せねばならなかった」と指摘している。[13] この点、京都の霊験所を加えてもよかろう。洛中洛外図の諸本には、高野聖や巡礼者が散見される。たとえば東博模本の【図７】には革堂境内に笈摺を着た四人の巡礼者がおり、門外には乞食が座る。[14]『三十二番職人歌合』の巡礼者に、都人と袖の香を競おうという和歌が配されていたように、都の霊験所は特別の地だった。高野山や三十三所、都の霊験所への参籠は、廻国僧が霊力を体得して各地で活動する前提的な行為であったようである。

十六、七世紀に数多く描かれた参詣曼荼羅には、高野聖や巡礼者の登場場面が多い。例として近江国の霊場、『多賀社参詣曼荼羅』【図８】には、多くの参詣者に交じって、太鼓橋で法螺貝を吹く山伏、橋の右下に黒い荷を負う二人の高野聖、三重塔の左に笈摺を背に見せる巡礼がいる。参詣者は願いを込めて祈り、その見返りとして神仏から霊力を授けられる。そのことを当面保証するのが配布される札類である。【図９】は、本殿の神が僧侶に経

図９　『多賀社参詣曼荼羅』（部分、多賀大社蔵）

箱を授け、僧らが読経し（下方の堂）、参詣者に参詣札を授与する（堂右下の縁）、という関連の説明的場面である。[15]

以上から、巡礼者の霊場参詣は、自身の信仰満足だけが目的ではなく、霊力を仕入れる行為でもあった。霊場では参詣の証として札を得るのであろう。『三十二番職人歌合』の巡礼者が持つ複数の札は奉納用かも知れないが、代わりに得た札類を廻国の先々で配布（賦算《ふさん》）するらしい。時には旅先で代参を請け負い、代金等と引き換えに参籠札を預かって霊場に奉納する場合もあろう。また、寺院側から廻国僧を介して各地の檀那に手渡されたお札などがあったに違いない。高野聖や熊野・伊勢の御師などは、収益を上納して地位を保証されたであろうが、多くの民間僧は、ある程度の黙認下で自らの力を頼りに参詣と廻国に励まざるを得なかったのではなかろうか。

多賀社の場合、山伏姿の同宿（近世の坊人）が御師に相当し、祈禱札・大般若札・牛玉宝印・守・巻数を配布して他の寺社と競合していた（多賀神社文書、天文十五年十二月七日近江国守護奉行人連署奉書、永禄八年正月十一日磯野員昌多賀大社七箇条定文、天正二年七月二十八日織田信長黒印状。『言継卿記』天文十九年正月五日条など）。牛玉宝印は高い財源的価値があったとされるが、[16]その他の札類も同様であろう。独自に活動する旅僧には規制があったであろうが、『多賀社参詣曼荼羅』に高野聖や巡礼者が描かれているように、檀那獲得の裾野でもあったらしい。天文十一年（一五四二）の『別当観音院縁起』に、花山法皇が三十三所最後の美濃谷汲寺に参詣後ただちに多賀社に詣でたと語り、架空の話だが、両者を結ぶ参詣路は北方京水遺跡の近くを通っていたかもしれない。

以上の参考事例から、次のように推定したい。戦国時代に広く見られた囉斎人は、孤立して生きるのは困難であり、霊場との結びつきを主張して門付けで簡単な仏事作法を行ったのではないか。その際、霊場で得た札を配ることもあった。その見返りとして金品を獲得し宿を借りた。一方、地域の側には、囉斎人を受容する傾向がある。今日に多く残る納経札・印仏など庶民信仰史料の背景に、両者の相互関係があったと想像される。地域と囉斎人との関係は、旅の仏教者を吸引し排除する禁制高札として示された。

戦国時代から一〇〇年を遡る北方京水遺跡出土禁制について、次のように理解してみたい。住人側は、土豪屋敷の門前に掲示し、囉斎人を規制しつつ受容した。囉斎人側は、旦那に利益を勧進し布施を得るために仏事作法や配札などを行い、時に宗教物品を販売する商人とも見られた。囉斎人とは、自らいわば村送り、宿送りで旅先の厄難を祓う僧であり、地域にとってはごく部分的な接触で利益をもたらす外部者である。見知らぬ土地で死活に関わる不安定さを強いられることを思えば、実際上は被差別民としての分化過程にある者を多く含んだであろう。

三．狂言「地蔵舞」をめぐって

囉斎人を主人公とする狂言に、「地蔵舞」がある。近世以後の詳しい台本が流布しているが、短いながらも天正本も伝わる。ここでは、近世の大蔵流の伝本を底本とした日本古典文学大系本を用いて概観したい。

登場人物は諸国一見の出家（地蔵坊）と檀那の二人である。冒頭で出家は、「我は仏と思えども、我は仏と思えども、人は何とか思うらん」と謡う。次いで出家は、自分は坂東方の出家者で、都見物と西国の廻国へと向かう途次であり、日暮れて人家に宿を取ろうとすることを説明する。しかし宿入口には高札があり「往来の者に宿貸すことかたく禁制」とある。そこで宿主との交渉へ。

出家「曬斎申そう」。宿主「ここな人は。曬斎を乞う者が案内を乞うということがあるものか。（略）この所の大法で、わごりょのような往来の人に宿貸すことかたく禁制でおりゃる」。出家の機転によって宿主は大法を破って宿を貸すことにするが、大法を憚って静かに過ごすよう約束させる。深夜、出家は後夜の勤めを始め、「南無至心帰命礼西方……」などと唱え、宿主が制止する。このあとうち解けた両者は、寒さ凌ぎに酒盛りをはじめ、舞と謡いに興がたかまる。そして最後に出家者地蔵坊は舞ながら次のように謡う。

地蔵の住むところは迦羅陀山に安養界、……罪の深き衆生を、錫杖を取り直し、かいすくうてはほったり、かいかくうてはひったり、……（釈迦如来から）末代の衆生を地蔵に預けおくなりと、仰せを受けてこのかた、走り廻り候えど、誰やの人が憐れみて、茶の一服もくれざれば、くたびれ果つるお地蔵、このお座敷へ参りて、間の物で十ぱい、三度入で十四はい、縁日にまかせて二十四はい飲うだれば、糀の花が目に上がり、左へはよろよろ、右の方へはよろよろ、よろよろよろとよろめけば、慈悲の涙せきあえず、衣の袖を顔にあて、衣の袖を顔にあて、六道の地蔵の酔泣きしたをごろうぜ、酔泣きしたをごろうぜ。

ストーリーは、廻国する曬斎僧と、地域の法に規制されて留住を拒否する宿住民とで展開する。その主題は、戒律（不飲酒戒）や「所の大法」よりも人としての交情に価値を見出すという思いであり、そのことを、「慈悲」という普遍的思想によって表現している。ここでは、廻国の曬斎僧と衆生救済に六道を巡る生身の地蔵とが重ね合わされている。そしてここには、差別を受ける側の立場から、身分制を超克する思想が断片的・潜在的ながら表現されている。

日本において歴史的には仏教は外来宗教であり、中世の地域社会では外部からの来訪者により繰り返しもたらされた。越境する廻国僧による民衆の基層文化への働きかけは、領主権力が担う正統顕密仏教による民衆支配(17)を末端で支える場合と、領主や地域から疎外されつつ生存をかけて放浪する場合とがあった。多くは後者に属する囉斎僧らは組織性が弱く、僧伽や和合の理念で集団化して世俗権力に対峙するにはほど遠いばかりか、差別視される傾向にあった。とはいえ仏教思想に借りる形式で、身分制への批判原理となる思想を断片的・潜在的ながら体現しえた。

むすび

中世には民間の芸能者・病者・身体不自由者などが僧尼である場合が目立つ。琵琶法師・熊野比丘尼、『病草紙』のせむしや白子、坂非人の法師などである。また、若狭国太良庄を「乞食」として経廻して間人《もうと》の宅に寄宿した「盲目法師」（一二四三年、東寺百合文書ほ八）、「千秋万歳」たる「散所ノ乞食法師」（一二七五年、『名語記』）、「乞食等ノ沙門ノ形」「非人・カタヒ・エタ」を指すという「濫僧」（一二八七年、『塵袋』）、散所長者亀菊法師（一三二七年、東寺百合文書ヒ二四一）、などはよく知られている。一方、善阿弥の孫、庭者河原又四郎は「屠家に生れるを悲しむ。故に物の命を誓いてこれを断たず」（『鹿苑日録』延徳元年〈一四八九〉六月五日条）と語り、自覚的に不殺生の仏教思想を表した。また「非人高弁」（一二一三年、『摧邪輪』奥書）、「屠沽下類のわれら」（一二五〇年、親鸞『唯信鈔文意』）、「旃陀羅が家より出たり」（一二七二年、日蓮書状）など、専門僧が体制離脱の自意識を表明した例もある。

体制外的な者が僧尼となるのはなぜだろうか。それは信仰心一般ではなく、社会的意識形態とも別次元の問題ではなかろうか。曬斎人を含む多くの民衆仏教者の場合、体制と対峙せざるを得ない者の潜在的・無意識的なよりどころとして、また知識ある一部被差別民や学僧の場合、内在的な思想を自覚的に表現する形式として、仏教に結びついたのではないだろうか。よりどころ、形式とはいえ、ここにこそ宗教の領域がもつ大事な存在理由がある。ほとんど可能性の範囲内にとどまることかもしれないが、日本中世仏教から普遍的思想を取り出すことは可能であった。曬斎人が担う「慈悲」はその一例であり、支配思想に組み込まれて圧倒的威力をもつ正統仏教側の言説とは違い、原理的には世俗領主や国家の権力、正統宗教の権威、それらと対峙する思想に結びつく可能性を含む。「一味」「和合」の理念が一揆として歴史の表舞台に出る場合なども含め、仏教史研究の探究課題はなお大きい。

中世仏教は、長いアジア思想史の背景を条件に、そこに含まれる普遍的思想を民衆思想として表出させうる媒体となった。部分的・断片的ではあるが、ここに中世の生活者民衆の新しい可能意識[18]としての意義を仮想したい。それは普遍的な英知を獲得していく近現代史の前提であり、今日いまだ実現していない理想社会への課題を将来に展望するよりどころの一部でもある。

(1)　磯貝龍志「岐阜・北方京水遺跡」(『木簡研究』四一、二〇一九年)。【図1】と釈文は『木簡研究』掲載のものによる。ただし釈文の二行目六文字目を、私案として「は」から「佐」に改めてみた。二〇二〇年二月十二日に岐阜県文化財保護センターで実見させていただいた。磯貝龍志氏には懇切なご教示に預かった。

（2）岐阜県文化財保護センター『北方京水遺跡現地見学会』（二〇一七年十一月十一日）、磯貝龍志「北方京水遺跡の調査」（同センター『岐阜県新発見考古速報二〇二〇――令和2年度岐阜県発掘調査報告会発表資料――』二〇二〇年十月二十四日）、『岐阜県埋蔵文化財センター調査報告書148集　北方京水遺跡Ⅱ』（第1分冊・第2分冊）（二〇二二年）。

（3）水藤真「発掘調査の出土木札」（同『木簡・木札が語る中世』一九九五年、東京堂出版）。同『絵画・木札・石造物に中世を読む』（一九九四年、吉川弘文館）も参照。

（4）田良島哲「中世木札文書研究の現状と課題」（『木簡研究』二五、二〇〇三年）。

（5）小島道裕「中世の制札」「中世制札一覧」（国立歴史民俗博物館・研究者紹介・小島道裕ホームページ、二〇〇五年十二月更新。現在は閲覧できない）。紙本文書には民間での例が他にもある。近江国今堀日吉神社文書に「一、タヒウト、ヲクへからす」（長禄四年〈一四六〇〉十一月一日掟）、「一、とまり客人きんせひの事」（弘治二年〈一五五六〉地下掟）。ともに『日本思想大系　中世政治社会思想下』（一九八一年、岩波書店）所収。

（6）高札について、次の先行研究を参考にした。藤木久志『戦国の作法』「落書・高札・褒美」（一九八七年、平凡社）、水藤真『絵画・木札・石造物に中世を読む』（前掲注3）、前川祐一郎「壁書・高札と室町幕府徳政令」（『史学雑誌』一〇四―一、一九九五年）、同「室町幕府法の蓄積と公布・受容」（『歴史学研究』七二九、一九九九年）、酒井紀美『中世のうわさ』「五　一揆と高札」（一九九七年、吉川弘文館）、大阪人権博物館編『高札――支配と自治の最前線――』（一九九八年）、峰岸純夫『中世　災害・戦乱の社会史』「Ⅱ三　制札と東国戦国社会」（二〇〇一年、吉川弘文館）。

（7）『日本古典文学大系　狂言集　上・下』（一九六〇年、六一年、岩波書店）による。

（8）佐藤進一他編『中世法制史料集　第三巻　武家法Ⅰ』（一九六五年、岩波書店）。

（9）『部落史史料選集　第一巻　古代・中世篇』（一九八八年、部落問題研究所）。

（10）以上、佐藤進一他編『中世法制史料集　第三巻　武家法Ⅰ』（前掲注8）、同第四巻（一九九八年）。

（11）『新修日本絵巻物全集28　伊勢新名所絵歌合・東北院職人歌合絵巻・鶴岡放生会職人歌合絵巻・三十二番職人歌合絵巻』（一九七九年、角川書店）。

（12）五来重『高野聖』（一九六五年。一九七五年増補版、角川書店）。

(13) 五来重『高野聖』「十三　高野聖・西行」(前掲注12)。
(14) 京都国立博物館編『洛中洛外図』(一九九七年、淡交社)。
(15) 大阪市立博物館編『社寺参詣曼荼羅』(一九八七年、平凡社)。
(16) 新城常三郎『新稿社寺参詣の社会経済史的研究』(一九八二年、塙書房)一九三頁。
(17) 平雅行『日本中世の社会と仏教』(一九九二年、塙書房)。
(18) 安丸良夫『日本の近代化と民衆思想』(一九七四年、青木書店)。

第八章　中世民衆思想の探究——木札・像内文書・仏書を例に——

はじめに

中世民衆の生活実感から紡ぎ出された心情や思想は、社会を覆う政治秩序や目前の領主権力、それらを支える支配思想との深刻な対峙を強いられた時に、日常意識を超えた価値観や意思として表出される可能性があったように思われる。史料的には僅少だが、意思ある思いや訴えの一部が言語化され、その一部が制約ある様式に従いつつ文書に記され、さらにその断片が今日に伝えられる。民衆思想の痕跡に対しては、何重にも制約された劣位の状況を念頭に置いて聞き耳を立てなければならないが、ここではこの問題について、中世仏教を焦点にして考察してみたい。というのも、中世を通じて、権力と結びついた支配思想としての顕密仏教は、民衆の社会的意識としても大きな役割を果たしていた、という学説を重視するからであり[1]、その上でなお、国家思想ないし支配思想さらに社会的意識形態一般と区別される民衆思想が、仏教の形式を取る事例について探査したいからである。

権力の意思や社会の意識は、年貢不払者に堕地獄を指示して恫喝する荘園制支配思想の機能が典型的であるように、ほかでもなく仏教の形式を借りることが多い。しかも一方の被支配者は、すでに中世成立期から社会的に展開した仏教と日常的に接する環境のもとに置かれた。しかし民衆が身近に接した支配思想としての顕密仏教は、場合によっては、自らの思いや行為を表現する形式として活用できる条件ともなった。中世民衆は、日常意識ならぬ政治意思をやむにやまれず表現する際には、「不殺生」「慈悲」「和合」などの仏教用語を借りることができ、過酷な生存条件を生き抜くためには、「乞食」「勧進」「巡礼」などの仏教行為を選ぶことが可能であった。史料に見えるこれら仏教用語は、正統支配思想またはそれと不可分の社会的意識形態として表れる場合が圧倒的に多いが、一部インテリゲンチャによる価値高い異端思想のほかにも、社会的意識形態を超える普遍的な価値意思として紡ぎ出された例が、権力に抗わざるをえない状況にある劣位者の声として聴き取りうる場合があると思う。

ここでは、これまで取りあげた史料の再検討と先学による検討事例の参照、それに加えて新たに気づいた若干の事例をあげ、いまだ探査過程ではあるが、民衆思想の一端を記してみたい。

なお本章は、二〇二二年十月二十二日に開催された地下文書研究会シンポジウム「中世地下文書論は何を明らかにしたか」（於立教大学池袋キャンパス）に招かれて報告した内容に基づいている（原題は「銘文と仏書からみた中世の民衆」）。そのため地下文書論との接点を探る意図を一部含んでいる(2)。ここでいう「地下文書」とは、「統治の回路で機能した権利文書ではなく地域の社会集団が作成・管理した文書」（研究会代表春田直紀氏によるご教示）、という理解によっている。

また、本章の本書における位置づけは、民衆思想の一部としての民衆仏教を探究するための文献学的な方法の事例を述べて、今後の具体的な史実探査につなげる意図をもっている。前章までに触れた事例を含むのは、本書の終章とするためでもあった。ただし、本書編集の過程で「結章」を加える必要が生じたため、本章は第二部の末尾に置くこととした。

一．木札──掲示された地域の法──

（1）一一六一年・僧永意起請木札（三河国）──地域集団の新規範──

三遠国境に近い船形山の南面に堂舎が展開した普門寺は、山麓の平地村落をあたらしい基盤として再生した中世寺院である。十二世紀半ばに経塚や梵鐘などの関係史料が集中して残っており、その一つが永暦二年（一一六一）僧永意起請木札である。(3) 本書でも何度も紹介したので、ここでは本章の目的に関する部分のみを確認しておく。この起請木札は、本堂に掲示されていたらしい。三箇条の禁止事項は、戒律についての仏教用語に満ちている。ただし注意すべきは、住僧らのみを対象にしたのではなく、その出身母体である山麓地域の地縁結束を促す新規範として掲げられた起請であるらしいことである。三箇条について、一部を抜粋してみる。重要語句に傍点を付し、仏教上の典拠に傍線を付した（三一九頁に写真）。

一可停止於無益致口舌論諍輩事

右僧侶之行、宜下守二戒律一、以二空観一為二床座一、以二柔和一為中衣裳上、何好二諍論一、還破二和合一、縦雖レ得二其理一、不レ可レ競二是非一、矧於二無益事寧論一哉、宝積経偈云、戯論諍論処、多起二諸煩悩一、智者応二遠離一、当レ去二百由旬一云々、又案二止観同行善知識文一云、……

一可レ停下止住寺禅侶中於二彼此処一企二殺害一致二偸盗一輩上事

右出家素意偏住二慈悲一、而殺戮之計起二於暴悪之心一、闘乱之企生二於瞋恚之思一、雖レ長二武勇之家一、不二敢

以レ威蔑レ他、雖レ出二猛勢之処一、不三敢以レ摧貴レ己、況発二悪心一恣加二誅戮一哉、案二梵網経意一云、……

一可レ停下止乍レ住二山門一遊二行聚落一密好二女犯一輩上事

右十重禁之中、婬妷尤深重、就中於二邪婬一者世俗尚警、是令条之制禁也、……

第一条は「和合」、第二条は「殺害」「偸盗」の禁止つまり特に「不殺生」そして「慈悲」、第三条は恣意的な「女犯」「婬妷」の禁止つまり言いかえると「不邪淫」、これらが鍵概念である。いずれも基本的かつ根本的な規範である。起請末尾に署名する「遍照金剛弟子永意」は、密教の学僧らしく、戒律そのものや『梵網経』に説く十重四十八軽戒、『大宝積経』などから語句を引用しており（別の箇所には『摩訶止観』などからの引用がある）、一見すると専門僧を対象とするかのごとくである。しかし実際は、この戒律用語の切り貼り文は、知識人僧が仏書の権威的文言を引用しつつ、寺院を拠点とした山麓の地域づくりを意図する住民に、平和な結束を将来に展望する理念こそを提示している。世俗生活に励む住人自らの日常用語として語られていないことは、この段階の特質として確認しなければならない。しかし同時にそれは、住民の意思と関係なく一方的に外部権力によって持ち込まれた支配思想だと断定することを躊躇させる。むしろ山麓の雲谷・岩崎など新興村落の住民による地域づくりの意思が先行し、それに表現形式を与えた文章なのであろう。

普門寺は寺院領主というより、地域諸集団の没派閥的な結集核として設営された里山寺院であり、人的にも経済的にも膝下地域からの供給によって成り立つにいたっていた。この場合、仏教聖地であることが没派閥的砦たる性質を担保している。普門寺の創建は少なくとも十世紀にはさかのぼり、かつて古代国家の地方行政と不可分の山寺であったようだが、権力事業として仏教がこの地に移植されたという歴史的条件は、新しい時代の必要に応じて、主体を変えて再選択されたのだと考えられる。十二世紀半ばの普門寺膝下地域にとって、この起請が顕密仏教の荘園制的イデオロギーによる呪縛として機能したとは言い切れない。専門僧の知識に依存した文章表現であることには留意すべきだが、文面の背後に、地域住民による仏教に借りた思想表現の萌芽を感知できると思う。なお、起請に類似する事例として、ほぼ同時代の塩津港遺跡出土起請文木札（近江国）をはじめとする初期の起請文が、権門寺院などの領主支配の手段として作成されたのではないことも、参考にしておきたい[4]。

（2）一三九三年・禁制高札（美濃国）——「所の大法」への対峙——

前章で見たとおり、北方京水遺跡（岐阜県大垣市）から出土した木簡は、禁制を内容とする比較的小型の高札である。文面は次の通りである[5]。改行は「／」で示す。

条々きんせい
あんきやの佐う／かうやひ志り／志ゆんれい／こもかふり／こしき／あきない人
右よろ徒ろ／さい人此旨を／背之輩、堅／罪過へき物也、
明徳四八月日
—（花押）

出入り禁止の対象とされているのは、行脚の僧、高野聖、巡礼、薦被、乞食、商人であり、囉斎人と一括されている。それらは、非定住の仏教者であり、廻国僧・山伏・乞食僧ともいえる存在である。これら囉斎人は、孤絶の自力求道者ではなく、救いを求める俗人に仏事作法を施しつつその見返りを得て生活した、と

考えられるからである。そう考える理由を、次の説話二例によって垣間見たい。

謡曲「鵜飼」（世阿弥補作）は、[6]安房から甲斐への行脚僧が宿を乞う設定である。ところが行脚僧は、「往来の人に宿を借し申すこと禁制」だという「所の大法」に阻まれる。その代わり、集落周縁の惣堂に誘導されて過ごすことになり、そこで出会った鵜飼と交流する。筋書きの核心は、殺生によって堕罪すべき鵜飼（の霊）の「慈悲の心」を捉えた行脚僧が、利益を授けて救うということにある。[7]

前章でも述べたが、狂言「地蔵舞」（現行本のほかに天正本あり）は、[8]坂東から都に向かう廻国僧が、日暮れて宿を乞う設定である。ところが宿入口には「往来の者に宿貸すことかたく禁制」という高札があり、宿主からも「所の大法」だとして断られる。筋書きの核心は、結局うちとけた宿主と廻国僧との酒盛りにおける交情が深まり、廻国僧（実は生身の地蔵菩薩）は「慈悲の涙」に暮れるということにある。

北方京水遺跡出土の禁制木簡は、「所の大法」そのものであろう。この地下文書は、旅する民間宗教者を排除している。しかし一方的で単純な排除ではなく、門付けの宗教活動などには訪問先での需要がある。地域住民と移動生活者には、仏教をめぐる一時的接点がある。そこに交情を探る謡曲・狂言の思想には、理想化を含むとはいえ、現実的な基盤があったと思う。例示した二説話は、「所の大法」や顕密仏教を相対化しつつ、不殺生・慈悲をめぐる葛藤に借りた思想を自覚的に表現している。そしてその基礎には、言語化されない思いを含めて、未組織の断片群としての普遍的思想が中世民衆によって紡がれていた。そのような可能性が感知される。

二、仏像内の文書――籠められた意思、性をめぐって――

（1）像内の文書

仏像の像内には、しばしば造立の関係者による願文や交名が墨書される。文書として納入される場合もある。それらは単なる記念ではなく、開眼作法に際して読み上げられるなど、その場の関係者を中心とする儀礼の実施とその機能が見込まれていたらしい。仏像内に文書を籠める作法は、北宋式の作善を参照して始まったものらしく、東大寺僧奝然が皇帝の了解のもとに台州で制作・賜与された生身釈迦像を持ち帰り、九八七年に入京して以後のことである。(9)銘文には開眼師や仏師の名が見えることもあるが、僧俗男女つまり新しい仏像（場合によっては寺院）に集う関係者が現れることに特徴がある。事例の増える十二世紀には、仏像を作った主体とおぼしい地域上層の夫婦・一族・単身者が見出され、そこに社会集団を認めることができる。百姓身分上層を含む場合があるらしく、民衆が支える中世仏教の姿を垣間見ることができる。

一一五九年に作られた三河国平勝寺の観音菩薩像の像内銘文には、冒頭と末尾に「敬白」と記す願文様式で、その内容をほとんど人名で埋める墨書がある。(10)詳述したことがあるので、ここでは事例として必要なことのみを見ておく。四四人の名が見え、最も多いのは若尾一族であり、造仏の主導者だと分かる。「散位若尾貞助・桑名氏」という夫婦を筆頭に、「若尾助兼・大中臣氏」「若尾氏・清原守貞」ら子世代の夫婦、「若尾在助・弥野氏」ら孫世代の夫婦や単身者、また筆頭の若尾貞助の兄弟らの夫婦、以上で約半数を占める。ほかに、「秦友光・物部氏」といった他氏間の夫婦や、「長坂部成光・家女」という同氏間の夫婦がいる。単身者は僧尼あわせて八人である。若尾氏以外の氏は、桑名・大中臣・清原・賀茂・弥野・藤原・平・橘・秦・物部・大家・長坂部・穂積・源・尾張である。山間の寺院を核に、婚姻関係を軸として造仏に参加するこの集団は、地域的結集を図ろうとしているのであろう。

地下文書ともいえるこのような仏像内文書に関して、この章で注目したいのは、女性の存在が比較的多いということである。氏だけで記されるという差別があるが、紙媒体で授受される文書に比して、女性の存在が目立つ。すでに経験的には多くの研究者によって気づかれていることだが、像内銘だけでなく、経塚遺文や写経識語などにはこの傾向がある。ただその理由を説明するのはなお難問なのではなかろうか。成案には遠いが、ここでは手がかりを探る目的で、いくつかの事例を検討したい。

検討したいのは地蔵菩薩像である。奥健夫氏の研究によると、地蔵菩薩像は、十世紀末から十一世紀初に天台僧源信が造立した霊験地蔵像が画期となって、北宋式の作善として像内納入品・願文・結縁交名などが籠められるようになったらしく、特に十三世紀には生身仏としての造像展開が確認されている（一二一五年・一二一七年願文のある静岡県岩水寺像、一二二一年願文のある京都府寂光院像など。結縁交名は顕密僧が中心）[11]。この生身仏の特徴は、何といっても身体性の強調であろう。

地蔵菩薩については、典拠となる経典類や造形表現が知られており、中世において独特に展開したが、その特徴の一つは境界性ということにある。現世と来世、地獄と極楽、集落と外部、こどもとおとな、といった境界に立ち現れる存在として設定されている。これら空間と時間の境界における救済者ということに関係して、ここでは性別の境界ということに着目してみたい。というのも、中世の地蔵菩薩像については、概説的には「美男の僧形の姿[12]」、「少年を思わせる瑞々しい面貌[13]」といわれることがある。確かに、『大乗大集地蔵十輪経』（玄奘訳）には地蔵を指して「善男子」と呼ぶ箇所があり、『今昔物語集』（十二世紀初頭編集）には「十余歳ばかりの小僧の形ち端厳なる」（巻第十七第二十一）などと記されている。しかしいわゆる美少年という概念について、歴史的には一考の余地がある。現在の研究条件を念頭に置いて地蔵菩薩の形姿を見ると、男性または女性として割り切れない思いに駆られる。[14]

（２）一二二八年・伝香寺蔵地蔵菩薩像（大和国）

【図１】の地蔵菩薩像は、もとは興福寺関係寺院にあったという。袈裟の着装儀礼を目的に、裸形の木彫像として作られている。[15] 像内には舎利壺・薬師如来像・十一面観音像・経典（『般若心経』『細字法華経』『解深密経』）・比丘尼妙法願文・比丘尼唯心願文・仏子貞隆願文・結縁交名などが納入されていた。『解深密経』奥書や比丘尼唯心願文には安貞二年（一二二八）と記されており、造像年代ははっきりしている。願文には、唯識思想を散りばめつつ地蔵菩薩からの救済を求めるが、比丘尼妙法願文には「二親菩提」「悲母者恩徳尤深」、仏子貞隆願文には「孝養悲母」と述べている点に、特徴の一端がある。結縁交名には、二六四名が見え、うち前から一八〇人ほどまでは男性の僧侶と一部俗人で占められているらしい。[16] その後ろには、男性僧侶や「三郎」「八郎」といった少数の俗人男性に交じって、「藤原姉子」「阿古」「勝石」「菊万」など女性と推定される一〇人ほどの名前が散見される。

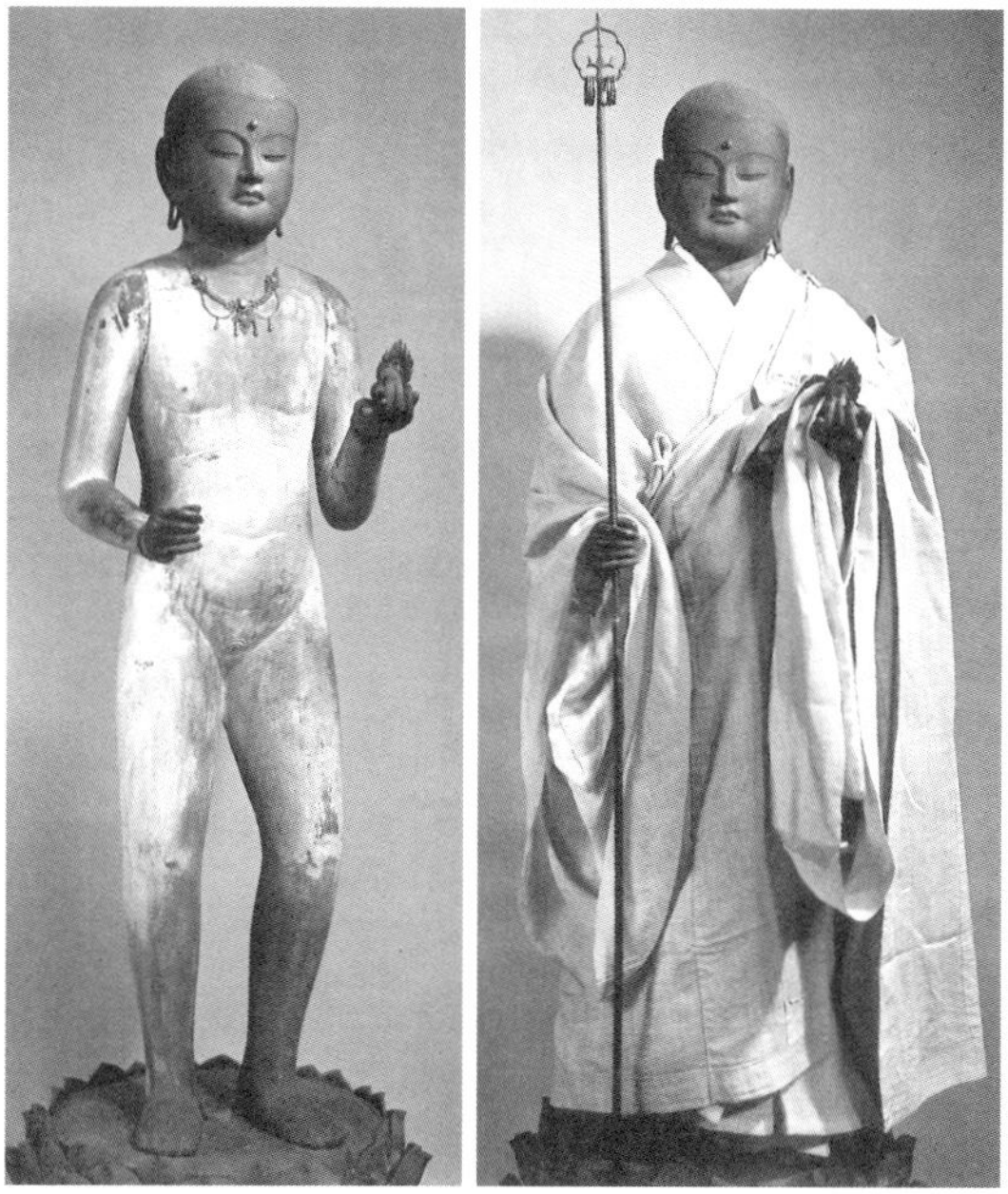
図１　伝香寺蔵地蔵菩薩像（松島健『日本の美術239　地蔵菩薩像』1986年、至文堂）

交名は全体に序列に従って記されたらしく、後半はやや原則がつかみにくいが、冒頭からは男性僧侶を中心に整然と配列されている。すでに杉山二郎氏[17]による詳細な検討によって、交名冒頭から信円（九条家・興福寺別当）・覚憲（藤原通憲息・興福寺別当）・信憲（通憲孫・興福寺別当）・貞慶（通憲孫・興福寺）・雅縁（村上源氏・興福寺別当）などと続き、弁暁（東大寺別当）、定範（通憲孫、東大寺別当・醍醐寺座主）など東大寺や醍醐寺の要職者、さらには重源（東大寺大勧進）や空阿（明遍、高野山蓮華三昧院）などすでに死去した興福寺・東大寺・醍醐寺の僧が多いこと、特に藤原通憲の子孫が八名見出されること、などが指摘された。

つまり、南都の有力貴種僧らに有縁の人々を救済対象に、その系譜に連なる僧尼が結縁造像の願主になったらしい。ただし三通の願文のうち二通が比丘尼のものであり、比丘尼妙法と僧貞隆の願文に「悲母」の救済が目的と書かれているように、女性救済を意識していることも確かである。しかし、比丘尼妙法願文には「身是五障質、煩悩塵労雖レ払二心闇一」、比丘尼唯心願文には「転二五障女身一具二足丈夫相一」などという表現がある。生来女性は男性より宗教的な機根が劣るという女性罪業観のもとに、男性救済を優先する。しかも身分が性別に優先し、ここでは貴種身分内部での男性僧俗、ついで同族女性、という序列が表れている。それは一般的な顕密仏教思想そのものである。

以上のことは同時代に一般的なことだが、ここで考えたいのは、劣位に置かれた女性を含めつつ、この結縁造像の形式を、ほかでもない特異な裸形の地蔵菩薩像として選択した理由である。

この地蔵菩薩像は、生身像として作られているが、人体とまったく同じなのではない。裸体表現にした上で、隠馬蔵相《おんめぞうそう》、つまり性器を示さず、渦巻き模様として表現していることに意味があるらしい。隠馬蔵相の造像例としての初見だという[18]。隠馬蔵相の典拠については、六世紀東晋の仏陀跋陀羅が漢訳した『観仏三昧海経』があり[19]、その後の輸入知識を含めて、直接間接に日本中世の知識人層が知る条件はあったのであろう。

同経には、釈迦の聖性として、機に応じて男根を伸縮・湮没させる性越境自在の異能者として説明されている。仏菩薩の双性性については、『観音経』（『法華経』観世音菩薩普門品）に、観音菩薩の三十三変化身のうち七種（比丘尼・優婆夷・長者婦女・居士婦女・宰官婦女・婆羅門婦女・童女）を女身と説いていることが、知識人仏教徒に知られていたはずである。経典に根拠のある仏菩薩の双性思想は、場合によっては意識的に取り出すことができたのである。この思想が特別明示的に造像化されることはないかもしれない。しかし中世の地蔵菩薩像は、隠馬蔵相の思想に通じる一面があり、そのことが美少年ならぬいわば中性的な面貌表現と対応しているのではなかろうか。

この地蔵菩薩像は、双性原理を体現する聖なる菩薩像として、意識的に選択した形式で作られたのである。この思想選択は、男性以外の結縁に正当性を与える。ただし実際には、貴種身分の男性を中心に、少数の女性を劣位者として加えるにとどまっており、顕密仏教の典型による実践である。ここには、生身の双性的な菩薩のもとに男性以外も結集可能だとする仏典由来の知識と現実の貴種男性を優位とする身分制との妥協した姿、前者を建前とした後者の正当化が見いだされる。ただそれにしても、性をめぐる仏教知識が実在したことには留意しておきたい。この知識を基盤とする新たな歴史の展開は、可能性としては絶無ではないからである。

（3）一三三四年・中御門郷逆修の地蔵菩薩像（大和国）

南都東大寺郷の一つ中御門郷にあった逆修坊では、幅広い階層の都市住民の信仰を集めた恒例仏事の本尊として、一三三四年三月に地蔵菩薩像が開眼された（国立歴史民俗博物館蔵、【図2】）。生身仏として作られたと考えられ、その面貌は男性または女性という一方の特徴を感じさせない。たくさんの像内納入品があり、

図２　地蔵菩薩立像（国立歴史民俗博物館蔵）

すでに詳細に検討されている。[20]

像内文書の一つ、約六〇名の僧俗男女を混在させた交名をともなう建武元年（一三三四）願文には、「大方有縁無縁法界衆生平等利益ノタメ、現存敬白、現世安穏、除疾延命、所願成就、後生善所、皆令満足のため也、此地蔵引上て入候、殊目出候〳〵」という願意が記されている。また四種の結縁交名が見出されている。先行研究の成果に従えば、そこに名前が見えるのは、①約二九〇名の僧俗男女、②約三七〇名の僧俗男女【図３】、③約二〇名の僧俗男女、④一対の夫婦、である。これとは別に、印仏をともなう短冊形紙片が約二五〇〇枚あり、うち一〇〇〇枚には僧俗男女老少の名が少人数ずつ記されている。[21] 関連事例とともに考察された藤原重雄氏は、これら交名の結縁者について、僧位僧官をもつクラスの者などを若干含みつつ、僧俗の庶民と呼べるクラスの人々が相当関わっている、と指摘されている。[22]

先行研究を参考に、ここでも注目したいのは、一通の願文と、交名①②③の三通とに、僧俗男女名が混交して書き上げられていることである。また、印仏を押した短冊形紙片に書かれた名前についても、僧俗男女による形式の区別は見られない。交名が男女混交で記されていることには、特別の意味があるのであろうか。

いわば個人としての名前の記入方法は、結縁の過程で順次記すという便宜によるだけなのかもしれない。とはいえ、仮に便宜的で形式的、また無頓着で無自覚に記名していったのであったとしても、身分差や性差による序列を表していないことの意味は、やはり一考に値する。すでに伴瀬明美氏は、「ジェンダーの日本史」という観点からこの交名の特徴について考察され、男女混在ということとともに、男女の書様や比率に差がないこと、「法界衆生平等利益」という願意文言から、ジェンダー格差は見出しがたいという結論を導かれ、庶民や地域社会では貴族社会のような女性罪業観（「五障」「三従」「変成男子」など）が未形成だと指摘された。同時に、女性罪業観が早晩民衆社会にも浸透するという見通しも述べておられる。[23]

　ただ、顕密仏教の呪縛過程という一方向において、この結縁交名を評価しきれるかどうか、なお歴史の多元性に思いをめぐらせる余地があるかもしれない。一〇〇余年前の伝香寺蔵地蔵菩薩像は、顕密仏教の典型例だったが、そこには経

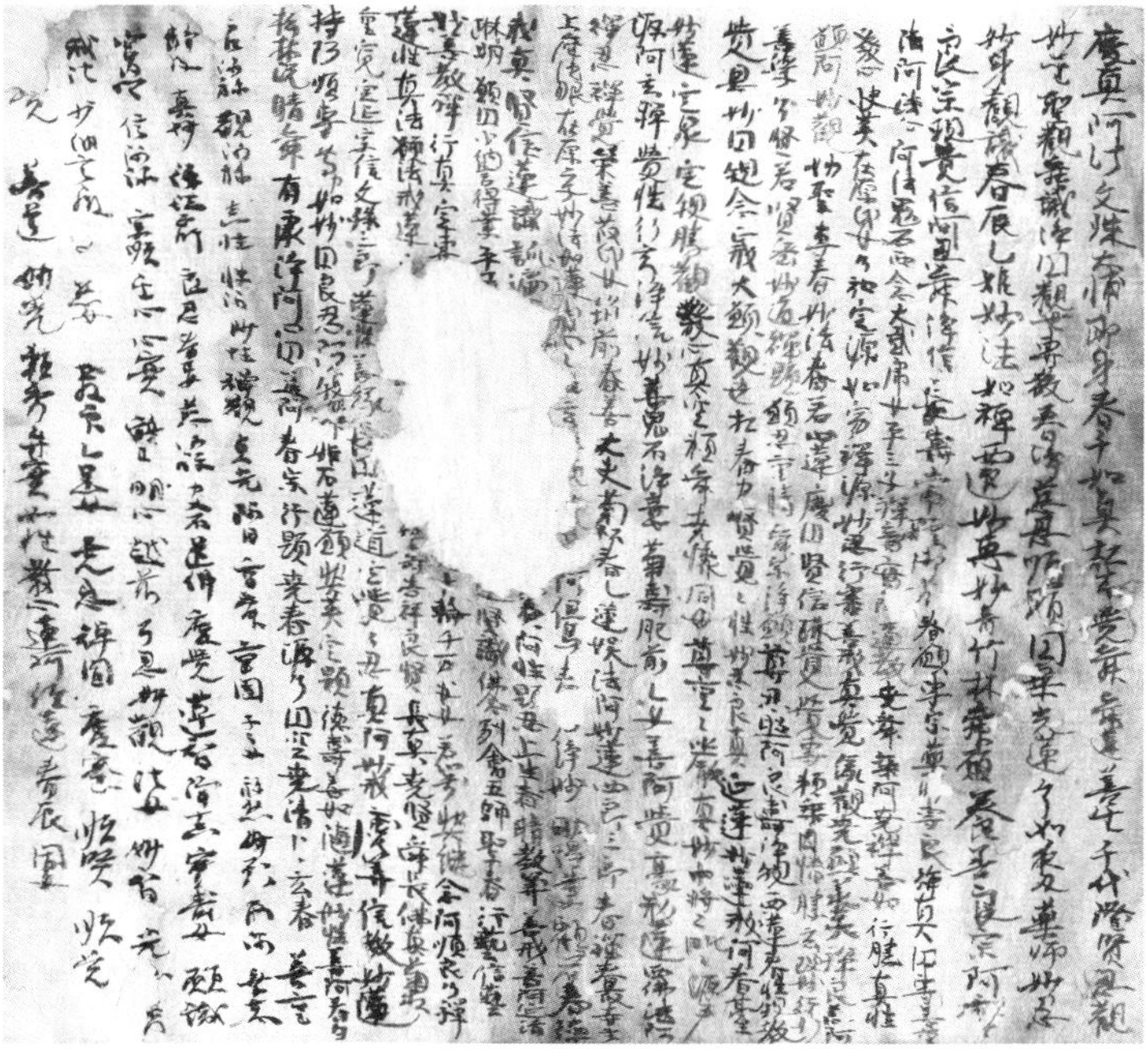

図３　地蔵菩薩像納入品　結縁交名②（同前）

典という実生活に裏づけをもたない書物の上での知識ながら、双性ないしトランスジェンダーを価値的に意識する条件が存在した証拠ではある。そのことを念頭に置いて中御門郷逆修本尊地蔵菩薩像に結縁した都市奈良の庶民層の交名を見つめると、むしろジェンダー格差の形成下でこそその相対視ないし抵抗意識が出現したという可能性は、合理的な推測の範囲内だと思う。

この場合も、他でもなく双性的な面貌の生身地蔵菩薩像への結縁にこそ意味がある。生身地蔵菩薩が、性を越境する肉体と精神の模範的実在を神聖化させていることと、庶民が自らの名を提示して結縁する行為とは、対応しているのではないだろうか。勧進僧の思惑と結縁者の意思が合致するとは限らず、結縁者の意識が多様であるのは当然であるが、男女混在交名の作成つまり男女の非序列的な結縁は、性差別を持ち込まない信仰実践への意識を含むと思う。この仮説的な推論は証明困難だが、少なくとも結縁交名を見詰め直す必要には思いいたる。

民衆意識、特にその性認識を表す史料は少なく、研究の視角と方法を探らねばならないが、ここでは仮説的に事例と解釈を示してみた。もしもここに研究展望の一端があるとすれば、それが仏教を媒介に表出したことの意味に即して考える必要があるであろう。ここでは中御門郷地蔵菩薩像を見たに過ぎないが、あえて一般化して述べれば、仏菩薩のもとでのジェンダー平等を認識する歴史的可能性について、研究が焦点化される。しかもそれは、身体性やその認識と不可分な問題であって、男女二元論ではない性の多様性をも、認識に含める必要を自覚させる。中世の性認識は、仏教文化的ジェンダーを焦点として表出したのかもしれない。

事例分析の積み重ねが必要だが、多様な性と仏教ないし宗教との結びつきを検討する課題は、すでによく知られた諸史料を思い出させる。『病草紙』（十二世紀末）[24]の両性具有者「ふたなり」は、鼓や数珠をもつ民間宗教者である。『一遍上人絵伝』（十三世紀末）[25]に見える各地の非人たちは、百姓身分以上の描かれ方とは違い、男女の識別要素を見出しにくい[26]。『七十一番職人歌合』（十五世紀末ごろ）[27]六十一番の山伏と持者は、性欲強い前者が女装男性である後者を追う姿で一対にされている。考察の手がかりは他にもあるかもしれない。

（4）　一三五一年・久多荘の地聖寺（山城国）

山城国久多荘は、近江国や丹波国にも近い山間荘園として知られる。もとは志古淵神社の宝蔵に保管されていた久多自治振興会所蔵文書の一通に、一三五一年・藤原くまおうにょ願文案がある。難解ながら、地下の女性が仏事に際して心中を吐露しており、性認識と関係する部分も感知されるので、翻刻に従って全文を掲げる[28]。

たて《立》申すくわんしよ《願書》の事

右こんと《今度》、ふちわら《藤原氏》のうちの女か心の中しまう《所望》、しんちう《心中》しやうしゆ《成就》、しそんはんしよう《子孫繁昌》、□てつ□卅になり候、あんをん《安穏》たいらかに、心の中しよまうこと〱くしやうしゆして、おもふさまの悦にて、一そく《族》のくわらく《嘉楽》となり候て、しよ《諸》人をふちし《扶持》はこくみ《育》、ひん《貧》なる物をふちし《扶持》ちんしちうゑうをの《逃》かれ、おや《親》のけう《孝》のこ《子》となり、しよりやう《所領》〱を、しさい《子細》なくわらハちきやう《知行》しことも、此くたのしやう《久多庄》にお きて、た《他》のさまたけ《妨》なく、ちきやう《知行》し候て候ハヽ、しやうてんちさうほさつ《聖天・地蔵菩薩》の御みやかし《御灯》れうそく《料足》に一年に一貫二百御あふら《油》の代たいおもむきおもこと〱く、さた《沙汰》をいたすべく候、ねかハくハ、わらハあくねんあくたう《悪念悪道》おもなさす、おさな《幼》き時より、ちゝ《父》の心さしあさからす、しに《死》おり候てハ、一そく《族》のかしら《頭》となりて、しよ人をふちし《扶持》、はこくみ《育》候ハんといふくわん《願》にて候か、いまゝてかない候ハて、この程ことさらしよりやう《（所領）》をあんと《（安堵）》せす、心くるし《（苦）》く候身も、あんふ《（安不）》のさかいに候程ニ、ふちわらのくまわうか心のうちのしまう《（所望）》こと〱く。しやうしゆして、あんおん《（安穏）》たいらかに、しそんはんしやう《（子孫繁昌）》ねかい《（願）》のしよまうしやうしゆ《（所望成就）》をきせい《（祈誓）》申候、かない候ハヽ、ことしうち《（今年内）》にかないて候ハん月よりさた《（沙汰）》をいたし候へく候、とく悦おもふさまにあらせて給ひ候へく候、

くわんおう二年六月廿五日

ふちわらのくまわうによ

ふちわらのくまわうによ（藤原熊王女カ、以下では熊王女とする）は、心中所願つまり久多荘内の所領知行が安定的に確保できれば、聖天と地蔵菩薩への油代一貫二〇〇文を毎年捧げると約束している。形式上この願文は、聖天と地蔵菩薩に対して捧げられている。関連する観応元年（一三五〇）勧進聖宗範置文と延文二年（一三五七）地聖寺宗範置文案を参照すると[29]、創建した地聖寺の本尊開眼に際して書かれた願文であり、寺僧として雇用された勧進聖宗範（後述）や熊王女一族をも顧慮して音読されたのだと考えられる。現存の願文は案文であり、おそらく正文は本尊である地蔵菩薩か聖天の像内に納められたのであろう。

地聖寺の実態は分からないが、寛文十年（一六七〇）山城国愛宕郡久多村寺社書上状に久多五か村の一つ下村に自性寺（朽木興聖寺末の禅宗）が見えると指摘されている[30]。また慶長七年（一六〇二）検地帳には下村内に「自性寺垣内」「自性寺庵」が見え、これが地聖寺と関連する可能性があり、また下村の結集核だったという推定もある[31]。勧進聖宗範置文には「によほうたうちやう（如法道場）」とあって、地聖寺の中心または寺そのものを指すらしく、小村の寺庵ほどの規模を推測させる。同置文には「ちとうによしやうせんに（地頭女性禅尼）の御きしん状」とも見え、地聖寺宗範置文案には「地頭はう（方または坊）より御寄進状あるによて、

此寺の開山のはからひとして、あん（庵）おこなう処也」とある。出家者としての呼称は気になるが、料所の寄進者たる開山とは、熊王女のことであろう。「地頭」とはいっても、小寺を設立する資力ある上層百姓かと思われる。

子孫繁盛・一族嘉楽を祈願して所領知行の安定的確保を祈る熊王女は、単身・未婚の家長的な女性ではないだろうか。「親の孝の子」、「幼き時より父の志浅からず、死におり候ては一族の頭となりて諸人を扶持し、育くみ候はん」という自覚は、父親から家長としての立場を継承したという宣言である。しかも後家（尼）として夫や男子の立場を代行するのではなく、藤原熊王女として一族・子孫の繁栄を祈願していることは、規模は不明ながら、近親血縁者で構成される小一族・大家族を率いる単身女性であることを想像させる。なお確証には欠けるが、この推定を導くのは、熊王女がほかでもない地蔵と聖天を本尊として組み合わせるという、他に類例を聞かない選択のもとに、その名も地聖寺を建てていることである。

地蔵菩薩への結縁は、この菩薩がもつ性についての身体性への知識が前提だった可能性がある。それは、熊王女個人の内面心性やそれと不可分の身体性に即した願望だったのかもしれない。具体的には分からないので過剰な推測はできないが、性を越境するとともに、一つの性を絶対視しない、という思想をもつ生身地蔵菩薩は、熊王女の願意にかなう本尊なのであろう。

同時に、聖天への結縁にも特別の意図があるのであろう。聖天（歓喜天）については、後期密教を思わせる性的力の発揮に特徴があり、その形姿は象頭人身の男女両性が一対抱合する独特なものである。たとえば真言系では十二世紀末の『覚禅鈔』「聖天法」には典拠仏書の抄出や図像などとともに、摩羅醯羅州王が変じた大鬼王毘那夜迦の悪行を毘那夜迦女（十一面観音の化身）が説得したという「歓喜天本伝文」が引かれており、十三世紀末ごろの頼瑜『秘鈔問答』巻第十五所引「聖天縁起」などでは、歓喜王と毘那夜迦婦女との性交合による護法神化として定着している。天台系では十四世紀前半の光宗編『渓嵐拾葉集』巻第四十三「聖天秘決」に、南天竺国の意蘇賀大臣（毘那夜迦）と王妃との性交による慈悲心と歓喜心をもつ護法神化が語られている。[32]また、元徳元年（一三二九）に後醍醐天皇が自ら聖天供を修して幕府調伏を祈ったことについて、「人間の深奥自然―セックスそのものの力」を引き出そうとしたのだと解釈されている。[33]『七十一番職人歌合』の二十六番・仏師には、「もし我にいだきやあふと聖天のごとくに人をつくりなさばや」という歌が添えられている。[34]十四世紀半ばの比叡山膝下というべき久多荘において、性的交合をともなう聖天についての知識を得る機会は、十分にありえたであろう。

熊王女が聖天を本尊の一つに選んだのは、性的交合の宗教理念を理解してのことに違いない。[35]それは俗縁とその権益との継承を将来に託す願いの、宗教的な表現形式として適合したのであろう。ただし熊王女自身は単身女性であり、聖天への祈りは、自身の性行為や出産と直結しない。両性和合は聖天の宗教行為であって、その利益としての子孫繁栄は熊王女率いる一族全体における実現として期待されたのであろう。その観念的な心情は、熊王女の身体と精神に密着した個我に発するものであろうから、容易には理解できない。ただしその自覚と真剣さは、音声言語を彷彿とさせる仮名書きの願文にあふれていると思う。

熊王女のやむにやまれぬ思いは、地蔵菩薩と聖天を並べ祀るという特異な信仰作法によって表現された。それは、中世の民衆による、性と不可分の身体性の思想が、仏教の形式によってこそ表現しえるにいたった事例として、特筆できる。像内に籠められたはずの願文の写しとして残った藤原熊王女願文案は、民衆思想の自覚的な表現であって、一般的には明確な表現形式をもたない民衆思想との関係で際立った位置をもつ例として、稀有な史料的痕跡であろう。

三　仏書――作成それ自体の機能――

（1）十四世紀・菅浦阿弥陀寺『大般若経』（近江国）

仏教経典は、聖教または法文という仏書の重要構成要素であるとともに、書物または書面の一種としての歴史的文献でもあって、歴史学研究にとっても史料価値は高い。奥書や識語も重要だが、ここでは最大の巻数をもつ『大般若経』六〇〇巻を取りあげ、公武権力や権門寺院がもつ優良品の美術的価値ではなく、地域社会における調達努力の実相とその意味に注目してみたい。というのも、荘園公領や村落など民衆生活に関係の深い鎮守寺社に備えられた『大般若経』については、調査研究が進展し、今日の文献史学における注目度は高いが、なお素朴な仏教信仰そのものという意味での宗教文献とみられがちである。しかしむしろ追究すべきは、難解な外来の思想が、漢字・漢文という独特の書記術で綴られ、規格化された大部な書物という形式を、そのまま踏襲して再現、入手しようとする労力に込められた、現実的な意図なのではないか。以下では『大般若経』などの仏書導入過程に注目し、その事業を計画実施する地域住民たちによる結合力獲得の指向、また自らの意思表現を書面において可能とするための書記言語の習得、という機能に求める仮説を述べてみたい。

近江国琵琶湖北岸の菅浦については、地元に伝えられた菅浦文書によって、惣に結集する住人の生活史が明らかにされている。また菅浦には中世以来の寺院もあり、仏書も伝えられている。第二部第五章でもみた阿弥陀寺所蔵の『大般若経』は、十四世紀菅浦の動態を知る重要な手がかりである。原本調査に基づく藤田励夫氏の研究成果によると、菅浦住民による六〇〇巻の調達過程は、次のような三段階を踏んでいたという[36]。

・第一段階…元亨元年（一三二一）に巻第一から巻第二百までの版本を一括購入。巻第二百の奥書には、「元亨元年辛酉十月日、迎ㇾ之／菅浦村人等」とある。

・第二段階…元徳二年（一三三〇）から暦応三年（一三四〇）にかけて、巻第二百一から巻第六百を順次書写して完備させた。

・第三段階…貞治二年（一三六三）に全六〇〇巻の校合が実施された。

この三段階は、「菅浦村人等」による周到な計画に沿って実行されたはずである。第一段階には、調達した資金で購入可能な分をまず入手した。写経活動ではなく版本をいずれかから購入したのである。第二段階は、版本購入の時点で計画されていたであろうが、ほぼ一〇年かけて残り四〇〇巻分の書写を完遂した。その過程では、手本の借用、料紙・紙墨などの調達、場合によっては書写者への給料支給など、相応の労力と費用がかけられた。そして第三段階は、六〇〇巻を揃えてから二〇年余の後、全巻を校合した。仏典の正統性を担保する上で校合は書写と同じぐらいの重要性がある。書写完了時点ではなく、漸くにして、しかもおそらく菅浦での一大事業として計画され、校合のための手本を調達した上で一斉実施したらしい。

この三段階は、藤田励夫氏が指摘されているように、菅浦惣発展の過程と平行しているのであろう。その場合、留意すべきことがある。『大般若経』調達は惣発展の結果なのではなく、むしろ惣結合を目的として選ばれた事業だった、ということである。仏書調達という方法を選び、購入元をさぐるとともに書写に必要な手本や料紙・筆墨などを手配し、費用の拠出を村人等で賄い、実際に順次遂行していく。この方法は、容易なものではなかろうが、惣結合の強化を実現しようという目的に照らせば、仏書最大の巻数をもつ『大般若経』は、物量的に集団事業の対象としてふさわしい。しかも村に備えた『大般若経』は、村の力を社会的に主張する媒体としての正統性をもつものとして、一般的に認知されつつあった。中世の各地域で『大般若経』が求められた理由の一端は、このようなことにあるのではなかろうか。

ただし、地域社会が『大般若経』を備えるにあたって、それが購入ではなく書写による場合、執筆者の確保は不可欠の重要課題だったであろう。仏書に通じているのは僧侶であるが、『大般若経』を求めた主体としての村人は、写経そのものとどのように関係するのであろうか。藤田氏が奥書等によって作成された「阿弥陀寺大般若経人名一覧」を参照すると、次のことがわかる。

まず、僧源昭は一四五巻分を書写している。そのうち巻第三百八十九奥書には「海津西福用向湖庵書写、年五十歳也、本石見国円城住僧」とある。海津は菅浦の西、直線距離にして五キロほどに位置しており、その寺庵の所持本を写したのである。また、一四巻分を分担した源連は、「江湖之野僧」と称しており、同じく「海津之福用山向湖庵にて書写」したという（巻第三百九十奥書）。源昭と源連は、石見国円城寺を本拠とする廻国僧の師弟なのではなかろうか。廻国僧が旅先の寺院で『大般若経』を書写する事例は、他にもある。(37)この二人は、菅浦の村人らに雇われて写経した専門僧であろう。

ほかに、筆跡等から七巻分を担当したことがわかる某（名前記載なし）は、竹生島金竹房や「菅浦社壇」「菅浦北深菴」などで書写している。「悪筆」だと繰り返して記すほか、建武二年（一三三五）に書写した巻第六百の奥書には「右筆生命十六歳也」と書いている。この某は元徳三年（一三三一）に書写した巻第三百九十二が最も時期の早いもので、そのとき十二歳だったことになる。活動範囲と年齢から推して、村人の子弟であった可能性がある。想像を膨らませるとすれば、この若者は、菅浦の『大般若経』書写事業に参加し、廻国の専門写経僧らに交わって、写経の手ほどきを受けたのかもしれない。それは、仏書の書写を通じた書記言語の習得過程であった。すでに知られている十六世紀の事例だが、和泉国日根野荘入山田村では、領主から文書案文を提示された地下の「文忙者」は、持ち帰って寺庵香積院に読ませて評議する旨返答している（『政基公旅引付』永正元年四月十三日条）。また若狭国江良浦の住人は、村に「旅僧」を据えて「寺庵」で「いろは字」を習ったという。(38) 村の写経がもつ意味として、重視したい。

なお、仏説を正確に再現する上で校合は重要であり、通常は写経後すぐに行われる。書写完成後二〇年あまりたって校合した阿弥陀寺本の場合、菅浦村人らによる独自の意味があったのであろう。奥書には「校合願主」として菅浦大夫・菅浦四郎別当・後藤四郎・松女・旦那村人などが見える。正確な校訂は専門僧の役割だったのであろうが、惣の一大行事を見守る住民の姿をその場に想像することは可能である。『大般若経』調達事業の真の実施主体は村人であり、経典の文言確認作業そのものに携わったかどうか今のところわからないが、少なくとも校合作業への注視という経験は、文字言語に触れる重要な機会だったであろう。

（2）一四四五～一四五二年・延命寺の勧進帳と『大般若経』（尾張国）

地域結合の促進を仏書調達によって図る事業は、今日各地に残る鎮守寺社の『大般若経』それぞれの背景として展開されていたと想像される。地域の具体的な事情はさまざまであり、思い切った計画が必ずしも順調に実現したとは限らない。尾張国智多郡延命寺の『大般若経』は、勧進帳とともに六〇〇巻が完存しており、その精査によって、当初の計画が一旦行き詰まり、方針を変更することでかろうじて揃えることができた、という事業の困難さが知られる事例である。(39) 詳細については調査報告書に譲り、ここでは実相の一端に触れる。

延命寺本巻第一の紙背には、文安二年（一四四五）の勧進帳が写されており、あわせて宝徳四年（一四五二）の付記がある。それによると、この勧進事業は、「尾州智多郡横根郷於二藤井大明神御寶前一、蒙二十方檀那資助一、顕二大般若経一部六百巻二百六十五品一千三百九十七義六十億四十万字金言一、奉レ安二持神前一、欲二結縁一之衆生、備二小因大杲之妙術一、企二巻別百文勧進一」という計画だという。『大般若経』の基本属性は、膨大な巻数と文字数をもつ「金言」（釈迦の教説）に満ちていることであり、それを住民の力で獲得しようという、意気軒昂な文章が続く。ここでの勧進は、一巻ごとに一〇〇文の出資を募って六〇〇巻を揃えるという方法を採っている。書写ではなく、既存経巻の購入だったようで、経巻の奥には「施主横根右近」（巻第二十八）、「施主横根右近妻女」（巻第二十九）など、出資に応じた地元住民の名の追記が見える。

ところが勧進事業は順調ではなかったようで、巻第二百まで購入したところで行き詰まったらしい。勧進を開始した七年後のこととして、「雖レ然勧進現物依レ為二不足一所願不レ速、爰以偏浄中尼公廻二方便一買二得此経一」という結末を迎えた。浄中尼公は地元有力者の女性であろう。その出資で残り四〇〇巻を一括調達することに変更したのである。

ここでは、菅浦の村人らのように、当初の計画は完遂できなかった。その意味では、地域結合は未熟だったのかもしれない。とはいえ『大般若経』調達事業という方法を選択して、住民結合の強化によって地域づくりに挑んだ事例として、注目しておきたい。

（3）　一三五〇年・久多荘の如法経（山城国）

経典の入手方法には、既存の版本の購入、新しい写本の発注・購入（菅浦阿弥陀寺所蔵『大般若経』の巻第二百まで）、既存の写本の購入（延命寺所蔵『大般若経』の多く）、新しい写本の作成（菅浦阿弥陀寺所蔵『大般若経』の巻第二百一から巻第六百）、があった。新たに写経する場合は、手本を得る伝手が必要であるとともに、その文字言語を正確に書写できる識字者の確保が不可欠である。通常は、仏書になじむ僧侶が写経する。権門領主の大寺院や在地領主の氏寺などでは、支配身分出身僧がまさに業務として担いうる。しかし百姓身分の村落住民が共同で営む地域の小寺院では、文字言語に通じた専門僧を養成または誘致する必要がある。先に菅浦阿弥陀寺所蔵『大般若経』の書写についてその一端を垣間見たが、ここではもう一例、勧進聖の誘致・雇用が確かめられる、山城国久多荘の写経について見ておきたい。

前節で見た久多荘地聖寺の創建者藤原熊王女は、勧進沙門として宗範を招き寄せ、寺院運営に当たらせている。宗範は、請け負った寺院運営に関して、観応元年（一三五〇）に置文を記した。(40) 文意の取りにくいところもあるが、次の文言に注目したい。

一、によほうたうちやう《如法道場》れう《料》所のきしん《寄進》状、ならひニうりけん《売券》ちとう《地頭》によしやうせんに《女性禅尼》の御きしん状、ま《政》ん《所》ところのしきやう《執行》あひそへて、ゑちことの《越後殿》にあつけわたし《預渡》候ぬ、まいねんたいてん《毎年退転》なくこんきやう《勤行》せられ候へく候、もしわか身かきたくもなく候わん時は、たうしやう《当庄》の物のなりにきりやう《器量》をまほりて、もんそとう《文書等》こと〱くあひそへて、わたし《渡》〱せられ候へく候、

一、まいねん三十日のとうりう《逗留》なるへし、かきたくは、けちこのあひたかき候はんとも、又三七日のとらのときに引めて、三かう《行》一まい《枚》はんくわん《半巻》一くわん《巻》にても、かきてしきよみくやう《供養》して、いてられ候ハんとも、ときにしたかいて、かゝれ候へく候、きやう《経》のおくかき《奥書》は、ふたにかきてをき候、このむねにまかせて、としこと《年毎》におくかき《奥書》候へく候、

(三箇条中略)

一、もしひしり《聖》ふさた《不沙汰》のときは、しやうけ《庄家》のさた《沙汰》として、まいねん《毎年》たいてん《退転》なく、きりやう《器量》のひしり《聖》をさ《沙》た《汰》し《居》すへて、かゝ《書》せられ候へく候、(後略)

宗範は、一年に三〇日間のみ久多の地聖寺に逗留すると約束している。藤原熊王女から田地寄進状を得て

おり、またその運用による利益もあったらしく（延文二年〈一三五七〉七月日地聖寺宗範置文案）[41]、毎年の雇用期間のみ地聖寺で任務に当たった。その内容は、仏事の勤行はもちろんだが、置文に写経のことを意味する文言が何度も述べられていることから、おそらく『法華経』八巻を如法の作法で書写することだったのであろう。同じ置文において、「□□きやうかき《（経書）》候はんするひしり《（聖）》」と自称してもいる。また置文には、書写経典の読誦による経供養を繰り返し実施することが誓われている。もし宗範がこの任務を果たさない場合、田地寄進状などの権利文書を返却するとともに、別の聖を招き雇うことに同意する、とも述べている。

「三かう一枚、半巻一巻にても、書きてしきよみ供養して、出でられ候ハんとも、時に従いて書かれ候へく候、きやうのおくかきは、ふたにかきてをき候、このむねにまかせて、としことにおくかき候へく候」という部分の解釈はむつかしい。一案だが、写経の進度について、三行、料紙一枚分、半巻、一巻という部分的であっても継続し、雛形として「ふた」（札ヵまたは蓋ヵ）に記し備えた定型の奥書に年次を加えて書け、ということではなかろうか。もしこのように解釈してよければ、宗範による写経だけを意味するのではなく、その指導を踏まえた庄家の住民が日常的に写経を継続する、という法式を設定したのかもしれない。

書写行為そのものが善行だという内容を含む『法華経』は、大部な『大般若経』とは違って同一人が何度も書写することがある。また法華八講のような仏事は、依頼者集団を仏縁で結ぶ理念のもとに、氏人のような血縁集団や公武の政治集団などで広く実施されている。藤原熊王女が地聖寺を創建して写経事業を日常化しようとしたことは、個人の信仰願望というより、一族の結集を意図してのことであろう。しかもこの方法は、勧進聖を介した書記言語との継続的接触をともなうこととなった。その普及と定着の度合いや、地域にとってもつ意味について、改めて考える課題があろう。

（4）　一三九三〜一三九九年・石巻神社『大般若経』の筆跡（三河国）

地域での勧進写経に、専門僧ではない住民は費用負担に応じて布施・喜捨するだけなのかどうか、時には執筆を担うことがあったのかどうか、その検討には詳細な原本調査が必要である。愛知県立大学中世史研究会・愛知大学地域史研究会による三河国石巻神社所蔵『大般若経』の調査報告書は、筆跡検討に踏み込んでいる。[42] その成果を参照してみたい。

石巻神社（愛知県豊橋市）所蔵の『大般若経』は、はじめ三河国細谷郷の両八王子社に納めるために勧進書写された。奥書等によって事業遂行の組織はつぎのように復元されている。大旦那疋田氏―願主僧（希綱）―勧進僧（空岩・慶賢）―執筆僧（複数）―旦那（領主や百姓ら）、である。このうち執筆僧は、一般によく見られるように、奥書に名前を記している。ただし注意すべきことに、本文の検討によると、実際には奥書執筆僧とは別の筆跡が本文に交じっていることがある。つまり寄合書きであるが、奥書には一人の執筆僧の名だけを記しているのである。ここで問題にしたいのは、旦那として費用負担に応じた領主や百姓も写経そのものに携わったのかどうかである。

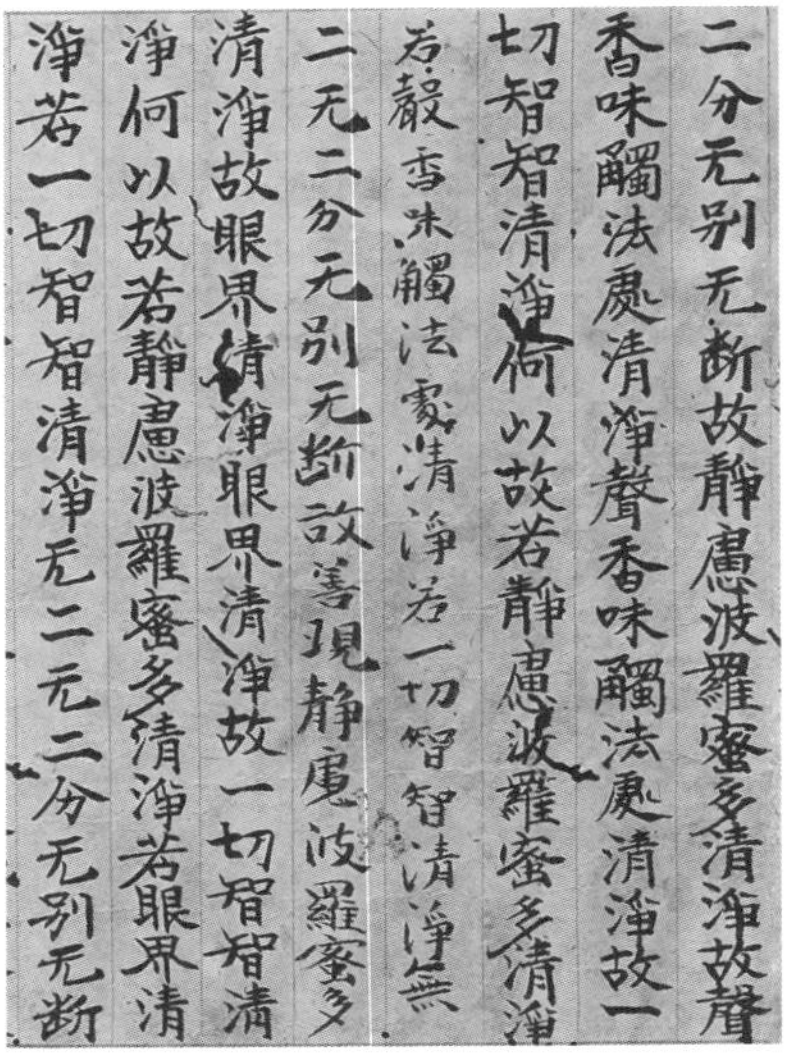

図4　石巻神社所蔵『大般若経』巻第二百五、部分（注42報告書）

一巻を共同で書写する場合があるのは通常のことだが、報告書の解説によると、「特殊な寄合書き」というべきものも確認されるという。それは、一巻のうち、数行だけ前後の専門僧の手とは異なる筆跡があり、しかも悪筆ともいうべき形くずれした文字や、同じ漢字でありながら形が一定していない文字を含む、というものである。詳細は報告書に委ねるとして、例として【図4】は、巻第二百五の一部分である。写真の四、五行目は、前後の執筆者（多くの巻を担当している僧空岩）のとは違った稚拙な筆跡の混入部分である。「聲」「香」「味」「處」「無」「故」「慮」など、文字の定型を知らず、手本を見様見真似で書いたのかもしれない。また、「氵」（さんずい偏）の形が一定しておらず、特に二か所に見える「清」の一方は「冫」（にすい偏）になっている。

報告書に述べられているように、このような部分は、写経経験の少ない僧または文字を書き慣れていない人物の手になる可能性がある。原本精査に基づく報告を重視し、また先に菅浦阿弥陀寺本から想像した写経を介した文字言語との接触や習得をあわせ考えると、そこに専門僧ならぬ地域の世俗住民の事業参加、という可能性は一考に値するであろう。

むすび

木札、仏像内の文書、仏書は、よく知られた古文書や古記録と同じく、公武権力や権門寺院また地域領主層を作成主体とする場合が多い。しかしこの章では、主に地域の歴史的主体たる百姓層によって作成された事例に注目した。その事例の多くは、地下文書の範疇に含めることもできる。

ただし、中世民衆の日常生活に、文字言語はむしろ縁遠かったはずである。それにもかかわらずあえて書き記したのは、特別の事情や固有の条件、契機、そして意思があった場合であろう。ここでは、個別の事情については十分に明らかにはできないが、民衆の姿とその内面の思いについて、少しでも探り当てたいと考えた。

その意味で、ここで主に垣間見たのは、支配権力と民衆世界の接点、顕密仏教と民衆思想の接点、文字言語と口頭言語との接点、というきわどい部分、しかも中間点というより基本的には民衆側だと判断される事例である。両者の境界を単純に捉えることはできないが、いずれの側であるのかということの意味は決して軽いものではない。本章ではいくつかの断片的な事例によって課題を抽出したに過ぎないが、民衆思想史の歴史的意義を解明する立場に軸足を置きながら、課題探究を進めたい。

（1）黒田俊雄『日本中世の国家と宗教』（一九七五年、岩波書店）、同『日本中世の社会と宗教』（一九九〇年、岩波書店）、平雅行『日本中世の社会と仏教』（一九九二年、塙書房）、同『鎌倉仏教と専修念仏』（二〇一七年、法藏館）、参照。
（2）春田直紀編『アジア遊学209　中世地下文書の世界』（二〇一七年、勉誠出版）参照。
（3）上川通夫『日本中世仏教と東アジア世界』（二〇一二年、塙書房）第Ⅲ部「中世仏教と地域社会」、「起請と起請文――永暦二年（一一六一）永意起請木札をめぐって――」（本書第二部第三章）。普門寺という名称は十三世紀から史料にあらわれ、起請や梵鐘には「梧桐岡院」などとして表れるが、ここでは普門寺として統一しておく。
（4）滋賀県立安土城考古博物館『塩津港遺跡発掘調査成果展』（二〇一九年）、水野章二編著『よみがえる港・塩津』（二〇二〇年、サンライズ出版）、上川通夫「起請と起請文」（前掲注3）。
（5）『木簡研究』四一（二〇一九年）。
（6）『日本古典文学大系　謡曲上』（一九六〇年、岩波書店）。
（7）高谷知佳「日本中世都市の法慣習と伝承――能にみる「大法」を中心に――」（『歴史学研究』一〇四一、二〇二三年）は、能の曲から「大法」を博捜している。
（8）『日本古典文学大系　狂言集下』（一九六一年、岩波書店）。北方京水遺跡禁制木簡と狂言「地蔵舞」について、上川通夫「中世の巡礼者と民衆社会――出土禁制木簡から――」本書第二部第七章）で論じた。

（9）上川通夫「中世仏教と「日本国」」（同『日本中世仏教形成史論』二〇〇七年、校倉書房）、奥健夫『日本の美術513 清凉寺釈迦如来像』（二〇〇九年、至文堂）、同『仏教彫像の制作と受容』（二〇一九年、中央公論美術出版）。

（10）『日本彫刻史基礎資料集成　平安時代　造像銘記篇三』（一九六六年、中央公論美術出版）、『愛知県史　別編　文化財3彫刻』「160観音菩薩坐像」（二〇一三年）、『新修豊田市史　別編　美術・工芸』「足助地区に残る二体の聖観音菩薩坐像」（見田隆鑑氏執筆、二〇一四年）、上川通夫「平安末期の山林寺院と地域社会」（同『日本中世仏教と東アジア世界』前掲注3）。

（11）奥健夫『仏教彫像の制作と受容』（前掲注9）、第一章五「「五境の良薬」を納める地蔵菩薩像とその周辺」、第二章一「生身信仰と鎌倉彫刻」、同二「裸形着装像の成立」。

（12）中野玄三『仏画の鑑賞』（一九八五年、大阪書籍）一七六、二六七頁。

（13）松島健『日本の美術239　地蔵菩薩像』（一九八六年、至文堂）六三頁。

（14）三橋順子『女装と日本人』（二〇〇八年、講談社現代新書）、同『歴史の中の多様な「性」』（二〇二二年、岩波書店）、を参考にした。

（15）太田古朴「傳香寺裸體地藏立像と胎内奉籠物」（『史迹と美術』二〇三、一九五五年）、杉山二郎「伝香寺裸地蔵菩薩像について」（『MUSEUM』一六七、一九六五年）、『日本彫刻史基礎資料集成　鎌倉時代　造像銘記篇四』（二〇〇六年、中央公論美術出版）。松島健『日本の美術239　地蔵菩薩像』（前掲注13、六三頁）は、裸形着装像の起源が北宋である可能性を指摘している。

（16）僧俗の判別はむつかしい場合があるが、「信家」「信経」「信弘」「有信」「為行」「包行」「慈父」「三位」「四郎」「周防」などがまばらに混じっている。また四一番目「牟尼阿」は不明、一五九番目は「良教母」とある。

（17）杉山二郎「伝香寺裸地蔵菩薩像について」（前掲注15）。

（18）奥健夫「裸形着装像の成立」（前掲注11）。

（19）森雅秀「『観仏三昧海経』「観馬王蔵品」における性と死」（『北陸宗教文化』二一、二〇〇八年）。

（20）藤原重雄「都市の信仰――像内納入品にみる奈良の年中行事――」（高橋慎一郎他編『中世の都市――史料の魅力、日本とヨーロッパ――』（二〇〇九年、東京大学出版会）、同「「中御門逆修」地蔵菩薩像の像内納入印仏」（『救いのほとけ』二〇一〇年、町田市立国際版画美術館）、伴瀬明美「像内納入品にみる結縁の形態とジェンダー」（『性差の日本史』二〇二〇年、国立歴史民俗博物館）。地蔵菩薩像や納入品の写真については、以上の諸文献に掲載されている。
(21) このほか像内には、交名をともなう小紙片に包まれた爪や毛髪も納入されている。
(22) 注(20)の藤原重雄論文。
(23) 伴瀬明美「像内納入品にみる結縁の形態とジェンダー」(前掲注20)。
(24) 『日本絵巻大成　餓鬼草紙・地獄草紙・病草紙・九相詩絵巻』(一九七七年、中央公論社)。
(25) 『日本絵巻大成　一遍上人絵伝』(一九七八年、中央公論社)。
(26) 三澤瑛里氏のご教示による。
(27) 『新日本古典文学大系　七十一番職人歌合・新撰狂歌集・古今夷曲集』(一九九三年、岩波書店)。
(28) 『叢書京都の史料15　久多荘文書』(二〇一八年、京都市歴史資料館)、久多自治振興会所蔵文書六、観応二年六月二十五日藤原くまおうにょ願文案。
(29) 久多自治振興会所蔵文書の五と九。
(30) 川嶋將生「山城国愛宕郡久多庄」(同『「洛中洛外」の社会史』一九九九年、思文閣出版)。
(31) 村上絢一「山城国久多郷(京都市左京区久多)の中世地名と名・垣内・屋敷」(『歴史文化社会論講座紀要』一七、京都大学、二〇二〇年)。
(32) 山本ひろ子『変成譜』「Ⅳ人獣の交渉　異類と双身」(二〇一八年、講談社学術文庫。初出は一九九三年)。
(33) 網野善彦『異形の王権』(一九九三年、平凡社ライブラリー。初出は一九八六年)。
(34) 『新古典文学大系　七十一番職人歌合・新撰狂歌集・古今夷曲集』(前掲注27)。
(35) 密教修法としての聖天供には、本尊に油を注ぐ浴油供を含むという特徴がある。願文文中に「御みやかしれうそく(御灯明料足)」とともに「御あふらの代」を備えると述べているが、浴油供と関係あるかもしれない。
(36) 藤田励夫「中世村落の大般若経受容について――菅浦庄と大浦下庄の四組の大般若経をめぐって――」(『琵琶湖博物館研究調査報告』二一、二〇〇四年)。滋賀県立琵琶湖文化館『大般若経の世界』(一九九五年)にも藤田氏の論稿「村落における大般若経の護持――菅浦・阿弥陀寺所有大般若経――」があり、巻第二百の巻末写真が掲載されている。
(37) 三河国船形寺（普門寺）の聖快は、廻国の勧進聖として豊前国下毛郡宮時郷（荘）宮永村で明徳三年（一三九二）から応永二年（一三九五）に実施された『大般若経』書写事業において、中心的な役割を担った。『広島市の文化財第三十三集　草津八幡神社大般若波羅密多経』（一九八六年、広島市教育委員会）。上川通夫「廻国僧と日本中世仏教」（重田みち編『「日本の伝統文化」を問い直す』二〇二四年、臨川書店）で分析した。
(38) 天文二十四年（一五五五）七月二十二日若狭国江良浦刀祢申状案（『福井県史　資料編8　中・近世六』一九八九年）。中世民衆の文書執筆について考察した先行研究は多い。横井清「民衆文化の形成」（『岩波講座日本歴史7　中世3』一九七六年、岩波書店）、網野善彦「日本の文字社会の特質」（一九八八年。『網野善彦著作集　第十五巻』二〇〇七年、岩波書店）、黒田弘子『ミミヲキリハナヲソギ――片仮名書百姓申状論――』（一九九五年、吉川弘文館）、野村育世「中世社会のリテラシーとジェンダー」（『歴史評論』六九六、二〇〇八年）、高橋一樹「中世史料学の現在」（『岩波講座日本歴史21　史料論』二〇一五年、岩波書店）、坂田聡「中世後期における村の文書とリテラシー――丹波国山国荘黒田村「井本政成家文書」を素材に――」（『新しい歴史学のために』二八九、二〇一六年）。
(39) 愛知県立大学中世史研究会編『延命寺（愛知県大府市）大般若経調査報告書』（二〇二二年、大府市歴史民俗資料館）。関連して、上川通夫「勧進帳・起請文・願文」（本書第二部第五章）。
(40) 『叢書京都の史料15　久多荘文書』（前掲注28）、久多自治振興会所蔵文書五、観応元年十月日勧進聖宗範置文。
(41) 『叢書京都の史料15　久多荘文書』（前掲注28）、久多自治振興会所蔵文書九。
(42) 愛知県立大学中世史研究会・愛知大学地域史研究会編『石巻神社所蔵『大般若経』調査報告書』（二〇一六年、豊橋市美術博物館）。特に服部光真「石巻神社所蔵『大般若経』をめぐる地域社会史」、山下智也「石巻神社所蔵『大般若経』の書写者と寄合書」、羽柴亜弥「石巻神社所蔵『大般若経』の成立過程」。

結　章　民衆仏教から民衆思想へ

はじめに

本書は仏教史に関係する素材を中心に論じているが、分類としての仏教史研究を意図していない。日本の中世社会は仏教要素を深く浸透させており、中世社会論を仏教史的事実の局面から再構成してみたいという考えに基づいている。顕密仏教を受容した民衆の思想も、仏教思想に限定するより中世民衆の思想という枠組みで捉える必要があると思う。本書で民衆仏教というのも、民衆思想の重要部分として、顕密仏教思想をくぐり抜ける価値理想の可能態として、その普遍性において捉える試みである。

序章では民衆仏教を焦点に研究する理由を述べ、第一部で民衆仏教の歴史的条件をたどり、第二部で民衆仏教の萌芽的発現の諸例を探った。日本中世民衆仏教論ないし日本中世民衆思想論と銘打つためには、第二部で断片的に触れた諸事実の分厚い実証が必要であることを自覚している。その点で本書は、漸く見出した研究課題への着手を著したに過ぎない。

ただし、暫定的な成果としての本書編集によっても、日本中世史像についての認識再考の視点を得られた可能性がある。それは、なお実証事例の少ない意志的普遍思想としての民衆思想のことだけではなく、その出現条件としての中世社会と中世文化の基本性質についてのことである。序章に対応させていえば、民族文化とみられた顕密仏教の内実についてのことである。以下、この点を述べて本論を補足するとともに、今後の研究課題を確認したい。

一・翻訳文化としての中世仏教

中世社会と中世文化の基本性質として理解したいのは、端的にいえば、国際性とその由来としての世界史的性質である。そのことは、仏教史との関係で見えやすい。中世の社会、思想、文化に仏教が圧倒的影響力をもったというのは通説だが、中世仏教史研究はその日本的性質を見出す傾向が強いと思われる。「神仏習合」という非説明的用語はその典型である。顕密体制論の提唱者は、神祇の固有視や一貫視を許す「神仏習合」という用語を使われなかったが、民族文化論としての顕密体制論には日本仏教としての独自性が含意されている。顕密体制論の継承説はさまざまだが、学説の継受がその認識枠組の受容をともなうことは避けがたく、国際性や世界史的性質への認識をほとんどともなわない日本仏教論として継承することになりかねない。顕密体制論に距離を置く学説においても、この点が批判の中心論点ではない。世界宗教といえども固定一貫した中身ではないが、それにしてもやはり日本中世社会にとって仏教の外来性は抜きがたい特徴であり、むしろそのことにこそ意味があるとみる必要がある。

本書では仏書を素材とする考察を組み込んだ。仏書のうち、経典類は漢訳本である。古代国家形成過程以来、漢字・漢文による和語の表記という知的技術には歴史的特質が刻まれているが、さらに仏典漢訳の歴史が重層していることの意味について、日本史研究ではあまり顧慮されてこなかった。マガダ語その他の口承から中央アジア諸語による書記言語への変換と編集の歴史を念頭に置きつつ、東アジアの仏書がサンスクリット語等からの漢文訳本であることを理解しておくことは、歴史研究にとって意味がある。この視点によれば、漢字文化圏を重視する東アジア世界論に加えて、南アジアや中央アジアを含めたアジア世界論が意識されることになり、列島史理解を広げ深めることにつながられるかもしれない。その場合、言語翻訳という知的営為は、多文化接触と異文化導入の結節点であり、意味のズレをともないつつも、新文化創造に重要な役割を果たす。いわば翻訳文化についての歴史的研究は、(1)日本の古代史・中世史を理解するための重要部分だと思う。それは、外来文化を伝統的な日本文化だと思い込む思想構造から自由になるための自覚的な方法でもある。この点、歴史学としての仏教史研究は、仏教学の蓄積から学ぶ課題が大きい。

本書でも、具体的な分析は列島内のことに限られており、課題を提示するに過ぎない。ここでは、極めて単純で便宜的な試みながら、本書で一度以上は触れた輸入仏書に限って、漢文への翻訳者とその出身国などを中心に、翻訳年の古い順に【表】で示してみる。

ここに掲出した仏書は、たとえば唐皇帝の欽定目録『開元釈教録』（七二〇年）の入蔵録が収載する五〇四八巻のごく一部である。同目録にはそれぞれの経典名とともに翻訳者とその出身国が記されており、唐仏教の由来が一覧できる。また実際の個別経典の冒頭には、たとえば「仏説阿弥陀経」という題名の次に「姚秦三蔵法師鳩摩羅什奉詔訳」というように記される。表にみるように、日本ではこの「異国の素性」(2)をほぼそのまま導入した。

当面確認したいのは、仏説たる経典等には漢文翻訳者についての情報が付着していることである。それは表にもみえるように天竺出身者だけではなく、迦湿弥羅（カシミール）、罽賓（カシミールまたはガンダーラ）、

表　本書所収輸入仏書一覧

仏書名	訳者(出身)	訳年(訳地)	原典成立時	備考
盂蘭盆経	竺法護(敦煌)	三〜四世紀(西晋)	—	中国撰述か
宝積経	竺法護(敦煌)	三〜四世紀(西晋)	—	七一三年に菩提流支(南天竺)が再訳(唐)
弥勒下生経	竺法護(敦煌)	三〜四世紀(西晋)	—	
無量寿経	康僧鎧(康国)	三世紀(魏)	一世紀	四二一年に仏陀跋陀羅ら(東晋)訳か　浄土三部経のひとつ
阿育王伝	安法欽(安息)	三〇六年(西晋)	三世紀	
阿弥陀経	鳩摩羅什(亀茲)	四〇二年(姚秦)	—	浄土三部経のひとつ
弥勒成仏経	鳩摩羅什(亀茲)	四〇二年(姚秦)	—	
観音経	鳩摩羅什(亀茲)	四〇六年(姚秦)	一世紀	法華経の一部
法華経	鳩摩羅什(亀茲)	四〇六年(姚秦)	一世紀	三世紀竺法護訳あり
維摩経	鳩摩羅什(亀茲)	四〇六年(姚秦)	一〜三世紀	三世紀の支謙(月氏)訳と玄奘訳もあり
大智度論	鳩摩羅什(亀茲)	五世紀初(姚秦)	二世紀	龍樹『大品般若経』の注釈
梵網経	鳩摩羅什(亀茲)	五世紀初(姚秦)	—	中国撰述か
仁王般若経	鳩摩羅什(亀茲)	五世紀初(姚秦)		中国撰述
観仏三昧海経	仏陀跋陀羅(北天竺)	四一一〜四二五年(東晋)	—	中央アジアで成立か
華厳経	仏陀跋陀羅(北天竺)	四一八〜四二〇年	四世紀(東晋)	六十巻本
金光明経	曇無讖(中天竺)	四一二〜四二一年頃(北涼)	四世紀	
大般涅槃経	曇無讖(中天竺)	五世紀(北涼)	四世紀	別に慧厳(宋)ら校訂本あり
勝鬘経	求那跋陀羅(中天竺)	四三六年(宋)	—	菩提流支(北天竺)北魏での訳もあり
申日児本経	求那跋陀羅(中天竺)	五世紀(宋)	—	
観普賢経	曇摩蜜多(罽賓)	四四一年頃(宋)	—	
賢愚経	慧覚等	四四五年(北魏)	—	
弥勒上生経	沮渠京声(涼)	四五五年(宋)	—	
無量義経	曇摩伽陀耶舎(中天竺)	四八一年(斉)	—	中国撰述か
観無量寿経	畺良耶舎(西域)	五世紀(宋)	—	浄土三部経のひとつ
阿育王経	僧伽婆羅(扶南)	五一二年(梁)	—	阿育王伝の異訳

金剛場陀羅尼経	闍那崛多(罽賓)	六世紀末(隋)	—	
薬師如来本願経	達磨笈多(南天竺)	六一五年(隋)	—	
般若心経	玄奘(唐)		—	先行する鳩摩羅什訳『摩訶般若波羅蜜大明咒經』あり
瑜伽師地論	玄奘(唐)	七世紀(唐)	四世紀	三世紀天竺僧弥勒や四世紀ガンダーラ僧無着の説
成唯識論	玄奘(唐)	七世紀(唐)	四、五世紀	ガンダーラ僧世親の説に六世紀天竺僧護法が注釈
倶舎論	玄奘(唐)	七世紀(唐)	五世紀	世親(北インド)作　真諦(西インド)訳(梁)あり
大菩薩蔵経	玄奘(唐)	六四五年(唐)		
薬師如来本願功徳経	玄奘(唐)	六五〇年(唐)		
大乗大集地蔵十輪経	玄奘(唐)	六五一年(唐)		
十一面神呪心経	玄奘(唐)	六五六年(唐)		
大般若経	玄奘(唐)	六六三年(唐)		先行する般若系経典漢訳本の集大成
華厳経(八十巻本)	実叉難陀(于闐国)	六九五～六九九年(周)	四世紀	
金光明最勝王経	義浄(唐)	七〇三年(唐)		唐インド間を往復して仏典多数をもたらす
大日経	善無畏(摩伽陀国)・一行(唐)	七二四年(唐)	七世紀	
金剛頂経	不空(北天竺)	七五三年(唐)	七世紀	
理趣経	不空(北天竺)	七六三～七七一年		
熾盛光経	不空(北天竺)	八世紀		
宝篋印陀羅尼経	不空(北天竺)	八世紀		
金剛寿命陀羅尼経	不空(北天竺)	八世紀		
大乗本生心地観経	般若(罽賓国)	八一〇年		長安醴泉寺訳場に日本沙門霊仙が参加
大乗荘厳宝王経	天息災(迦湿弥羅国)	九八三年(北宋)		
聖六字大明王陀羅尼経	施護(烏塡嚢国)	九八八年(北宋)		

注：主に『大蔵経全解説大事典』(一九九八年、雄山閣)による。訳年は大まかに示した。原典成立時期は不明のものが多く、諸説あるものもあり、暫定・目安である。

安息（パルティア）、康国（サマルカンド）といった中央アジアや、シルクロード沿いの于闐（ホータン）、亀茲（クチャ）や敦煌などの出身者を含むことである。厳密な史実としては、『無量寿経』の漢訳者はサマルカンド出身の康僧鎧ではなく後代の仏陀跋陀羅であるらしいことや、亀茲国出身とされる鳩摩羅什の父親はカシミール生まれであることなど、複雑である。ただし、翻訳者名に表れた仏教史の広い背景は、まずは経巻を手に取る者たちの注意を喚起したはずである。

しかし同時に、日本仏教にとって、唐より西からの影響は間接的であって、唐仏教の政治的枠組が日本仏教を規定したことも確かである。漢訳仏書の一大叢書である一切経（大蔵経）は、皇帝の下命による編纂によって結実したのであり、天竺や西域から来た漢訳者は中国仏教形成への奉仕者に位置づけられている。そして、そのような唐仏教の性質を体現する代表的な翻訳僧こそ、中国人僧の玄奘である(3)。

二 媒介者としての玄奘

玄奘は、六二九年から六四五年の間に唐・天竺間を往復し、仏教文物や西域・天竺情報を唐皇帝にもたらした結果、政治的に厚遇された。『大唐西域記』や『大唐大慈恩寺三蔵法師伝』などで、梵本仏書漢訳事業の最終的大成者であるかのように位置づけられている。それは唐帝国が世界秩序の中心であるという主張の表現であろう。第一部第一章で論じ、また【表】からも推測できるが、日本朝廷は玄奘訳本を重視した。『大唐大慈恩寺三蔵法師伝』巻第六には、玄奘の長安帰還について「遺法東流未レ有二若レ茲之盛一也」と記している。『続日本紀』天平勝宝四年（七五二）四月条には、東大寺大仏開眼会について「仏法東帰斎会之儀未三嘗有二如レ此之盛一也」とある。日本仏教を唐仏教の系譜に連ねて正統化する構想は、玄奘による西方から東方への仏教拠点移植という歴史認識を裏づけとしていた。

入唐・入宋の求法・巡礼日本人僧たちは、玄奘の系譜を日本につなぐ存在であった（第一部第三章）。その一人、九八三年に入宋して九八六年に帰国した東大寺僧奝然は、九八七年二月に凱旋入京するにあたって、玄奘の長安帰還に際しての演出を意識したらしく、天竺由来という生身釈迦像を押し立てたいわゆる「行像」を含む行列で朱雀大路を北上した（『小右記』）。しかも奝然は、【表】末尾の『大乗荘厳宝王経』『聖六字大明王陀羅尼経』にあるように、初期北宋が中央アジアとの交流策の一部として呼び寄せた天息災（北天竺迦湿弥羅国三蔵）や施護（烏塡曩国三蔵）らが訳した新来密教経典を持ち帰っている。(4) 日本の古代仏教は、中国を中心とする東アジア文明の一部であり、また同時に中国の西方を含むアジア世界との間接的な連動を確かにもっていた。

古代から中世への移行期には、国家政策による仏教事業が拡大され、その過程で学僧らの努力によって、仏書を介した仏教思想の内容理解は一層進んだ。漢訳仏書を用いる具体的な場面において、仏事では和音で語順に読み、学解には記号を付すなどしつつ和語として訓読するが、漢字かな交じり文には書き直さない。その一端について第二部第一章で例示した。仏教の社会的な浸透過程では、社会の実体的特質との関係で内実の変化がともなうに違いない。ただしそれを「日本化」「国風化」と呼んでしまうと、中世仏教や中世文化の特質を捉え損なう恐れなしとしない。やはり中世において、仏教は「異国の素性」をともないつつ社会に浸透したのである。そのことは今日からみての評価というだけではなく、中世の諸階層で展開された写経や仏事の際などで確認されたのである。その代表事例は、朝廷や国衙、権門寺社、また地域の寺社に備えられる玄奘訳『大般若経』をめぐる社会史である。

『大般若経』の歴史的由来について、中世の人々が詳しく知っていたとは考えられない。ただし、玄奘三蔵の事績の一端に触れる機会として、『大般若経』こそその媒体だったのではないだろうか。『大般若経』六〇〇巻の各巻には、冒頭の題名に次いで、必ず「三蔵法師玄奘奉詔訳」と書かれている。しかもこの部分は、大般若会で真読（全文音読）ならぬ転読（題名ないし冒頭数行の音読）の場合にも、必ず音読される。地域の寺社においても、多くは正月の年中行事として、在俗者たちの耳に届けられた。その社会的広がりは、今や全国で実施されている『大般若経』の調査報告から推測することができる。また、謡曲「大般若」には、「大般若波羅蜜多経巻第一、三蔵法師玄奘奉（詔訳）と高らかによみ上給へば」などとあり、[5] 知識の社会的広がりの一端がわかる。

大般若会では、本尊として釈迦十六善神画像が掲げられる。永久二年（一一一四）の「釈迦像・十六善神王像奉レ図絵二」（『中右記』同年七月二十一日条）が文献上の初見らしい。宋風の白描図像としては、長寛三年（一一六五）に写された般若菩薩を中尊とする般若十六善神図像があり、[6] 釈迦十六善神画像の実物遺例は、安元二年（一一七六）の岩手県中尊寺金字一切経巻第百八十八の表紙見返絵や治承二年（一一七八）の愛知県七寺一切経唐櫃中蓋の漆絵が古い。[7] 説法する釈迦を善神たちが守護する図様だが、十三世紀には、向かって右下方に大量の経巻を背負う玄奘を描く様式が一般化する。各地で実施された大般若会において、天竺の仏教思想が、中国語表記の仏書を介して、日本の音韻によって生活者らに届けられたが、そこには玄奘のイメージが刻印されていた。そこで般若思想が嚙みしめられたとは思われないが、単なる呪文ではない異文化の権威的正統性が醸されるとともに、天竺から経巻を持ち帰って漢文訳した玄奘という実在生身の人物を介して、仏教史ないしはアジア史、いわば世界史の展開が、目前で確認される性質のものであった。

三　玄奘と中世の廻国僧

日本中世における玄奘像については、鎮守寺社を支えた住民の地域内だけで完結したのではない。ほとんどの『大般若経』書写事業は、勧進形式で費用調達される。その場合、事業発起者は寺院の設置者（檀越）たる地域の豪族や村落上層集団だが、事業の中心実務は勧進僧に委託される。ところが勧進僧は、地域外から誘致した廻国僧であることが意外に多い。

康和五年（一一〇三）山梨県甲州市柏尾山山腹経塚は、『法華経』の例だが、もと「山城国乙国郡石上村ニ生せる世俗人」たる僧寂円の勧進で築かれた（第二部第二章）。十四世紀前半の近江国菅浦の『大般若経』調達事業では、石見国の「江湖之野僧」に多くの経巻書写を担当させた（第二部第八章）。ほかにも廻国僧が勧進僧になる例は多い。

明徳三年（一三九二）ごろから豊前国下毛郡の某寺で勧進書写された『大般若経』は、三河国普門寺僧聖快が、「廻国願望」を遂げ「帰州念」を止めて担ったものである（巻第三十八奥書）[8]。また応永五年（一三九八）には、奥州岩城郡小山田村住僧源芳が「日本回国之刻」に伊予国越智郡給里郷桟敷村に逗留し、現地の神人から依頼を受け、版本購入費を募る勧進を請け負った（広島県楽音寺蔵『大般若経』巻第五百六十二奥書）[9]。廻国僧は十三世紀後半ごろからは列島各地に出現したらしく、中世後期には能のワキや狂言の主役に「諸国一見僧」としてかなり多く登場する。地域の『大般若経』は、地域外の旅僧への委託によって調達されることで、仏書としての正統性が込められるのではないだろうか。

しかも同じころから宋人による仏書書写も散見される。弘安七年（一二八四）から同十年にかけて周防国楊井荘上品寺で書写された『大般若経』巻第六百奥書の「執筆大宋国建康府住人謝徳改名復生法名明道」（広島県正法寺蔵)[10]、正応五年(一二九二)に完成安置された出雲国須佐郷東山宮『大般若経』(一筆経)巻第六百奥書「執筆一乗宋人浄蓮」(島根県立博物館保管)[11]、同年に完成した近江国佐々貴西荘大六社の『大般若経』の多くを書写した「中原大宋国人普勲」(滋賀県西明寺蔵)[12]、永仁二年(一二九四)に書写され信州浅間社に納められた『大般若経』(一筆経)巻第百二十奥書「大勧進唐僧円空敬書」[13]、同三年に和泉国久米田寺で書写された『大方広仏華厳経随疏演義鈔』巻第十六奥書「執筆唐人知恵」(大東急記念文庫蔵)[14]などがある。それら執筆者にはモンゴル軍に属した江南捕虜宋人を含んでいたらしく[15]、幕府の監視下に置かれた宋人捕虜の活動時代は限られるであろうが、諸寺を渡り歩いた宋人書生の存在を広く想定することは可能であろう。[16]

中世成立期から、入宋日本僧たちも山寺間交流を進めており(第二部第一章)、中国人僧や渡航経験日本僧は中世の各地に見られたのではないだろうか。その実例についての研究蓄積は厚く、特に十三世紀後半ごろからの禅僧の活動事例は豊富で[17]、渡来僧や五山僧を招聘誘致する地域権力の動向が広くみられることなど[18]、「日本文化」再考を促す研究は定着している。しかも禅宗だけではなく、信濃善光寺信仰の普及を勧進聖として山伏がつとめ、国内のみならず日明貿易にも加わる国際性をもったことは、井原今朝男氏らによって証明されている。[19]

また、中世の寺院縁起には、廻国僧を開基とする事例が多い。行基、役行者、空海、最澄などは、列島中を駈け巡ったことになっている。それらは著名な高僧だが、旅の廻国僧としての属性に意味があったのである。「両界山横蔵寺縁由」(美濃国横蔵寺縁起)は、延暦二十四年(八〇五)に最澄が記したものとされるが、原本は室町時代末期のものらしい。[20]縁起によると、延暦二十二年に最澄は延暦寺本尊薬師如来と同木でもう一体を彫り、「笈」に入れて安置すべき勝地を探す途中、さまよった山中で宿を借りた。翌日最澄は出発しようとしたが、横倒しの笈が微動だにしなかったので、薬師如来がここに堂宇を営むよう指示したものと理解し、横蔵寺を創建した。のち最澄は入唐巡礼し、かつて玄奘三蔵が西域の王から与えられた薬師小像を唐僧道邃から授けられた。帰朝後、最澄は玄奘由来の小像を笈に入れて廻国し、横蔵寺本尊の腹胎に納めた。この最澄像は中世末期の認識だが、山伏のごとく笈を背負う旅僧、いわば西域や唐につながる廻国僧とされた典型例である。

中世には数え切れないほど多くの旅の仏教者がいた。そのことは、「荘園制社会」や「寺院社会」という二つの中世社会以外に、それらと接点をもつ非定着の生活的営みが広範に存在したことを意味する。そこからは、第二部第七章で垣間見たように、乞食や商人を含む曬斎人たちの出現があり、身分差別が展開する現場ともなる。そのことの歴史研究も大きな課題だが、ここでは旅の仏教者を広範に生んだことが、中世の文化的特質と関係深いことを確認しておきたい。旅の仏教者は、玄奘のごとき南贍部洲（人間世界）の求法巡礼者像を負っている。仏教の外来性と移動性は社会に組み込まれた動態なのであって、日本中世が世界史の一部を構成していたことの見やすい局面である。

四．仏教世界への定位

仏教を介した世界理解は、仏教流伝に関係する歴史意識だけの問題ではなく、民衆が地に足着ける生活の場を世界空間に位置づける地理意識をともなった。序章で触れたように、『倶舎論』（五世紀世親著、玄奘訳）に説かれる南贍部洲（人間世界）に、中世では日本—国—郡—郷・庄—村—寺を連ねる認識が広まった。

このような、中世仏教を媒介とする世界認識の窓口は、列島中に設営された寺院である。寺院数や立地その他についてはなお調査課題だが、近年の岐阜県による古代中世寺院遺跡についての考古学調査によると、美濃国と飛騨国を合わせて一九一八か寺を数えるという。[21] またそれぞれの寺院は自己完結的な信仰拠点ではなかろう。寺僧や巡礼者の活動によって寺院間にはつながりがあり、またそれぞれの寺院は仏教世界を構成する一拠点であった。本尊仏菩薩等の影向という信仰的理念としてそれは当然だが、ここで考えるのはもちろん、寺院につどう生活者民衆にとっての空間的世界認識である。

第二部第六章で述べたように、アジア仏教世界の寺院は、インドの霊鷲山や中国の五臺山を代表例に、日本の寺院もすべからく山寺としての属性を実態または理念としてもっているかのようである。そして列島の中世山寺は、伝授関係の人脈や斗藪・巡礼の拠点として、直接・間接に関係し合っている。同時に山寺は、観音の補陀落浄土へのつながりを典型とするように、海との観念的つながりが多く、縁起や参詣曼荼羅に山野河海は不可欠の要素となっている。

しかも補陀落浄土の場合は単なる空想世界ではなく、渡航可能な朝鮮半島の観音聖地たる普陀山に比定され、さらに列島の海浜から普陀山さらには天竺とのつながりが、五天竺図などを介して現実的に理解されたらしい。[22] そしてほかならぬ仏教世界そのものが、須弥山なる高く聳えた霊山を中心とし、麓を取り巻く大海中に南瞻部洲が付属している。つまり、山と海の広大な仏教世界への認識通路としてそれぞれ目前の寺院が存在し、またそのような仏教世界と生活世界を結びつける観念の拠点が寺院であった。「南閻浮提日本国参河国中条郡泙寺村書畢」（建久八年〈一一九七〉法華経奥書、[23] 伝愛知県豊川市観音山経塚遺物）、「娑婆世界南瞻部州大日本国美濃州賀茂郡老梅山東香禅寺」（応永十六年〈一四〇九〉『大方広仏華厳経』巻第二十奥書、[24] 岐阜県関市新長谷寺蔵）など、史料は多い。

五．民衆仏教論の方向

以上は、中世仏教、顕密仏教、通俗仏教についての認識枠組を再考するための試論である。それは、本書でいう民衆仏教が萌芽する上での前提的な条件でもある。中世仏教それ自体は、権力支配の思想として直接・間接に民衆を拘束するので、単純に普遍的な救済思想とみなすことはできない。ただそれにしても、これまで理解されてきた以上に外来性や世界性を認める必要があるとすれば、体制思想の裡にも体制外的要素を見出すことが出来るかもしれない。というのも、山寺間のネットワーク、村寺に集う住民の生活実態、廻国・巡礼・放浪の生活者、これらは中世国家や荘園公領制や本末関係といった支配秩序が充分につかみ切れていない部分であり、しかも中世社会の広い部分を占めているらしいからである。そこにこそ顕密主義は忍び寄るとしても、その過大視には慎重であるべきであろう。

もしそう考えてよければ、そのような民衆の認識世界は、少なくとも理念としては日本国や天皇を越えた宗教権威につながる可能性をもっていた。理念の実体化には、権力支配のもとでの個別事情、つまり救済の切望、理想の自覚、自由の渇望、行動の意思といったことがともなう必要があるはずであって、生活者民衆にとって容易な事態ではなかった。それらについて、本書では第二部諸章で、いくつかの事例をあげたに過ぎない。論述の体系化はなおまだ先に展望したい。

民衆仏教の可能性は、中世社会で完結的に達成されたのではなく、むしろ萌芽や断片の事例を見出さねばならない段階であった。中世末期の一向一揆やキリシタンは重要研究課題だが、私としては未着手である。また、被差別民については、仏教者の姿をとる場合が多いことからも、民衆仏教研究の課題を鋭く突きつける。

序章でも触れた河原者又四郎による不殺生などを誓う発言、つまり相国寺僧景徐周麟に対して「某一心に屠家に生まれるを悲しむ。故に物の命を誓いてこれを断たず。また財宝を心してこれを貪らず」と述べたことについては、横井清氏が被差別民の自覚と苦悩として繰り返し論じられ[25]、脇田晴子氏は「これほど屈折した表現をもってした、激しい抗議の言葉はないのではなかろうか」と述べられている[26]。「屠家」に出自する河原者又四郎は、前世の因縁によって現世では脱することの不可能な被差別身分として仏教的に位置づけられ、おそらく骨身にしみる蔑視を浴びながらも、不殺生戒や不偸盗戒を生活規範にしていると強弁した。その一五年後だが、又四郎は景徐周麟に法名を求め、『法華経』の偈句から取るという自らの要求によって、「慈福」と名づけられている（『鹿苑日録』永正元年〈一五〇四〉四月二十日条）。

又四郎は研究史上に著名な事例だが、関連記事が少なく、類例が見出されているわけではない。景徐周麟の個性に助けられて伝えられた稀有の事例である。その背後に同様の史実が潜んでいたのか、予断は許されない。ただし、直接的記述のある史料文言についての忠実な解釈だけが文献史学の方法ではないであろう。権力支配と身分制と社会意識において最劣位に置かれ、文字言語として自由に発言を残す手段をほとんどもたない中世被差別民の歴史についての実証方法は、同時代の全体との関係で、また前後に幅のある歴史の脈絡に位置づけ、研究者の価値観と意思を傾注しつつ最大限合理的に推論する、という思想的営みとしての史料批判を軸とすることなのではなかろうか。

河原者又四郎は普遍的思想を獲得して解脱した、というようなことではない。顕密仏教に掬い取られたのかもしれない。又四郎の配下にいた庭者たちや、さまざまな生業をいとなむ多数の河原者たちが、同様の意識をもったわけでもないだろう。室町将軍や天皇に奉仕して優遇される一部の庭者であり、しかも秀でた庭者として知られた善阿弥の嫡孫であることも、又四郎にとっての条件である。ただし、人間心性には誰もが矛盾を抱え、そしてたとえその一面のことであったとしても、又四郎が仏教思想に借りて非暴力思想の実践者だと言い放った事実は否定できない価値をもつ。それは、自らが人権主体たることを主張したのに等しく、景徐周麟が「又四郎その人なり」と記したのは直接対面者の実感である。この一事例は、逆境の人生的実事から生まれた自由への希求が、非暴力主義と人権思想を紡いだという、歴史の一場面を示している。

ここに、「仏教思想に借りて」というのは、便宜上の仮手段という否定的な意味でのことではない。仏教叡智の長い前史や、日本中世仏教の社会的浸透という歴史的条件、それらのなかから主体的、意志的、自覚的に普遍価値が見出されたのであって、むしろ仏教史の重大な存在意義を理解したいと思う。それは、仏教思想に借りた身分制支配の正当化に比すれば、はるかに高い実質をもっている。

民衆仏教は、中世には萌芽であっても、むしろ萌芽したことに重要な意味があった。民衆仏教は民衆思想としての意味をもつ。民衆思想としての民衆仏教は、技術と呪術の未分離がもたらした宗教観念ではなく、むしろ自我や自意識の発露が、自然と密着した宗教観からの解放化をともなって形成されてくる。それは、相互に個我を尊重し、自由・平等な人間集団を形成し維持する規範の模索から、意志的に選び取られた思想であろう。その思想と実践規範が仏教であったことに、日本中世の特徴があった。このような民衆仏教が、仏教に限らぬ幅広い民衆思想として継承される次代の歴史過程には、容易ならざる曲折が積み重ねられているのであって、今日もなおその過程にある。ただし民衆思想それ自体としての貫徹は、民族文化・国民国家といった近現代思想への批判を含むはずであって、国民《people》主権のもとで人類共存のための普遍原理を見出すという今日的課題にとって、その暁光を引き出した歴史的経験として、日本中世史の意味があると考える。

（1）柳父章『翻訳語の論理――言語にみる日本文化の構造――』（二〇〇三年、法政大学出版局）、『翻訳語成立事情』（一九八二年、岩波書店）など、同氏の著作に学んだ。仏典翻訳については、末木文美士『仏教――言葉の思想史――』（一九九六年、岩波書店）、船山徹『仏典はどう漢訳されたのか――スートラが経典になるとき――』（二〇一三年、岩波書店）などに学んだ。
（2）柳父章『翻訳語成立事情』（前掲注1）一八七頁。ただし歴史的には、その中世仏教一般のなかから、本書でいう民衆仏教が意志的に表出するとみる。
（3）朝日新聞社編『西遊記のシルクロード　三蔵法師の道』（一九九九年、朝日新聞社）、奈良国立博物館・朝日新聞社編『天竺へ　三蔵法師3万キロの旅』（二〇一一年、奈良国立博物館・朝日新聞社）、佐久間秀範・近本謙介・本井牧子編『玄奘三蔵』（二〇二一年、勉誠出版）。
（4）上川通夫「奝然入宋の歴史的意義」（同『日本中世仏教形成史論』二〇〇七年、校倉書房）、同「一切経年表――十二世紀末まで――」（『日本中世仏教史料論』二〇〇八年、吉川弘文館）。
（5）『古典文庫第593冊　未刊謡曲集続十八』（一九九六年）。
（6）京都国立博物館編『密教図像』（一九七九年）。
（7）原瑛莉子「釈迦十六善神画像にみる玄奘像の変遷」（奈良国立博物館・朝日新聞社『天竺へ　三蔵法師3万キロの旅』前掲注3）。
（8）現在は所蔵先が移動している。『広島市の文化財第三十三集　草津八幡神社大般若波羅密多経』（一九八六年、広島市教育委員会、関根龍雄・松岡久人執筆）。上川通夫「廻国僧と日本中世仏教」（重田みち編『「日本の伝統文化」を問い直す』二〇二四年、臨川書店）で詳述した。
（9）白井比佐雄「安芸国楽音寺所蔵大般若波羅蜜多経の奥書等について」（『広島県立歴史博物館研究紀要』五、二〇〇〇年）、加増啓二「京洛で購われた大般若経――安芸国楽音寺経と伊予国柑子社――」（同『経典と中世地域社会』二〇一七年、日本史史料研究会）。この史料については服部光真氏にご教示いただいた。
（10）近藤喜博「宋人書写の大般若経――広島県三原市・正法寺の場合――」（『MUSEUM』一九〇、一九六七年）、竹本晃「森光寺所蔵大般若経の識語について――元寇の捕虜並びに印達北條天満宮――」（『大阪大谷大学歴史文化研究』二三、二〇二三年）。竹本氏は他の例をあげられている。

(11) 井原今朝男『増補中世寺院と民衆』(二〇〇九年、臨川書店) 第四章「中世寺院の国際性と外交僧」。
(12) 土井通弘「日野町西明寺蔵大般若経書写の実態」(宇野茂樹編『近江の美術と民俗』一九九四年、思文閣出版)。
(13) 京都国立博物館編『守屋孝蔵氏蒐集古経図録』(一九六四年)、井原今朝男「中世善光寺の一考察」(同『中世のいくさ・祭り・外国との交わり』一九九九年、校倉書房)、近藤善博「宋人書写の大般若経」(前掲注10)。
(14) 『大東急記念文庫貴重書解題　第二巻　仏書之部』(一九五六年)、納富常天「泉州久米田寺について」(同『金澤文庫資料の研究――稀覯資料篇――』一九九五年、法蔵館)、横内裕人「久米田寺の唐人――宋人書生と真言律宗――」(西山美香編『アジア遊学132　東アジアを結ぶモノ・場』二〇一〇年、勉誠出版)。
(15) 榎本渉「初期日元貿易と人的交流」(『宋代史研究会研究報告集八　宋代の長江流域』二〇〇六年、汲古書院)。また榎本渉『南宋・元代日中渡航僧伝記集成』(二〇一三年、勉誠出版) 参照。
(16) 横内裕人「久米田寺の唐人」(前掲注14)。
(17) 村井章介『東アジア往還』(一九九五年、朝日新聞社)、同『国境を超えて』(一九九七年、校倉書房)、同『東アジアのなかの日本文化』(二〇二一年、北海道大学出版会)、榎本渉『東アジア海域と日中交流』(二〇〇七年、吉川弘文館)。
(18) 斎藤夏来『禅宗官寺制度の研究』(二〇〇三年、吉川弘文館)、同『五山僧がつなぐ列島史』(二〇一八年、名古屋大学出版会)。
(19) 井原今朝男「中世善光寺の一考察」(前掲注13)、村井章介「「僧良心」を追って――東アジア世界と信州――」(同『国境を超えて』前掲注17)。
(20) 『岐阜県史　史料編　古代中世二』(一九七二年)。
(21) 『岐阜県文化財保護センター調査報告書第一六二集　岐阜県古代・中世寺院跡総合調査報告書』一～六(二〇二三年)。
(22) 横内裕人「法隆寺所蔵『五天竺図』にみる仏教的世界認識の更新――仮想現実としての補陀落山の登場――」(吉川真司・倉本一宏編『日本的時空間の形成』二〇一七年、思文閣出版)、谷口耕生「五天竺図と中世南都の仏教世界観」(『平成二五年～平成二七年度科学研究費補助金・基盤研究(B)研究成果報告書　東アジア仏教美術における聖地表象の諸様態』研究代表・稲本泰生、二〇一六年)、同「『玄奘三蔵絵』と中世南都の仏教世界観」(佐久間秀範等編『玄奘三蔵』前掲注3）。

（23）『経塚遺文』三五二。

（24）『岐阜県史　史料編　古代中世二』（前掲注20）。

（25）横井清『中世民衆の生活文化』（一九七五年、東京大学出版会）第一章、第八章、付論8、同『東山文化』（一九七九年、教育社）第四章、同『的と胞衣』（一九八八年、平凡社）付説4。

（26）脇田晴子『日本中世被差別民の研究』（二〇〇二年、岩波書店）三三二頁。

初出一覧

既発表論文について、本書収録にあたり、一書として整合させるために加筆・補訂した。

序　章　日本中世民衆仏教研究の課題
↓新稿

第一部　ユーラシア東辺列島における仏教導入

第一章　六、七世紀における仏書導入
↓「六、七世紀における仏書導入」（山尾幸久編『古代日本の民族・国家・思想』二〇二一年、塙書房）
第二章　古代仏教と最澄の一乗思想
↓「最澄——仏法具足の大日本国——」（『古代の人物4』二〇一五年、清文堂出版）
第三章　入唐求法僧と入宋巡礼僧
↓「入唐求法僧と入宋巡礼僧」（『日本の対外関係3』二〇一〇年、吉川弘文館）
第四章　北宋・遼の成立と日本
↓「北宋・遼の成立と日本」（『岩波講座日本歴史5　古代5』二〇一五年、岩波書店）

第五章　十世紀における地域社会の胎動
↓「伊勢近長谷寺と地域社会の胎動」（久保智康編『日本の古代山寺』二〇一六年、高志書院）
第六章　十一世紀の如法経と経塚
↓「摂関期の如法経と経塚」（『関西大学東西学術研究所紀要』四六、二〇一三年）
第七章　十二世紀真言密教の社会史的位置――大治と建久の間――
↓「院政期真言密教の社会史的位置――大治と建久の間――」（『仏教美術研究上野記念財団助成研究会報告書』三九、二〇一三年）
第八章　十二世紀日本仏教の歴史的位置
↓「十二世紀日本仏教の歴史的位置」（『歴史評論』七四六、二〇一二年）

第二部　中世民衆仏教の可能性

第一章　写経と印信――平安仏教の展開と転形――
↓「平安仏教の展開と転形」（佐藤長門編『古代東アジアの仏教交流』二〇一八年、勉誠出版）
第二章　経塚・造仏・写経――民衆仏教形成の条件――
↓「経塚・造仏・写経と民衆仏教」（大山喬平・三枝暁子編『古代・中世の地域社会――「ムラの戸籍簿」の可能性――』二〇一八年、思文閣出版）
第三章　起請と起請文――永暦二年（一一六一）永意起請木札をめぐって――
↓「永暦二年（一一六一）永意起請木札をめぐって」（『木簡研究』三六、二〇一四年）
第四章　『平家物語』と中世仏教

↓「東アジア仏教世界と平家物語」（川合康編『歴史と古典　平家物語を読む』二〇〇九年、吉川弘文館）
第五章　勧進帳・起請文・願文
↓「勧進帳・起請文・願文」（『愛知県立大学日本文化学部論集』一三、二〇二二年）
第六章　寺院縁起と地域社会――三河・尾張の山寺――
↓「中世山寺の基本構造――三河・尾張の例から――」（『愛知県立大学日本文化学部論集』六、二〇一五年）
第七章　中世の巡礼者と民衆社会――出土禁制木簡から――
↓「中世の巡礼者と民衆社会――可能思想としての外来仏教――」（伊東貴之編『東アジアの王権と秩序――思想・宗教・儀礼を中心として――』二〇二一年、汲古書院）
第八章　中世民衆思想の探究――木札・像内文書・仏書を例に――
↓「中世民衆思想の探究――木札・像内文書・仏書を例に――」（『愛知県立大学日本文化学部論集』一五、二〇二四年）
結　章　民衆仏教から民衆思想へ
↓新稿

本書は日本学術振興会科学研究費補助金・基盤研究(C)「中世民衆史における普遍的思想表出の仏教史的研究――グローバルヒストリーへの架橋――」（課題番号19Ｋ００９５６、二〇一九〜二〇二二年度）、ならびに愛知県立大学学長特別研究費（二〇二三・二〇二四年度）による研究成果の一部である。

あとがき

この期に及んで出発点に立った、という思いである。荒削りな構想に、分厚い実証をともなわせていくことが、第一の使命だと自覚する。しかもなお、歴史学における「民衆」について、実態と用語をどう考えるかという、重要な課題がある。本書の編集過程で、序章の「民衆」に二か所と結章の「国民」に一か所、peopleというルビを用いた。次の考察につなげることができればと思う。本書は既発表論文を編集したものであり、記述の重複を避けられないこともあった。特に普門寺（愛知県）の史料については、あえて何度も扱った。一書としてのご批判をお願いできれば幸いである。

立命館大学在学以来、ずっと後塵から三人の先輩諸氏を拝している。青木隆幸さん、三浦啓伯さん、若槻真治さんである。本書を編む期間、特にそれぞれのご論稿から大きな力をいただいた。追いつけない思いとともに、有り難さをしみじみ噛みしめている。

愛知県立大学大学院生の杉江綾乃、井戸裕貴、梅村旬平三氏には、校正を手伝ってもらった。序章と結章の執筆を促してくださり、叮嚀な作業で完成まで見守ってくださった思文閣出版の田中峰人さんには、格別のお礼を申し上げる。

二〇二五年一月五日

上川通夫

索　引

こ

さ

し

ゆ

よ

ら

り

れ

ろ

わ

上川通夫　かみかわ・みちお
1960年　大阪市に生まれる
1984年　立命館大学文学部史学科卒業
1989年　立命館大学大学院文学研究科博士課程修了
1994年～　愛知県立大学文学部、同日本文化学部勤務
現在　愛知県立大学日本文化学部教授
〔主要著書〕
『日本中世仏教形成史論』2007年、校倉書房
『日本中世仏教史料論』2008年、吉川弘文館
『日本中世仏教と東アジア世界』2012年、塙書房
『平安京と中世仏教』2015年、吉川弘文館

思文閣人文叢書

民衆仏教《みんしゅうぶっきょう》の形成《けいせい》と日本中世《にほんちゅうせい》

2025（令和7）年3月25日

著者　上川通夫
発行者　田中 大
発行所　株式会社思文閣出版
〒605-0089 京都市東山区元町355
Tel. 075-533-6860
www.shibunkaku.co.jp/publishing/

デザイン　菊地敦己
印刷製本　株式会社思文閣出版印刷事業部

ISBN978-4-7842-2103-5 C3015

思文閣出版刊行図書案内

『今昔物語集』の成立と対外観　【思文閣人文叢書】

荒木浩著　▶A5判・460頁／定価9,900円　ISBN978-4-7842-2015-1

平安末期に成立した説話集『今昔物語集』と、その根幹的な原拠とされる11世紀の源隆国「宇治大納言物語」。10世紀後半の奝然の渡宋・帰国と一切経の請来のインパクトを承けて進展した対外交流や書物の輸出入、仏教的世界観の中での和国意識の高まりという対外観に注目しつつ、古代説話集の成立から『今昔物語集』の生成へという文学史、仏教文化史の潮流を論じる。仏教世界の起源である仏伝の中に、日本だけにしか存在しない仏の遺言を語り伝え、和語で描こうとすること、阿倍仲麻呂帰国説の生成など――、あまたの画期的な物語行為はいかにしてなされたのか。

女かぶき図の研究　【思文閣人文叢書】

舘野まりみ著　▶A5判・348頁／定価7,700円　ISBN978-4-7842-2074-8

お国によって始められたかぶきは、その後、遊女たちによって模倣され、17世紀初頭の京都を中心に地方に拡がった。近世の幕開けとともに絵画史に新しい画題やモチーフを提供することとなったお国や遊女によるかぶき――すなわち、女かぶき――は、どのような意味や役割を担って描かれたのか。同時代の鑑賞者はそれをどのように捉えたのか。遊楽図再考に向けて試論を提示する。

日本的時空観の形成

吉川真司・倉本一宏編　▶A5判・608頁／定価13,750円　ISBN978-4-7842-1892-9

日本における古典的・伝統的な時空観はいつ、どのように形成されたのであろうか。古代から中世にかけての日本的時空観の形成・定着のプロセスを具体的かつ実証的に明らかにする。

説話研究を拓く　説話文学と歴史史料の間に

倉本一宏編　▶A5判・452頁／定価9,900円　ISBN978-4-7842-1967-4

説話とは何か？　まったくの創作でもなく古記録でもない、このつかみどころのない作品たちはなぜ生まれ、いかに編纂され、そして伝えられたのか。日本史学や日本文学、宗教学、文化史学の研究者が一堂に集い、「説話」という文学ジャンルを解明すべく企図された、国際日本文化研究センター共同研究の成果。説話文学と歴史史料の間を往還しつつ、説話研究に新たな地平を拓く。

賢者の王国　愚者の浄土　日本中世誓願の系譜

工藤美和子著　▶A5判・272頁／定価7,150円　ISBN978-4-7842-1958-2

平安初期から院政期にかけて、「賢者」としてふるまい、人々を悟りへと導こうとした文人貴族や摂関家の有力者、天皇・上皇がいた。一方、中世初期には、自らは「愚者」であると自覚した法然とその周辺の人々があらわれた。過去の「賢者」と「愚者」がそれぞれに構想した理想世界を、彼らの誓いの言葉を通して追うことで、日本浄土思想史に新たな知見を示す。

表示価格は税10%込